한국연극의 전환기

이미원

연극과인간

머리말

첫 평론집『포스트모던 시대와 한국연극』(1996)에서부터 조심스레 진단했던 개방시대의 시발과 포스트모던의 징조가, 다음 평론집『세계화 시대/해체화 연극』(2001)에서는 개방을 넘은 세계화와 포스트모던의 다원성이 본격화되며 해체화까지도 보여주었다. 가는 20세기에 대한 반항과 반성, 그리고 새로운 천년에 대한 기대로 희망찼기에, 우리 연극에 대한 기대의 시기이기도 했다. 혼성과 모방, 신대중주의의 부각, 테크놀로지의 응용 등이 시작되었기에 연극은 다양하고 풍성했었다. 세 번째 평론집『새 천년을 여는 연극: 탈중심 연극의 모색』(2007)은 새 밀레니엄 연극에 대한 모색이었다. 신대중성을 좇던 음악극은 뮤지컬을 연극에서 분리시켰고(관객과 제작자가 연극과 거의 다르다), 세기말 유행했던 희화화나 파편화도 이제 주춤하며, 전 공연계가 매끄러운 상업성(?)에 매달리는 인상이었다. 지원금 없이는 공연은 없다기에 상업극이라 할 수 있는지 몰라도, 이제 좋은 공연의 척도가 재정자립도에 있다는 데에 아무도 토를 달지 않는다. 양적으로만 엄청난 팽창을 하였고, 연극을 이끄는 그 중심의 부재는 더욱 명확해졌다. 한류라는 이름으로 영화와 게임과 음악이 엄청나게 도약했던 시기이기에 연극이 초라해지는 것 같았다.

이번 평론집은 2007년 이후 2018년까지 근 10여 년간의 기록이다.

이 시기 소위 다원예술이 확고하게 자리 잡은 듯싶고, 다양한 형식의 해외공연이 많아졌다. 그러나 주목할 만한 창작극은 확연하게 줄어든 듯싶다. 거기다 이 기간 중 2008년 후반기부터 2009년 상반기와 2016년 후반기와 2017년 상반기까지 2번의 연구년을 외국에서 보냈다. 그러하기에 2016년 후반기부터 거론되었던 블랙리스트 논란과 그 이후 블랙텐트, 미투 등의 정치·사회극 부분에 대한 평이 결여되어 있는 것은 이 시기의 평론집으로는 상당한 결격 사유이기도 할 것이다. 분명 이 시기 가장 확실했던 연극의 흐름이었기 때문이다. 사실 연구년 이후 한국에 돌아와서는 이미 그 흐름을 놓쳐 버려서 감히 평가할 수 없었거니와, 집요하게 처벌을 요구하기에는 같은 기성세대로서 부담감을 느꼈던 모양이다. 한편 궁극적으로 연극은 예술이지 운동일 수는 없다는 사고도 한몫 거들었다.

이러한 운동을 제외하면, 어느 시기보다 어떤 이슈와 주제를 찾기 힘들었다. 연극계의 세대교체가 서서히 진행되면서, 1970년대 이후 꾸준히 보여 왔던 전통의 현대화 운동마저 정체된 듯싶다. 서구 정전을 우리 전통으로 해석하여 호평을 받았던 공연들은 밀레니엄 초반 셰익스피어의 본고장 영국 글로브 극장에 양정웅 등이 초대되는 것으로 그 정점을 이뤘었다. 이 시기는 오히려 전통 전공 쪽에서 연극을 수용하기 시작했다고 하겠으니, 2008년 〈사천가〉 등 이자람의 판소리가 그 포문을 연 것 같다. 이는 전통 분야에서 우리 전통을 더 잘 구가하기 때문에 연극인들이 망설이기도 하였겠지만, 오히려 연극의 신세대에게 더 문제가 크다고 생각된다. 전통을 잘 모르고, 전통을 접하기도 어려워졌다. 그러나 우리 정체성의 근원인 전통을 어떻게 우리 연극에서 배제한다는 말인가? 이번 평론집에서 '전통의 현재화' 부분이 다른 평론집에 비해 적은 이유는 졸저 『한국전통과 퍼포먼스』와 겹치는 부분을 제외했기 때문이기도 하다. 항시 전통은 필자의 가장 큰 관심사였음을 다시금 깨닫는다.

　연극의 양적 팽창은 빠른 속도를 내어서, 이제 어느 한 평론가가 그해의 공연을 전부 보기는 불가능해졌다고 사료된다. 더구나 상업주의가 기승하는 요즈음은 평론가에게마저 표를 잘 제공하지 않으려 하고 있다. 단순히 생각한다면 그 공연평을 안 썼는데 왜 표를 제공해야 하느냐고 묻겠지만, 사실 한 평론가가 어느 공연을 갈 때에는 잠정적으로 그 공연의 평론을 염두에 두고 있다. 뿐만 아니라 이러한 공연들이 쌓여서 어떤 흐름과 방향성을 집어낼 수 있는 것이다. 공연을 보는 것이 얼마나 큰 노동인지는 매년 한 해에 100편 이상의 공연을 보는 평론가 아니면 알기 어렵다. 평론을 연극의 일부로 생각한다면, 평론가에게(특히 젊은 평론가들에게) 표가 인색해서는 안 된다. 왜냐하면 순간 예술인 연극은 평론가의 기록으로 남기 때문이다. 융복합시대를 맞이하여 예술은 어느 때보다도 인문학적 통찰을 요구한다. 르네 마그리트의 'Ce n'est pas une pipe'처럼, 좁은 테크닉을 넘은 사고와 해설이 필요한 시대이다. 그리고 평론가들이 연극의 어느 누구보다도 예술의 폭과 깊이를 넓힐 수 있다고 감히 말할 수 있다.

　이번 평론집을 돌아보면, 어느 때보다도 해외공연에 대한 평론이 많다. 그만큼 국제교류가 많았다는 이유도 되겠지만, 필자도 해외 공연을 보느라 많은 노력을 했다. 글로벌 시대에 평론 역시 우물 안의 개구리 식으로 우리 공연만 비평해서는 안 된다는 믿음에서였다. 사실 외국에서 외국어 공연을 보고 그것을 기록하고 평하기란 만만하지 않았다. 여러 수고와 노력에 비하여 어느 정도 가치가 있는지는 의문이기도 하지만, 우리 연극과의 비교를 위해서도 필요하다고 사료된다. 물론 해외의 경우 주로 문제작을 위주로 보았기에 우수한 평가를 받았던 것이고, 그러하기에 우리 연극과 단순 비교는 안 되겠지만 세계 연극을 이끌어 가는 이슈와 형식을 느꼈다.

〈서론〉은 이 시기의 특징을 집어 본 것이고, 〈연극시론〉은 비교적 숨이 긴 평문으로 어떤 흐름을 제시하고 있다. 〈문제작, 실험극〉은 필자 나름 중요하다고 생각되는 공연의 리뷰이다. 발표된 시간의 순서로 목차를 짰고, 각 공연이 제시하는 이슈를 따라가 보았다. 〈전통의 현재화〉는 전통 유산을 현대극에 접목하는 실험이다. 이 부분을 항시 주목하며 보았는데, 최근 졸저 『한국전통과 퍼포먼스』(2016)에서 심도 있게 논의한 바가 있어서 겹치지 않는 부분만을 수록하였다. 그리하여 타 평론집보다 이 부분이 빈약한 것도 사실이다. 〈국제 공연〉 부분은 해외 공연에 대한 평문이다. 외국어로 보는 공연을 평한다는 것이 조심스러운 부분이기는 하지만, 어느 정도 작품을 보는 눈이 생긴 한 평론가의 말년이기에, 기존의 평론집보다 많은 논의가 있었다. 결국 어떤 공연을 보던 할 말이 있게 되는데, 이 안목이 한국연극과 세계 연극을 잇는 교량적 역할을 했으면 하는 바람이다. 목차는 발표일과 지역을 묶어서 안배했다. 〈연극제와 올해의 연극〉은 이번에 가장 부족한 부분으로, 과연 이 책에 넣을까를 혹은 한 파트로 독립시키기를 망설였던 부분이기도 하다. 한 해 공연이 엄청나게 늘어나기도 했고, 이를 총평하기에는 망설여지기도 하여 쭈빗쭈빗하다가 결국 총평을 쓰지 못했다. 더구나 있는 총평마저 많은 부분 개별평과 겹치고 있으니 부끄러울 따름이다. 〈평론과 그 주변〉은 주로 세계연극학회나 국제 평론가협회 참가기이다. 이들 학회에서 누군가 다시 한국을 대표하여 적어도 집행위원의 길을 걸어갔으면 하는 깊은 바람이다. 세계의 연극 흐름을 인지하고 있어야만, 우리 연극의 방향성도 보이는 법이다. 특히 '연극학의 이슈와 방향성'은 지난 30여 년에 가까운 세월 속에서 한국연극학회가 활동해 온 연극학의 궤적을 추적한 것으로 평론의 바탕을 마련했다는 의의가 클 것이다.

어느 덧 정년을 맞는다. 한 치기 어린 젊은 교수가 한 퇴임하는 교수의 "큰 과오 없이 임기를 마치게 되어 다행"이라는 정년사를 의아해하며 바라봤던 적도 있었다(치적을 말해야지 과오라니?). 이제야 오늘이 있기까지가 모두 온전히 주변의 도움이었음을 깊이 깨닫는다. 하나님과 가족과 스승님과 동료와 학생들과 친지들─모두에게 진정으로 깊이 감사드린다. 그리고 부족한 이 평문들을 또다시 출판해 주신 연극과인간의 박성복 사장님께도 동료애와 감사를 전한다. 한편 정말 30여 년이 넘는 시간을 "큰 과오 없이 임기를 마치게 되어 다행"이긴 하지만, 과연 평론을 통해 연극에 무엇을 기여했는지 자괴감이 앞선다. 그러나 여기까지인 것을 어찌하랴? 젊은 후배들에게 평론과 연극의 미래라는 큰 짐을 지우며, 맥베스의 독백을 떠올린다.

"인생이란 한낱 걸어 다니는 그림자, 불쌍한 광대들,
무대 위에 서 있을 때는 장한 듯이 떠들어대지만
그다음은 고요. 그것은 바보들의 이야기
광포와 소란으로 가득하지만 아무런
의미도 없는 이야기."

| 차 례 |

머리말 ·· 3

서론: 2010년 전후의 연극

진행되는 세대의 교체, 맹신되는 상업화와 창작 실험의 결여 ······ 13

1. 연극시론

다가오는 다원예술 ··· 25
한국의 창작극에도 포스트드라마는 시작되었는가? ················ 30
동시대적 연출과 그 의미 ·· 36
다양한 협업과 국제화 ·· 41
새로운 형식 실험의 향연 ·· 49
국립극단 공연과 그 미래의 방향성 재고 ····························· 59
새 밀레니엄 10년 실험극장의 활동과 성과 ·························· 69
서울예술단 30년이 이룩한 성과와 과제 ······························ 78

2. 문제작, 실험극

〈조씨고아〉: 현대 해체로 풀어 간 중국 고전 ·········· 85

〈마리〉: Site-Specific 공간의 연극적 이미지화 ·········· 88

〈경숙이 경숙아버지〉: 기형적 가족관계, 진솔한 가족사랑 ····· 94

〈새-새(New Birds)〉: 유토피아를 꿈꾸는 국립극장의

　　새로운 출발 ·········· 98

〈이상, 열셋까지 세다〉: 시대를 초월한 지적인 자유인

　　─ 비상하는 자유, 그리고 그 순수한 자의식의 실험 ········ 103

〈맹진사댁 경사〉: 명동예술극장의 멋진 재출범 ·········· 108

명작의 힘 〈세자매〉: 혼성모방의 묘미 ·········· 111

〈한스와 그레텔〉: 관념 형상화의 사투 ·········· 115

〈세자매〉: 일상의 흐름에 내재한 비극, 그래도 놓지 못하는

　　작은 희망 ·········· 122

〈세자매〉: 시간도, 일상도, 꿈도 사라지지만 ·········· 125

〈운현궁 오라버니〉: 수묵화와 같은 그 농담의 깊이

　　─ 개인 vs 제국 vs 식민, 일상 vs 전쟁, 조선 vs 일본,

　　그리고 근대 vs 근대 이후 ·········· 130

〈둥둥 낙랑둥〉: 꿈이 사실이고, 사실이 꿈인 현실

　　─ 사랑 vs 죄의식, 에로티시즘 vs 복수심,

　　고구려 혼 vs 권력욕 ·········· 135

〈바냐 아저씨〉: 흘러가는 일상, 사라져가는 꿈과 기쁨 ········ 140

〈호야〉: '형식'이 부여하는 공연 수행성 ·········· 143

〈에이미〉: 세대와 가치관의 간극─텍스트 중요성의 재확인 · 147

〈비밀경찰〉: 수행적 연기와 오브제화, 연극에서 퍼포먼스로 151

〈고도를 기다리며〉: 포스트모던 시대에 돌아보는

　　모더니즘의 부조리 ·········· 157

〈황금용〉: 주변에서 바라보는 소외된 다양한 삶과

　　그 잔혹성 ·········· 161

〈갈매기〉: '배우가 연출하는 체홉극' ·········· 166

〈유리동물원〉 ···································· 174

〈여우인간〉: 우화를 통해 짚어보는 오늘의 자화상 ·············· 178

〈신과 함께_저승편〉: 기발한 무대와 현대화된 저승이
    재현하는 휴머니즘 ································· 186

〈이영녀〉: 원작과 해석의 거리 ······················ 194

〈알리바이 연대기〉: 우리 모두의 알리바이로 읽어낸
    한국 현대사 ···································· 203

〈백석 우화〉: 천재 시인의 몰락-우리 시대에 왜 백석인가? · 206

〈꼬리솜 이야기〉: 우리 시대를 꿰뚫는 우화적 패러디 ········ 214

〈옥상 밭 고추는 왜〉: 오늘 우리 사회의 '올바름'을 향한
    통렬한 질문과 사고(思考) ····························· 222

3. 전통의 현재화

고전 양식의 현대화:
    판소리 〈사천가〉와 창극 〈로미오와 줄리엣〉 ·················· 231
창극의 세계화와 정가(正歌)의 사랑:
    〈수궁가〉와 〈이생규장전〉 ························· 240
민속 가신(家臣)신앙과 판소리의 운문성: 〈흥가에 볕들어라〉 251
〈템페스트〉: 전통의 조화와 원숙미 ······················ 257
〈열녀 춘향〉: 해체와 현재화 ························· 262
〈돌아온 박첨지〉: 꼭두각시놀음의 재구 ·················· 266
〈춘향이 온다〉: 세계에 통하는 한국식 음악극의 가능성 ····· 274
〈연극동네 연희마당〉: 우리 연극 원형의 재발견 ················ 280

4. 국제 공연

북미 공연

미국의 상업극: 2011년 여름 브로드웨이 단상 ····················· 289
오늘날 미국의 '심각한 연극(Serious Drama)':
　현대 연극의 거장, 탐 스타파드 ····················· 302
아시아계 극작가의 부상: 문화상호주의를 넘어
　다인종 혼혈 연극(Mixed Blood Theatre)으로 ····················· 309
시카고 화제작: 미국을 매료시킨 뮤지컬 〈해밀턴(Hamilton)〉 317
미국 브로드웨이 무대로 진출한 한국계 극작가: 영진 리 ····· 326
테크놀로지, 어디까지 왔나?: 4D Art의 〈미녀와 야수〉 ········ 333

유럽 공연

셰익스피어 탄생 450주년 기념 논단:
　오늘 영국의 셰익스피어 무대 ····················· 338
〈죽은 고양이 반등〉: 국제다원예술축제의 포스트드라마틱 연극 361
〈이사벨라의 방〉: 새로운 포스트 드라마 연극의 기법과
　그 감동 ····················· 366
〈신의 아들을 바라보는 얼굴〉: 로메오 카스텔루치의 사유하는
　드라마 ····················· 371
〈보스 드림즈〉: 환상과 초현실의 그림 여행 ····················· 376

기타 공연

오늘의 브라질 연극: 선도 극장 오피시나(Oficina)의
　〈Macumba Antropofaga(식인종의 마술의례)〉를 중심으로 383
〈소녀도시로부터의 메아리〉: 일본의 역동적인 무대와
　초현실적 판타지 ····················· 393

11

5. 연극제와 올해의 연극

한국에도 New Theatricality는 시작되었는가? ······················ 401
화려한 볼거리, 백화점식 나열: 2007 서울국제공연예술제
　해외공연 ·· 424
왜소해진 서울연극제: 2007 서울연극제 총심사평 ················ 432
광범위한 주제-아날로그와 디지로그:
　〈2009 서울 국제 공연 예술제〉 ·· 436
부상하는 기획공연, 화려했던 국제 공연: 2010년의 연극 ····· 453

6. 평론과 그 주변

2007 세계연극학회(FIRT) 참관기 ··· 467
2010 세계연극학회(IFTR) 참관기 ··· 470
2016 세계연극학회(IFTR) 참관기 ··· 473
2018 세계연극학회(IFTR) 참관기 ··· 480
2018 세계연극학회(IFTR)-아시아 참가기 ······························ 486
2019 세계연극학회(IFTR)-아시아: 아시아 영어 연극학의 현재 ·· 492
제28회 국제평론가협회(AITC) 총회 참가기 ·························· 507
연극학의 이슈와 방향성과 그 지원제도 ································ 516
김창일론: 호남 연극의 산 역사 ·· 533

서론: 2010년 전후의 연극
진행되는 세대의 교체, 맹신되는 상업화와 창작 실험의 결여

1. 서어

연극계에서 서서히 세대교체가 느껴지기 시작한 시점이 아마도 2010년을 전후한 시기일 것이다. 이는 2017년 블랙리스트와 미투 운동을 정점으로 이제 그 세대교체가 확연하게 드러나고 있다. 연극계의 풍토 쇄신과 함께 새로운 인재들이 등장했다. 많은 연극학과 졸업생들도 나름 연륜이 쌓이고, 매끄러운 공연들을 공연하는 연출과 연기자도 많아졌다. 새로운 술은 새 부대에 담는다고 새로운 인재들의 출현을 반기고 또 거는 기대도 크다.

그러나 평론집『새 천년을 여는 연극: 탈중심 연극의 모색』(2007)에서 언급했듯이, '무엇'을 말하기보다 '어떻게' 만드느냐에 주력하는 경향에는 변함이 없는 듯싶다. 그러하기에 특히 창작극에서 '무엇'을 찾기가 지극히 힘들다. 지난 10여 년간 그나마 있는 '무엇'이라도 '어떻게'를 통해 인상 깊게 전달한 창작극은 손꼽을 정도라고 하겠다. 연극인은 기하급수적으로 늘었는데, 어째서 창작극은 답보 상태인가? 예전에 비하면 창작극에 대한 공모와 지원도 부쩍 늘었다면 늘었는데도 말이다. 해체시대에 경험의 극도한 개인화가 문제가 아니라, 오늘의 삶에 대한 치열한 고민이 부족한 것은 아닌가? 아니면 '무엇'을 말하기보다 오로지 '어떻게' 만드느냐에 주력하는 연극계의 풍토 때문인가? 또한 최근 국립극단과 남산예술센터의 신진 작가나 연출 공모들은 너무 같은 유형의 작품들이 선정되고 있다. 연극의 다양성을 위해서 재고해야 하는 선정이라고 사료된다. 뿐만 아니라 이들이 어쩐지 미적 긴장감을 결여했다는 인상을 지울 수가 없다.

상업화 아니 상업성의 존중은 더더욱 중시되고 있다. 아이러니컬하게도 지원금 없이는 공연은 없다기에 상업극이라 할 수 있는지 몰라도, 이제 좋은 공연의 척도가 재정자립도에 있다는 데에 아무도 토를 달지 않는다. 양적으로만 엄청난 팽창을 하였고, 연극을 이끄는 그 상업성의 강조는 연극의 실험을 답보시키고 있다고 사료된다. 어떤 중심 혹은 중심가치도 없기에 연극은 매끄러운 오락일 뿐이다. 아니 오락으로서의 사회적 기능 역시 회의적인데, 한류라는 이름으로 영화와 게임과 음악이 엄청나게 도약했던 시기이기에 연극은 더욱 초라해졌다. 주변으로 밀려난 연극이 소위 '기초학문'이라는 주장으로 명명하고 있는 실정이다.

실로 연극계는 이 시기 서서히 커다란 변화를 잉태하고 있는 듯하다. 새로운 인재들이 아직 충분한 경험이 없기에 어떤 변화를 몰고 올지는 잘 모르지만 실로 새로운 모색기요, 멀리 뛰기 위해 한껏 웅크린 시기는 아닐는지? 인재의 세대교체와 상업화의 추종을 제외하고, 그나마 찾을 수 있는 특징을 살펴보면 다음과 같다.

2. 부진했던 창작극

지난 10여 년간 주목할 만한 창작극을 전반적으로 찾기 어려웠다.

물론 장우재나 김은성 및 김재엽은 이 시기를 대표하는 소중한 극작가이다. 장우재의 〈환도열차〉(2014)나 〈옥상밭 고추는 왜〉(2017), 김은성의 〈목란언니〉(2012), 김재엽의 〈알리바이 연대기〉(2013) 등은 이 시기 주옥같은 작품이다.

그러나 공연되었던 무수한 창작극을 생각할 때, 좋은 작품을 만나기란 실로 힘들었다. 앞에서 말했듯이 '무엇'보다 '어떻게'에 주력했던 연극계의 경향과 무관하지 않은 듯하다. 고연옥, 이강백 등 극히 일부의 작가를 제외하고는, 연출가를 겸하지 않는 극작가의 작품은 공연되기 매우 어려운 현실이 된 것 같다. 따라서 올려지는 많은 공연이 연출의 '어떻게'가 강조되다 보니, 절실하게 '무엇'을 말하는 작품이 줄어들었다.

연극계의 어른이 사라지고 그 중심이 더더욱 해체된 시기에 '무엇'을 말해야 할지 모르게 된 것도 사실이다. 그래서인지 공동창작이 많이 늘었던 시기이기도 하다. 서구의 디바이징 연극 기법과 맞물리면서 새로운 창작의 돌파구로 시도되었으나, 주목할 만한 작품은 별로 없었다. 이경성이 이끄는 극단 크리에이티브 바키나, 윤한솔이 이끄는 그린피그의 〈안산 순례길〉 정도가 그 가능성을 보여주었다.

3. 확장되는 세계화

특징을 명명하기 어려운 이 시기에도 하나의 두드러지는 특징을 꼽으라면, 여전히 확산되는 세계화를 꼽겠다. 이 세계화는 소위 중심 강대국과의 관계를 넘어서 전 세계적으로 진행되고 있으니, 좋은 현상이다. 영국, 프랑스, 독일, 미국 등 서구의 중심 국가뿐만 아니라 우리에게 알려지지 않았던 서구의 변방 라트비아, 스위스, 체코, 루마니아,

세르비아 등 폭넓게 세계와 교통하고 있다. 뿐만 아니라 이 시기 세계화의 가장 두드러진 특징은 아시아에 대한 자각과 깊은 관심이다. 스스로의 정체성을 알아 가고자 인근 국가에 대한 많은 교류가 있었으니, 특히 일본과 중국 공연은 놀랄 정도로 많아졌다. 이 외에도 인도나 태국 등 아시아 전역으로 관심을 넓혀 갔다. 특히 일본 연극은 현대 일본희곡 낭독공연이 2018년에는 8회에 이르면서 상당히 많은 일본 현대 희곡을 우리에게 알렸고 이에 따른 공연도 많아졌다. 이제 주변에서 일본 현대극의 공연이 이미 낯설지 않을 만큼 일반화되었다고 하겠다. 더욱 고무적인 것은 같은 2018년에는 제1회 중국희곡 낭독공연이 열려서 중국 현대극의 지평을 넓혔다. 곧 일본 현대극처럼 널리 공연되리라 믿어진다.

역으로 우리 공연의 해외 진출도 이제 심심치 않은 이야기이다. 아비뇽이나 에딘버러 프린지에는 으레 우리 공연을 쉽게 볼 수 있다. 또한 해외교류의 인맥도 넓혀져서, 다양한 국가에 진출하고 있다. 여기에는 문화예술위원회의 지원이 큰 몫을 했다.

4. 부상하는 다원예술

이 시기 가장 확장된 분야가 있다면 다원예술이다. 이 다원예술은 단순한 장르의 복합만이 아니라, 주변에 대한 통찰을 통해 인문학의 사고를 통해서 예술을 정의해 나간다. 르네 마그리트가 그렸던 "ce n'est pas une pipe"가 그러하듯이, 다원은 테크닉 만으로의 좁은 한계를 넘어서 스토리와 사고를 필요로 하는 예술로 확장된다. 또한 극장이라는 공간을 넘어서서 공연되었으니, 꼭 야외가 아니라도 미술의 본고장이라고 할 국립현대미술관에서 벌써 몇 년째 버젓이 다원예술제가 기획 공연된 것은 대표적인 사례로, 그 시리즈 공연 중 구자하의 〈쿠쿠〉는 새로운 다원예술의 경지를 제시했으며 '사고(思考)'하는 공연을 보여주었다

다원예술이 연극인가에 대한 질문도 필요하지만, 주변 장르임은 분명하다. 연극이 공연으로 확장되고 있다면, 다원예술은 연극이다. 미술, 연극, 음악, 무용과 현대 테크놀로지가 활용된 다원예술은 다양한 공연이 가능하다. 이 무한한 가능성의 영역에 종합예술인 연극이 보다 적극적인 시도를 하여야 하겠다. 가령 2018년 공연되었던 〈보스 드림즈〉만 보아도 공연의 형태가 바뀌어 가고 있음을 확실히 보여주었다. LG 아트센터는 미술이라고 홍보했으나 미술, 연극, 무용, 현대 테크놀로지 등 기존 공연 장르는 전혀 의미가 없으며, 경험은 종합적이고 총체적으로 다가온다. 시간의 흐름에 따른 완결된 행동을 해체하여 과거의 서사를 부인하고, 현재의 다양한 공간을 펼쳐 보였다. 그 공간은 포스트모던의 단순한 다양한 공간을 넘어서, 쉴 새 없이 변화하는 가상의 공간을 향하고 있다. 여기에 무용과 서사와 아크로바틱한 연극과 애니메이션이 결합하여 새로운 경험을 창출하고 있다. 그러면서도 이 경험이 보스의 그림세계를 이토록 잘 구현할 수 있을까에 감탄하게 된다. 결국 공연의 경험은 보스의 움직이는 그림을 경험한 것이다. 아크로바틱스를 펼치는 살아 있는 인간이 애니메이션과 조화롭게 뒤섞여서 만들어 내는 초현실의 세계였으며, 낯익은 듯 낯선 상상력의 세계였다. 이제 연극이 새로운 공간과 융합을 향하여 나아가고 있음을 입증한 공연이기도 했다.

이러한 다원예술을 위해서는 부단한 공부가 필요하다. 인문학적 깊이 없이는 여러 장르를 아우르는 사고와 새로운 형식을 생각하기 힘들기 때문이다. 그러기에 곧 이론연구의 필요성이 등장한다, 테크놀로지 못지않은 이론의 강화가 곧 예술의 폭과 깊이를 넓히는 지름길이다.

5. 행동하는 정치·사회극

2016년 '권리장전2016_검열각하'는 한국 예술계 전반에서 일어난 검열 사태에 각성한 젊은 연극인들이 심각한 위기의식을 가지고, '가난하고 서툰 연극을 만들어 대안적 희망을 찾고자' 했다. 이를 시작으로 '세월호' 연극 시리즈도 올려졌으니, 여러 자료 즉 청문회 증언, 인터뷰 발췌 등을 활용하여 '세월호' 침몰을 재규명하면서 '세월호'의 원인과 진실이 규명되지 못하고 있는 현실을 고발하였다. 스스로 말했듯이 '가난하고 서툰 연극'이었으나, 우리 사회를 고발하고 정정을 요구하고 있다는 의의가 크다.

이러한 저항은 2016년 10월 한국일보에 만여 명에 가까운 블랙리스트 예술인 명단이 폭로되면서, 광화문 광장에서는 전국 문화예술단체와 예술가들이 참여하는 시국선언이 발표되었다. 하도 많은 예술인 블랙리스트 명단에 오히려 과연 사실일까 하는 의혹마저 들었다. 그러나 광화문 광장 세월호 천막 곁에 예술가들이 천막을 치면서 소위 '광화문 캠핑촌'이 형성되었다. 다음 해인 2017년 1월에는 이 캠핑촌이 '광장극장 블랙텐트'로 바뀌면서 연극, 무용, 퍼포먼스 등이 행해졌다. 이들은 소위 공공극장에서 배제된 '세월호'나 '위안부'의 문제를 제시하면서, 연극의 사회성과 정치성을 직접 보여주었다. 박근혜 대통령이 탄핵된 직후 3월까지 공연을 올리며 시민과 연대하는 정치·사회적 연극의 힘을 보여주었다. 이러한 직접적인 정치참여는 아마도 우리 연극 사상 처음 있었던 일이었다.

블랙리스트에 항의하던 2017년의 블랙텐트 연극은 정권의 교체를 맞으면서, 미투운동으로 번져 갔다. 이는 영화나 공연계의 세계적인 미투운동과 궤를 같이 한, 잘못된 남성주의 문화와 기존 권위에 대한 항거이요 투쟁이다. 여성 연극이 단순한 고발을 벗어나서 사회극으로 이렇듯이 목소리를 낸 것도 우리 연극 사상 처음이라고 하겠다. 완고했던 법률마저도 점차 여성계의 목소리를 반영하기 시작하고 있다.

실상 이러한 정치·사회극이 공연 그 자체보다는 오히려 주변적인 운동이 앞섰다는 사실이, 연극사에서 보면 어쩌면 난감한 문제이기도 하다. 또한 이들이 기성극이 갖고 있는 프로페셔널리즘을 어떻게 성취할 것인가도 과제이다. 이러한 문제점에도 불구하고, 정치·사회극이 연극으로 끝나지 않고 우리 사회에 실질적인 지대한 영향을 미쳤다는 점은 주목할 만한 변화이다.

6. '전통' 현대화 실험의 위축

88올림픽을 계기로 우리 사회의 개방화가 가속되며, 연극에서도 포스트모더니즘을 수용하기 시작했다. 포스트모더니즘의 다양성과 다원성의 존중은 현대극의 재원으로서의 전통의 가치를 다시금 인식시켰다. 과거 1970년대 이래 꾸준하게 진행되어 온 전통의 수용과는 조금 다르게 그 현재화가 새 밀레니엄 이후 가장 큰 화두였다고 하겠다. 세계성을 획득하기 위해 서구 정전에 우리 전통을 더욱 적극적으로 적용하기 시작했으며, 이는 새 밀레니엄 초반 셰익스피어의 본고장 영국 글로브 극장에 양정웅 등이 초대되는 것으로 그 정점을 이룬다.

그러나 그 이후 2010년을 전후해서는 연극에서 전통의 현대화 운동이 정체된 듯싶다. 오히려 전통 예술 전공자들이 연극을 수용하기 시작했으니, 2008년 〈사천가〉 등 이자람의 판소리가 그 포문을 연 것 같다. 이는 전통 분야에서 우리 전통을 더 잘 구가하기 때문에 연극인들이 망설이기도 하였겠지만, 오히려 연극의 신세대에게 더 문제가 크다고 생각된다. 1990년대 신설된 많은 연극과로부터 본격적으로 졸업생이 배출되기 시작했고, 이들은 교육 결과 잘 만들어진 연극에 익숙해 있다. 본격화된 상업 대중 사회에서 어설픈 실험을 하기보다는 잘 만들어진 연극이 유리하기 때문이다. 한편 대학교육과정의 문제도 함께 거론해야 한다. 한국연극사나 전통 연희에 대해 가르치는 학교가 매우 드물기 때문이다. 설혹 가르쳐도 한두 과목에 끝나니, 전통을 배우고 전통에 익숙해질 기회가 거의 없다. 새 밀레니엄 이전에는 연극인 거의 모두가 아마추어였기에 전통을 감히 다룰 수 있었는데, 이제 본격적인 프로페셔널 연극 시대를 맞아서 잘 모르는 전통을 두려워했기 때문이다.

따라서 전통의 현재화는 국립창극단이 선도했던 시기이기도 하다. 창극의 현대화는 2011년 아힘 프라이어(Achim Freyer)의 〈수궁가〉로 최대 실험의 정점을 찍는다. '창극의 세계화에 도전'이란 기치를 내걸고 시도된 〈수궁가〉는 시각적 이미지가 현대적이며 추상적인 뛰어난 공연을 봤다고 할 수도 있기 때문이다. 그러나 판소리에 근거를 둔 〈수궁가〉의 공연이라면, 청각적으로 너무 큰 문제를 안고 있는 실험이었다. 정작 등장인물들의 창은 별 감동을 주지 못하고 배경음으로만 들렸다. 그러나 그 후에도 고선웅 연출의 〈변강쇠 점 찍고 옹녀〉(초연 2014)나 정의신 연출의 〈코카서스의 백묵원〉(초연 2015) 등 현재화 실험은 계속되었고, 옹켕센 연출과 안숙선 작창의 〈트로이의 여인들〉(초연 2016)은 판소리의 창과 비장미가 트로이의 여인들의 비극과 어우러져 해외에서도 실로 좋은 호응을 얻었다. 이렇듯이 창극은 판소리의 고정 레퍼토리에서 벗어나서 서구 정전과 한국 설화를 가리지 않고 창극의 현재화를 진행하였다. 여기에는 근래의 예술감독 유영대(2006~2011)와 김성녀(2012~2018)의 공로도 컸다.

국립창극단 이외에도 판소리계에서는 전통의 현재화가 부단하게 일어났다. 2008년 이자람의 창작 판소리 〈사천가〉가 국내외의 주목을 끈 후, 판소리계에는 계속해서 젊은 창작 판소리가 시도되었다. 국악뮤지컬집단 '타루'는 〈판소리 햄릿 프로젝트〉(2014년 초연: 송보라, 정지혜, 서어진, 최지숙 출연) 등을 비롯하여 꾸준히 판소리를 국악뮤지컬화하고 있으며, 최근 〈판소리 오셀로〉(2018: 임영욱 연출 박인혜 작창 및 소리)를 올린 창작집단 '희비쌍곡선'까지 새로운 판소리로 주목된다.

연극 쪽에서 전통과의 만남을 시도했던 젊은 연출가로는 이자람의 〈사천가〉를 연출했던 '극단 북새통'의 남인우, 탈춤의 원리와 정신을 기반으로 동시대의 관객을 만나려는 '천하제일탈공작소'의 신재훈, 〈멜랑꼴리 버라이어티쇼 '춘향'〉을 연출했던 이수인 및 창작집단 '희비쌍곡선'을 이끄는 임영욱 등이 새로운 신예로 떠올랐다.

그럼에도 불구하고 연극에서 전통의 현대화 운동은 1970년대 이래 가장 위축되었던 시기였다. 우선 많은 배우가 전통을 너무 모를 뿐더러, 전통을 접하기도 어렵다. 그런 의미에서 2018년 이성열 국립극단 예술감독이 야심차게 실행했던 〈연극동네 연희마당〉은 매우 의미 있는 행사였다. 앞으로 대학교육과정에 보다 적극적인 우리 전통 배우기가 정립되어야 하겠다. 전통의 현대화가 왜 중요하냐고 물을 수도 있는데 이는 우리 자신의 정체성이요, 세계무대에 등장할 수 있는 절대적인 자원이기 때문이다.

7. 결어: 전환기의 연극

2010년대의 연극은 공연 자체보다는 연극계의 변화가 두드러졌다. 즉 1990년대 말부터 우후죽순 생겼던 연극학과의 졸업생들이 점차 연극계의 주축으로 부상하는 시기였다. 이러한 변화는 연극계의 블랙리스트와 미투 사건으로 더욱 가속화되고 있다. 아직 주목할 만한 성과는 내지 못했으나, 그래도 이들에게 연극의 미래가 있다는 믿음이다.

연극의 상업주의 추종과 양적 증가는 더욱 두드러졌다. 극단의 상업적 자립도가 훌륭한 극단의 척도가 되면서도, 여전히 지원 없이는 공연도 없다는 것도 거의 기정사실이다. 연극의 양적 증가는 이제 한 평론가가 모든 연극계의 흐름을 파악하는 것이 거의 불가능에 가깝다. 그러하기에 평론도 연극계의 흐름을 집어내기보다는 한 작품의 리뷰에 머문 것도 사실이다. 더구나 평론가에 대한 표마저도 굉장히 인색해졌다. 그렇다면 누가 어떻게 연극계의 전체를 볼 수 있을까? 과연 어떻게 현 연극계의 이슈와 미학을 명명할 수 있을까? 미학적 이슈가 없는 연극이 어떻게 K팝이나 한류 드라마에 대항하여 목소리를 낼 수 있을 것인가? 그 실험을 평론가들이 새로운 미학과 융합의 제시로 선도해야 한다. 나무가 아닌 숲을 보는 혜안이 절실한 시점이건만 연극계에서 어쩐지 점점 소외되어 가는 평론을 느끼면서, 평론이 과연 연극 안에 있는가 묻고 싶다. 단순히 생각한다면 그 공연평을 안 썼는데 왜 티켓을 제공해야 하느냐고 묻겠지만, 사실 한 평론가가 어느 공연을 갈 때에는 잠정적으로 그 공연의 평론을 염두에 두고 있다. 뿐만 아니라 이러한 공연들이 쌓여서 전체적으로 어떤 흐름과 방향성을 집어낼 수 있는 것이다. 그렇지 않다면 누가 어떻게 연극계의 전체를 볼 수 있을까? 융복합시대를 맞이하여 예술은 어느 때보다도 인문학적 통찰을 요구하고 있다. 연극이 기초학문이라고 주장만 할 것이 아니라, 그 의무 역시 감당해야 할 것이다. 끊임없이 이슈를 제공하고 형식을 선도하는 예술이 되어야 하기에, 어느 때보다도 연극의 실험이 절실한 시점이다.

1

연극시론

다가오는 다원예술
제1회 스프링 웨이브 페스티벌

무용, 연극, 미술, 영화, 퍼포먼스 등 현대예술을 망라하는 다원 국제 예술제인 '스프링웨이브 페스티벌'이 올해(2007) 처음 개최되었다. 다원(Interdisciplinary)은 이제 생경한 용어는 아니나, 아직 구체적으로 다가오지 않는 용어라는 것을 이번 예술제를 통해서 다시 느꼈다. 보았던 대부분의 공연들이 어딘가 생경하여 그 분석이 힘들었으나, 한편 알 수 없는 강한 매력에 사로잡혔다. 그만큼 다원은 다가올 미래의 예술을 직감하게 하였으니, 그 실험적 제시로 인하여 이번 예술제가 우리 문화계에 던진 파장이 크다고 하겠다. 그리고 이러한 노력이 한 사람의 기획에 의해 실현된 것에 경의를 표한다. 이 예술제가 보다 연극과 관련을 맺는 공연들을 살펴보면 다음과 같다.

오프닝 공연부터 기대를 갖게 하는 작품으로, 윌리엄 포사이스의 〈흩어진 군중들〉이었다. 그는 전통 발레의 영역을 확장한 안무가로서, 프랑크푸르트 발레단을 떠나서 자신만의 독자적인 공연을 위해 베를린에서 '포사이스 컴퍼니'를 이끌고 있다. 미술관에 6,500개의 풍선을 풀어놓고 그 사이에서 무용이 진행된다는 기대를 모았던 이 공연은, 풍선만을 풀어 놓았을 뿐 공연은 불발로 끝났다. "무용이 다른 분야에서도 유용한 이론의 원천이 되었으면 좋겠다"는 포사이스의 인터뷰 때문에도 공연의 불발은 더욱 아쉬움으로 남았다. 미술관을 가득 채운 투명한 풍선 자체만으로도 하나의 미술이 될 수 있겠으나, 공연의 불발에 대한 아무런 설명조차 없었던 주체 측에 대해서 의아하기조차 했다. 이러한 운영의 미숙은 이번 축제가 가졌던 가장 큰 결점이었다. '개념(Concept)'는 좋으나 이를 뒷받침하는 실체가 미비했던 점은 곳곳에서 드러났다.

로메오 카스텔루치의 〈Hey Girls〉의 시작은 충격적일 만큼 감동이었다. 어두운 조명 아래에서 테이블에서 무너져 내리는 사람 형체의 진흙 덩어리는 마치 실체인 인간이 녹아내리는 느낌이었다. 그 낡은 형체를 안에서 서서히 한 인간이 움직이는데 이는 새로운 탄생이었다. 그 여자는 갓 태어난 아기처럼 세상을 겪어 간다. 그 사이 여자는 옷을 입고 가면을 쓰고, 자신을 타자로서 만난다. 이제 여자는 다시 자신의 가면을 쓴 검은 몸의 여자를 무심한 남자들 사이에서 구출한다. 검은 여자는 곧 여자의 분신인 양 그녀의 슬픔을 온몸으로 재현하고, 이들은 이미지로 서로를 쓰다듬는다. 이제 여자는 검은 몸을 은색으로 칠한다. 빛조차 튕겨나가는 빛나는 은색은 하나의 견고한 성역이 된다.

굳이 줄거리를 추려본다면 한 여자의 출생과 성장 과정 그리고 그 깨달음이라고 하겠지만, 이러한 의미의 추출은 공연을 감상하는 데 별 도움이 되지 않는다. 아리스토텔레스적인 로고스에서 해방되어, 순간순간의 이미지와 몸이 엮어내는 감각이야말로 우리 안의 깊은 의미를 일깨운다. 그 빛과 질감과 색조는 끊임없이 변하는 이미지를 창조하면서, 이미지들은 서로 부딪히며 또 다른 이미지를 생성한다. 그러하기에 대조되는 검은 여자와 여자는 같은 분신일 수 있으며, 이미지는 삶 속의 '깊고 날카롭게 찢겨진 틈'일 수 있다. 결코 편안하지 않았던 이미지의 연속을 어떻게 연결지을까라고 궁리하는 중에 공연은 끝난다. 그리고 그 이미지들이 모두 감탄스러웠던 것도 아니다. 여자가 옷을 입고 나서부터는 그 이미지가 너무나 가벼워져서, 초반의 장중한 감각을 무너뜨렸다. 마지막 은색으로 변하는 검은 몸으로 만회하기에는 무언가 부족했던 느낌이었다. 그러나 분명히 공연은 완전히 다른 경험이었다. 시종 공연은 생각이 미처 따르지 못하면서도 본다는 것에 매달리기에 바빴다— 그것이 현실이면서도, 그것을 깨닫기까지 우리는 얼마나 '논리(logos)'에 얽매어 있었던가? 이 논리 밖 세상의 경험이야말로, 굳이 포스트드라마를 거론하지 않더라도 〈Hey Girls〉가 우리에게 준 감동이 아니었나 싶다.

'스프링웨이브 페스티벌'의 또 다른 목표로 "세계가 주목하는 국내 작가를 배출해 내는 데 그 의의를 가진다"라고 했다. 이런 의미에서 안은미와 홍성민의 공연은 주목되었다. 물론 이미 신인들은 아니나, 이들을 하나로 묶어서 한국 내의 새로운 움직임을 주목하게 하는 계기가 되었다. 안은미의 〈말할 수 없어요〉는 현대사회의 소통 문제를 다룬 듯하다. 두 명의 가수는 사각 철조망으로 갇힌 무대를 돌며 노래하고, 철조망 안에서는 무용수 안은미의 다양한 몸짓이 계속된다. 무엇인가 끊임없이 이야기는 하고 있는데, 들리지는 않기에 말할 수 없는 것이 아닌가? 기성의 무용의 범주를 넘은 공연으로, 음악과 설치미술이 어우러진 퍼포먼스였다고 하겠다. 그러나 음악과 미술은 부가적이었으며, 안은미의 무용 자체가 기성 무용의 Norm을 넘는 것이 아닌가 싶다.

홍성민의 〈오페라의 유령〉은 보다 적극적으로 영상과 배우의 몸을 뒤섞어서, 현실과 비현실을 경계 없이 보여주어 초현실주의 퍼포먼스를 경험한 듯했다. 장소특성적(Site-Specific) 작업임을 보여주듯이, 아르코 대극장을 주차장으로 입장해서 객석을 비워 무대의 일부로 활용하고 아르코 극장 무대에서 공연되었으나, 반드시 그곳이여야 하는 장소적 당위성을 살리지는 못했다. 공연은 세 부분으로 구성되었는데, 우선 녹음을 통한 내레이션이 그 하나요 나른 하나는 영상이미지이고, 다른 하나는 배우들의 연기로 펼쳐지는 이미지들이다. 공연에서 이 세 부분은 직접적인 연관은 없지만, 깊은 상관성을 띠면서 진행되었다. 내레이션은 공연의 틀을 만들어 주었는데, 사실 이러한 틀이 없이도 가능한 공연이었다. 오히려 그냥 이미지들만을 제시했더라면 좀 더 실험적인 공연이 되지 않았을까? 영상은 돼지 이미지와 일상의 표현으로 초현실적 분위기로 공연을 인상적으로 끌고 갔다. 가장 많은 부분을 차지했던 무용수와 배우들의 동작 역시 일상과 초일상으로 대조되었으며, 어떤 논리적 의미나 전통적인 연극의 구조를 배제하였다. 이들은 하나의 오브제화되어서 다양한 변형을 선보이며, 그들이 만들어내는 이미지들을 제시하였다. 아직 완성되었다고는 할 수 없는 공연이었으나, 연출자의 전작인 〈이상한 나라의 앨리스〉에서보다 한층 더 나가서 복합예술로의 가능성을 보여주었다. 한국에서 진정 다원예술의 시발을 알리는 공연이 아니었나 싶다.

'스프링웨이브 페스티벌'은 이러한 예술의 다원적인 복합에서 나아가서, 최첨단인 테크놀로지를 활용한 예술도 선보였다. 이것이 바로 UCIRA(캘리포니아대학 예술연구소)와 서울을 인터넷으로 연결지어서, 복합 영상과 음악을 보여주는 시도가 아니었던가 싶다. UCIRA에서 보내는 영상을 받아서, 서울의 예술가가 자신의 이미지와 이를 섞어가며 새로운 이미지를 창조하여 보여주었다. 기술적 문제로 중간에 중단되기는 하였으나(기술의 어려움을 다시금 확인하지 않았던가?), 이는 새로운 가능성이다. 이러한 시도를 진정 어떤 예술로 정착시킬 것인가는(아직 그 수준에 있어서 고도의 예술로는 평가하기 힘들었다.) 차후 좀더 고민하여야 하겠지만, 공간을 극복하여 가능한 예술이라는 점에서 시사하는 바가 크다.

미래의 예술, 미래의 장르— 이는 이번 '스프링웨이브 페스티벌'이 우리에게 던진 화두이다. 아직 운영의 문제점을 보여주기도 하였으며 공연이 모두 감동적인 것은 아니었으나, 안목과 그 개념이 놀라운 예술제였다고 하겠다.

(한국연극, 2007. 7)

한국의 창작극에도
포스트드라마는 시작되었는가?

올 연극계를 돌아볼 때 어떤 경향을 한마디로 정리하기란, 수많은 공연들을 생각할 때 참으로 난해하다. 그러나 몇몇 창작극이 새로운 변화를 예시하며, 우리 연극에서도 소위 포스트드라마의 출발을 알리고 있다는 생각을 하게 한다. 실로 극작계에서는 최근 세대교체가 일어나고 있다. 근년 차범석 선생님이나 이근삼 선생님 같은 원로 극작가들이 세상을 뜨신 것은 물론, 극작가로 자리를 굳히신 분들의 신작을 쉽게 보기 힘들다. 아니 신작이 발표되었다 하더라도 주의를 끌지 못한다. 반면 신진 극작가들이 조용히 등장하고 있다.

이들은 최근 몇 년 사이 주로 일상성의 부각에 집중했다. 중심과 주변이 없는 포스트모던 사회답게, 어떤 거대 담론보다는 개인사적 소소한 일상을 매끈하게 그려왔다. 잘못되지는 않았으나 딱히 감동도 미미하기에, 필자는 이들을 탈중심 연극의 모색으로 간주했었다. 대학로에서 올해도 무수히 올려진, 행복하고자 하는 보통 남녀의 사랑 이야기가 있다. 가령 〈그남자 그여자〉(이미나 작, 김종연 연출)는 사랑에 관한 오늘의 멜로드라마이기로, 두 쌍의 연애이야기와 해피엔딩—이런 류(類)의 연애물은 대학로에 수없이 많다. 원작 인기라디오 드라마라는 대중 미디어의 성공을 등에 업고 데이트족들을 끌며 약간의 (혹은 많은) 흥행에 성공하는 연극—80년대에 번성했던 에로물을 대신하는 흥행극이라고 하겠다. 손쉬운 인터넷이 에로물을 대치하면서 (인터넷의 여인은 흥행극에서 보다 훨씬 미녀이며 유명인이고 노출 역시 파격적이며, 관객은 자유롭고 은밀하다.), 대학로 공연의 주요한 일부분을 차지하고 있다. 뿐만 아니라 '대중성'이란 중대한 포스트모던한 가치 때문인지, 흥행극을 내걸지 않았어도 별 차이는 없다. 최근 주목받았던 작가 장유정의 〈멜로드라마〉 역시 있을 것 같지 않은 두 쌍의 사랑 이야기로, 이를 의식한 듯 작가는 '사랑은 이성 밖의 감정' 이라고 부연하고 있다. 즉 대학로에는 소소한 사랑과 일상의 이야기가 어느 덧 주류를 이룬 듯싶다. 그러나 그 사소해진 일상만큼 연극의 위상역시 사소해지는 것은 아닌지? 뿐만 아니라 주제는 개별화되고 다원화되는 사회의 거대한 흐름이라고 간주하더라도, 대다수의 일상성이 일상과의 거리두기를 통해서 객관화되지 못하고, 직설적이거나 판타지에 흐르고 있다.

이러한 대다수의 공연들에 반하여, 몇몇 공연에서 아직 미약하지만 분명히 새로운 연극성이 등장하고 있다. 그 가장 큰 특징을 한마디로 말하라면, 서구 전형적인 서사 구조에의 변형이라고 하겠다. 즉 기성의 드라마를 이탈하면서 새로운 글쓰기가 시작되었으니, 이들의 몇몇 특징을 살펴보면 다음과 같다.

1. 전통 서사 구조의 이탈 혹은 파괴

사실 서사 구조의 파괴 조짐은 어제 오늘의 일이 아니다. 서사 구조의 파괴는 우리 전통의 현대화 문제 이후 꾸준하게 추구되어 왔다. 그러나 최근의 시도는 에피소드의 연결을 넘어서, 상징적 의미나 새로운 구조를 시사하고 있다. 우선 〈열하일기만보〉(배삼식 작, 손진책 연출)는 매우 독특한 형식으로 실존적 문제를 집요하게 제기하고 있다. 이야기는 "기이한 것 좋아하세요?"라는 서두와 같이, 실로 기이한 이야기이다. 줄거리를 요약해보려 했으나, 어떻게도 〈열하일기만보〉의 적절한 줄거리는 되지 못할 것이다. 즉 이야기는 외형적으로 서사 구조의 형식을 따른 듯하면서도, 결코 그 구조에 맞지 않는 황당한 이야기이기 때문이다. 즉 이야기 기표와 기의는 꼬리를 물면서, 쉽게 그 기의를 내색하지 않기에 이야기는 상징이 되고, 그 상징은 연암의 가르침인 듯하면서도, 모든 존재 내부의 실존과 맞물리고 있다. 존재 그 자체가 참을 수 없는 불온함은 아닌가? 황당한 짐승에, 황당한 어사에 온 마을이 뒤끓더니, 다시 황당한 황제가 등극한다? 서사 구조의 핵심이 인과율이요, 인과율(원인과 결과)은 궁극적으로 이성적 사고임을 생각할 때, 〈열하일기만보〉는 서사의 파괴요 선문답(?)의 시작이다. 연극이 존재에 대한 선문답일 때, 이야말로 새로운 형식이 아니고 무엇이랴?

〈착한 사람, 조양규〉(배삼식·김동현 작, 김동현 연출)는 서사의 파괴라기보다는 서사 구조 거꾸로 가기로 표현될 수 있다. 죽은 뒤 8개월 만에 썩은 시체로 발견된 조양규의 행적은, 시간을 역행하여 추적된다. 그러나 조금 더 자세히 보면, 이러한 일련의 시간을 역행하는 사건들은 앞뒤 설명 없이 마치 이미지 조각처럼 나열되어 있다. 조양규의 흔적이라는데 각 에피소드 간에는 아무런 인과관계가 없이, 조양규가 아닌 각기 다른 사람들의 이야기라도 아무 상관이 없을 만큼 동떨어진 삶의 편린들이 보인다. 아마도 공통점이라면 가난하고 소외되었으나 착한 사람이라는 정도일 것이다. 그러므로 존재를 찾아가는 조양규 찾기는 오히려 그의 부재를 더욱 확인시키며, 그 사이 존재 없는 무수한 착한 사람들을 만나게 된다. 그리고 이들은 창경원에서 날아갔다는 홍학에 비유된다. 억매인 틀을 벗어나 자유롭게 비상하는 홍학이,

부재인 듯 존재하며 억눌리고 살아온 조양규나 그 무리 사람들의 자유의 비상을 상징하는가? 그 연결고리마저 작품은 거부한다. 왜냐하면 발견된 한 홍학이 그때 창경원에서 날아간 그 홍학인지조차 확인할 수가 없기 때문이다. 서사 구조에서 보면 참으로 싱거운 이야기일 수 있다. 작품은 서사 구조의 시간을 거꾸로 돌리고 조양규라는 존재 찾기를 통해서, 오히려 부재를 부각시키며, 존재에 대해 사유한다.

2. 그림으로 연극하기

〈그림같은 시절〉(정영훈 작, 박상현 연출)은 마치 조선시대 풍속화를 보는 듯하다. "혜원의 그림에서 영감을 받아 이야기를 만들었다"는 이 공연은, 그림 속의 인물들이 사랑을 한다. 작품은 17개의 그림으로 시작한다. 전체적으로 두 쌍의 사랑이야기라고 할 수 있으나, 사실 그것이 반드시 그 두 쌍의 이야기일 필요는 없다. 공연은 풍속도가 하나 보이고, 이어 그림에 대한 설명의 드라마가 재연된다. 가령 첫 장면은 가마 타고 가는 기생의 뒤를 한 서생이 쫓는 그림이 비치고, 결국은 그 기생 해어수와 선비 수석은 함께 꽃구경을 나선다. 둘째 그림은 사내들이 싸우고, 기생이 구경을 한다. 이 그림은 기생 해어수를 두고 꽃구경 갔던 선비 수석과 실력자 풍원과의 싸움으로 해석된다. 즉 연출의 말대로 "전통적 의미에서 드라마적인 연결이 되지 않고 있다. 전체적으로 내러티브가 형성돼 있기는 하지만 각 장면은 독립적인 에피소드로서 시작과 끝을 분명히 갖고 있다." 사실 이 공연은 그림과 의상이 눈길을 가장 끌었지, 이야기는 별 흥미의 대상이 아니다. 즉 연극으로 17개의 풍속화를 감상하기라고 해야 할 것이다. 연극의 그림 읽기라고나 할까? 바로 그런 의미에서 장르 합성의 시작이라고 여겨진다. 연극과 미술의 즐거운 만남이었다.

3. 복합 내지 다원예술을 향하여

〈체 게바라〉(황지수 작, 장소익 연출)는 남미의 의사 혁명가를 빌려서 혁명을 이야기하는데, 가난한 이들의 우정과 연대에 대해 말하는 듯싶다. 주제보다는 형식이 눈에 뜨이는데, 공연은 그림자극과 노래(음악)과 가면과 관객참여 및 공감각을 총동원하고 있다. 그림자극으로 보여준 남미의 혁명과 무대 뒤편에서 기타 생음악으로 부르는 노래, 그리고 객석에 불이 종종 켜진다. 객석에 밝혀지는 불은 관객의 참여를 유도하고 연극적 환상을 깨기 위한 시도로 보인다. 뜨거운 떡이 객석에 돌려지고, 그 구수한 냄새가 후각마저 자극한다. 전날 마당극의 시도라고도 보이지만, 그것과는 다른 보다 적극적인 내러티브 서사의 파괴와 다양한 범주의 예술이 동원된다. 라틴 음악과 한국의 민요도 묘하게 어우러지며, 민중의 세계화를 연상시킨다. 다양한 가면도 복합적인 연출의 의도를 읽게 한다. 전체적으로 공연은 아직 어설펐지만, 돌파구를 찾는 마당극의 한 대안일 수 있겠으며, 확실히 연극에서 복합예술로 향하는 다양한 아이디어들이 돋보였다.

〈오페라의 요령〉(홍성민작, 연출)은 적극적으로 영상과 배우의 몸을 뒤섞어서, 현실과 비현실을 경계 없이 보여주어 초현실주의 퍼포먼스를 경험한 듯했다. 공연은 세 부분으로 구성되었는데, 우선 녹음을 통한 내레이션이 그 하나요 다른 하나는 영상이미지고, 다른 하나는 배우들의 연기로 펼쳐지는 이미지들이다. 공연은 어떤 논리적 의미나 전통적인 연극의 구조를 배제하였다. 배우들은 하나의 오브제화되어서 다양한 변형을 선보이며, 그들이 만들어내는 이미지들을 제시하였다. 내러티브를 건너뛴 어떤 예술적 감흥이 전달되어 왔으며, 미술이나 영상과는 다른 공연의 묘미를 가졌다. 영상과 무용과 언어가 만나며 일상과 초현실이 공존하는 공연에서, 복합예술 혹은 다원예술의 의미를 읽을 수 있었다. 진정 한국에서 다원예술의 시발을 알리는 공연이 아니었나 싶다.

〈오늘 같은 날〉(공동구성, 남긍호 연출) 역시 상식적 연극 규범을 벗어나는 공연이다. 사회적 실천과 참여로서의 공연예술을 주장하며, 종로공원에서 노인 문제를 생각하며, 공연을 위해서 종로구에서 집회신고를 하고, 58시간 동안 배우들이 종묘공원에서 상주하며 일어나는 이벤트이다. 공연 자체는 이상한 분장을 한 배우의 간단한 마임, 음악이며, 아마도 가장 큰 공연은 노인을 참여시키며 만들어가는 〈신 이수일과 심순애〉일 것이다. 성공적인 공연은 아니었으나, 본격적인 장소특성적(Site-Specific) 공연의 새로운 시도이며, 사회참여를 통한 연기자와 관객의 경계 허물기의 좋은 예이다.

이상과 같은 새로운 조짐들은 아직 연극계의 주류를 형성하지는 않는다. 그러나 이러한 조짐들이 차기 연극을 이어갈 젊은 극작가들에게서 일어나고 있으며, 이제 그 조짐들에 주목해야 하겠다. 왜냐하면 이들은 세계 연극의 새로운 조짐들과도 우연인지 일치하고 있기 때문이다. 이러한 새로운 조짐은 서서히 그러나 확실히 드러나고 있다고 하겠다.

(2008. 12)

동시대적 연출과 그 의미
2010 세계 국립극장 페스티벌 해외초청작의 기대

〈세계 국립극장 페스티벌〉이 올 가을이면 벌써 제4회를 맞게 된다. 그간에는 국립극장만이 견지할 수 있다고 할 보수적 입장에서, 주로 고전극들이 우리에게 소개되었다. 그러나 올해는 새로운 세계 국립극장을 선보인다. 현대극의 거장 로버트 윌슨이 연출한 베케트의 〈Krapp's Last Tape〉을 비롯하여, 포스트 모더니즘적으로 해체 재구한 헝가리의 셰익스피어 〈오델로〉나 슬로바키아의 〈탱고〉 및 일본 교겐으로 재해석한 셰익스피어의 〈실수 연발〉이 소개된다. 이러한 공연의 경향들은 동시대 시각으로 바라본 연출이며, 모더니즘과 포스트모더니즘의 경계를 넘나들게 된다.

모더니즘과 포스트모더니즘의 관계는 말 그대로 'post'의 연관성이다. 즉 모더니즘의 경향을 일부 수용하면서도, 그 이후를 이야기한다. 따라서 이들은 밀접하게 연관되어 있으면서도 서로 다르다. 가령 모더니즘이 전통의 관습과 기계화가 만든 대량 생산에 대해 강력하게 저항하면서 개개인의 해방을 선언했다면, 포스트모더니즘은 모더니즘의 엘리트주의와 그 새로운 권력에 대항한다. 모더니스트들은 궁극적인 유토피아를 그렸던 반면, 포스트모더니스트들은 리얼리즘, 모더니즘 그리고 후기 산업사회에서 새로운 미학과 삶을 탐색한다.

그리하여 공연에서 모더니즘은 연기자와 역이 분리되었으며 리허설의 목적은 그 양자의 결합이었던 반면, 포스트모더니즘은 연기자와 역이 분리되고 공연 시에도 그 분리는 계속된다. 즉 모더니즘 공연이 서사(Narrative)와 이야기의 간헐적 해체를 시도하는 데 집중했다면, 포스트모더니즘은 정보 단위들(Information bits)만이 나열된다고 하겠다. 즉 전자는 아직 전통적(Traditional)인 반면, 후자는 구술적(Oral)이다. 모더니즘에서 예술가들은 한 공연을 위해 임시적으로 모이는 개인들이라면(즉 개개인은 각자의 케리어를 가진다), 포스트모더니즘에서는 전체적으로 집단적 그룹의 양상을 띠는 경우가 대부분이다. 모더니스트들은 사회 정치 경제적 질서에 관해 관심이 많으며 동시에 비판적인 경우가 많으나, 포스트모더니즘주의자들은 대부분 비정치적이며 비이데올로기적이고 개인적인 관심에 집중한다. 가령 이번에 공연될 베케트는 인간의 핵심과 실존에 집착한다는 점에서 마지막 모더니스트이자, 부조리의 형식화라는 점에서 포스트모던 연극의 길을 열었다고 하겠다. 연기 역시 모더니즘은 어떤 기교를 유지하는 것이 미덕이며 즉흥연기에도 일정한 법칙이 있는 경우가 많으나, 포스트모더니즘은 예정된 형식을 거부하니 어느 때는 엄격하고 어느 때는 느슨한 연기를 수행한다. 모더니즘이 엘리트적 개인에 몰입하여 관객을 무시하다시피 일방적인 이해를 요구하는 반면, 포스트모더니즘은 다발적인 시각과 행위를 통해서 관객들이 스스로 자유롭게 해석하기를 바란다. 어느덧 관객은 의미의 중심에 서게 된 것이다.

그러나 동시에 유사한 점도 많으니, 우선 모더니즘과 포스트모더니즘은 모두 이야기가 지배하는 지배서사(Master-Narrative)를 거부하며 재현의 미학을 반대하였다. 또한 이들은 모두 독창성을 미덕으로 간주하였으며, 재현의 미학에서 강조했던 드라마틱 텍스트(Dramatic Text)를 넘어서 퍼포먼스 텍스트(Performance Text)를 선택하였다.

이들은 인과율을 배척하며, 불연속성과 이질성이나 왜곡 등을 우리 삶의 일부로 받아들였다.

이러한 특징들이 이번 페스티벌 공연에서도 잘 드러난다. 가령 이번에 초청된 로버트 윌슨은 모더니스트답게 상상력을 신봉하면서도, 인간의 의식과 무의식은 이미 부유하는 이미지에 익숙해 있다는 사실을 수용한다. 그러하기에 통일된 주체나 자아로 재현될 수 없는 분열된 정신적 이미지를 콜라주 기법으로 보여주어 왔다. 따라서 배우의 행위는 하나의 의미로 종합될 수 없는 다중성과 다층성을 갖고 있다. 이러한 시각적 이미지 관철을 위해서 배우들의 주요 동작은 느린 동작과 부동자세이거나 반복적이다. 즉 배우들에게 미니멀한 움직임을 요구하는데, 가령 서 있거나 앉거나 눕거나 퇴장하기 같은 단순한 동작들이 반복된다. 혹은 아주 비일상적인 움직임들도 요구하는데, 가령 밧줄에 매달려 있다든지 사다리 위에서 균형을 잡는 행위 등등 다양하다. 그리고 이러한 반복을 통해 전통적인 연기 기술을 제거하도록 유도된다. 그러므로 윌슨의 연기, 신체 지도는 감정이나 생각 표현에 무관심한 움직임의 방향만을 제시하는 경우가 대부분이다. 또한 로버트 윌슨은 공간 역시 시간과 밀접하게 관계되어 있다고 말한다. "그 공간은 시간으로 가득 찬 어떤 공간이다. 나는 영원한 초시간성을 말하는 것이 아니라 기억들이 차지하고 있는 어떤 공간에 대해서 말하고 있는 것"이라고 한다. 이는 상대성 원리와 연결되는 시공간이다. 즉 같은 속도로 운동하는 두 물체는 서로 멈추어 있는 듯이 보이며 서로의 시간은 같게 되나, 동시에 제3자에게는 엄청난 속도로 이동하는 물체를 보게 되며 경험하는 시간은 그것들과 다르다. 뿐만 아니라 청각적 이미지 창출을 위해 음향과 분절된 언어의 사용, 신체 부착 마이크, 확성기, 녹음기 등이 사용된다. 이번에 초청된 〈Krapp's Last Tape〉은 베케트의 원작에서도 녹음기 사용이 중심에 있는 만큼 다양한 청각적 이미지가 기대된다. 녹음된 소리로 분절된 정체성이나 내면적 대화가 가능하기 때문이다. 궁극적으로 윌슨은 자신의 의미를 부여하고 강요하기보다는 관객 각자가 의미와 재미를 찾기 바라기에, 우리 관객들도 적극적으로 그 숨겨진 의미의 파편들을 찾아야 할 것이다.

이는 이번 헝가리의 〈오델로〉 역시 전통적인 〈오델로〉를 기대해서는 안 됨을 알려준다. 배우들의 연기는 신체 움직임이 강조되고 유난히 분절되었다. 일례로 데스데모나를 맞으며 오델로는 일상적으로 보기에는 너무 길고 긴 포옹을 하는데, 이는 그 장면을 분절시키는 동시에 후반에 올 무서운 질투를 연상하게 한다. 캐시오의 싸움 장면 역시 필요 이상의 폭력성이 보이며, 공연 전반에 신체성이 강조된다. 대사는 중간 중간 독백과 대사로 분절되면 이어지는데, 이는 일상적 대사와는 다른 음향적 효과마저 갖는다.

슬로바키아의 〈탱고〉 역시 정형화된 공연의 스타일이 확연하다. 바닥까지 백색의 무대로 공간이 우선 과장되었음을 느끼게 하며, 연기 스타일 역시 과장된 정형성을 갖는다. 대사는 독백같이 단절되었으며, 연기자들을 상대방과 주고받는 교류보다는 자신의 행동에 몰두한 듯싶다. 독일 칼스루에 국립극장의 발레 〈한 여름 밤의 꿈〉 역시 정통 발레와는 다르게 신체성이 강조되었다. 거의 나체로 등장한 무용수들의 완벽에 가까운 몸은, 몸이 말하는 언어를 느끼게 한다.

이렇듯이 이번 세계 국립극장 페스티벌의 해외초청작은 오늘 공연의 흐름을 읽게 한다. 모더니즘에서 포스트모더니즘에 이르는 다양한 공연의 소개는 이번 페스티벌을 더욱 흥미롭게 할 것이다. 연극을 통해서 새로운 시대를 읽게 하고 그 미래를 예견하게 하는 역할도 국립극장의 주요한 소명 중의 하나일 것이다. 익숙하지 않아서 난해하다고도 생각될 수 있는 이번 세계 국립극장 페스티벌을 읽는 주요한 키워드는 '관객', 즉 나 '자신'일 수 있다. 어떤 이야기를 강요하지 않는다고 해서 전해오는 느낌이 없는 것은 아니다. 쉽게 생각하면, 다양한 의미와 볼거리 중에서 자신에게 다가오는 어떤 것을 담아서 가슴에 품으면 된다. 강요된 이야기가 아니기에 더욱 관객은 자유로울 수 있다. 그렇게 내게 다가오는 느낌이 바로 그 공연일 수 있다. 이러한 개인화, 개별화를 통해서 소위 현대의 수용미학이 완성되며 포스트모더니즘의 다발성이 빛을 발하는 것이다. 실로 다양하게 해석되고 다발적으로 표현되는 공연의 다중성을 그냥 '열린 마음'으로 즐기면 된다. '열린 마음'은 새로운 경험이며 바로 그 경험을 즐길 때, 전에는 느끼지 못했던 새로운 감상의 세계가 열리는 것이다. 가령 세기의 거장 로버트 윌슨이 베케트의 녹음 소리를 어떻게 다양하게 할는지, 그리고 그 소리들은 어떤 새로운 경험을 하게 할지, 이미 필자는 지금부터 기대하는 마음에 설렌다.

(미르, 2010. 9)

다양한 협업과 국제화
2011 게릴라극장 해외연출가 기획전

1. 서어: 25주년의 연희단거리패와 새로운 국제화의 시도

2011년으로 연희단거리패가 벌써 25주년을 맞았다 한다. 시작 작품이었던 〈시민 K〉나 〈오구〉부터 연극계에 돌풍을 몰고 온 극단이기에, 항시 눈여겨보며 젊은 극단으로 생각했는데 어언 25년이 흘렀나 보다. 그간 연희단거리패는 우리 연극계를 앞서서 항시 새로운 경향을 선보이며 화제를 불렀다. 게릴라라는 극장명처럼 그들은 항시 문화 게릴라였다고 생각된다. 연희단거리패가 행했던 공연을 몇 가지로 분류해 본다면, 우선 전통의 재창조가 있겠으며 여기의 대표작으로는 〈오구〉, 〈바보 각시〉, 〈산너머 개똥아〉, 〈문제적 인간 연산〉, 〈시골 선비 조남명〉, 〈아름다운 남자〉 등을 꼽겠다. 이들 모두 각기 문제작으로 우리 연극사에 남을 공연들이다. 뿐만 아니라 고전 소위 정전의 재해석도 서슴지 않았으니 해외 고전의 한국적 해석으로는 〈햄릿〉이나 〈떼도적〉 등을 들겠으며, 〈청바지를 입은 파우스트〉나 〈우리시대의 리어왕〉 같이 대담한 번안들도 있었고, 한때 우리 가극을 살리기에 힘쓰기도 했다. 이 외에도 우리 창작극의 정전화에 힘썼으니 〈비닐하우스〉나 〈살아있는 이중생 각하〉 등 다양하게 공연했으며, 〈하

녀들〉, 〈수업〉 등등 번역극 역시 만만치 않다. 연희단거리패의 거의
모든 공연들은 우리 연극계에 화제를 던졌다 해도 과언이 아닐 것이
다. 실로 전방위적 문화 게릴라라는 생각을 하게 되며, 항시 그 넘치
는 에너지에 감탄할 뿐이다.

　이러한 에너지로 연희단거리패가 25주년을 맞아 해외 연출가전을
기획했다. 이는 2000년 이후 급속하게 국제화되는 시대에 부합하는
기획이라고 사료된다. 과거 국립극장을 제외하고는 감히 엄두를 내지
못했던 기획인데[1], 그때는 주로 알려진 연출가 위주로 불러서 연기자
들이 그의 지시에 따르기에 급급했다. 그러나 이번에는 젊은 연출가
를 위주로 불러서 우리 연기자들과 함께 작업해 가는 과정에 역점을
두었다. 연출가가 장시간 머무르며 연기자들과 함께 생활하여 만들어
간 작업이라는 데 의의가 크다. 실로 본격적인 협력 작업을 표방했으
며, 국제화 시대를 더욱 가속하는 작업이었다.

2. 〈맥베스〉

　〈맥베스〉의 경우 영국 국립극장 스큐디어 출신의 연출가 알렉산더
젤딘과 무대미술가인 사말 블랙을 초청하여 함께 작업하였다. 영국
국립극장 예술감독 퍼니 모렐의 추천을 받은 모두 신예 젊은 연극인
들이다. 즉 외국 기성 연출가의 눈을 빌려 촉망되는 젊은 연극인을
수용한 것이다. 뿐만 아니라 두 젊은 연극인은 약 70일간 밀양 연극촌

---

1 예외로 극단 목화의 경우 가까운 일본에서 연출가를 부르기도 했는데, 주로 개
　인적인 친분 관계였다. 진정한 협력 관계라기보다 초청이나 초청 연출이라는
　것이 옳다. 이후 일본과의 합작 공연은 〈강 건너 저편에〉 등 간간이 있어어
　왔다.

에 머물며 연희단거리패의 배우들과 공동작업을 하였다. 이러한 선정과 준비 과정은 훌륭한 공연으로 나타났으니, 과거의 어떤 〈맥베스〉보다도 참신하며 독창적인 〈맥베스〉를 선보였다.

우선 공연에서 좁은 게릴라 극장을 그토록 넓게 사용할 수 있는 것에 놀랐다. 무대 뒷 벽면에 삼분의 이 높이가량에 단을 만들어 이층으로 활용하거나, 여기에 블라인드를 쳐서 다양한 영상을 비추기도 했다. 아래층에는 넓은 식탁이 위치했다. 즉 〈맥베스〉를 실내에서 일어나는 사건으로 압축했음에도 불구하고 무대의 동선이 넓고 비디오를 활용하여 시각적 변화가 다채로웠다.

공연의 시대적 배경은 현대로 옮아왔다. 맥베스는 현대의 군인으로 그려졌으며, 등장인물들은 모두 현대 옷을 입고 행동한다. "현대 사회에서 우리들은 대부분의 시간을 실내 조명 아래, 자연과 단절된 채 TV나 영상에 의지한 삶을 살아가고 있습니다"라는 무대미술의 말처럼 익숙한 거실이지만, 이는 밀폐되고 부자연한 공간이기도 하다. 이층 블라인드에는 다양한 영상을 투영하여 실재적 공간의 한계를 넘어서 폭력성이나 상상력을 돋우며, 현대 사회의 분위기를 만들었다.

실로 이번 현대적 해석에서는 〈맥베스〉에 내재하고 있는 폭력을 강조한 듯싶다. 폭력은 일상의 한 부분이 되었으며 계속되는 살인으로 드러나고, 종국에는 국가와 가정, 그리고 나아가서 맥베스 자신을 파괴한다. 평화로운 맥베스 집으로 공연이 세팅되어 있지만, 바로 그 표면 밑에는 욕망의 이글거림과 폭력이 내재해 있음을 비디오를 통해서 극명하게 보여준다. 그 폭력의 내면은 야망과 기대로 가득 찬 '미래'가 동인(動因)이 되고 있다고 하겠다. 맥베스 부인의 말처럼 바로 그 '살 수 없는' 미래를 살려고 맥베스는 폭력을 계속한다. 그러나 이 폭력은 결국 욕정적으로 표현되는 둘의 사랑도 파괴해 간다. "제 생각에, 던컨의 살인이야말로 모든 커플에게 공통적인 희망의 변화된 양식이라 생각합니다"라는 연출의 말처럼, 이들은 함께 꿈꾸고 초자연적인 힘이나 운명에 기대어서 결국 스스로를 잃은 것이다. 이러한 운명이나 혹은 신은 역시 비디오로 투영된다. 바로 이 다양한 비디오 투영이 밀폐된 공간임에도 불구하고 그 너머의 자유로운 공간을 넘나들며 무대를 확장하는 것이다.

뿐만 아니라 현대적인 해석은 〈맥베스〉를 심리극으로까지 옮겨 놓았다. 즉 맥베스와 부인의 심리적 변화를 집중적으로 추적하며, 이들의 야망이 점진적으로 불안을 거쳐 광기로 변하는 과정이 세세하게 다가왔다. 그러하기에 그들이 믿었던 초자연적인 힘이나 운명의 예감은 사실은 미미하거나 환상에 불과하다. 세 마녀는 아주 평범한 현대 인물들로 등장하며, 이들의 예언 장면도 별 기억에 남지 않도록 미미하게 만들었다. 사실적 심리를 위해 〈맥베스〉의 한 명장면을 생략한 셈이다. 맥베스 역의 윤정섭과 부인 역의 김소희는 호흡을 맞추며 그들의 심리를 긴장감이 고조되게 묘사했다. 특히 자유롭고 과장된 듯 농염한 김소희의 연기는 실로 공연의 중심을 잡아 주었다. 〈맥베스〉는 실은 이들의 심리 속에서 탄생한 비극임이 새삼 다가왔다.

이러한 〈맥베스〉 공연을 연출은 '국제적'임을 강조한다. "이것은 영국판 맥베스도, 한국판 맥베스도 아닙니다. 우리 세대의 가장 중요한 점 중의 하나는 우리의 문화가 국제적이고 이런 식의 국제적인 협력작업이 더 가능해졌다는 것"이 중요하다고 강조한다. 뿐만 아니라 연출은 "이 모든 작업을 통해 흥미로운 것은 셰익스피어에의 접근이 얼마나 다른지를 서로 발견해나가는 것일 것"이 놀라우며, 유럽식 속에 한국적인, 더 구체적으로 연희단거리패의 에너지가 함께 한다는 사실에 놀란다. 이러한 의미에서 예술감독 이윤택의 말처럼 "이제 한국연극의 해외 교류는 상호 초청 공연 차원에 머물지 않고, 연극 만들기란 공통의 과제를 안고 더불어 함께 작업하는 단계로 나아가고 있는 듯"하다. 바로 이러한 작업에서 진정한 세계화가 일어날 수 있다고 믿는다.

이러한 공동작업 안에서 만들어진 〈맥베스〉는 실로 성공적인 공연이었다. 연희단거리패의 에너지가 영국식 절제와 교묘하게 맞물리면서, 인간의 심리에서 비롯되는 폭력의 파괴력을 여지없이 보여 주었다. 젊은 연출가의 해석과 상상력이 어쩌면 이렇게 좁은 공간에서 현대적인 다채로운 장면과 이미지들로 나타나는가에 놀라고, 또다시 연희단거리패 연기의 에너지와 앙상블에 다시금 놀라게 되었던 즐거운 공연이었다.

3. 〈아르투로 우이의 출세〉

〈아르투로 우이의 출세〉는 우화극이다. 브레히트가 1941년 미국 비자를 기다리며, 히틀러와 미국의 거대한 조직폭력배들을 연결시키며 합법성을 가장한 폭력적 집권 과정을 그린 작품이다. 즉 주인공 우이(=히틀러)는 미국 갱단의 보스로 설정되었는데, 알 카포네를 연상시키는 인물이다. 즉 우이를 통해 브레히트는 권력과 자본 그리고 범죄의 유착 관계를 조롱하며 지적하고 있다. 오늘날 우이의 행동이 곧바로 우리와 연결되지 못한 것은, 아마도 오늘날은 권력과 자본은 몰라도 여기에 폭력적 범죄까지는 더 이상 유착하지 못하는 세상이 아닌가에 있지 않나 싶다. 그러나 그 근본 밀착은 아마도 여전히 보다 합법을 가장해서 일어나고 있을 것이다. 그러하기에 조금 더 깊이 바라보면, 사회상에 대한 브레히트의 날카로운 지적과 풍자에 감탄을 하게 된다.

연출은 〈베를린 개똥이〉(2008)로 연희단거리패와 이미 호흡을 맞추어 잘 아는 알렉시스 부크가 맡았다. 두 번째 작업이기에 보다 상대방을 알고 깊은 협력 작업이 가능했을 것이다. 공연은 주인공 우이(이승헌 분)가 단연 돋보였다. 그는 스타일라이즈 된 움직임과 표정으로 시종 우스꽝스러운 문제의 인간을 연기했다. 다른 인물들과 대조적으로 과장되거나 계획된 움직임으로 연기했기에, 무대가 주인공으로 꽉 찬 느낌이었다. 즉 이승헌의 독특한 신체연기와 인물창조로 무대는 꽉 찼다고 하겠으니 일인극을 보는 듯한 착각도 일었다. 근본으로부터 삐뚤어진 인물이기에 연민이 가기도 하나 잔인하고 인간성이라고는 볼 수 없는 우이에게, 관객은 연민과 공포마저 느끼게 된다.

그러하기에 즐길 수 있는 공연은 전혀 아니었다. 무대미술이라고 별 특별히 기억나는 장면 없이 이어졌다. 오히려 각 장면에서 중요한 것은 사건 혹은 사소한 일들의 전개이다. 장면마다 인간의 이해가 얽히고, 노 시의원 독스버러조차도 선박회사를 넘겨받는 조건으로 부정에 적극적으로 협조한다. 공권력의 부패로 말미암아 우이의 폭력은 간혹 정당한 것처럼 보이기도 하지만, 계속되는 그의 잔인성으로 인해 관객들은 치를 떨게 된다. 연설 연습을 하는 우이는 우스꽝스럽고, 그의 말도 안 되는 표면적 논리의 연결에 식상하고, 치밀한 폭력성에 놀라게 된다.

이렇듯이 〈아르투로 우이의 출세〉는 생각하며 보는 연극이다. 즉 공연에서 가장 중요한 것은 일어난 행위에 대한 종합적인 판단이 중요하며, 이를 바탕으로 결국 사회 변혁을 요구하고 있다. "확실한 서사와 우화적 표현으로" 브레히트에 접근하겠다는 연출의 말은 공연에 그대로 드러난다. 서사를 우화적으로 표현함으로써 그 서사는 어떤 하나의 이야기를 넘어서, 비유의 사건으로 확대되어 우리의 서사가 될 수 있다. 그러므로 결국 브레히트를 오늘의 사회와 연결시키는 해석이라고 하겠다. 우이의 우스꽝스러운 신체표현도 결국 우화의 창조에 일조를 하는 셈이다. 그리고 이 우화를 어떻게 해석하는가는 관객의 몫인 동시에, 브레히트가 원했던 사회 파급 효과를 얻을 수 있었는가는 연출가의 몫이기도 하다.

공연의 한·독 간의 문화상호주의적인 측면은 곧바로 드러나지는 않았다. 아마도 우화를 택했기에 시·공간을 분명하게 하지 않았기 때문이기도 할 것이다. 무대에서 독일이나 한국 문화를 손쉽게 발견하기란 쉽지 않다. 그만큼 우화적이며 어찌 보면 현대화되었고 세계성을 띤 보편성에 기인한 무대였다. 그러나 이런 상호문화적인 연극작업이 "한국과 독일의 연극교류에 일조하기를 바랍니다."라는 연출의 말은 단적으로 이 공연이 상호문화적인 공연임을 천명하고 있으니, 독일 연출가와 한국 배우들은 하나의 지점 – 브레히트의 사회적 변혁만을 바라보고 합심하여 달렸던 것이 아닌가 싶다. 그리하여 브레히트의 독일식 현대 해석과 한국식 신체연기가 뒤섞여서, 오늘의 브레히트를 우리에게 전달하고 있다.

4. 결어

올해 게릴라 극장의 해외연출가 기획은 이제 국제 연극 교류가 초보적 일 단계를 벗어났음을 천명하는 공연들이었다. 단순히 연출가의 초청이나 초청 공연을 넘어서, 함께 만들어가는 공연을 확고히 했다는 의의가 클 것이다. 이는 창단 25주년을 맞는 게릴라의 새로운 야심을 말해준다. 즉 한국에서 벗어나서 세계 속의 연희단거리패를 꿈꾸는 것이다. 이번 〈맥베스〉나 〈아르투로 우이의 출세〉는 함께 만들어가는 공연을 통해서, 연희단거리패의 실력을 테스트해 보고 아울러 서구의 연출 해석을 받아들이는 실험이었다 하겠다. 그리고 현대적이고 심리적인 〈맥베스〉나 우화적인 브레히트 〈아르투로 우이의 출세〉를 통해서, 한국적 몸짓을 바탕으로 세계적 보편성을 갖춘 연희단거리패로 나아가고 있음을 보았다.

(연극포럼, 2011. 12)

새로운 형식 실험의 향연

「페스티벌 봄」 그 사고(思考)로 이어지는
각기 다른 형식의 세 개의 해외 초청공연

1. 서어

「페스티벌 봄」은 항시 서구의 최첨단의 아방가르드 공연을 선보인다. 올 봄에도 연극이라고 할 수 있는 해외 초청 공연은 로메오 카스텔루치(Romeo Castellucci)를 비롯하여 재커리 오버젠(zachary Oberzan)과 영진 리(Young Jean Lee)의 최신작을 초대하여, 역시 「페스티벌 봄」이구나 하는 감탄을 자아냈다. 이들 공연은 모두 서구에서 최근의 화제작일 뿐만 아니라, 새로운 형식으로 우리에게 충격과 영감을 주었던 공연이었기 때문이다. 실로 「페스티벌 봄」의 작품 선정에 다시금 감탄을 보내지 않을 수 없다. 어떤 페스티벌보다도 자신만의 색깔을 지키며, 선도하는 아방가르드를 소개한다. 이러한 역할이야말로 페스티벌이 지녀야 할 장점이라고 사료된다. 새로운 아방가르드를 선보이는 「페스티벌 봄」이야말로 그 새로움으로 한국 연극의 봄을 이끄는 전령이라고도 하겠다. 각기 다른 형식을 가졌으나 넓은 의미의 연극이라는 형식에 새로움을 더한 세 작품을 논의해 보면 다음과 같다.

2. 〈신의 아들을 바라보는 얼굴〉 : 극사실을 넘어 묻는 사고의 드라마

이미 몇 년 전 LG 아트센터에서 그의 대표작 〈신곡〉으로 우리에게 선을 보였던 유럽 연출의 거장 로메오 카스텔루치가, 이번에는 〈신의 아들을 바라보는 얼굴〉로 「페스티벌 봄」을 열었다. 카스텔루치는 원래 무대미술가에서 변신한 연출가로, 전통적인 연출보다는 미술이나 조명 등을 활용한 'Total Theatre'를 추구한다고 알려져 있다. 그러나 〈신곡〉이 그러했듯이, 이번 〈신의 아들을 바라보는 얼굴〉에서도 그의 모든 무대그림과 효과는 선명하게 인간 존재에 대한 질문으로 이어진다. 그러하기에 그가 아무리 의미를 부정한다고 해도 그것은 설명적인 의미일 뿐이지, 그의 작품은 궁극적으로 사고를 추구한다고 보인다.

무대 중앙 벽면에는 커다란 신(혹은 신의 아들)의 얼굴이 걸려있으며, 그는 기독교를 표상함이 한눈에 알린다. 그 앞으로 극사실주의에 가깝게 깨끗한 흰색 가구를 가진 거실과 침실이 좌우로 펼쳐진다. 늙은 아비와 아들이 등장하는데, 곧 아비가 거동이 힘들고 대소변을 가누지 못하는 것이 곧 알려진다. 그는 용변을 보았고 아들은 정성스레 기저귀를 갈기 시작한다. 아비는 계속 미안하다고 되뇌고, 아들은 괜찮다고 답변한다. 무대 오른쪽에서 시작되었던 용변보기는 정갈하게 옷을 갈아입히자마자, 다시 용변은 나와서 이번에는 무대 중앙으로 옮겨진다. 아들은 여전히 효성스럽고 아비는 여전히 미안해한다. 기저귀 갈기가 끝나자 아비는 다시 설사를 한다. 아들은 인내하며 휠체어를 닦으려고 다가가자, 다시금 설사를 하는 아비에게 아들은 드디어 소리친다. "더러워 더러워, 아버지!" 아들은 아비를 무대 왼쪽에 있는 침대에 앉히고, 신의 아들에게 달려간다. 즉 무대 오른쪽에서 왼쪽까지 모든 공간에서, 일상의 고통은 계속되며 무대를 채운다. 고통에서 도망갈 공간이란 없다. 여기까지가 극사실주의처럼 세세히 진행 묘사되어서, 인간 노년의 비극 - 그 추함과 인간의 숙명을 관중에게 충분히 전하고 있었다.

아들이 달려간 신의 얼굴에서 여전히 즉답은 나오지 않는다. 여기서 기독교 신앙은 단지 신앙을 의미하기보다 연출가가 자랐던 이탈리아의 문화적 행위라고 이해하는 편이 나을지도 모른다. 즉 이미 종교사와 예술사가 분리된 오늘의 포스트모던 시대에도 종교는 여전히 문화사의 일부인 것이다. 절박한 고통과 절망 앞에서 인간이 어디로 행할 수 있겠는가? '그리스도의 비움'이 하나의 답으로 다가올 수도 있다. 신처럼 인간도 인간의 존엄성(dignity)을 비워 가는 데 익숙해져야 할지 모른다. 수난(Passion)이란 신이 한걸음 뒤로 물러나서 신성한 것을 비워내는 순간을 이른다. 예수의 수난(Passion)처럼, 인간도 비우는 수난을 지고 가야 하는 것인가?

어린아이 하나가 농구공을 들고 등장하여 가방에서 수류탄을 꺼내 신의 아들을 향해 힘껏 던진다. 또 다른 아이들이 삼삼오오 등장하고, 가방에서 수류탄을 꺼내 역시 신의 아들을 향해 저 나름 힘껏 던진다. 농구공은 〈지옥〉에서도 등장한 바 있는데, 여기서는 무슨 상징일까? 공은 그룹이 놀 수 있는 게임을 나타내기도 하고, 공기를 채운 곳이기에 공기를 나타내기도 하며, 또는 둥근 모양의 어떤 case, 즉 인간이 처한 상황을 나타낸다고도 하겠다.[2] 앳되고 순수해 보이는 어린아이들과 가방에서 꺼내 던지는 수류탄은 실로 이율배반한데, 이는 무엇을 의미하는가? 다가올 고통의 세월을 준 신의 아들에게 어린아이들이 항의하는 것인가? 그렇다면 신을 죽이면 해결될 것인가? 아니면

---

2 「로메오 카스텔루치-토크」 (2013.3.23.) 중에서

우리도 아이들 같이 자신들이 무슨 일을 하는지 모르면서, 신의 아들 죽이기에 전념하고 있는가? 등 온갖 상념이 스쳤다.

아이들이 수류탄을 던지는 중 한편 침대에 앉아있던 아비는 계속 배설을 하는데, 이번에는 아주 침대 옆에 있던 오물통을 들고 쏟으며 계속한다. 여기서 극사실적 배설은 이제 폭넓은 은유로 바뀐다고 하겠다. 우리는 비단 노년의 생물학적 배설뿐이 아니라, 삶이 진행될수록 배설되어야만 하는 온갖 비움에 주목하게 된다. 노인이 신의 아들 초상 뒤로 사라지듯이, 비움에 비움을 거듭하면 우리도 신의 세계에 들어간다는 말인가? 생물학적 배설이 그러하듯이, 결코 아름다울 수 없는 배설물로 늙어가는 삶은 꽉 차있는가? 늙어간다는 것은 이토록 인간의 존엄성을 잃어가는 것인가?

드디어 신의 초상은 일그러지고 뒤틀리며 색깔 역시 검게 바뀌며, 마지막 드러난 스크린에는 "당신의 나의 목자(You are my Shepherd.)"라는 글자가 밝게 비추인다. 그러나 동시에 그 옆에 Not 이라는 글자가 밝게 비추지는 않으나 분명하게 떠서, "당신은 나의 목자가 아니다."라고도 말한다.

로메오 카스텔루치는 본 공연에서 노년의 한 사소한 문제를 통해서, 인간의 존엄과 존재를 묻고 있다. 그는 클라이맥스를 전통적 방법으로 사용하지 않을 뿐이지, 그의 무대 미술적 감각으로 분명히 나낸다. "당신의 나의 목자" 혹은 "당신은 나의 목자가 아니다"라는 상반되는 답변을 통하여, 종교사와 분리된 문화사가 갈 길을 잃고 있음을 지적하고 있다. 표현의 기법으로 극사실주의에서 시작하여 은유로 그리고 상징으로 넘어갔을 뿐이다. 그리고 이러한 표현의 변화와 흐름이 '사고'와 자연스레 연결되어 있다.

궁극적으로 〈신의 아들을 바라보는 얼굴〉은 사고의 드라마이다. 인간 존재의 한계와 고통이라는 상념과 연계되어 있지 않다면, 그 긴 시간 세세하게 극사실적으로 용변보고 치우기가 무슨 의미가 있겠는가? 아리스토텔레스적 전개가 아닐 뿐이지, 반서구적 공연이라고 알려진 로메오 카스텔루치조차 역시 서구식으로 '사고'에 매달려 있음을 다시 깨닫게 한다. 그리고 그 사유가 주는 멋에 흠뻑 빠질 수 있었던 공연이었다.

2. 〈네 형, 기억해?〉: 블랙 혹은 이류 유머 속의 위안

액션 영화 반담의 '킥복서'에 심취하여 자신들만의 리메이크까지 만든 두 어린 형제는, 부모의 이혼과 혼란으로 인생 여정이 갈린다. 20년이 지난 후 둘은 다시 '킥복서'를 촬영하며 서로에게 의지하며 세상에 맞선다. '연극무대'와 '감옥'이라는 각자의 삶이 갈렸으나, 그들은 공유된 기억 속에서 서로가 함께 하며 같은 길을 걷고 있음을 절감한다. 성공한 배우인 동생은 형이야 말로 자신의 배우수업에 스승이었음을 강조한다. 함께 다시 보는 비디오의 세계는 스스로의 나약함을 바라보고 고통을 성찰하는 되새김질 같은 행위이자 반성이요, 어린 시절의 순수한 기쁨이기 때문이다.

이상의 아웃라인보다 공연에서 중요한 것은 비디오의 내용이 보여주는 음산한 즐거움이나 목적 없는 순수한 킥킥거림이다. 여기서 두 형제는 20년의 세월을 뛰어넘어 같은 순진함과 즐거움을 보여준다. 함께 비디오에 출연했던 누이는 자신의 엉덩이가 컸다는 찬사를 기억하며 즐거워한다. 즐겁게 무심한 듯 치고받는 치열한 주먹이나 발차기는, 사실 세상을 향하고 있었는지도 모른다. 그렇듯이 세상을 때리고 차고 싶었는지도 모른다. 청부살인업자가 무심하게 액수만 맞으면 자신의 어머니도 죽일 수 있다고 한다. 죽이는 사람이 누구인지 철저하게 사물화되고, 죽이는 수고를 위한 노력만을 보여준다. 눈밭에서 활쏘기나 칼꽂기 하는 훈련은 처절하기까지 하다. 죽음에 대해 심장이 멈추는 일이라고 정의하며, 모든 죽음은 달라도 같은 일이 벌어짐을 환기시킨다. 다양한 시신의 모습들이 문득 어이없는 악어에 잡혀 먹히는 악어 요원이나 곰에게 잡혀 먹이는 곰에게 먹이를 주려던 남자 등의 이미지로 이어지기도 한다. 갑자기 감옥이 나오며 마약 중독의 고통이나, 감옥에서 지루하여 속이며 놀렸던 '똥 이야기'가 나온다. 이러한 이류 조크나 블랙 유머 같은 장면들을 20년마다 되풀이 하겠다고 형제는 다짐한다. 마치 모든 추억이 그러하듯이 너무도 순진하게 어린 시절의 기쁨으로 돌아가기에, 결코 착하기만 했다고 할 수 없는 형제의 삶이 아름답기까지 하다.

사실 비디오의 모든 장면을 정확히 기억하기도 또 인과적 발전을 생각하기도 힘들며, 그럴 필요도 없다. 문제는 순간순간 관객들에게 다르게 다가올 수도 있는 개인적 유머들이자 상념들이다. 이러한 반항적 젊은 블랙 유머와 공감하기에는 너무 늙었던 필자는 어안이 벙벙한 가운데, 젊은 관객들의 즐거운 웃음을 목격하였다. 그리고 그 웃음이 이러한 자폐적이고 이류적이고 추하기까지 한, 한 개인의 이야기가 공감으로 확대되는 순간임을 깨달았다. 20년이 지난 서로 다른 삶의 형제가 서로에게 의지하여 세상에 맞서는 것처럼, 관객은 그들과 자신의 이류적인 아픔을 공유하고 교감하는 것이다. 비디오 앞에서 노래하는 동생은 말한다. "나는 내가 누구이며 어디에서 왔는지를 더 잘 이해보려고 한다. 그 이해가 찢어진 마음을 꿰매는 실이기 때문이다." 우리 삶의 죽음과 사소함과 추함과 더러움과 성공이라는 환상 ─ 이 모든 것이 내가 누구이며 어디에서 왔고 가는지에 대한 질문이며, '찢어진 마음을 꿰매는 실'이라는 위안을 찾는 과정임을 재커리 오버젠은 비웃듯이 절규하고 있었다. 그리고 그 블랙 유머에 관객들은 통쾌하게 웃으며 어느 덧 자신의 삶을 돌아보고 있었다.

새로울 것 없는 비디오를 틀어 놓고 한 배우가 그것을 설명하거나 같이 재연하면서 돌아보는 인생 이야기이다. 형식이고 내용이고 분명 신기한 것은 별로 없는데, 웃기는 것 같아서 낄낄댔는데, 어느 틈에 진한 아픔은 밀려와서 삶은 너무 벅찼다. 새로울 것 없는 형식에서 특히 젊은 관객들을 낄낄거렸고 웃어 재겼다. 일종의 이류 유머가 주는 위안이지만, 그러나 순진한 어린 시절의 기쁨이 다가오고 또 오늘의 벅찬 삶이 아프게 느껴졌다.

3. 〈우리는 죽게 될거야〉: 사소한(?) 아픔과 고통에의 위로

영진 리의 〈우리는 죽게 될거야〉에서 말하는 세계는 익숙하고 어찌 보면 소소한 일상이다. 그런데 그 일상을 너무 친근하게 그 소외와 상처의 아픔을 이야기 하고 있지만, 동시에 아픔에 대한 치유가 다가와서 따뜻한 위로의 공연이었다. 말을 안 들으면 왕따를 당했던 존 삼촌과 같이 될 거라는 엄마의 일상적인 협박, 그리고 우연히 들었던 존 삼촌이 혼자 중얼거리던 말 "난 쓰레기야, 쓰레기...."라는 자조에 놀라고 슬펐던 기억, 뿐만 아니라 어린 시절 친하게 지내던 친구와 무릎이 피투성이가 되며 배웠지만 자전거 타기의 즐거움과 그 후 새 친구가 이사 옴으로써 왕따를 당했던 아픔이 함께 전해진다. 그 왕따 이후 처음으로 불면증을 겪었고, 엄마는 '잠 못 드는 자장가'를 일러준다. '잠 못 자도 괜찮아요 결국은 자게 되니까'라는 노래는 마음을 진정시키는 힘이 있다. 이후 멋진 헨리와의 로맨스와 헨리를 집으로 초대해서 의기양양하던 나는 우연히 엄마가 이모에게 자신보다 언니를 더 사랑할 수밖에 없다는 이야기를 엿듣는다. 그 외로움을 헨리에게 하소연 하지만 그는 이해한다며 잠에 빠진다. 그런 그를 바라보며 '네가 있잖아'를 노래한다. 삶에 네가 있어서 얼마나 다행인지 모른다고 노래하지만, 결국 몇 년 뒤 헨리와 이별한다. 헨리가 짐을 빼나가고 난 뒤, 빈 자리에 오열하며 '외로운 이들을 위한 위로'를 노래 부른다. 나이가 들면서 무력해지는 자신에게 '흉내내기: 나이가 들면'을 노래한다. 아버지가 폐암에 걸린 것을 알게 되고, 소위 특효약이 효과가 있다는 2% 든 사실을 분명히 알게 된 날 오후에 아버지는 죽는다. 이 모든 사실에 분노하는 자신에게 '끔찍한 일'을 노래 부르며, 너만이 비극에서 예외일 수 없다고 다독인다. 결국 우린 모두 죽게 될 것이라는 것을 다시 한번 확인하면서 '난 죽게 될거야'를 노래한다. "지금은 살아있지만 우리가 영원히 살 순 없어/상처를 받지 않게 서로를 지켜줄 수도 없어/난 죽게 될 거야/언젠가 죽게 되겠지/그러면 사라질 거야/그래도 나쁘지 않을 거야." 슬픔과 분노 속에서도 방점은 '모두가 죽겠지만, 그래도 나쁘지 않을 거야'에 놓인다. 이 모두가 삶의 과정이고 그래서 오늘을 살 수 있기 때문이다.

영진 리의 독백과 락음악 연주에 맞추어 노래가 반복되는 공연은 일인극의 형식을 취하면서도 일종의 밴드 음악회라고도 하겠다. 맨해튼 남부의 유명한 오프브로드웨이 극장인 퍼블릭씨어터 안에 있는 조스펍(Joe's Pub)에서 공연된 이 공연은, 공연 장소도 일종의 카페로 노래를 들으며 술과 가벼운 음식을 하며 공연자가 관객과 가까이 소통할 수 있는 곳이다. 즉 카바레에서 하는 '1인 쇼' 형식 공연이다. 인디록 밴드 퓨쳐 와이프와 함께했던 본 공연은 2011년 초연된 후 연극·뮤지컬 작품을 대상으로 하는 가장 권위 있는 상인 오비(Obie)상의 특별상을 수상했다. 그만큼 〈우리는 죽게 될거야〉가 우리에게 주는 위로가 인정받았다고 하겠다. 소소한 소외와 일상의 외로움을 이야기 하면서도, 본 공연은 궁극적으로 그러한 아픔들에 대한 진솔한 돌아보기로 오히려 나만이 소외되지 않았으며 삶이 다 그렇다는 사실을 직면하게 만든다. 여기서 우리는 위로를 얻고 어려운 오늘과 내일을 살 용기를 갖게 된다. 즉 삶의 외로움과 고통을 공유한다는 소통을 통해서 치유하는 것이다. 여기에 노래가 어우러져 잔잔하게 다가온 자장가 같은 공연이었다.

4. 결어

이렇듯이 세 공연은 각기 다른 형식을 지녔으면서도, 오래된 사고(思考)를 이야기하고 있다. 카스텔루치는 '그리스도의 비움'처럼 인간도 비우는 수난(Passion)을 지고가야 하는가를, 오버젠은 블랙 유머를 통해서 가장 순수했던 어린 날의 기쁨을, 영진 리는 소소한 일상을 노래하며 모두가 삶의 외로움과 고통을 공유한다고 말한다. 현대 아방가르드 공연이 어떤 형식을 취하던 결국은 서구의 핵심인 사유하는 드라마로 귀결되고 있다는 것은 아이러니하기도 하다. 서구 아방가르드야 말고 사고를 버리기 위해 시작된 것이 아닌가? 그것이 비록 논리적인 사고를 버리기 위함이었어도, 그럼에도 불구하고 사고(思考)는 공연의 중심에 있음을 다시금 깨닫게 된다. 중심으로 모아지지 않는 현란한 이미지와 테크의 공연 후에 남는 공연의 공허함을 다시금 깨닫는 계기도 되었다. 연극이 진정 삶의 무엇인가를 포인트 할 수 있을 때에만 공감할 수 있다는 것을 이번 공연들은 알려 주고 있다. 아방가르드 공연 역시 인생의 한 진실을 보여주려고 하는 것임을 잊어서는 안 되겠다.

* 〈신의 아들을 바라보는 얼굴〉의 논의는 이미 한국연극에 발표된 평문을 재

구하였음.

국립극단 공연과 그 미래의 방향성 재고

　국립극단이 재단법인으로 출범한 지도 벌써 올해(2013)로 3년을 넘긴다. 이제는 초창기의 혼란을 어느 정도 극복하며, 재단법인으로서의 국립극단 위상도 가늠해 볼 시기이다. 올해도 국립극단은 활발하게 움직였으니, 그 공연을 살펴 볼 때 크게 1. 중진 작가 이상의 창작극 공연, 2. 그리스 고전의 재해석 공연, 3. 해외 교류 공연, 4. 특별 기타 공연 및 5. 어린이 청소년 연극으로 나뉜다고 하겠다. 이들 공연을 살펴서 올해 국립극단의 구체적인 결실을 밝히고 또 그 미래의 방향성을 진단하고자 한다.

1. 중진 작가 이상의 창작극 공연

　'봄마당', '젊은 연출가전', '창작희곡 레퍼토리' 등 다양한 이름 아래 기획되었지만 올 국립극단의 주력 사업은 역시 중진 작가 이상의 창작 초연 공연이 아니었나 싶다. '봄마당'으로 기획된 〈칼집 속에 아버지〉(고연옥 작, 강량원 연출), '젊은 연출가전'으로 기획된 〈알리바이 연대기〉(김재엽 작, 연출)과 〈밤의 연극〉(김낙형 작, 연출) 그리고 '창작희곡 레퍼토리'로 기획된 〈전쟁터를 훔친 여인들〉(김지훈 작, 김광보 연출)과 〈혜경궁 홍씨〉(이윤택 작, 연출)가 그들이다. 기획했다고 훌륭한 창작극이 줄줄 나오는 것은 아니나, 〈칼집 속에 아버지〉는 그 신화 혹은 의미망의 구축이 모호했기에, 〈밤의 연극〉은 소통 불능이라는 주제를 진부하게 늘어서 공연했기에, 〈전쟁터를 훔친 여인들〉은 작가만의 형이상학에 갇혀서 소통 불능으로, 모두 실망스러운 공연들이었다.[3] 보다 나은 창작극을 위해서는, 앞으로 적어도 2~3년을 앞서는 기획이 필요하다고도 하겠다.

창작 공연들 중에는 〈알리바이 연대기〉가 단연 돋보였다. 작가 자신의 아버지와 형 그리고 자신의 개인사를 통하여, 한국 현대사의 흐름을 파노라마식으로 보여준다는 점에서 국립극단의 소명과도 맞물려 있다. 개인사와 현대사의 만남은 아버지와 박정희를 같은 고향 사람으로 설정하여 그 후 역사의 고비마다 3번 만나게 되는데, 상징적 아버지라고 할 대통령과 실제 아버지의 이야기를 하다 보니 자연스럽게 개인사와 현대사가 얽히게 된다. 또한 형은 80년대 초반의, 작가는 90년 초반의 대학생활을 보여주기에, 연대기적 성격은 더욱 강해진다. 문제는 '알리바이'인데, 아버지는 6·25때 탈영을 했던 사실을 그 이후 장교로 복무하면서 알리바이를 만든다. 그런데 현대사의 고비 고비에도 바로 이런 알리바이가 존재한다. 역사는 승자의 논리에서 쓰이기 때문에, 현대사의 기록도 승자들의 이러한 알리바이를 감안해야 하는 것이다. 아버지는 두려움과 비겁함으로 탈영하여 알리바이를 만들었지만, 현대사의 승자들은 자만심과 폭력으로 알리바이를 만든다는 점이 차이일 뿐이다. 그리고 이러한 비교가 느껴질 때 작품은 개인사를 넘어서 현대사에 대한 고찰로 다가온다. 현대사 속에서 악당도 영웅도 아닌 평범한 우리 아버지가 겪은 죄책감과 부채감의 역사가 잔잔

---

3 〈혜경궁 홍씨〉는 늦은 그 공연시기로 인하여 논의에서 제외하였다.

하게 다가오며, 그 배경에 거대 역사의 모순들이 풍자되고 야유된다. 작가가 말했듯이 "신화 속에서 꿈꾸기보다는 역사 속에서 싸우기를, 예술이라는 타이틀로 포장하기보다는 인문사회과학의 사유로 발가벗겨지"는 생각하는 서사적 희극을 만나게 된다. 좌파 성향의 시각이기는 하나 비교적 객관적인 연대기이며 현대사에 대한 풍자요 반성이기에 서사적이며, 알리바이를 만들어야 하는 보통보다 못난 사람들의 이야기이기에 희극이다. 무대는 작가의 데뷔작 〈오늘의 책은 어디로 사라졌을까〉와 같이 압도적인 서가로 꾸며져 있어서, 더욱 사고(思考)를 채근한다고도 하겠다. 서가에서 책을 읽거나 그 사이를 자전거를 끌고 다녔던 남명렬의 차분하고 유연한 연기는, 소심하면서도 올곧은 아버지상을 잘 표현해서 그 인물에게 집중할 수 있었다. 다만 후반부 병상으로 가면서 작가 개인적인 감상이 드러나거나 이야기의 응집력이 떨어지는 아쉬움이 있었다. 그럼에도 불구하고 오랜만에 만난 수작(秀作)으로, 근현대사를 자신의 시각에서 이만큼 형상화해낸 작품이 있을까 하며 뿌듯했다.

국립극단이 창작극을 지원한다는 것은 바람직한 일이다. 남산예술센터와는 좀 다르게 중견 작가를 중심으로 대작을 겨냥 한다는 것도 좋다. 그러나 그 기획을 얼마나 일찍 하여 작가에게 과연 얼마만큼의 시간을 주는지 반성해야겠다. 뿐만 아니라 앞으로 소위 국격(國格) 있는 창작극, 즉 일반 극장에서 하기 힘든 작품으로 한정하여 창작을 지원하는 일도 고려해 봐야겠다. 이는 창작을 제한하자는 것이 아니라, 국립극단은 궁극적으로 국격 있는 레퍼토리를 축척해야 하며 한국의 정체성을 지녀야한다는 의무감 때문이다.

2. 그리스 고전의 재해석 공연

일반극단이 잘 할 수 없는 고전 공연으로, 그리스 아리스토파네스 작품을 시리즈로 올렸다. 분명 국립극단의 스케일에 맞는 선택이었는데 결과는 가장 많은 비판을 받았다. 이는 원전에 충실하지도 않고 그렇다고 오늘 한국에 맞게 각색하는데도 실패했기 때문이 아닌가 싶다. 원전을 생각하고 온 관객에게는 그 재해석 부분이 생뚱맞거나 원전의 깊이를 훼손하고 있다고 느껴졌으니, 오늘에 이어지는 풍자와 웃음을 찾기 어려웠다.

〈개구리〉(박근형 극본, 연출)의 경우 국력 회복을 위해 시인을 찾아 저승길에 오른 디오니소스 이야기가, 정치적으로 꼭 필요한 그분을 모시러 저승길을 가는 신부와 동자승의 이야기로 바뀌었다. 원작 두 시인의 진지한 논쟁을 없애고 유희적이고 역동적인 놀이로 대체했는데, 연출의 말에 의하면 "지금의 관객들은 그때의 관객들에 비해서 인문적 소양은 덜하고 감각적 훈련은 더 잘 되어 있기" 때문이라고 한다. 그리하여 공연은 원작의 두 시인을 전직 대통령들로 바꾸고, 직설적인 표현으로 에너지를 담으려고 했던 것 같다. 그러나 이는 오히려 작품의 인문적 깊이를 덜하고, 전직 대통령에 대한 모독이라는 평가를 받기도 했다. 특별한 무대적 볼거리도 없이 삽입된 유희나 놀이는 표면에서 겉돌았기에, 진지한 논쟁은 없고 가벼운 폄하와 풍자만이 있었다. 그러하기에 작품을 대한 관객들은 어리둥절하기만 했으며, "표현의 자유인가, 정치적 선동인가"(중앙일보, 2013.9.12.) 하는 논란도 일었다. 예술이 직설적인 폄하로 나갈 때, 예술은 사라지고 비난만이 남는다.

〈구름〉(남병우 극본, 연출)은 궤변론자와 잘못된 교육 방법에 대한 아리스토파네스의 조롱과 비판이었다. 빚진 아버지가 돈을 갚지 않기 위해 궤변론자 학교에 보내서, 아들의 궤변 변론 덕분에 빚쟁이들을 몰아내지만, 아들에게 얻어맞고 후회하며 학원에 불을 지른다는 이야기이다. 무대 양옆 발코니까지 활용한 무대는 끊임없이 배우들을 움직이게 했으나 구심점이 없이 오히려 산만했다. 공연은 원작 줄거리에서 크게 벗어나지 않았으면서도, 종종 나오는 비난과 욕설에 그 품격을 잃어갔다. 오늘의 시장이나 전직 대통령, '샤'자 직업 등을 뜬구름같이 조롱했으나, 그 근저의 의미나 희극정신을 찾기 힘들었다. 그래서 "현실을 꼬집으면서 아무에게나 한바탕 욕해대고 나면 시원한 것 아니냐는 식의 공연을 국민의 세금으로 국립극단이 만들어야 하는지도 의문이다"(일간스포츠 2013.9.27.)라는 혹평까지 나왔다. 결국 현대화한다는 작품의 재해석이 풍자 뒤의 인문학의 부족으로 이어졌다.

〈새〉(윤조병 극본, 윤시중 연출)는 비교적 원전의 메시지에 충실하면서도, 다양한 무대적 표현으로 주의를 끌었다. 극본을 각색한 윤조병은 원로 작가답게 신중하게 고전에 다가갔으며, 연출은 오늘의 다양한 연출기법 – 깎아지른 무대 사용, 인간과 새로의 변신, 무대와 조화되는 신체의 움직임 등으로 원작을 잘 소화하였다. 항시 유토피아를 찾아 헤매는 인간이라는 점에서 고대 그리스와 한국 오늘과의 접점을 마련하고자 했으며, 어떤 유토피아도 결국 현재의 나라와 비슷해짐을 보여주며 유토피아를 풍자하고 있다. 그럼에도 불구하고 공연은 아리스토파네스의 신과 인간에 이르는 풍자의 스케일을 보여주지는 못했다. 번개로 온 제우스와 그의 딸을 맞아들이는 원작이야말로, 신에 도전하는 인간에 대한 조롱일 수 있기 때문이다. 그런데 이러한 오픈 결말을, 이번 공연에서는 친절하게 벌 받는 인간으로 결론내림으로써 작품이 갖고 있는 풍자와 야유가 없어졌다.

이렇듯이 아리스토파네스 희극 시리즈는 분명 일반 극단이 하기 힘든 야심찬 기획이었지만, 현대 한국과의 무리한 접점 찾기에 오히려 고전의 풍미를 잃었던 공연들이었다. 그리고 그 직설적 정치·사회적 언급으로 드물게 일간지에서도 비평의 대상에 올랐다. 고전의 재해석이 결코 만만하지 않음을 일깨운 기획이었으나, 고전의 공연은 계속되어야 한다고 믿어진다. 비록 결과는 다르게 나왔지만, 기획 자체는 국립극단의 소명감과 부합되기 때문이다. 오히려 미리미리 대본 공모 등을 기획하여 오늘과의 접점 찾기를 신중히 한다면, 분명 국립극단만이 할 수 있는 공연이라고 하겠다.

3. 해외 교류 공연

올해는 특별한 해외 교류는 없었다고 생각된다. 정의신의 〈푸른배 이야기〉는 정의신이 교포작가이며 이제 한국에서도 종종 공연을 갖기에, 반드시 교류라는 분류를 하기도 어렵다. 이제는 재개발되었고 아무도 기억조차 못 하는 작은 어촌 마을을, 30년 만에 다시 찾은 주인공은 자신의 '기억' 속에 살아있는 그때 인물들을 떠올린다. 삶의 소소한 일상 가운데 생동하며 따뜻하게 다가오는 인물들이 감동적이었으니, "연극은 언제나처럼 홀로 남아 기억하는 자의 역할"을 하고 있었다. 베이징 극화극장과 상하이 이하이 극장의 〈로미오와 줄리엣〉은 공연 기간이 짧아서인지 연극계에 별 반향을 일으키지 못했다. 〈아시아 온천〉(정의신 작, 손진책 연출)은 가상의 작은 섬이 온천이 솟는다는 소문에 리조트를 하려고 온 외지인과 내지인 간의 갈등에서 시작된다. 갈등은 연인이었던 외지인의 동생과 내지인 대표의 딸의 '영혼 결혼'으로 마무리되는데, 온천이 나온다는 소문은 거짓으로 판명되고 외지인은 떠난다. 한·일 배우가 공동으로 출연했으며, 각각의 언어로 대사한다. 연출은 내지인의 무속적 토속성을 뛰어나게 살렸으나, 가상의 공간이어서 그런지 인물들이 생생히 다가오지 못했다.

한일 양국인 도쿄 신국립극장과 토월극장에서 공연되었던 〈아시아 온천〉이 해외교류로 주목되지만, 이 또한 예술의 전당이 주도한 사업이 아닌가 싶다. 올해의 국립극단은 해외 교류에 특별한 노력을 기울이지 않은 것 같다. 앞으로 국립극단만이 할 수 있는 해외교류에도 눈 돌려야 할 것 같다. 그리고 단순 공연의 초청으로 끝나지 않고, 다른 나라의 연출이나 공연자가 레지던스 형태로 상주하면서 우리 연극인들과의 진정한 교류를 할 수 있는 장이 마련되었으면 싶다.

4. 특별· 기타 공연

위의 어느 카테고리에도 들지 않는 공연으로 〈3월의 눈〉(배삼식 작, 손진책 연출), 〈안티고네〉(소포클레스 작, 한태숙 연출), 〈사천의 착한 영혼〉(브레히트 작, 이병훈 연출), 〈천국으로 가는 길〉(후안 마요르가 작, 김동현 연출) 및 〈다정도 병인양하여〉(성기웅 작, 연출) 등을 꼽겠다. 〈3월의 눈〉과 〈다정도 병인양하여〉는 작년에 호평을 받았던 재공연이며, 특히 〈3월의 눈〉은 장민호 선생님 추모 공연의 성격이 강하다. 토월극장 재개막 특별공연이었던 〈안티고네〉는 한태숙 특유의 무대 감각은 잘 보였으나, 원작의 핵심인 갈등이 흐려지고 이를 대체할 의미망이 다가오지 못했던 공연이었다. 〈천국으로 가는 길〉은 초연작으로, 나치 사령관이 국제적십자를 의식하고 기획한 거대한 연극에서 유대인의 역할놀이를 보여준다. 보이는 것과 보이지 않는 것 그리고 도덕적 책임에 대한 철학적 사유이기도 했으나, 배우들의 미흡으로 원작의 깊이가 미처 다가오지는 않았다.

'차세대 연극인 스튜디오'를 위한 재훈련 공연인 〈사천의 착한 영혼)은 브레히트가 미국에서 상연하기 위해 더 짧고 극적으로 각색한 대본을 사용했으며, 노래와 배우들의 역동적인 움직임이 신선했다. 마스크 사용의 효과는 의문이기도 하겠으나, 움직임을 더욱 돋보이게도 했다. 작년 〈손님〉에 이어 배우훈련에 좋은 공연으로, 여기서 훈련된 배우들이 속속 배출되어서 연극 현장에 투입되기를 기대한다.

5. 어린이 청소년 연극

올해의 청소년 연극으로는 〈소년이 그랬다〉, 〈빨간 버스〉, 〈레슬링 시즌〉, 〈노란 달〉이 있었다. 작년의 재공연들을 논의에서 제외한다면, 〈노란 달〉이 새로운 연극이다. 〈노란 달〉의 예술적 성취에 대해서는 모든 평이 좋게 나온 반면, 과연 청소년 연극인가에 대한 의문과 논란은 많았다. 자칫 청소년의 방황을 오히려 부추길 수도 있는 이야기였기 때문이다. 사실 국립극단의 어린이 청소년 연극이 출범한 이래, 모든 연극은 고교생 이상의 청소년에 초점이 맞추어져 있었다.

이러한 방향은 국립극단 어린이 청소년 연극의 큰 문제점이라고 사료된다. 앞으로 국립극단이 어린이 청소년극을 한다면, 이는 교육적이고 미래의 잠재 관객을 키울 수 있는 방향이어야 한다. 예술적 성취가 이 방향과 따로 간다고는 생각하지 않는다. 따라서 "청소년극이라고는 되어 있지만 외려 20대 이상의 성인이 봤을 때 그 울림이 더 크지 않을까"라는 공연보다는, 보다 어린 관객들에게 환영받는 공연이어야 한다고 생각한다. 수준급의 성인 연극이야 얼마나 많이 다른 곳에서도 올라가고 있는가? 공연이 타깃하는 연령대를 낮추고, 공연 홍보 때에도 관객 연령을 명시해야 하겠다. 어린이 연극이야말로 상업 극단의 조악한 공연이 대다수를 이루고 있는 오늘날, 이를 외면하며 성인이 즐기기에 적합한 연극을 굳이 할 필요가 있을까? 뿐만 아니라 어린이 청소년 연극은 극장에서 관객을 기다리기보다, 유치원이나 학교들을 순회공연하는 어린이 청소년 국립극단이 필요하다. 즉 지역사회와 긴밀히 협력을 맺고, 여기서 봉사하며 어린이나 청소년을 연극 교육하는 일이 시급하다고 하겠다. 국립극단이야말로 미래의 관객을 교육하여 선도해야 하기 때문이다.

6. 국립극단의 미래 방향성

이상에서 살폈듯이 올해도 국립극단은 활발하게 움직였다. 옛 장충동 시절을 생각하면 정말 열정적으로 많은 공연이 올랐다. 재단으로 출범한 초대 국립극단 예술감독이라는 손진책의 소명감이 이 많은 기획과 공연을 감당하게 한 것 같다. 새로운 서계동 극장에 일단 일정한 관객층을 확보한 것도 그간 국립극단 노력의 결실이라고 하겠다. 무엇보다도 미미했던 국립극단의 존재를 긍정적으로 부각시킨 것은 초대 예술감독 손진책의 공로이다.

3년이라는 시간 속에 이제 재단 국립극단의 큰 틀은 정착한 것 같다. 다음 3년은 보다 세부적 방향성을 정치하게 고민해야 하겠다. 국립극단은 아무래도 대한민국의 정체성이란 과제에서 자유로울 수 없으며, 국격 있는 공연을 지향해야 하지 않을까? 국립극단만이 할 수 있는 국격 있는 공연이란 무엇인가? 진정 한국적 정체성은 무엇이며, 이를 어떻게 정착해 나갈 수 있는가? 이러한 질문들을 반추하고 해답을 향해 다가가는 다음 3년이기를 기원한다. 국립극단이야말로 이러한 레퍼토리를 축척하여야만 하고, 다양성 가운데서도 중심을 잡아 한국 연극의 정체성을 보여주어야 하기 때문이다. 작년의 〈삼국유사

프로젝트)나 올해의 창작극들은 이러한 고민의 실험일 수 있다. 알다시피 그렇다고 예술이란 어떤 목적을 갖는다고 그대로 이루어지지는 않는다. 국격과 정체성이란 고민을 꾸준히 안고 나아갈 때, 언젠가 우연과 맞들면서 이루어지리라 믿는다. 국격 있는 레퍼토리의 축적과 한국적 정체성에 관한 논의는, 부단히 반복하는 가운데 실험하며 전진하리라 믿어진다.

(한국연극, 2013. 12)

새 밀레니엄 10년 실험극장의 활동과 성과:
대표체제의 선포와 새로운 도약

　전성기 '운니동 시대' 이후 실험극장은 침체기를 겪어왔다고 하겠다. 물론 그동안에 좋은 공연이 없었던 것은 아니나 '운니동 시대'처럼 연극계의 화제를 이끌지는 못했다. '압구정 소극장 시대'는 예상과 달리 아직 강남 일반인의 문화에 대한 무지와 욕구 부족으로 철수해야만 했으며, 오랫동안 극단을 이끌어오던 김동훈 대표의 죽음으로 끝을 맺는다. 실험극장은 사활의 기로에 서게 되고, 여기서 2000년 1월 단원 총회에서 이한승을 대표로 선출하며 새로운 재기를 다짐한다. 여기에 2005년에는 단원총회가 '대표가 포괄적인 책임을 지는 대표체제로 정관을 개정'하여서, 대표에게 힘을 확실히 실어주며 이한승 대표가 명실공히 실험극장을 이끌게 된다. 실험극단은 초기 동인제로 출발했으나 1973년 김동훈 대표 체제 이후 사실상 대표가 경영과 제작에 책임을 지는 대표체제와 비슷하게 운영되어 왔었다. 동인제 운영은 여러 장점에도 불구하고 다수가 공동책임을 지기에 아마추어적 성격이 강했던 것도 사실이다. 새 밀레니엄의 전문가 시대에 실험극장은 이에 걸맞는 운영방법을 공포했던 것이다. 그리하여 새로운 대표 아래서 2000년 벽두부터 공연되었던 〈조선제왕신위〉(차성우 작, 윤우영 연출)은 그해 동아연극상 작품상과 연출상을 받았으며, 같은 해 공연되었던 〈애벌레〉(임태훈 작, 성준현 연출)는 한국연극협회선정 올해의 한국연극 베스트 3에 꼽히면서 화려한 재기를 알렸다.

새 밀레니엄 이후의 실험극장 공연은 크게 두 가지로 나뉜다. 첫째는 새로운 창작극의 발굴이다. 위에서 언급한 두 작품을 위시하여, 〈무화과 꽃〉(임용위 작, 김성노 연출), 〈브레히트 죽이기〉(우현종 작, 김성노 연출), 〈검정고무신〉(위기훈 작, 김성노 연출), 〈금의환향〉(강석호 작, 김순영 연출), 〈서산에 해 지면은 달 떠온단다〉(최창근 작, 김순영 연출), 〈굿나잇 코리아〉(임용위 작, 손규홍 연출), 〈하문도에는 자기가 없다〉(임규 작, 이강 연출), 〈일월〉(장정일 작, 김재엽 연출), 〈죽기 살기〉(이강백 작, 송선호 연출), 〈이오카스테〉(이헌 작, 박정희 연출) 등으로, 2004년 공연되었던 오영진의 〈동천홍〉을 제외하면 공연 작품 전부가 창작 신작이다. 뿐만 아니라 이강백이나 장정일 정도를 제외하면 대부분이 신인들에 속하는 작가의 작품이다. 새 밀레니엄은 우리 연극계에서 유독 창작극이 부진했던 시기임을 감안하면 실로 실험극장이 창작극 발굴을 의지를 갖고 수행했음을 알겠다. 물론 전대에도 창작극 발굴을 안 했던 것은 아니나 보다 깔끔한 서구 현대 번역극으로 유명했음을 생각하면 새로운 변화라고 하겠다. 역시 오랜 연륜이 묻어나는 듬직한 어른답게 실험극장은 동시대의 필요를 생각하며 움직였다고 하겠다.

그러나 유감스럽게도 공연된 창작극들이 연극계나 평론가들의 큰 주목을 받지는 못했다. 여기에는 우선 무엇보다도 희곡의 수준이 문제가 되었는데, 실로 창작극이란 장려만으로는 되지 않으며 시대적인 흐름과 맥을 같이 하는 것 같다. 창작극 중에서 삼성문학상 희곡 부문 당선작이었던 〈검정고무신〉만이 유독 주목을 받았던 것도 희곡의 탄탄함이 우선했다. 〈검정고무신〉은 일제 말기를 배경으로 하면서도 영웅적 주인공이 아닌, 일반 서민들의 애환과 우리 민족 자체의 내분,

즉 노사갈등을 소재로 삼고 있다. 그러하기에 어제의 이야기이면서도 오늘에 재해석될 많은 여지를 남겨 놓는다. 일꾼들의 임금을 부당하게 착복하는 공장 주인과 밀린 임금을 벌충하기 위해 공장 원료를 빼돌리는 일꾼들 사이에서 선량한 반장 오씨는 공장주와 노동자 모두를 감싸 주려다 오히려 양쪽으로부터 이용당한다. 후일 가게를 차려주겠다는 공장주의 약속과 그의 애까지 밴 사실을 모른 채 그 집 식모와의 중매 약속까지 받게 되자 더욱 충성을 하게 되며, 일꾼들은 공장 원료의 부족을 오씨의 착복으로 몰아간다. 그리하여 정직한 오씨의 설 자리는 없어진다. 드디어 해방의 날을 맞아 일꾼들은 공장주에게 복수하고자 몰려들고, 반장의 지위와 여인 모두를 잃은 오씨의 분노가 폭발하면서 무대는 피로 물든다. "오씨를 사이에 두고 벌어지는 이합집산과 식민치하에서의 자중지란은 우리 민족의 정체성에 대해 심각한 회의를 제기한다. 이념이나 신의 따위는 아랑곳하지 않고 목전의 이익에 따라 서로 아귀다툼을 벌이는 양상은 오늘날의 우리 현실, 특히 정치판의 이전투구와 크게 다르지 않다. 결국 이 작품은 우리 민족 자체의 화합과 단결 없이 과연 진정한 독립과 자존이 가능한지 진지하게 되묻고 있다.(프로그램 중 김미도의 글에서)"는 작품 주제의 정곡을 찌르고 있다.

알과 핵 소극장에서 상연된 공연은 김성노 연출의 연출 감각에 힘입어 성공적이었다. 연출은 올바른 희곡 해석과 비극 속에서도 적절한 희극적 장면을 삽입하여 완급을 조절하며 공연을 끌어갔다. 긴 연륜의 채희재(공장 주인)와 강태기(오씨 역)의 연기도 조화를 이루며, 그해(2002년) 한국연극협회선정 '올해의 한국연극 베스트 5'에 선정되기도 했다. 이후 〈검정고무신〉은 2002년 김성노 연출 이후, 2004년 손규홍 연출, 2005년과 2006년 이한승 연출로 재공연되며 실험극장의 레퍼토리화에 기여하고 있다.

〈동천홍〉은 비록 신작은 아니나 오영진의 야심작으로 갑신정변을 재조명한 작품이다. 2004년 갑신년을 다시 맞이하여, 갑신정변의 역사적 의미를 짚어보는 일은 꼭 필요한 일이었는데 역시 실험극장이 맡아주었다. 작가의 반일감정으로 인해 갑신정변의 궁극적인 의미는 거의 드러나지 않았지만, 이들을 매국노로 추락시키지는 않는다. 사실 작가는 당시 한일협정을 밀어 붙였던 정치인에 대한 분노와 일본 군국주의 부활을 경고하려 했다 하겠다. 김옥균을 위시한 개화세력을 현실 파악이 부족한 이상주의자로 부각시키며, 힘의 역사와 일본의 배신을 드러낸다. 또한 갑신정변의 실패는 민중의 힘을 바탕으로 하지 못한 데에도 기인했다는 것을 드러내듯, 작품에서 민중은 도외시되고 있다. 그러나 작품이 던지는 충격과 울분은 역시 이번 공연에서도 김영환의 연출에 힘입어 크게 다가왔다. 다께소에(이승호 분)와 김옥균(김도현 분)의 연기가 조화를 이루며, 변혁과 개혁의 시대에 고민하는 인간상을 부각시켰다. 무대미술에도 공을 들여 4번씩이나 세트를 바꾼 스케일 있는 공연이었다. 필요한 시기에 다시 생각하는 역사적 의미라는 공연의 의의가 더해져서, 실로 오랜만에 만나는 묵직한 역사극이었다.

2005년 〈굿나잇 코리아〉는 멕시코 한인 이민 100주년 기념 초청공연이었다. 멕시코 시티 등 멕시코에서 공연되었다는 의의가 큰데, 이민사기단에 속아 사실상 노예로 팔려가다시피 시작된 멕시코 이민의 아픈 역사를 딛고 선 조선인의 후예 구노의 이야기이다. 구노가 세계시민이면서 한국인으로 설 수 있도록 고국과의 협력과 교류를 통해 새로운 세상을 만들어가는 이민사의 희망을 말하고 있다. 물론 행사성 공연이라 하겠지만, 바로 그 행사성에 의의가 깊다고 하겠다. 한국인의 디아스포라를 찾고 그들의 이야기를 들려주는 것은 이제 국제화 시대에 한국연극이 감당하여야 할 또 하나의 사명이다. 이러한 일에 실험극장이 앞장섰다는 것은 다시금 실험극장의 연륜을 말해준다.

새 밀레니엄의 다른 공연 경향은 역시 '운니동 시대'부터 해 왔던 수준 높은 번역극 공연이다. 번역극 공연은 레퍼토리화와 번역 신작 발굴로 이어진다. 우선 레퍼토리화를 살펴보면, 먼저 〈에쿠우스〉 (2001 한태숙 연출, 2004 & 2005 & 2006 김광보 연출, 2009 & 2010 조재현 연출)를 꼽겠다. 이 작품은 1975년 실험극장 개관 공연으로 명실공히 실험극장을 반석에 올려놓았던 작품으로 아직도 회자되는 공연이다. 재공연 역시 수준 높은 깔끔한 공연으로 실험극장의 진가를 확인시켰다. 오늘의 〈에쿠우스〉가 2004년에 '제1회 연극열전 최우수 인기 작품상'을 수상한 것만 보아도 그 수준을 알 수 있다. 이 외에도 실험극장은 〈진흙〉(2002 & 2005 박재완 연출)이나 〈고곤의 선물〉(2003 성준현 연출, 2008 & 2009 구태환 연출), 〈다우트〉(2006 & 2007 최용훈 연출), 〈심판〉(2007 & 2009 구태환 연출) 등의 공연을 통해 번역 신작 발굴과 그 레퍼토리화에 힘쓰고 있다. 이외에도 재공연되지는 않았지만 〈특별한 식탁〉(슈뢰더 작, 송미숙 연출)과 〈황혼녘에 생긴 일〉(뒤렌마트 작, 손규홍 연출) 등의 번역 신작이 있다. 이들 중 〈고곤의 선물〉은 2003년 한국연극협회 선정 '올해의 연극 베스트 7'과 2008년 '한국연극대상' 중 '남자 연기상'(정동환)과 '무대미술상'(구태환) 및 2009년 한국연극협회 선정 '올해의 연극 베스트 7'에 선정되었다. 〈심판〉은 2007년 한국평론가협회 선정 '올해의 연극 베스트 3'에 선정되기도 했다. 물론 이들 작품은 번역 신작의 발굴이기도 하지만 일회성으로 공연을 그치지 않고, 꾸준히 레퍼토리화로 구축하고 있다. 그리고 이들 작품이야말로 실험극장의 2000년대의 가치를 확인시켜 주고 있다.

〈고곤의 선물〉은 〈에쿠우스〉의 작가이기도 한 피터 쉐퍼의 작품으로, 2000년대에 실험극장을 확실히 각인시킨 공연이다. 공연은 죽은 극작가 에드워드를 둘러싼 그 내면의 이야기로, 아들이 아버지의 전기를 쓰겠다며 두 번째 부인을 찾아오면서 시작한다. 극작가는 테러리즘에 대한 강박관념이 드러난 마지막 작품이 엄청난 실패를 하면서, 두 번째 아내이자 평생의 동반자였던 헬렌과 그리스에서 은둔생활을 했었다. 꼭 전기를 발표하겠다는 약속을 받은 헬렌은 그제야 자신의 결혼생활을 이야기한다. 아버지의 엄청난 반대에도 불구하고 결혼한 헬렌은 에드워드의 작품을 읽고 조언을 해준다. 몇 작품의 성공으로 유명세에 으쓱한 그는 헬렌의 조언을 무시하고 복수를 강조하는 극을 발표했다가 실패한다. 은둔한 그는 다른 여자와 놀아나며 나태해진다. 헬렌이 헤어질 것을 요구하자, 에드워드는 다시 시작하게 깨끗이 씻겨 줄 것을 부탁하는데, 그 비누 안에 면도칼을 넣어 놓아 헬렌으로 하여금 자신을 죽게 만든다. 즉 자신의 죄를 피로써 속죄한 것이라고 하며, 자신의 복수 신념으로 아내로 하여금 자신을 죽이게끔 만든 것이다. 이제 헬렌은 에드워드에게 복수하기 위해 이 책을 발간하려고 하나, 놀란 아들은 반대한다. 결국 헬렌은 책을 찢으며 용서를 택한다. 한 가정사를 고곤(메두사를 포함한 세 자매)의 신화와 연결시킨 원작은 용서와 복수라는 정의를 가름하며, 복합적인 상징을 가지며, 메타드라마로 탄탄한 구성력과 반전을 가진 작품이다. 특히 에드워드 역의 정동환이 남자 연기상을 받았을 만큼 열연했으며 헬렌 역의 서이숙도 인상 깊었다. 무대도 역시 무대미술상을 받았을 만큼 조화되어, 성공적일 수밖에 없는 공연이었다. 실로 실험극장의 저력을 보여준 공연이었다.

〈심판〉 역시 평론가들로부터 좋은 반응을 얻은 공연이다. 카프카의 소설을 각색한 본 공연은, 실로 어느 날 아침 갑자기 체포된 K가 죽음에 이르는 과정을 잘 부각시켰다. 과학적 이성이 지배한다는 현대 사회의 구조 속에서도, 도저히 납득 가지 않는 일들이 벌어지고,

외면당하고, 또 삶은 덤덤히 계속된다. 마지막 재판에까지 논리적으로 대항하는 K는 부조리한 사회에서 사라져야 할 귀찮은 존재에 지나지 않다. K의 체포사건은 많은 사람에게 관심의 대상이 되지만, 어느 누구도 실질적인 도움을 주지 않으며 오히려 이를 이용해 자신의 이익을 추구한다. 꽉 막힌 사회에서 올가미에 걸려서 별수 없이 죽어가는 K의 모습은 비단 카프카 시대만의 일은 아닐 것이다. 단순히 하나의 부조리극으로 치부하기에는 너무나 많은 사회 비판을 하고 있다. 잿빛의 계단과 많은 문들로 이루어진 무대 미술은 갇힌 사회를 표현하기에 효과적이었다. 요셉 K역의 박윤희는 어리둥절할 수밖에 없는 K의 역할을 무난하게 소화하였고, 무엇보다도 다른 배우들과의 조화가 뛰어났다. 연출 구태환이 부조리성 안에서도 날카로운 사회 비판을 집어내어 오늘의 이야기로 만든 수작이라고 하겠다.

〈진흙〉은 마리아 아이린 포네스 작으로 본격적인 여성연극에 속하는 작품이다. 우리 연극에 여성연극은 있어도 여성의 삶을 깊이 있게 다룬 작품이 적다는 사실을 감안하면, 실험극장은 또 하나의 세계를 실험적으로 보여주려 했다 하겠다. 작품은 메이를 중심으로 로이드와 헨리의 삼각구도인데, 결국 로이드와 헨리로부터 절망만을 맛본 메이는 이들을 떠나려고 하나 로이드가 쏜 총에 맞아 죽는다. 진흙은 에이를 둘러싼 암울한 세계에 대한 적절한 상징이다. 한 번 빠지면 헤어나기 어려운 더러운 진흙 구덩이 – 그 속에서 빛을 그리는 메이는 간절하다. 그녀의 죽음이 승고하기까지 한 것은 자신이 품었던 열망을 사력을 다해 살았던 삶의 의지 때문이다. 여기에 간결한 대화와 빠른 장면 변화, 세 인물의 팽팽한 성격 대결이 더하여져 극적 효과가 극대화되었다. 연출 박재완은 '잔혹 코미디'에서 형식을 찾았다고 고백하며, '준엄함과 절실함이 용을 쓰다 내놓은 타액이나 즙 같은 느낌의 잔혹, 이 두 가지 성질이 어울리고 충돌하면서 내는 소음'이 〈진흙〉의 진수일 거라고 말한다. 실로 박인서(메이 역)와 김태훈(로이드 역)과 반석진(헨리 역)이 잘 어우러진 연기로 빼어난 여성연극의 진수였다.

〈다우트〉는 아마도 근래에 상업적으로 가장 성공한 공연일 것이다. 종교학교에서 벌어지는 신부와 교장 수녀와의 인간관계를 통해 사람에 대한 의심을 주제로 하고 있다. 김혜자가 교장 수녀로 등장해서 신부역의 박지일과 평행하게 맞서 간다. 자신의 의심에 확신과 신념을 더했던 교장 수녀는 스스로도 혼란에 빠지며 결국 '아무것도 믿을 수가 없어요'라고 말한다. 김혜자의 카리스마가 돋보였던 공연으로 인간에 대한 의심을 되돌아보게 하였다. 인기 있는 최근의 번역극 신작이라는 소개에도 의의가 큰 공연이다.

이렇듯이 실험극장은 꾸준히 동시대 번역극을 발굴하고 역시 수준 높게 선보였다. 물론 고전의 재공연도 있었지만, 에너지의 대부분을 번역 신작 초연에 쏟았다 하겠다. 이는 〈에쿠우스〉부터 계속되는 실험극장의 전통이요 어쩌면 실험정신이라 하겠다. 2000년 이후 실험극장만큼 새로운 번역극을 선보인 극단은 실로 드물다. 이는 '운니동 시대' 실험극장의 소명을 명실공히 이어가고 계승하고 있다고 하겠다.

실로 새 밀레니엄의 실험극장은 이한승 대표 아래 새로운 도약을 하고 있다. 총 제작편수가 35편에 이를뿐더러, 창작극의 발굴과 번역 신작에 힘을 쏟으며 그 식견과 연륜을 보여주고 있다. 어른답게 최첨단의 실험에서는 물러섰지만, 전체적인 균형감을 가지고 젊은 극단처럼 공연에 매진하고 있다. 그간의 열악한 연극 풍토에서 한 극단이 반세기를 견딘다는 것이 어찌 기적 같은 일이 아니랴? 실험극장은 우리 연극계를 리드하며 그 세월을 견뎠고, 그 세월에서 얻은 경험과 연륜을 다시 오늘 우리 연극계에 펼쳐 보이고 있다. 실로 우리 연극계의 산 역사인 실험극장의 50년을 축하드리며, 연극계의 새로운 소명을 이어가길 기대한다.

(극단 실험극장 50년(1960~2010) 연극화보집, 2010. 12)

서울예술단 30년이 이룩한 성과와 과제

　'서울예술단' 하면 1986년 창단되어 한국적 소재의 창작 가무극 및 가무악 제작을 통해 한국의 공연예술 발전에 노력하고 있는 단체로 알려져 있다. 내부적으로는 1985년 남북 예술공연단 교환공연이 있은 이후, 남북한 문화의 동질성 회복과 문화예술 교류에 대비하고 국가적인 주요행사를 위한 대형 종합예술단체의 중점 육성 필요성에 따라 창단되었다 한다. 그렇다면 서울예술단 30년의 성과도 이 몇 가지 관점에서 살펴볼 필요가 있으니, 첫째가 한국적 소재의 발굴에 대한 성과요, 둘째가 남북한 문화의 동질성 회복을 향한 노력이며, 셋째가 대형 종합예술의 시행이다. 사실 '서울예술단'의 원조로서 '예그린 악단'을 떠올리게 된다. 그 창단 공연이었던 1960년 〈살짜기 옵서예〉는 한국 최초의 뮤지컬로 지금도 회자되는 공연이다. 한국 소재 배비장 이야기에 남북에서 공연되어도 큰 문제없을 공연으로 여기에 대중성까지 갖추어서 '서울예술단' 공연의 시조를 보여주었다고 하겠다.

　우선 '서울예술단'의 한국적 가무 창작극을 살펴보면 창립 이래 총 100여 편에 이르는 공연 중에, 한국적 소재 발굴에 해당하지 않는다고 할 작품이 거의 없다. 1987년 총체음악극 〈새 불〉로 공연을 시작한 이래, 주목할 만한 한국적 가무극이나 뮤지컬로 〈징게 맹개 너른 들〉(1994), 〈애랑과 배비장〉(1996), 〈애니깽〉(1998), 〈바리〉(1999),

〈고려의 아침〉(2001), 〈시집가는 날〉(2004), 〈윤동주, 달을 쏘다〉(2012), 〈뿌리 깊은 나무〉(2014), 〈신과 함께_저승편〉(2015) 등이 있다. 이러한 가무극과 뮤지컬에 비하여 가무악은 새로운 시도로도 보겠는데, 주로 안무와 소리로 이루어졌다. 1994년 〈한마당 우리소리〉를 시작으로 〈신의 소리, 춤〉(1995), 〈천년전설〉(1996), 〈비나리 '98〉(1998), 〈청산별곡〉(2000), 〈무천, 산화가〉(2005) 등을 그 대표작으로 꼽겠다. 이렇듯이 '서울예술단'은 전 공연을 통해 몇 개의 셰익스피어 작품과 〈크리스마스캐롤〉, 〈오르페오〉만을 올렸을 뿐[4], 대체로 한국 소재 발굴에 충실했으며 한국적 전통을 반영하기에 힘썼다. 뿐만 아니라 외국 작가 작품들도 한국화하기에 힘써 올렸다. 즉 '서울예술단'은 '한국적'이라는 소재 발굴에 꾸준히 노력했으며, 여기서 최고의 성과를 올렸다. 이는 국립극단을 포함해 어떤 극단도 이루지 못했던 성과이다.

둘째로 남북한 문화의 동질성 회복을 위한 노력도 꾸준히 수행하였다. 작품 소재에서 정치적이거나 사상적 언급을 피했으며, 남북한 공통된 전통이나 역사에 기저하고 있다. 〈애랑과 배비장〉, 〈시집가는 날〉, 〈뿌리 깊은 나무〉, 〈바리〉, 〈고려의 아침〉, 〈윤동주, 달을 쏘다〉 등 공연된 대다수의 작품들이 우리 고전이나 역사를 작품화하여서 당장 북한에서 공연한다 하여도 환영받을 수 있는 내용들이다. 단순히 정치성을 피했기보다는 우리 민족의 공통된 공감대를 울리고 있는 것이다. 가령 〈윤동주, 달을 쏘다〉만 보아도 윤동주 개인사에 관한 이야기이지만 그 배경에는 식민치하 일제의 압제라는 시대적 고통이 함께

---

4 외국 작가 공연은 다음과 같다.
〈태풍〉(1999, 2000,2001, 2002), 〈로미오와 줄리엣〉(2002, 2003, 2005, 2008),
〈크리스마스캐롤〉(2003, 2004,2005,2006,2008, 2010, 2011)
〈오르페오〉(2007)

했기에 서로가 깊이 공감할 수 있을 것이다.

셋째가 국가적 대형 종합예술의 시행이다. 실제로 '서울예술단'이 공연한 작품들을 가무극이나 뮤지컬 및 가무악은 그 스케일이 대형 공연이며, 극과 음악과 춤을 어우른다는 점에서 종합예술에 해당한다. 모든 공연이 다른 극단이 할 수 없는 것은 아니었지만 하기 힘든 공연임은 분명하다. 특히 몇몇 공연은 '서울예술단'만이 할 수 있는 대형 가무극이었으니, 일례로 〈고려의 아침〉을 꼽을 수 있다. 작품은 팔만 대장경을 만드는 고려의 수난사를 그렸으면서도 고려인의 찬란한 예술과 평화정신 및 자긍심이 다가온다. 야외총체음악극으로 명명되었는데, 전 공연 내내 다양한 스펙터클과 웅장한 스케일을 보여준다. 가설무대 중앙에 커다란 구조물과, 땅에서 치솟는 불길과 훤히 밝히는 횃불 및 시원하게 탁 트인 호수를 등등 야외무대 대형공연으로서의 장점을 잘 갖춘 공연이었다. 실로 시각적으로 압권이었는데, 금빛 물결 위로 떠오르는 불가의 상징인 연꽃, 삼천배의 염불 속에 내리는 꽃비 그리고 마지막 관세음으로 현신하는 공주의 모습 등은 감탄을 자아냈다. 마치 서구의 대형 뮤지컬 같이 많은 예산을 들여서 화려한 스펙터클을 제공했으니, 바로 이 점에서 전통의 단순한 복원을 넘어 화려한 볼거리라는 오늘의 대형 무대와 이어진다. 즉 전통의 대형화 요 시각적 압권은 옛 전통의 장엄함을 체험하게 하였으며, 전통 공연에 다원성은 물론 제의적 수행성을 높인 공연이었다. 다만 국가적인 주요행사에 쉽게 재연할 수 있는지는 의문으로 남았다. 조선시대 산대를 좌우로 8개를 세우고 중국 사신을 맞던 산대잡희는 국가적 행사를 문화적으로 승화했던 격조 있는 종합예술이었다. 오늘날 광복절과 같은 날 세종로에서 시민과 같이 이런 축제 같은 공연을 시행할 수 있는 극단은 '서울예술단'뿐일 것이다. 단순히 대형 종합예술의 시행뿐만 아니라, 국가적 행사에 함께하며 문화적인 자긍심을 보여줄 공연은 앞으로 '서울예술단'에서 보다 노력해야 할 부분이라고 하겠다.

이렇듯이 '서울예술단'은 그 본연적인 임무에 충실하면서 우리 공연계에 자신만의 목소리를 가져왔다. 사실 국립극단을 포함하여 어떤 극단도 '서울예술단'만한 정체성을 지켜오지 못했으니, 이는 실로 긍지요 자랑이라고 하겠다. 그러나 이룬 것에 집착하기보다는 보다 나은 내일을 위해 새로운 방향성과 과제를 생각해 보면 다음을 꼽을 수 있다.

우선 보다 적극적인 한국 전통 양식의 활용을 실험해야 하겠다. 예를 들어 향가나 산대잡극 혹은 판소리 등등을 생각할 수 있으니, 향가의 양식으로 가악무를 만들고 판소리로 뮤지컬을 시도하며 산대잡극으로 국가적 축제를 도모할 수 있겠다. 즉 한국적 소재만 발굴하는 데서 나아가, 양식적 실험이 요구된다. 팔관회나 연등회 같은 양식을 현대적으로 부활해서, 다양한 전통 연희를 펼쳐 보일 수도 있을 것이다. 부족한 필자가 구체적인 방법이나 양식을 제시할 수는 없겠지만, 전통 양식의 활용은 소재의 발굴만큼이나 절실히 요구된다.

둘째로 대중성과 축제성의 증진이다. 물론 요즈음 대중들에게 사랑받는 공연들이 늘어나서 고무적이기는 하다. 그러나 일반 극단들과는 조금 방향이 다른 대중성이어야 하지 않을까 싶은데, 즉 축제성과 연결된 대중성이다. 가령 명절 같은 민족적 행사에 오늘의 축제를 만들 수는 없는 것일까? 국가적 대형 종합예술 시행이라는 전제에는 오늘의 축제성과 대중성이 들어 있음을 상기하자.

셋째로 전통의 현재화에도 계속해서 힘써야겠다. 가령 2015년 〈신과 함께_저승편〉를 보면 지하철, 현대 의상을 입은 저승차사, 변호사라는 현대적 개념은 물론, 공연 당시 사회문제의 병, '메르스'까지 들먹이며 이야기와 현실의 넘나들었는데, 이는 오늘에 초점을 맞추며 자연스레 대중성 성취를 거들었다. 공연의 음악 역시 대중적 비트를 가지고 익숙하면서도 흥겨웠다. 락, 재즈, 발라드 같은 익숙한 음악이 오케스트라를 활용하여 연주되었다. 이는 저승이라는 민족 공통의 상상력에 현대화를 입힌 것으로 대중적 흥미를 끌었다. 이러한 전통의 현재화는 '서울예술단'의 공연이 오늘의 공연으로 살아있기 위해서 필수적이다. 보다 활발한 현재화에 계속 발군해야겠다.

마지막으로 세계화를 위한 노력이다. 지난 30년간 '서울예술단'이 이룬 '한국식 가무악과 가무극' 이라는 성과는 한국 문화의 정체성을 찾아가는 과정이었다고도 하겠다. 이 개방적인 포스트모던 사회에서는 정체성보다는 현대적 다원성의 하나로 전통이 강조되고 있음을 잊지 말아야겠다. 즉 '한국식 가무악과 가무극'이라는 미쟝셴을 어떻게 세계적 미쟝셴에 맞추어 우리 문화를 세계화할 것인가는 '서울예술단'의 또 다른 과제라고 하겠다.

공자가 말씀하시기를 30은 이립(而立)이라고 했다. 이제 확고하게 도덕 위에 서서 움직이지 않는다는 뜻이니, '서울예술단'도 그 방향성을 확고히 세워 움직이지 않아야 하겠다. 한국 가무악극 정립에 지난 30년간 결코 만만하지 않은 성과를 거둔 '서울예술단'이 새 시대를 향해서 더욱 정진해 나가길 기원한다. 변화하는 시대에 발맞추어 변화하는 극단이야말로 '미래'를 여는 극단이기 때문이다. 한국적 전통을 현재화하면서 대중과 함께하는 더욱더 혁혁한 '서울예술단'을 기대한다.

(2016. 6. 서울예술단 30년사)

2

문제작、실험극

<조씨고아>
현대 해체로 풀어 간 중국 고전

    극단 미추 창단 20주년 기념으로 올려진 공연이 〈조씨고아〉이다. 그간의 히트작을 공연할 수도, 혹은 키워온 내부 인사의 연출을 올려서 극단 미추의 업적을 축하할 만도 한데, 극단 미추는 중국 국가화극원의 상임연출가인 티엔친신을 택했다. 극단 미추가 "'민족정신'과 '자기문화중심'을 강조해 오지 않았나 하는 반성이 듭니다."라는 대표 손진책의 말은, 역으로 이제 이러한 성취는 어느 정도 이루었다는 자긍심으로도 느껴진다. 그리하여 "동시대 연극문화에 관한 보편적 이해와 적극적인 수용을 위한 미추의 다짐과 각오"가 드러난 작품이 〈조씨고아〉인 것이다.

    〈조씨고아〉는 13세기 중엽의 작가 기군상의 원잡극으로, 중국고전 희곡에서 손꼽히는 비극중의 하나라고 한다. 선악이 확실히 나뉘고 악행과 그에 대한 복수와 교훈이 분명한 역사극이었다고 한다. 이야기는 양아버지와 친아버지와 행복하게 살고 있던 16세 소년이 두 아버지가 모두 죽으며, 자신의 뿌리를 알게 된다는 것이다. 시대는 춘추시대로 올라가, 진나라 왕 영공의 딸 장희는 남편 조식의 숙부와 정을 통하다 발각된다. 이에 분노한 조식이 아이를 부정하자, 장희는 아버지 영공에게 조씨 집안이 역모를 꾀했다고 모함한다. 이에 조씨 집안은 진짜 반역을 일으켜 영공을 시해하고 경공을 옹립하지만, 혼란 속에서 도안고에 의해 일족이 몰살을 당한다. 조씨 집안의 마지막 후손을 잉태했던 장희공주는 시골의사 정영에게 아이를 부탁하고 자결한다. 정영은 장군 한궐의 도움으로 고아를 숨긴 채 도망하지만, 도안고의 다가오는 추격을 피할 수 없어 공손저구와 공모해서 공손저구가 아이를 가졌다고 밀고하기로 하고 자신의 아이를 대신 바꿔치기한다. 변절자라는 수모를 묵묵히 참으며, 도안고의 수하에 들어가 굴욕적인 삶을 살면서 고아의 안전을 도모한다. 도안고가 죽음을 감지하자, 결국 과거는 드러나고 고아는 새 인간으로 태어나야만 한다.[1]

연출 티엔친신은 이 고전을 전혀 고전 같지 않게 올렸다. 분명한 극적구성의 효과나 충의나 의리 및 선악을 이야기하기보다는, 오히려 그 혼돈을 가중시킨다. 우선 시각적으로 인물들은 한 인물을 2명 혹은 3명이 연기하여, 분열된 자아를 분명히 보여준다. 고아는 양아버지 도안고와 같이 강인한 자아와 친아버지와 같이 온화한 자아로 연기될 뿐만 아니라, 도안고 역시 늙은 도안고와 젊은 무사 도안고로, 장희는 바람을 피우던 젊은 장희와 꿈꾸던 남자인 장희 및 아이의 생명을 구걸하는 엄마 장희로, 정영의 아내는 순종적인 아내와 아들의 생명을 지키지 못했다고 자책하는 아내로 나누인다. 나뉘어진 자아들은 시각적으로 굉장히 다를 뿐더러, 각기 다른 의미를 지향하고 있다. 따라서 잘 알려졌다는 줄거리조차 어떤 의미에서 모호해 진다. 즉 이분법을 해체하고 있는데, 선도 악도 모호하며 선인도 악인도 모호하다. 모두는 오히려 혼돈 속에 있으며, 혼돈은 "그 앞길이 희망인지 실망인지 알 수 없"이[2] 어떤 확정적인 의미도 연기하고 있다. 고전 속 인간들이

---

1 〈조씨고아〉에 대한 설명은 〈한국연극〉9월호에 실린 오수경의 글을 참조하였다.
2 프로그램 〈연출의 글〉에서

그러하듯이, 오늘날 우리도 오로지 혼돈 속에만 존재한다. 그런 의미에서 오늘의 이야기일 수도 있다. 이러한 현대적 해체주의 연출법이 확고한 진실이 흔들렸던 춘추전국시대 이야기에 적용된 것은 결코 우연이 아닌 듯싶다.

"서구 현대파의 연극 개념"인 해체주의뿐만 아니라 티엔친신은 동시에 "동양전통 미학정신"을 〈조씨고아〉에 잘 구현하고 있다. 어려서부터 전통연극 익혔다는 그녀는 동작의 리듬을 잘 잡아내며 무사들의 앙상블을 철저히 했다. 봉을 활용하여 힘차고도 간결한 동작과 북과 징 등의 소리의 응용이 주목되었다. 탁월한 신체의 조형을 통해서, 동양전통에 미학을 두었지만 동시에 현대적인 움직임을 만들어냈던 것이다.

티엔친신은 "중국 관객에게는 상당 정도 낯설고 당황스러움과 함께 미적 충격을 던져"준다는 리어쁜[3]의 지적은 매우 적절하다. 이번 〈조씨고아〉 역시 고전은 고전이되 동시에 현대적인 이야기이며, 그 섞음의 당혹감으로 결코 편안하지만은 않았던 공연이었다. 이 '낯설고 당황스러움'은 실로 "동시대 연극문화에 관한 보편적 이해"라는 극단 미추의 새로운 포부와 연결되는 듯싶다. 문제작으로 새 목표의 설정을 알리는 극단 미추의 20주년을 축하하며, 또 다른 20년을 기대한다.

(아트뷰, 2006. 10)

---

3 문예비평가, 중국 문련 서기

<마리>
Site-Specific 공간의 연극적 이미지화

1. 공연 공간의 절묘함: Site-Specific Theatre의 확산

연극원에 익숙한 사람이라도 이번 <마리>가 공연되었던 공간은 좀처럼 찾기 어려운 공간이다. 그것은 눈에 쉽게 보이지 않는 공간이기도 하다. <마리> 공연을 계기로 처음 올라가 본 옥상은, 주변의 숲과 먼 아파트의 풍광과 어울리면서도 중앙의 'ㅁ'자형으로 뚫린 넓은 공간 때문인지 어쩐지 소외감과 외로움이 느껴졌다고나 할까? (연극원은 중앙 정원을 중심으로 건물은 'ㅁ'자로 3층으로 돌려 세워져 있어서, 옥상에서 보았을 때 중앙이 휑하니 뚫려 있다.) 통상 채워져야 할 것이 비어있는 중앙 없는 옥상에서, 그 주변을 맴도는 인간을 상상하면서 순간 <보이체크>의 핵심 사고가 시각화되는 것을 느꼈다. "우리같이 가난한 자는 도덕을 생각할 틈이 없다"는 빈한한 자로서 사회 공간에서 밀려나면서 한없이 비워 가야만 했던 보이체크의 자아공간은, 세상에서 단 하나 사랑하던 마리를 숲 근처 연못가에서 죽음으로 돌려보내며 그 빈 구멍을 헛되이(?) 메워보려 했다고나 할까? 그 뚫려 있는 보이체크 가슴 중앙의 공간이, 순간 바로 이 옥상에 휑하니 뚫린 공간과 겹쳐 왔다.

이렇듯이 절묘한 공간의 선택은 이미 이번 공연의 핵심을 말해준다. 일상의 공간을 연극공간으로 활용하려는 시도는 이미 환경연극을 비롯하여 근년에 꾸준히 있어왔다. '특정 장소에서의 맞춤 공연(Site-Specific Performance)'이라는 용어로 알려지기 시작한 일상 공간의 연극화는 이번 〈마리〉 공연의 핵심이기도 하다.

〈마리〉의 무대는 어찌 보면 중앙에 텅 비어있는 공간이 중심이다. 사실 객석에서 바라보면 중앙의 빈 공간이 가장 쉽게 눈에 들어온다. 그 공간의 둘레에 띠처럼 사각형의 공간이 마련되었다. 객석에 가까운 띠 같은 공간에는 연못가, 의사의 연구실, 병영이 위치하고, 런웨이 외에 양옆에는 철근으로 서커스장과 연병장으로 활용되는 구조물이 서 있다. 공간의 뒤편으로는 거리주점, 마리의 방, 마리의 집과 빨래터가 이어진다. 어찌 보면 핵심 행동이 일어나는 장소가 관객들에게는 멀리 그림과 같이 느껴질 정도이다. 여기서 빨래를 너는 마리는 연기보다 이미지로 다가온다. 그리고 빈 공간으로 삐쭉 나온 deck 같은 구조물이 하나 서 있는데, 여기서 보이체크는 3층 바닥으로 두레박을 던지면 힘겹게 물을 긷는다. 두레박을 던질 때 그 깊이 떨어지는 소리의 둔탁함이 마치 보이체크의 가슴의 막막한 소리 같기도 하다. 보이체크가 빈공간의 부분으로 쑥 들어와서, 그 막막한 깊이로 물을 긷는 모습 자체는 하나의 상징으로 다가왔다. 또 하나 공간의 다층적인 사용으로, 중앙 공간의 바로 아래쪽에 건물 3층의 복도창이 높게 달려 있는 것이 객석에서 보이는데, 이를 군중들의 다세대 주택으로 사용한다. 군중 장면에서 이 창문들이 열리며 야유하는 군중들의 모습이 드러난다.

이러한 독특한 공연공간은 일상공간을 활용하지 않고는 불가능했다고도 하겠다. 연기 공간의 선택이 이미 공연 성패의 절반 이상을 차지했다고 하겠다. 공간을 연극의 핵심과 연결 짓는 날카로운 눈썰

미는 실로 무대미술가로 공간을 눈여겨보았던 연출(최상철 연출)의 공로라고 하겠다.

2. 이미지 연기

이러한 독특한 무대에 보이체크의 가장 많은 연기는 무대를 뛰는 것이다. 그는 항상 달린다. 무대는 달리기에 턱없이 넓고, 그는 쫓기듯이 달린다. 넓은 공간 때문에 그는 마치 자코메티의 조각같이 가녀리고 왜소하다. "넌 왜 항상 뛰어다니느냐"는 중대장의 불평처럼, 그는 항시 초조하고 쫓기듯이 뛴다. 이러한 이미지가 보이체크 인물을 표현하는데, 특정 대사나 연기보다 중요하다. 무대의 특성상 신체의 움직임에 연기의 중점이 주어지며, 궁극적으로 보이체크 이미지의 표상화에 있다.

이러한 이미지는 다른 인물들에게서도 중요하다. 마리의 연기 구역은 죽는 연못가를 제외하고는 하도 멀어서, 얼굴 표정 등 사사로운 연기를 거의 볼 수 없다. 다만 나부끼는 빨래와 더불어서 가난에 찌든 그러나 아름다운 이미지만이 중요하다. 마리와 정사를 벌이는 악대장도 멋있는 빨간 군악대복으로만 기억된다. 마리의 연기 공간이 빈 공간 너머, 관객석에서 멀리 있는 것은, 어찌 보면 보이체크의 상실감과도 연결된다. 그토록 절실한 마리는 보이체크에게서 멀리 있으며, 이들은 너른 공간을 두고 소리치듯 이야기한다. 그리하여 마지막 그녀를 죽일 때에야 보이체크는 마리를 관객석 앞으로 데리고 온다.

이렇듯이 이미지가 중요하나 반면 보이체크를 억압하는 세력은 좀더 구체적으로 드러나기도 한다. 그래서 의사와 중대장은 관객과 가까운 거리에서 연기한다. 따라서 이들의 조롱과 놀림은 더욱 극명하게 다가오는 것이다. 아마도 분명하게 보통의 연기다운 연기는 이들뿐이라고 해도 과언이 아니다. 즉 보이체크에게 억압과 탄압의 세력은 가까이에서 구체적으로 다가오는 반면 마리는 멀리 너른 빈 공간너머에 있다.

코러스들은 이미지 연기에 더욱 박차를 가한다. 이들은 보이체크와 비교되는 동물로 혹은 군중으로 변신하면서, 양옆의 철근 구조물에 달려있거나 신체의 움직임으로 공연의 이미지를 강화하고 있다. 실로 코러스는 이미지를 위해 존재한다고도 하겠다.

3. 소품의 활용

이러한 이미지를 더욱 강력하게 만드는 것은 소품의 활용이다. 조작(?)된 실험을 강조하는 듯한 의사는, 보이체크가 명령에도 차마 던지지 못하는 살아있는 닭을 빈 공간너머로 내던져버린다. 그 냉혹함이 섬뜩할 정도로 비인간화된 의사를 표상한다. 무력하게 던져지는 닭은 바로 또 다른 보이체크의 분신이기도 하다.

거리주점에서 추는 마리와 악대장의 탱고 춤이나 주위에서 터지는 화려한 폭죽도, 단순한 볼거리를 넘어서 보이체크에게 소외감을 더해가는 소품이다. 탱고 춤의 선정성이 마리와 악대장을 향한 보이체크의 무력감을 더하게 만든다. 더구나 화려하게 터지는 폭죽은 야외무대의 장점을 절묘하게 살린 소품이었다. 폭죽 자체가 하나의 볼거리로 장관을 이루었다.

소소한 일상을 나타내는 데는 바람에 휘날리는 빨래가 사용되었다. 마리의 빨래터에 걸려 있는 하얀 천들은 바람에 나부끼며, 일상적인 마리를 잘 표출하였다. 마리와 보이체크의 잠시 행복한 가정생활을 상징하기도 한다. 이렇듯이 나부끼는 빨래는 이미지로서도 훌륭했다.

그리고 마지막 마리를 죽이는 장면에서 자욱한 안개는 연막탄으로 만들어졌지만, 이는 앞을 볼 수 없는 보이체크 내면의 표출이기도 한 것이다. 거대한 빈 공간에서 뿜어 나오는 아득한 안개는 모든 시야를 가린다. 한 치 앞도 보이지 않는 하류 인생살이 – 보이체크의 중심에는 이렇듯 안개만이 가득한 것인가?

이러한 절묘한 소품들은 이미지 연기와 특수한 공연공간과 맞물리면서, 〈마리〉의 효과를 창출하고 있다. 자연스러운 소품들이 상징을 띠게 되는 순간이다. 그리하여 자연물을 넘어서, 보이체크의 의미를 전달하는 훌륭한 오브제인 것이다.

4. 어째서 〈마리〉인가?

이 공연의 제목은 〈보이체크〉가 아닌 〈마리〉이다. 그렇다면 우리는 손쉽게 마리의 관점에서 극이 진행되는가를 기대하게 된다. 그러나 본 공연은 마리의 관점이 아니라, 여전히 보이체크의 관점에서 진행된다. 그렇다면 왜 〈마리〉일까?

마리는 보이체크에게 이 세상에서 유일하게 삶의 의미를 주는 사람이다. 그녀를 위해 일하고, 심지어는 실험의 대상도 자처하며 돈을 버는 이유이다. 그만큼 마리는 보이체크의 중앙에 자리 잡고 있다. 즉 가난 때문에 보이체크의 삶이 힘든 것이 아니라, 궁극적으로 마리의 배신 때문인 것이다. 마리는 보이체크 삶의 모든 중요한 상징이며 중심 그 자체이다.

이러한 마리의 절실함은 보이체크가 왜 마리를 죽여야만 했던 것인가를 설명하기도 한다. 진정으로 사랑했기에 마리를 정화하듯 죽음으로 돌려보내고, 보이체크는 마지막 자신에 남아있던 중심을 비워버렸다. 이때 중앙의 빈 공간에서 안개가 피워 오르는 것은 우연이 아니다. 이제 보이체크는 중심을 잃었고, 삶에서 아무것도 볼 수 없는 것이다. 이런 앞을 알 수 없는 깊은 절망에서 〈보이체크〉는 삶의 원초적 부조리를 지적하고, 부조리극으로까지 확장되고 있다. 자신의 중심을 죽여서, 스스로의 존재마저도 부정해야 하는 보이체크—여기에 환경과 여러 이유를 넘어서, 삶 자체가 이미 부조리 그 자체인 것을 확인하고 있기도 하다. 그러하기에 그는 구원을 향해 외친다, "오, 마리!"

5. 결어

실로 이번 연극원의 옥상 공연 〈마리〉는 Site Specific Theatre의 한 모범을 보여주는 공연이었다. 중앙에 뻥 뚫린 공간이야말로, 보이체크 내면의 공허를 시각화하고 있다고 하겠다. 여기에 더한 이미지 연기와 소품들은 〈보이체크〉의 핵심을 보여주었다. 물질에 내몰리며, 우리의 삶 자체가 부조리한 것임을 확인하는 보이체크야말로, 오늘날 우리 삶 어디엔가 살고 있지 않는가? 영원히 풀 수 없는 삶의 수수께끼를 펼쳐 보이는 보이체크는 그래서 오늘날에도 숨쉬는 우리의 일부인 것이다.

(2006. 5. 인터넷 장소특정적 공연저널)

<경숙이 경숙아버지>
기형적 가족관계, 진솔한 가족사랑

　요즈음 우리 생활에서 유행하는 단어로 '퓨전'이라는 것이 있다. 음식도 패션도 주거까지도, 동서양과 고금에서 각기 장점을 취하여 섞어서 활용하는 것이다. 이제 '퓨전'은 너무 일상적이어서, 더 이상 이야깃거리도 되지 못한다. 그런데 흔히 사실주의 작가로 불리는 박근형의 최신작 〈경숙이 경숙아버지〉에서 이러한 퓨전을 보았다면 놀라운 일일까? 〈경숙이 경숙아버지〉는 드러나지 않게 다양한 방법론을 활용하여, 우리 현대의 일상과 가족의 사랑을 부지불식간에 우리 곁에 다가오게 하고 있다. 실로 그가 동시대의 작가임을 다시금 확인하게 하였다.

　〈경숙이 경숙아버지〉는 우선 우리 전근대와 현대 가족사의 퓨전이며, 가부장제 주변에서 아버지 바라보기이다. 그 시선부터가 중심의 해체이다. 작품에서 경숙아버지는 책임질 줄 모르는 가부장의 전형을 보여주는데, 가족들을 착취하다시피 하면서 자신의 안일만을 추구한다. 6·25 전쟁 중에는 피난길에 오르는 가족을 구박하며 집을 지키게 하고 혼자서 떠나더니, 첩을 당당히 집에 데려와서 딸에게 작은 어머니로 인사시키기도 한다. 그렇다고 가족의 생계를 책임진 일도 없다. 어머니는 이러한 아버지를 보필하기에 헌신적으로 바쁘다. 묵묵히 생계를 꾸려가는 것은 물론, 첩이 떠나가자 그녀를 다시 데려오기 위해 칼부림까지를 각오한다. '가장은 하늘'이라는 전근대적 가족관계의 모순이 현대를 사는 딸의 눈을 통해서 고발된다. 여기서 그려내는 가부장은 오히려 철부지 말썽꾸러기이다. 그러면서도 나름대로 자식을 사랑한다. 경숙이 졸업식에 불쑥 신발을 사들고 온 것만 보아도 그렇다. 아버지는 항시 멋있고 멀리 있고 그리운 존재이다. 이렇듯이 부재하는 아버지의 추억에도 불구하고, 그 밑바탕에는 지극한 사랑이 바탕을 하고 있다. 아버지를 향한 지독한 그리움은 죽음의 고통을 극복하고 낳은 아기가 아버지를 꼭 빼닮았다는 사실이 상징적으로 나타내고 있다. 다만 아버지이기에 그의 존재는 전능한 것이다. 우리가 비록 잊고 있었을지는 몰라도, 이 작품은 지극한 가족의 사랑을 우리에게 일깨운다. 오늘의 고개 숙인 아버지들이여, 그들이 단지 아버지라는 이름만으로도 무조건적인 사랑의 대상인 것을 아시는가?

이러한 가족 관계에 작품은 더욱 기형적인 관계를 몇 가지 추가한다. 불쑥 아버지가 데리고 온 껑꺽이 아저씨가 그러하다. 그는 떠나간 아버지를 대신하여 경숙이를 챙기고 학교도 보내며, 어머니를 임신시킨다. 이러한 아저씨를 딸 경숙이는 이상적인 아버지로 기억한다. 임신한 아내를 묵인하는 듯한 돌아온 아버지의 태도도, 현대의 우리들로서는 이해하기 어렵다. 어머니는 아들을 사산하여, 간신히 혈연 가부장제에 근거한 가족은 지켜진다. 껑꺽이 아저씨는 껑꺽이 삼촌으로 그 가족에 남는다. 한편 아버지의 첩과 어머니의 관계이다. 이들은 마치 자매처럼 화해가 일어나고, 이모처럼 경숙이의 출산 일에도 방문한다. 이러한 가족관계를 작가는 "남성중심 사회에서 나타날 수 있는 기형적인 형태의 가족을 얘기하려 했다."라고 한다. 즉 어렸을 적 "나하고 어떤 관계인지 알 수 없는, 과거가 분명치 않은 먼 친척이나 아버지의 친구 같은 분들이 집에서 같이 살거나 이웃이 돼서 왔다 갔다

하는 경우가 많았다"라고 회상하며, "가족이라는 개념이 지금보다 훨씬 폭 넓었다."라고 주장한다. 이들 관계는 기형적이면서도 분명 이들 간의 끈끈한 사랑이 얽혀 있다. 실로 다각적인 가족 읽기이며, 이러한 가족은 해체되어 재구된 오늘날의 가족과 묘한 상관성을 맺고 있다. 가령 이혼과 재혼을 한 가정이나 혹은 레즈비언의 가정은 이러한 끈끈한 사랑으로 얽혀 있는 것은 아닌지?

흔히들 박근형을 사실주의 연출가라고 하듯이, 공연의 주류를 이루고 있는 것은 사실주의이다. 사투리까지 구사하는 리얼한 장면과 장면들이 연결된다. 특히 어메역의 고수희나 경숙이역의 주인영은 사실주의 연기의 중심을 잡아준다. 그들이 그려내는 장면들은 한번쯤 우리의 일상에서 본 듯이 낯익다.

그러나 연출은 그 연결 곳곳에 불쑥 다른 다양한 방법론을 동원하였다. 우선 아버지의 등장을 꼽을 수 있다. 그는 종종 춤을 추면서 나타난다. 그 춤은 사실적일 수 없는데, 이는 경숙이의 아버지에 대한 동경을 표현하는 듯하다. 그녀에게 그는 멋있고 춤추는 사람이며 다른 세계의 사람이다. 곳곳의 슬로우 모션도 사실주의를 깨고, 연출의 강조점을 보여주는 하나의 방법이다. 느리게 움직인 만큼 관객들은 그 행동을 더 기억하게 되는 것이다.

뿐만 아니라 전혀 인과율을 깨버리는 것도 하나의 방법일 수 있다. 가령 '너 죽고 나 죽자'고 덤비던 어메가 갑자기 성령을 받아서, 아버지의 첩과 화해한다. 이 화해는 어떤 설명도 불가능한 무조건적인 것이다. 여기에는 기적을 이룬다는 기독교에 대한 풍자가 느껴지기도 하나, 어쨌건 갑작스러운 완전한 화해는 일어난다. 이러한 초논리적 장면 연결이 주는 충격도 분명히 있다. 또한 초현실적인 장면도 삽입되어, 극 진행의 묘미를 살려준다. 가령 어메가 낳았던 껄껄이 아저씨 아들이 죽는 장면 같은 곳에서의 연기는 공연을 초현실적인 공포로 몰고 간다. 이러한 비논리와 초현실을 어떻게 설명해야 할까? 이러한 '섬뜩한 환상이나 해괴할 정도의 의외성' 등 비사실적 연출의 묘미에서 박근형은 소위 포스트드라마와도 연결된다.

공연에서 논리적 인과율보다 감성이 강조된 것도 오늘의 포스트모더니즘과 연결된다. 극을 진행시키는 것은 아베에 대한 경숙이 모녀에게는 절대적인 감성이지, 결코 인과율적인 사건의 진행이 아니다. 알건 모르건 이들은 이미 삶의 부조리를 받아들이고, 아베는 이유 없는 사랑과 헌신의 대상인 것이다. 나아가서 이러한 감성은 살짝 과장되어 있다. 그리하여 "신파를 잃어버린 이 시대"에 감정의 이입을 강조하고 있다. 그리고 이러한 감정의 선동으로 인하여, 〈경숙이 경숙 아버지〉가 보여주는 가족사랑은 더욱 직접적이며 감동적이다. 이러한 신파조는 대중극적 색체를 짙게 하여, 역시 대중성을 강조하는 오늘의 포스트모더니즘 연극에 연결되어 있다.

(아트뷰, 2007. 7)

<새-새(New Birds)>
유토피아를 꿈꾸는 국립극장의 새로운 출발

　새로운 예술감독(최치림)을 맞아 새롭게 출발하는 국립극장의 〈새-새(New Birds)〉는 야심차고도 적절한 기획이었을 것이다. 세계적 경제위기로, 북한의 위성 발사로, 박연차나 장자연 스캔들 등 굵직굵직한 이슈로 온통 사회가 어수선한 이때, 아리스토파네스의 〈새〉보다 더 적절한 공연을 찾기 힘들지도 모른다. 하늘과 땅 사이에 세운 가상의 유토피아인 '구름 뻐꾹 나라'보다 더 적절한 풍자가 있겠는가? 인간의 불효와 법과 검열을 무효화하며, 나아가서 신들마저 통쾌하게 굴복시키는 이야기가 아니던가? 더구나 현실의 재현을 무시하며 상상의 세계를 자유롭게 오가는 이야기이기도 하다. 아르스토파네스는 당시 그리스 사회를 관객들과 함께 웃으며 치유했다고 하겠다. 그런데 국립극장이 바로 이 희극의 고전을 한국식으로 번안하여, 오늘의 한국 사회를 새로운 〈새〉로 선보인다니 이 얼마나 시의 적절한가?

　임형택 번안, 연출의 〈새-새(New Birds)〉는 아쉽게도 그 초점을 풍자에서 잃어버린 유토피아로 바꾸었다. 그는 새를 로맨틱하게 바라본다. "새들은 늘 우리에게 그리운 임을 생각나게 하고, 가고 싶은 그 곳을 생각나게 하는 매개체입니다.……우리 삶의 모든 기쁨과 슬픔은 한 뼘의 작은 땅에 머물러 있습니다. 그런데 새들은 어딘지 모를 드넓은 곳을 날아 다닙니다"라는 연출의 변은 새 자체가 우리의 동경임을 일깨운다. 그러나 여기서부터 아리스토파네스의 신랄한 풍자와는 멀어졌다고 하겠다. 아리스토파네스에게 새는 하나의 기발한 발상이지, 동경의 대상은 아니었기 때문이다. 연출은 새의 나라를 찾아가는 장설득과 오희망을 오늘의 험난한 현실에서 유토피아를 꿈꾸는 두 사람으로 설정했다. 그러나 그들이 세운 유토피아마저도 바로 장설득에 의해서 또 다른 독재국가가 되어 가는 것을 보면서 오희망은 다시 인간 세상으로 향한다.

사실 원작을 어떻게 연출가가 받아들이고 번안을 하든 그 완성도만이 있으면 문제될 것은 없다. 연출이 '풍자' 대신 '유토피아'를 선택했다면 아쉽지만 그것도 좋다. 그러나 원작보다 뛰어난 재해석이 아니거나 그 통일성을 잃었을 때, 설득력을 잃게 된다. 공연에서 처음부터 함께했던 장설득과 오희망은, 마치 남남인 것처럼 아무 논의조차 없이 각기 제 갈 길로 간다. 즉 장설득은 유토피아를 짓누르는 독재의 신이 되고, 바로 이 유토피아에 실망한 오희망은 인간계로 돌아간다. 이런 중요한 결정에 처음을 함께했던 둘은 토론조차 하지 않는다. 그러하기에 장설득의 승천이나 오희망의 귀환이 일관성 있게 다가오지 않았다.

뿐만 아니라 이러한 유토피아의 강조는 실로 아리스토파네스의 많은 부분을 놓치게 할 뿐더러, 많은 희극성을 잃게 하고 있다. 현상계의 모순을 지적하고 웃음으로 치유하던 것이 희극의 본질이기 때문이다. 아리스토파네스에게 유토피아보다 더욱 중요했던 것은 신과 인간에 대한 풍자였다. 공연에서 불효자나 법이나 파파라치를 풍자하는 장면조차도, 그 판단을 장설득 독재의 일부로 해석한 듯싶다. 그리하여 관객의 웃음을 유도하지 못했다. 그러나 이런 장면이야말로 관객이 현실을 풍자하며, 연출과 함께 진정한 웃음을 터뜨려야 하는 곳이 아니었을까? 신(神)에 대한 풍자 역시 별 웃음을 주지 못했다.

이러한 웃음을 놓친 연출은 희극성을 새들의 '춤과 노래가 뒤범벅이 된 한판의 난장'으로 메꾸려고 했다. 랩이나 발레에 소위 우리식인 만담과 오리춤이 뒤섞인다. 그러나 "이 난장을 통해 험난한 도시의 구성원들은 잠시 법과 권력으로부터 자유를 만끽할 수 있었던 것"이라는 연출의 변은 공허하게 들린다. 난장을 벌이는 새들은 자유를 갈망했던 주체가 아니기 때문이다.

〈새-새(New Birds)〉

뿐만 아니라 소위 '한국식' 공연도 노력만큼 성과를 거두지 못했다. 주인공의 이름을 한국명으로 바꾼다고 한국식 공연은 아니다. 우선 새들은 중요한 시각적 이미지인데, 이들의 분장에서부터 기발한 상상력은 물론 한국화를 느끼기 어려웠다. 민화의 새 그림을 참조해서 그 색조와 캐리커처를 살렸더라면 하는 아쉬움이 남는다. 한편 희극임을 감안해서인지 밝은 색조의 다양한 의상들은 오히려 산만했다. 또한 움직임이나 춤 역시 잘 짜이지 못한 인상이다. 많은 등장인물들이 등장했으나, 넓은 무대를 채우기에는 역부족이었다. 그만큼 효과적으로 인물 배치를 못했으며, 동선 처리도 미흡했다. 더구나 랩 등과 어우러진 한국식 동작은 관객에게 인상을 남기기에는 역부족이었다. 다만 현대식 전통 음악을 표현했던 음악은 비교적 성공적이었으나, 다른 요소들과 조화되지 못해서 그 장점이 잘 드러나지 못했다.

연기 역시 많은 아쉬움을 남겼다. 우선 대사가 잘 들리지 않았으니, 이는 배우들의 마이크 조절이 잘못된 것에 많이 기인한 듯싶다. 필자가 첫 오프닝 공연을 관람한 탓(?)도 있겠으나, 쉰 듯한 목소리로 알아듣기 힘든 대사는 연기에 치명적이라 하겠다. 뿐만 아니라 대대수의 배우들이 자신의 역할 창조에 확신을 가지지 못한 듯하다. 양식화되지도 사실적이지도 않은 어정쩡한 연기는 새들이 요구하는 기발한 상상력의 놀라움을 주기는 역부족이었다.

다만 새로운 미디어 활용은 인상적이었다. 특히 처음 새 나라를 찾아가는 장면에서 중간막을 사용하며 보여준 이미지나, 새 나라의 특수성을 나타낸다고 할 새 이미지들은 신선하게 관객의 상상력을 자극했다. 이러한 특수 조명은 앞으로 더욱더 활용되어야 할 것이다. 또한 무대에 다양한 시도가 활용된 것도 연출의 노력으로 돌려야할 것 같다. 배

우를 객석에서 등장시키고, 객석의 조명도 종종 밝히며, 배우들이 공중을 떠다닌다. 또한 어린이 합창단도 등장하여 새로운 음색과 귀여움을 더하는 등등 볼거리를 만들려는 다양한 시도는 긍정적이었다.

다만 이 공연이 대극장 프로시니엄 무대를 선택한 것은 좀 의아하기도 했다. 왜냐하면 프로시니엄 무대를 극복하려는 연출이 종종 보였기 때문이다. 하늘극장 같은 곳에서 했다면, 좀 더 관객과의 소통이 쉽지 않았을까 생각해 본다.

실로 정통적 정극 공연과 한국적 정체성 문제는 국립극단의 영원한 화두일 것 같다. 그런 의미에서 방향은 바로 잡은 공연이었으나, 그 실체는 아직도 요원하다. 이번 공연이 일반 극단의 공연이었다면, 아마 굉장히 노력한 공연으로 좀 더 후한 점수를 얻었을 것이다. 더구나 단 하루 만에 무대설치와 무대 리허설을 끝냈다는 후문에, 그 기동력을 칭찬해야 할지, 그 무책임한 극장운영을 한탄해야 할지 어리둥절하기도 했다. 어쨌거나 하나뿐인 대(大)국립극단의 공연으로는 미흡했으니, 정통 희극의 소개에도, 한국식 번안에도, 연기나 무대의 통일적 미학에도 조금씩 모자라는 공연이었다. 더구나 오늘의 신랄한 풍자를 놓치지 않았다면, 얼마나 더 많은 희극성을 확보하면서도 얼마나 더 한국적일 수 있었을까 하는 아쉬움을 지울 수 없다. 대형 무대를 연출할 수 있는 연출가의 부족을 다시금 실감하며, 그러나 이러한 기회를 통하여 커가는 연출가를 기대해 본다.

(한국연극, 2009. 5)

<이상, 열셋까지 세다>

시대를 초월한 지적인 자유인
- 비상하는 자유, 그리고 그 순수한 자의식의 실험

한국계 미국 극작가 성노(Sung Rno)의 〈이상, 열셋까지 세다〉가 현대연출의 거장, 마부마인의 리 부르어(Lee Breuer) 연출로 우리 배우들과 삼일로 창고극장에서 6월 28일까지 공연되고 있다. 이 작품은 이미 2000년 서울연극제에서 같은 연출로 선보인 바 있다. 이번 공연은 해외 투어 공연의 목적으로 제작되었다고 하는 만큼, 초연 때보다 원작도 보강되었고 연출도 한층 세련되었다. 작은 극장을 십분 활용하여 실로 다각적인 연출을 선보이고 있다.

〈이상, 열셋까지 세다〉는 '삼일로 창고극장'의 실험정신을 이어가는 작품이라고 하겠다. 이상의 '박제가 되어버린 천재'를 이야기하는 〈날개〉, 무서움을 연창하는 〈오감도〉의 〈열세 명의 아해〉와 기타 시들을 활용한 이 작품은, 이상이 모더니즘에서 바라보았던 초현실주의를, 작가가 오늘날 포스트모더니즘에서의 초현실주의와 교차시키고 있다. 폐병 3기의 한 남자 파랑의 뒤틀려진 정신적 지형도라고도 할 이 이야기는, 표면적으로는 자신의 사랑과 우정을 말하고 있지만 궁극적으로는 자의식을 추구한다. 파랑 역에는 두 명의 배우가 등장하는데, 한 명은 전체 이야기의 나레이터 역할을 하고 다른 한 명은 파랑을 직접 연기한다. 파랑의 보호자이자 분신이라고도 할 빨강은 구

본웅일 수도 있다고 하며, 파랑은 처음 본 여인에게 청혼하는데 이를
받아들인 여인은 초록이며 금홍일 수도 있다고 말해진다. 묘한 삼각
관계를 통해, 이들은 인생에 대한 공포와 좌절 및 그 잔인함에 쫓기며
악몽처럼 몸부림친다. 이러한 감성을 연출 리 브르어는 "프랑스 초현
실주의파와 자기비하적 표현주의가 혼합된 프란츠 카프카의 감성과
일맥한다"고 보았다. 그는 이 공연이 "이상의 일생에 대한 전기적 서
술이 아니"라 "추상적이고 부조리적이며, 그리고 무엇보다 "이상한"-
"이상"의 상상을 그려보는 주관적인 시도"라고 말한다.

〈이상, 열셋까지 세다〉

그러하기에 처음부터 작품의 내용을 요약해 보려는 것은 별 의미가
없을 수도 있다. 문제는 이상의 추상적 초현실이 어떻게 구현되었나
에 있을 것이다. 연출은 좁은 무대공간을 놀랍도록 잘 활용하였다. 우
선 나레이터 이상(파랑)이 텅 빈 평평한 무대에 등장하여 설명하기 시
작하면, 갑자기 무대 중앙이 돌출되어 상승하면서 높아진 스테이지에

파랑과 초록이 등장하는데 이들 앞에는 블라인드가 쳐져 있다. 그 블라인드는 나레이터의 대사에 따라, 각각의 인물을 보였다 감추는데 효과적이었다. 나레이터는 마치 변사를 연상시켰으며, 이들 인물은 꼭두각시와 같이 움직였다. 그런가 하면 전면 가득한 스크린 발에 비디오 영상들로 변화하는 내면과 30년대의 서울 풍광을 보이기도 했다. 콜라와 물은 중요한 의미를 갖는 오브제이다. 갈증을 더 불러일으키는 콜라를 먹는 과정이 의식적인 다도를 통해 거창하게 구현되지만, 결국 등장인물들은 맑고 시원한 물, 생명수를 갈망한다. 뿐만 아니라 무대 왼편 뒤쪽에 설치한 작은 트랩과 오른편에 설치한 리프트는 등장인물들의 다양한 동선을 만드는데 결정적 역할을 했다. 나레이터를 제외한 파랑, 초록, 빨강의 등장인물들은 일종의 정형화된 움직임을 가졌으며, 오르내리는 중앙 스테이지에서 트랩과 리프트까지를 활용하며 역동적인 무대를 선보였다. 그러나 인물들 간의 움직임의 정형성은 크게 차이가 없었으며, 이들 3인이 어찌 보면 한 자아의 확산 같기도 했다. 펴고 접어지는 자동 우산은 날개의 상징으로 적절했으며, 빠른 장면의 변화도 시종 공연의 긴장을 늦추지 않았다.

관객은 실로 역동적이며 잘 짜인 한 편의 실험극을 보게 되고, 펼쳐진 무대에서 다시금 '이상'을 생각하게 된다. 초현실주의자 이상이 그러했듯이 주인공 파랑은 내면적 자아만을 바라보고 사는 자폐라고 하겠다. 사실 파랑, 초록, 빨강 모두는 무의미에 가까운 유희를 통해서 자의식을 묘사하고, 나아가 실존의 공포를 보여준다. 파랑의 보호자요 친구인 빨강은 생명수를 길러 갔다 오지만, 한편 꾸준히 초록과 수작을 하여 관객을 혼란하게도 한다. '뫼비우스의 띠,' '13인의 아해,' '다이어트 콜라 마시기' 등 일상과 초일상은 교차하며, 점점 삶은 어렵고 모호하다. 사실 이상이 살았던 모더니즘 시대의 언저리나, 작가 성노가 살고 있는 포스트모더니즘의 초입은, 모두 판에 박힌 기성의 생활이 자신의 미래로 규정 지워진다는 공통점은 여전하다. 따라서 이상은 여전히 하나의 구원으로 다가온다. 꽉 막힌 세상인 〈날개〉로부터 비상하는 자유, 그리고 이상을 향하는 순수한 자의식과 그 패배감은 최고 지성의 현학적 방기가 느껴지고, 또한 그 권태와 게으름은 하나의 돌파구인 것이다. 이러한 지적인 탈출과 부유하는 유희는 이상을 초현실주의자를 넘어서는 진정한 자유인의 우상으로 만들었고, 작가 성노는 이러한 이상을 다시금 오늘에 재현하여 오늘에 변함없이 유효한 그 정신을 구가하고 있다. 본 작품이 리 부르어가 주도하는 마부 마인에 의해 공연되었음을 새삼 상기시키는 대목이기도 하다. 항시 새로운 텍스트로 새로운 실험극을 찾는 리 부르어 역시 이 시대를 초월하는 지적인 자유인을 '이상'에서 보고 추구했던 것이다.

〈이상, 열셋까지 세다〉

본 공연은 삼일로 창고극장의 실험정신을 다시 구가했다는 점에서도 의의가 크다. 삼일로 창고극장은 일찍이 70년대의 소극장 운동의 산실이기도 했으며, 〈대머리 여가수〉, 〈빨간 피터의 고백〉, 〈금관의 예수) 등등 명실공히 실험극을 이끌어 왔던 극장이기 때문이다. 요즈음 명동의 옛 국립극장도 다시 문을 연다고 한다. 때를 맞추어 다시금 명동의 연극을 부활시키는 신호탄으로도 보인다. 본 공연이 해외투어를 목적으로 제작되었다고도 하니, 세계적인 실험극장 삼일로 창고극장으로의 도약을 꿈꿔 본다. 그만큼 본 공연의 실험성은 깔끔하고 매끄러웠으며, '이상'의 자의식과 초현실을 한국을 넘어 세계로 일반화시키고 있다.

(한국연극, 2009. 6)

<맹진사댁 경사>
명동예술극장의 멋진 출범

명동예술극장이 〈맹진사댁 경사〉(오영진 작, 이병훈 연출)로 드디어 문을 열었다. 옛 명동 국립극장의 추억이 어린 연극인들에게는 너무도 반가운 개관이다. 개막작으로 〈맹진사댁 경사〉를 선택한 것은 의의가 크니, 언젠가 연극인 앙케이트에서 남북교류 작품 1호로 꼽혔을 만큼 민족혼이 깃든 작품이요, 또한 그 건전한 희극성으로 명동예술극장의 출발이라는 경사에도 잘 어울렸다.

개막 공연은 한 마디로 〈맹진사댁 경사〉에 내재한 희극성과 자율적 결혼관을 잘 살렸을 뿐만 아니라, 그 이면의 계급 타파라는 사회성도 강조하여 작품을 오늘의 가치와 은연중에 연결 짓고 있다. 뿐만 아니라 전통에 기저하면서도 서구식 극작법을 잘 활용한 원작처럼, 공연 양식적으로도 전통에 충실한 듯하면서도 현대성을 교묘하게 살렸다. 맹진사는 개화기의 탐욕형 인물이다. 출세와 금전적 탐욕을 꿈꾸는 맹진사의 정략결혼 계획은 정작 사위를 직접 선보지 않았다는 맹점에 걸려서 어긋나며, 오영진 작품의 건전한 상식이 그러하듯이 결국 맹진사는 스스로의 꾀에 자승자박 당한다. 바로 그 자승자박이 곧바로 전통적인 해학과 풍자로 이어진다. 뿐만 아니라 우리 민담의 뱀서방 설화나 콩쥐팥쥐 설화 같은 모티브를 근간으로, 빠르게 뒤바뀌는 서구식 계략이 얽혀서 엮어냈다.

무대는 너른 한옥 대청과 돌담, 그 너머의 산수풍경이 시원하게 펼쳐지는데, 전통적이면서도 한옥을 사실적으로 재현하지 않았으며, 배경의 탁 트인 시야가 현대적이다. 여기에 전통적이면서도 약간의 현대성을 가미한 한복들도 잘 조화를 이루었다. 음향효과 역시 전통 음악에 바이올린을 섞어서 전통과 현대가 어우러졌다. 즉 무대 전반적으로 전통에 비중을 두었으면서도, 어딘가 현대적 멋을 잘 살렸다고 하겠다. 한편 맹진사(신구 분)의 연기는 그가 지략가임을 강조하며 무대를 휘잡았고, 맹노인(장민호 분)의 연기도 해학을 풀어내는 데 뛰어났다. 또한 약간 과장된 듯한 갑분이(장영만 분)의 연기도 잘 조화를 이루었다. 여기에 김명정(전무송 분)은 작은 배역일 수도 있었을 터인데, 공연에서 '진정성'을 설파하는 중요한 인물로 떠오를 만큼 잘 연기하였다. 우정 출연한 근친들(공호석, 윤관용, 강태기, 이태훈 분)의 연기도 약간의 정형화된 스타일을 잘 소화하여 공연에 해학과 유머를 더하였다. 다만 오히려 주인공이라고 할 이쁜(송인성 분)과 미언(서상원 분)이 뚜렷한 개성이 다가오지 못해서, 약간의 아쉬움이 남았다. 그러나 이들 역시 연출의 의도대로 능동적으로 '진정성'에 다가가려는 모습은 확연했으니, 이쁜이가 결혼식 중 결혼 할 수 없다고 선언하거나 초야에서 갑분이 아님을 강조하는 장면은 자유의지에 의한 결혼을 설파했다 하겠다. 전체적으로 연기는 사실주의 연기에서 크게 벗어나지 않으며, 필요에 따라 약간의 스타일을 넣기도 하고 창을 하기도 하며 공연의 전반적인 희극성을 고무하였다.

실로 〈맹진사댁 경사〉는 오늘날에도 많은 것을 생각하게 한다. 신분상승이나 금전적 탐욕이 여전히 판치는 오늘의 결혼에서부터, 신구의 대립이나 갑돌을 통해 보여준 계급의 문제 등, 시대는 변해도 결국 인간은 변하지 않았음을 느끼게 된다. 그리고 작가는 '진정성'을 해답으로 놓고 있다. 바로 이 '진정성'이 오늘에도 유효함을 느끼게 되기에, 우리는 웃음 속에서 '과연'하는 시원함을 느끼며 나아가서 작가의 건전한 상식에 감탄하게 된다. 공연의 이러한 동시대성은 연출에게 크게 힘입었다 하겠다. 개관 공연답게 작품 해석의 정도를 걸으면서도 순간 순간 작가가 제기한 문제들－자유의지의 결혼, 신분상승 욕망 및 계급 간의 갈등 등을 선명하게 부각시켰으니, 이는 누구보다도 연출의 공로로 돌려야 할 것이다. 실로 이번 〈맹진사댁 경사〉는 명동예술극장의 출범을 알리는 경사요, 우리의 훌륭한 근대극 레퍼토리를 다시금 알리는 경사였다.

(아트뷰, 2009. 7)

명작의 힘 <세자매>
혼성모방의 묘미

　우리에게는 낯설은 남아프리카공화국의 여류작가 레자 드 웨트의 <세자매>가 창파(채승훈 연출)에 의해 공연되었다. 사실 이 작품은 지난달 공연되었기에 새삼 논하기에는 때늦은 감이 있다. 그러나 필자가 연구년으로 일 년 넘게 대학로를 비웠다가 돌아와서, 거의 한 달을 헤매며 본 많은 초연 중에서 선택한 작품이다. 그간 실로 대학로는 작고 깔끔하게 손질된 미시 서사 연극으로 채워진 느낌이다. 소위 일상극이라고도 할 수 있는 이 연극들은 단편적인 리얼리티를 비교적 군더더기 없이 재현했으나, 그 의미나 감동은 표피적이었다. 소규모 공연인 이들이 다루는 삶은 너무나 사소하기에, 그 의미나 감동 역시 사소하다. 즉 표피적 스케치로 만족할 뿐, 그 너머에 도전하려는 시도조차 없다. 몇 편의 공연이 이렇게 올라가는 것은 바람직하기도 하나, 이런 연극이 주류를 이룬다면 좀 문제가 있다. 왜냐하면 연극이 삶의 깊이를 외면할 때, 도대체 연극은 오늘에 넘쳐나는 영상매체에게 어떻게 도전할 것인가?

　넘쳐나는 '작은 연극'에 반하여, 우선 <세자매>는 야심작이었다. 알려지지 않은 새로운 작가를 소개하며, 극의 기법 역시 포스트모던을 대표한다할 혼성모방(Pastiche)을 활용한 작품이며, 무엇보다도 원작

〈세자매〉의 감동이 그대로 전해 왔다. 웨트는 체홉의 시대를 몇십 년 후 러시아 혁명 중 적군과 백군의 첨예한 대립의 시대로 〈세자매〉를 옮겼으며, 플롯의 진행은 〈벚꽃동산〉의 구조를 차용했다. 공연은 집을 나간 지 6년 만에 둘째 마샤가 돌아오면서 시작한다. 고향집에 있던 모든 이들은 그녀를 반갑게 맞으나, 언니 올가만은 마샤의 복잡한 사정과 가족의 위험을 감지한다. 즉 볼셰비키당 내부 암투로 마샤의 정부가 체포되고 마샤와 가족들도 위험에 처했던 것이다. 마샤는 옛 사랑 베르쉬닌과 재회하고 행복했던 시절을 회고한다. 한편 이리나는 베르쉬닌에 대한 사랑을 마샤에게 고백한다. 나타샤가 멋대로 여배우를 초대했다는 말에 마샤는, 자신의 행적이 알려지기에 화를 내며 위험이 가까 왔음을 가족에게 알리고, 모두는 고향집을 떠나 모스크바로 향하기로 한다. 결국은 모스크바에서 다시 해외로 도망쳐야한다는 것을 아는 마샤는 괴로워한다. 다음날 일가는 기약없이 모두 떠나고, 붉은 군대와 적대적 관계에 있어 도망가야만 하는 베르쉬닌은 통행증도 없이 혼자 군인의 죽음을 택한다. 〈벚꽃동산〉의 마지막에 늙은 하인만이 빈집에 남았듯이, 늙은 유모만이 빈 집에 남는다.

이렇듯이 상황은 바뀌었으나, 인물의 성격이나 관계는 너무도 체홉을 연상시킨다. 건조한 생활을 이어가며 가족에 대한 투철한 의무감의 올가, 소시민이 되어버린 안드레이, 숭배자를 옆에 두고 집안을 지배하는 천박한 나타샤, 위축되고 병약하게 지쳐버린 이리나 그리고 용감하게 열정적인 마샤 등, 원작보다 인물의 특징들이 강조되었다. 특히 마샤의 성격은 바로 어머니의 열정을 그대로 물려받은 것으로, 어머니의 바람기 때문에 이리나가 친자매가 아닌 것으로도 그려진다.

그러나 공연은 이러한 인물들의 성격이 잘 조화롭게 드러나지는 못했다. 이는 연출이 말했듯이 "까도 까도 끝이 잘 보이지 않는 양파와 같은 등장인물들의 속내" 때문이기도 한듯하다. 주인공 격인 마샤(손봉숙 분)는 진솔함을 느끼기에는 너무 튀었으며(그녀의 가족에 대한 염려나 베르쉬닌과의 사랑을 확신할 수 없었다), 올가(권남희 분)는 너무 건조해서 마샤의 전 교사남편을 두둔하는 말조차 어색하게 들렸고, 나타샤(소희정 분)는 천박하기는 하나 오히려 시누이들에게 너무 다정했다. 안드레이(박종상 분)는 자신의 특징적 성격을 거의 전달하지 못했으며, 이리나(윤복인 분) 역시 어설프고 센티했다. 다만 베르쉬닌(남명렬 분)의 안정적 연기가 무대의 중심을 잡아주었다 하겠다.

이러한 아쉬움에도 불구하고 여전히 공연의 울림은 컸으니, 무엇보다도 혼성모방의 참 매력을 알려주었다. 체홉의 다른 작품들, 〈벚꽃동산〉, 〈갈매기〉, 〈바냐아저씨〉 등에서 대사들이 차용되고, 극의 진행은 〈벚꽃동산〉을 연상시키는데(떠났던 사람의 돌아옴-반가움과 오해 및 갈등-기약 없는 떠남), 여전히 〈세자매〉 이야기다. 체홉에 대한 이해가 깊으면 깊을수록, 공연의 공감대는 넓어진다. 역으로 말한다면 소위 포스트모더니즘에서 말하는 관중의 글쓰기를 유도한 공연이기도 했다. 체홉 이해의 깊이에 따라 관중은 각기 다른 이야기를 경험하는 것이다. 그리고 체홉 전 작품을 아우르는 감동의 깊이를 경험할 수도 있다.

그러면서도 작가는 슬쩍 오늘의 담론을 집어넣었다. 즉 이 시대에 거의 종말을 고한 공산주의를 되돌아보게 하며 오늘의 이야기를 하고 있다. 단 몇 푼의 동전에도 양심을 팔 엉터리 방랑시인 이고르까지를 포함해서 작중 인물 모두는 공산주의에 염증을 느낀다. 사실 작품은 오늘에 돌아보는 공산주의 치하의 희생자들이기도 하다. 역사의 거대한 담론이 퇴장하는 시기에 작가는 체홉을 빌어서 그 시작의 시기에서부터 미묘하게 공산주의를 비판하는데, 이는 사실 오늘의 시각이요 우리를 지배하는 담론이다. 동시에 어쩌면 과거가 준 유산은 오늘에 전혀 무용할지도 모른다는 의구심을 일으킨다. 공산주의가 그러했듯이 오늘의 담론 역시 그러 할지도 모르지만, 동시에 다만 그러지 않기를 바랄 뿐이다. 작가의 이런 과거와의 단절과 미래에 대한 암울하나 버릴 수 없는 강렬한 소망의 표출은, 체홉의 세계관과 다시 이어진다.

이렇듯이 혼성모방의 묘미가 잘 가다왔던 것은 연출의 대본에 충실한 작품 해석에 있었다고 하겠다. 다소 부족했던 인물 성격의 해석과 재현에도 불구하고, 그 빈자리를 감히 체홉으로 마구 채우지 않고 남겨서, 오늘의 또 다른 인물을 상상하게 하였다. 즉 그 인물의 연결 고리들을 느슨하게 하여, 그 유명한 〈세자매〉의 마샤이면서도 새로운 마샤일 수 있게 한 공로는 연출에게 돌려야 할 것 같다. 무대 미술(표종현 디자인) 역시 빈 공간을 강조하여 얼기설기 건물의 구조만을 보여주면서 빈자리를 관객으로 하여금 메꾸도록 한 연출의 의도와 잘 연계되어 있다. 포스트모던의 고민이 의미의 중심을 해체하여 그 다중성의 다양성에 있다면, 실로 이 혼성모방의 〈세자매〉만큼 다중적 의미의 생산에 성공한 공연은 드물 것이다. 이렇듯이 시대를 선도하며 그 나아가는 흐름을 보여준 공연이었기에, 어딘가 엇박자 같은 인물들의 연기에도 불구하고, 감히 〈세자매〉는 야심차고 훌륭한 공연이었다.

(한국연극, 2009. 4)

<한스와 그레텔>
관념 형상화의 사투

1. 들어가며

〈한스와 그레텔〉은 관념의 작가 최인훈의 무게가 느껴지는 작품이다. 한국 설화를 골격으로 했던 그의 여타 작품과는 다르게, 독일의 동화 '헨젤과 그레텔'을 골격으로 나치의 전쟁 범죄 책임과 그 진실을 규명하려고 하고 있다. "역사에 대한 인간의 책임"이라는 관념의 무게가 그의 소설 〈광장〉과 쉽게 연결되면서, 전쟁속의 개인을 생각하게 한다. 〈광장〉에서 동족상쟁 6·25 전란 안에서 고뇌하는 한 지식인상을 보여주었듯이, 〈한스와 그레텔〉은 세계 2차 대전을 그리면서 나치의 집단범죄와 개인의 책임을 고민하고 있다. 실제로 실존한 독일 전범 '헤스'라는 사람을 소재로 썼으며, 그는 80년대 중후반 감옥에서 자살로 생을 마감하였다 한다.

본 작품은 1984년 제8회 대한민국연극제에 참가하여 공연되었는데, 희곡은 1981년 〈세계의 문학〉 가을호에 발표되었다. 극단 창고에 의해 이보라 연출로 진행되다가 막판에 유중열 연출로 바뀌어 공연되었다. 이러한 우여곡절 때문인지, 당시 「한국연극」 총평이었던 차범석의 '희곡평'에서도, 좌담회 "젊은 연극인들의 성과가 두드러진 무대"

(이태주, 노경식, 김도훈, 구희서 참석)에도 별 언급이 안 되어 있다. 당시 이태주는 "한스와 그레텔에 대히서는 별로 할 이야기가 없다고 봅니다"라고 했으며, 구희서는 "최인훈 씨가 운이 없었던 작가였습니다"라고 말하고 있다. 여기서 더 나아가 사회는 극단 창고에 대해 "좀 더 관객들에게 책임을 느끼는 극단이 되었으면 합니다"라는 비판까지를 하고 있다.[4] 이를 종합해 볼 때 초연은 실패에 가까웠던 공연으로 거의 주목을 받지 못했던 것 같다. 그러나 작가는 〈한스와 그레텔〉을 통해서, 당시 광주 학살을 나치즘과 연결시키려 한 것이 아닌가 싶다. "한스가 갇혀 있는 어려움은 우리 자신의 어려움과 이어져 있다. 우리 자신의 문제를 따라 가면 한스의 문제에 반드시 이르게 된다... 중략... 연극이 필요한 것은 이 때문이다. 약속된 이 자리와 시간 속에서 우리는 가장 강력하고 능률적인 방법으로 시대와 문화—즉 우리 자신을 조명하고 성찰해 볼 수 있기 때문이다."라고 밝히고 있다.[5]

2. 작품의 두 축

주인공 보르헤르트는 역사의 소용돌이 속에서 600만 유태인을 학살한다는 사실을 적진에 통보하라는 명령을 받는다. 그는 이것이 실현되리라고는 믿지 않고 단지 협박 내지 협상용이라고 생각하며 이를 적진에 통보하며 회담을 요구한다. 그러나 협상은 이루어지지 않았으며 그는 포로로 취급되어 전쟁이 끝나기까지 사로잡힌다. 이후 그는 전범자가 되고, 감옥에 가친 그는 30년째 자신의 신념을 위해서 재판

---

4 「한국연극」, 1984.11월호, p.30

5 김길호 외, "한스와 그레텔" 작가의 말중 제8회 대한민국연극제 희곡집 (대광문화사, 1985), p.422

을 요구한다. 그는 유태인 학살이 단지 협상용이었으며, 연합군이 그 요구를 들어주지 않았음을 세상에 알려야 할 유일한 증인이라고 생각한다. 혹은 적어도 600만 유태인 학살은 히틀러라는 한 악마의 생각이지, 독일을 사랑했던 나치당원들이 아니라는 진실을 알려야만 한다는 소명감에 30년간의 독방 감옥을 견뎌낸다. 진실과 개인의 믿음 사이의 엄청난 괴리를 어떻게 설명해야 될까? 그 비인간적이도록 지독한 신념으로 말미암아 옳던 그르던 우리는 주인공을 존경하고도 몸서리치게 된다. "벽을 허문다는 것은 자기를 허문다는 일이 되고 자기를 고쳐 만든다는 일이 된다. 어떤 사람들은 이 일을 쉽게 이루고 어떤 사람들은 고생스럽게 치러낸다. 한스는 30년이나 걸려 마침내 만남을 위해 자기를 바꾸기를 성공한다."는 작가의 말은 긴 관념의 사투를 잘 묘사하고 있다.[6] 이는 남북이 아직도 분단된 상황에서 이데올로기 문제가 여전히 풀지 못할 수수께끼인 우리에게 실로 시사하는 바가 많다.

〈한스와 그레텔〉

6 앞의 글

그러나 작품의 또 다른 축인 '사랑'은 인간적이다. 이는 바로 보르헤르트의 아내를 통해서 구현되는데, 그녀는 공산당원이었던 아버지의 반대를 무릅쓰고, 나치스트인 보르헤르트와 결혼했다. 그녀가 아는 것은 오직 사랑뿐이고, 인간을 사랑하지 사상을 사랑하는 것이 아니라고 항의한다. 그리고 그녀는 남편이 어떤 위치에 있건, 꾸준히 사랑하며 이해하여 왔다. 그녀는 남편을 단지 인간으로 사랑함을 천명하고, 그의 모든 의견을 존중한다. 공산당원으로 소련에 돌아가서 죽음을 당했던 부모 때문에 역으로 나치즘에 매력을 느꼈던 보르헤르트는 나치즘에 충실하고자 하나, 사랑은 한방울 한방울 떨어지는 낙수 물이 바위를 녹이듯 그를 허물어갔고, 드디어 침묵하라는 정부의 선서에 동의한다. 긴 개인 신념의 고뇌와 고통에서, 부인과 함께하는 사랑의 삶을 택한다. 사랑이 이데올로기를 이기는 순간이라고도 하겠다. 이데올로기란 "처음에는 허공처럼 아무런 존재도 없다가 마치 유령과도 같이 인간들을 미혹시켜 자신을 위한 허구의 탑을 쌓게 만들"게 하는 것에 불과한 것이다.[7] 그러나 그 깨달음의 순간에마저 우리는 일말 의구를 갖게 된다. 너무도 긴 시간 신념에 차 있었기에 얼핏 스스로를 배반하는 것은 아닌가도 의심하게 된다.

3. 관념의 무대화

공연의 핵심은 한 개인의 내적 고통과 신념의 긴 관념화된 투쟁을 어떻게 무대화할 것인가에 있다. "매우 관념적인 언어로 이루어져 있는 무척 긴 대사들을 구체적으로 분석하는 것은 정말 힘든 시간이었

---

7 프로그램에서

다"는 연출의 말에 십분 동의하게 된다. 우선 연출은 "관객들이 배우들의 표정과 낮은 독백까지도 가까이서 접할 수 있도록 객석과의 거리를 최소화하였다." 무대에 대해 작가가 제시한 이미지는 "자코메티의 〈오전 4시의 궁전〉(1932)의 느낌을 주는 배경, 그 때문에 보통 가구들이지만 완전히 다른 분위기"이다. 〈오전 4시의 궁전〉은 자코메티 조각 특유의 깡마르고 길쭉한 인체상의 특징적 요소를 예고하는 과도기적 작품으로, 1930년대 초현실주의 작가와 교류하면서 그 영향 하에 남은 작품이다. 따라서 작가는 뒤틀린 초현실주의적 무대를 상상하지 않았나도 싶다. 그러나 이번 연출은 배우로 승부를 걸었던 것 같다. "극중 인물들이 지닌 사상 등을 가장 진솔하게 전달하기 위해 표현적인 무대 수식을 가능한 한 줄이도록" 하고, "감옥 내부라는 인상을 자연스럽게 주고자 하였고, 극중 도구들도 최소화하였다"라는 무대는, 이미 배우에게 작품 관념의 풀이가 전적으로 맡겨져 있었다. 딱딱한 관념을 아날로그적이라고 할 언어로 풀어가기로 승부를 걸었다 하겠다.

주인공 보르헤르트(남명렬 분)는 적어도 공연 전체의 삼분의 이가 넘는 대사를 소화해야 했다. 그것도 지독히 관념적인 대사를 독백해야 하는 것이다. 그런데 배우 남명렬은 놀랍도록 그 대사들을 잘 처리하였다. 감방에서 소일삼아 만들던 렌즈를 빡빡 닦으며 구부정한 늙은 지식인의 역할을 실로 잘 소화하였다. 특히 렌즈는 중요한 오브제이니, 렌즈를 만드는 최고의 달인이 현실을 올바르게 보지 못한다는 아이러니를 상징하고 있다 하겠다. 아마 남명렬이 아니었다면, 이 포스트모던 세대에 이런 관념의 연극을 참아내지 못하였을지도 모르겠다. 실로 감탄을 자아내는 훌륭한 연기였으니, 전에 좀 있었던 배우 특유의 어조도 없어지고, 실로 관념을 육화하여 풀어내었기에 사상의 미로에 갇혀있는 인간 보르헤르트가 가까이 다가왔다. 간수 역의 이호성도 그 특유의 어조가 그 역할에 잘 어울렸다. 이들의 하모니가 실로 연극이 배우의 예술임을 실감하게 했던 연기였다.

'헨젤과 그레텔' 동화는 중간 중간 보르헤르트와 부인의 어린 시절로 등장한다. 이 등장이야말로 공연에서 관념의 긴장을 완화하는 완충지로 작용하였다. 그러나 전체적으로 너무 잠깐씩 스쳐지나갔다. 그래서 이를 좀 더 활용할 수 없었을까 하는 아쉬움이 남았다. 이 부분을 좀 더 살렸더라면 작품의 '관념성'에 대비되는 '사랑'의 세계를 시각화 할 수 있지 않았을까? 작품의 축을 관념과 사랑이라고 생각할 때, 공연의 균형을 위해서도 좀 더 강조되었어야 할 장면이라고 사료된다. 뿐만 아니라 전체적으로 배우 남명렬에게 가는 연기의 중압감도 한층 덜 수 있었으리라 생각된다.

〈한스와 그레텔〉

4. 나가면서

〈한스와 그레텔〉은 실로 공연하기 어려운 작품이다. 사실 초연도 시원치 않았던 작품을 왜 오늘날 지난 30년의 '베스트 9'로 꼽았는지 의문이 가기도 한다. 작품 전체가 사유의 연속이라고 하겠으니, 관념의 연속으로 지적인 개인의 싸움이다. 공연은 "관념을 어떻게 연극적으로 형상화할 것인가"에 있으며 "이것이 이 작품에서 가장 중요한 관건이"라는 것은 자명하다. 그러나 여기서 나아가 그 관념을 통해서 어떻게 이 시대와의 공감대를 찾아내며, 또 감동을 줄 수 있는지는 관건으로 남았다. 이를 오늘의 관객에게 좀 더 가까운 386세대의 고뇌와 연관 짓거나 오늘의 사고와 연결 지을 수는 없었을까? 또한 관념에 대비되는 사랑을 보다 시각화하여, 이데올로기의 무위를 나타낼 수는 없었을까? 무거운 관념을 무리 없이 잘 끌고 간 공연이었지만, 공연 전체가 배우 남명렬의 연기력에만 의존한 것은 좀 아쉬움으로 남았다. 특히 그레텔(소희정 분) 역이 공연의 다른 축을 이루지 못하고 한스의 보조 역할로 남았던 것은 공연을 더욱 관념의 연극으로 한정지었다.

(연극평론, 2009. 가을호)

<세자매>
일상의 흐름에 내재한 비극,
그래도 놓지 못하는 작은 희망

체홉의 〈세자매〉가 국립극장에 의해 명동예술극장에서 막을 올린다. 시간이 갈수록 더해가는 절망에도 불구하고 여전히 사라질 듯 희망은 있기에, 삶은 슬프지만 또한 긍정적이다. 체홉이 보여주는 삶의 단면은 오늘날에도 여전히 우리의 삶의 한 귀퉁이와 굳게 이어져 있음을 보게 된다.

모스크바― 그건 세 자매에게 항시 꿈꿔 온 이상향이다. 그곳에만 가면 삶은 마술같이 완벽해질 수 있으리라! 그러나 삶이 흘러갈수록 모스크바에 갈 수 있는 가능성은 점점 더 불가능해지기만 한다. 하루하루를 특별하게 잘못 살아온 것도 아닌데, 삶은 엇나가고 희망은 배반 한다.

이 잔잔한 일상의 비극이 어떤 극적인 비극보다 가슴 아프게 다가오는 것은 바로 우리 스스로의 삶을 돌아보게 하기 때문이다. 성실한 올드 미스 올가, 남편에게 실망하여 어쩔 수 없이 알렉산드르를 사랑하는 마샤, 시간이 흐르는 것을 느끼며 아무도 사랑할 수 없는 이리나, 학자로 촉망되었으나 어리석고 이기적인 나따샤와 결혼하여 촌구석에 묻혀버리는 오빠 안드레이 등, 이 가족은 결정적인 아무 잘못이 없었음에도 불구하고 어느 덧 시간은 흐르고 기쁨은 메마르고 삶은 빗나가 버린다. 그리고 이러한 모습이야말로 실은 극적인 사건으로 점철된 어떤 삶보다 우리 삶의 보편적인 모습이 아닐까? 그러나 우리의 삶이 그러하듯이, 작품은 절망만을 이야기 하는 것은 아니다. 그 가슴 아픈 현실 속에서도 미래를 향하는 작은 희망과 의지를 동시에 보여 준다. 그리하여 세 자매는 내일을 위해 묵묵하게 일 할 것을 다짐하며 막이 내린다. 내일은 더 나은 날이 아니던가? 이렇듯이 체홉은 포스트 모던한 작가처럼 삶을 중심이 아닌 한 귀퉁이에서 바라보며, 다만 관조적으로 묘사할 따름이다. 그리고 바로 그 시각이 오늘날까지 그가 왜 폭넓게 공연되는 작가인가를 설명해 준다.

국립극단(예술감독 최치림)이 〈세계 국립극장 페스티벌〉 참가작이자 명동예술극장 초청작으로, 바로 이 〈세자매〉를 올린다. 고 이해랑 연출로 명동 국립극장 시절 초연된 작품이기도 한데, 이제 다시 같은 장소에서 다시금 공연되는 것이다. 명동예술극장의 재개관이 새삼 감동스러운 것도 이러한 감격 때문이다. 1967년 초연 당시 나따샤 역으로 출연했던 원로 배우 백성희는 이번 공연에서 늙은 유모 역을 맡는다고 한다. 세월의 흐름에 따라 바뀌는 배우의 역할도 흥미롭지만, 한 배우가 40여 년이라는 시간을 넘어서 같은 작품에 출연한다는 의의도 클 것이다. 뿐만 아니라 고 이해랑 연출이 강조하였던 리얼리즘 연출론이 어떻게 바뀌는 가도 흥미롭다. 연출 오경택의 "현대적 감각으로 재구성"하겠다는 야심이 어떻게 드러날지 궁금하다. 여기에 해외에서 활발하게 활동 중인 송솔밭이 무대를 맡아서 비쥬얼을 강조하고, 여러 음악상을 받았던 김태근이 음악을 더한다. 국립극장의 관록 있는 배우들과 야심찬 신예 제작진의 만남이라고 하겠다. 아직 국립극장 무대의 신인이라 할 오경택의 화려한 데뷔를 통하여, 국립극장 연출을 감당할 수 있는 신진 연출가가 건재함을 알리기를 기대한다.

일상을 무심한 듯 재현하면서도, 여기에 어떻게 그 내재한 비극과 숨겨진 희망을 전달할 수 있나가 공연의 관건이라고 하겠다. 체홉이 이미 간파하였듯이, 극적인 사건 없이 지나가는 시간의 비극과 또 세 자매를 통하여 놓치 못하는 작은 희망이야말로 우리 삶의 진실된 모습이 아닐까? 체홉이 보여준 삶의 해체와 그 이후는, 오늘에도 여전히 유효하며 계속되고 있다.

(국립극장 미르, 2009. 9)

<세자매>
시간도, 일상도, 꿈도 사라지지만

　무심히 흐르는 일상이 문득 엇나감을 느끼게 될 때마다 잊고 있다가도 언제나 떠오르는 작품이 있으니 바로 <세자매>이다. 특별한 극적 사건도 없이 일상에 흐르는 시간과 그 비극을 이토록 잘 그려낸 작품이 있을까? 작품은 아직 행복한 이리나의 20세 생일부터 시작한다. 그녀는 세월을 모르고, 풋풋하고 기쁨에 차 있다. 이미 삶의 고달픔을 깨달은 큰 언니 올가는 교사로 일하며 책임감으로 생을 이어가지만 그래도 아직 '모스크바'를 꿈꾼다. 일찍 결혼한 둘째 마샤는 삶을 지겨워하기 시작한다. 그러나 그들의 형제 안드레이는 모스크바에서 교수가 될 것이고, 그들은 이 작고 한적한 도시를 떠나 곧 그들의 고향 모스크바로 돌아갈 것이다. 그러면 모든 삶이 한순간에 마술처럼 변하리라. 모스크바! 그러나 안드레이는 천박하기까지 한 평범한 여자 나탈리아와 결혼하여 교수가 아닌 시의원이 되었고, 도박에 빠져 집마저 저당 잡힌다. 올가는 여전히 의무에 충실하고, 마샤는 자신이 꿈꾸던 바로 그 모스크바에서 전입한 군인 베르쉬닌과 사랑에 빠진다. 막내 이리나도 전신국에서 일하며 삶이 녹녹치 않음을 알게 된다. 의무감으로 약혼했던 이리나의 약혼자 뚜젠바흐마저도 결투로 죽으나, 이리나는 여전히 혼자라도 임지로 떠나서 열심히 교사 일을 하기로 한다. 꿈과 사랑을 잃은 세 자매는 여전히 서로에게 의지하며, 열심히 일하면 더 나은 미래가 있을 것이라는 희망으로 삶의 의지를 되뇐다.

사라짐이 슬프지 않은 희극, 〈세자매〉

작품은 우리 일상처럼 흘러간다. 유일한 큰 사건이라고 할 수 있는 결투에 의한 베르쉬닌의 죽음조차 사소한 듯 그려지고, 이리나조차 그를 사랑하지 않았기에 쉽게 극복한다. 작품의 중심에 놓인 것은 다만 시간의 흐름이다. 시간은 서서히 흐르고, 그 무엇도 특별히 잘못한 것은 없건만 꿈은 멀어지고 삶은 메말라간다. 모스크바는 점점 멀어지고 마지막에 그들은 부르지조차 않는다. 모스크바가 진정 존재하기는 했던 것일까?

그러하기에 이번 국립극단(예술감독 최치림)의 〈세자매〉는 '사라짐의 미학'이라는 부제를 가졌다. "존재하는 모든 것은 사라집니다. 하지만 사라지더라도 그 의미는 남아 있을 겁니다. 그걸 알 수는 없더라도. 그리하여 모든 것은 사라지기에 아름답습니다."라는 오경택 연출의 변은 작품의 상징적 표현이다. 사라지지만, 거기에서 끝나지 않고 어떤 의미가 있는, 그러하기에 모든 것이 사라짐에도 불구하고 우리의 삶은 아름다운 것이다. 각자의 꿈은 멀어지지만, 더 나은 내일에 대한 소망은 남는 것이다. 때문에 작가 체홉도 자신의 희곡들을 궁극적으로 '희극'으로 간주하였다. "인생을 느끼는 사람에겐 비극이고, 생각하는 사람에게는 희극"이라는 월폴(Walpole)의 말처럼, 체홉의 희곡들은 항시 우리를 생각하게 만든다.

40년을 뛰어넘어 젊은 감각으로 재탄생

공연에서 우선 눈에 띄던 것은 무대(송솔밭 디자인)였다. 나무 격자로 된 두 개의 벽을 활용, 1막에서는 백 스테이지 깊숙이 들어가는 넓은 응접실로 광활함과 자유로움을 표현했다면, 2막에서는 한 벽을 무대 중앙에 비스듬히 놓아서 현관과 좁아진 응접실을 나타낸다. 3막에서는 벽이 무대 전면에 객석 가까이 배치되며, 좁은 올가의 방과 화재로 부산한 외부를 벽 너머로 보여준다. 4막에서는 드디어 벽이 허공으로 올라가 걸리며, 공연의 주제인 '사라짐'을 보여준다. 벽은 격자 모양으로 얼거리만 있으므로 뒤 배경이 훤하게 드러나며, 새로운 공간으로 변모한다. 두 개의 격자 벽은 한 벽은 고정된 채, 다른 벽의 조합이 바뀔 때마다 색다른 공간을 연출하였다. 실로 신인답지 않게 작품을 배려한 능숙한 공간처리를 보여줬다.

연출자는 이러한 공간을 잘 활용하였다. 뚫려 있어 뒤 배경이 훤히 보이는 벽면의 특징을 이용해 너른 공간에 배우들을 배치시켜서 무대를 꽉 채운 느낌이었다. 동선이 넓은 백 스테이지까지 확장된 무대는 관객에게 압도적으로 다가와 공연에 몰입하기가 쉬웠다. 캐스팅에 있어서도 독특했으니, 국립극장 원로나 중견 배우들을 조연급으로, 그리고 근래에는 비중 있는 주역을 맡지 않았던 배우들을 세 자매로 발탁하였다. 신진 연출가와 능숙한 조연들, 풋풋한 주연들이 어우러진 무대였으니, 실로 신구(新舊)가 함께 얽혀 만들어낸 공연이다.

더구나 이 작품은 故 이해랑 연출로 명동 국립극장 시절 초연되었는데, 같은 장소에서 40여 년의 세월을 뛰어넘어 다시금 공연되었다. 1967년 초연 당시 나따샤 역으로 출연했던 원로 배우 백성희는 이번 공연에서 늙은 유모 역을 맡았다. 세월의 흐름에 따라 바뀌는 배우의 역할도 흥미롭지만, 한 배우가 40여 년이라는 시간을 넘어서 같은 작품에 출연한다는 의의도 클 것이다. 뿐만 아니라 故 이해랑 연출이 강조하였던 리얼리즘 연출론이 신진 연출가에 의해 새롭게 해석된 것도 흥미롭다. 그 당시에는 이번 공연처럼 얼개만을 가진 무대는 상상할 수 없었을 것이다. 명동예술극장의 재개관이 새삼 감동스러운 것도 이러한 연극 역사의 축적이 이루어진다는 사실 때문이기도 하다.

그러나 주연 배우들의 연기가 만족스럽지만은 않았다. 올가(권복순)는 나이보다 늙어 보였고 지나치게 의무만을 강조했기에 순간순간 엿보이는 인간미와 따뜻함을 잘 전달하지 못했으며, 마샤(계미경 분)는 시니컬하고 격정적인 성격이 잘 드러나지 않았다. 그리하여 오히려 무디고 소박한 성격을 잘 소화한 남편 꿀리긴(이문수 분)에게 동정이 갔다. 이리나(곽명화) 역시 역할의 변화를 적극적으로 받아들이지 못한 감이 있다. 가령 1막에서 행복한 이리나와 2막의 피곤한 이리나 사이에는 큰 변화가 있는데도, 오히려 2막에서 짧은 머리 탓인지 더 앳되어 보였다. 안드레이(노석채 분)는 아마도 작품에서 가장 외로운 사람일 것이다. 적어도 세 자매는 셋은 뭉쳐 있으니까. 그런데도 그의 연기에서는 이런 외로움이 묻어나지 못했다. 이러한 아쉬움에도 불구하고, 주연들의 연기는 대체로 무난하였다. 그러나 이 연기들을 조역급의 페라뽄드(김재건 분), 체부띠낀(서희승 분), 뚜젠바흐(강민호 분), 솔료늬이(서상원 분), 꿀리긴(이문수 분), 안피사(백성희 분) 등이 받쳐 주면서 공연을 훌륭히 이끌어 갔다. 음악과 무용도 적절하게 작품의 분위기를 띄웠다. 간간이 울리는 음악, 그리고 모든 것이 끝난 듯한 마지막의 텅 빈 무대에서 인물들이 혼자 추는 왈츠는 역시 서글프면서도 아름다웠다.

극을 관통하고 있는 체홉에 대한 고민과 해석

이번 공연은 실로 체홉의 정통적인 해석이었다. 세 시간에 이르는 공연을 특별히 생략한 부분도 없이 원작에 충실하게 재현하였다. 물론 삼면이 막힌 응접실 세트에서 벗어나서 현대적 감각을 넣었지만, 그 본질은 체홉이었다. 리얼리즘의 완성자이자 현대 연극의 시발로 간주되는 체홉은 그만큼 동시대적이다. 흐르는 일상 속에서 별 사건 없이 보여주는 존재의 비극은, 이미 극의 중심인 극적 사건을 해체하고 있다. 한 귀퉁이에서 영웅적 주인공 없이 바라보는 삶이야말로, 중심의 해체를 부르짖는 포스트모던한 세계의 시발이 아니었을까? 사력을 다해 체홉에 대해 고민한 연출자의 노력이 성과로 이어진 공연이기에, 오랜만에 흐뭇하게 본 체홉 공연이었다. 연출과 무대 디자이너 등 신진들이 뭉친 무대에서, 새로운 세대를 알리는 벚꽃동산의 도끼질 소리가 들리는 듯하다. 기다려 왔던 젊은 국립극단을 예고하고 있기에 박수를 보낸다.

(국립극장 미르, 2009. 10)

\<운현궁 오라버니\>

수묵화와 같은 그 농담의 깊이
- 개인 vs 제국 vs 식민, 일상 vs 전쟁, 조선 vs 일본, 그리고 근대 vs 근대 이후

　새 밀레니엄에 들면서 일어났던 새로운 열풍의 하나로, 우리의 근대 돌아보기를 꼽을 수 있다. 〈운현궁 오라버니〉(신은수 작, 이성열 연출) 역시 이 흐름에 속하는 공연이다. 그러나 단순한 호기심 섞인 혹은 재미있는 풍속사에 머물기보다, 여기에 묵직한 역사의 의미를 더했다. 그리하여 시간을 초월해서 인간의 변함없는 삶의 문제가 다가왔다. 잔잔한 한 장의 수묵화 같으면서도, 보는 이에 따라 그 농담이 다르게 다가와서 공연의 깊이를 실로 가늠하기 어려웠다.

　공연은 운현궁에서 오빠를 기다리는 남매 해원과 형길(김란희, 지혜찬 분)의 시각을 통해서 전해진다. 즉 아직 어린이의 눈을 통해 본 당대의 일상이다. 그러하기에 그 시각은 천진하면서도 객관적인 관찰이다. 오빠 이우는 일본 육군사관학교를 다니는데 방학이라 귀국할 예정이며, 그래서 운현궁은 그를 맞을 준비에 바쁘다. 어린 황손들을 돌보는 한상궁(이용이 분)은 바쁘게 걸레질을 하며, 비록 무너지기는 했으나 황실의 권위를 지키려고 한다. 정작 주인공 이우(김영민 분)는 주변 인물들을 통해서 부각된다. 그는 자상한 오라버니요 황실 내부의 신망을 받고 있다. 호떡과 가요 황성옛터를 좋아하며, 조선 황실인임을 긍지로 안다. 일본에서도 조선어만 쓰며, 조선 백성을 무조건

믿기에 조선총독부에 가서 협박을 해서라고 개발을 막으려고 했다. 그러나 그 백성은 이미 보상을 받았고, 그는 대신 막대한 돈을 물어내야 할 처지이다. 형 이건(이남희 분)은 이런 이우를 비웃으며, 현실에 순응해야 할 것이라며 너도 별수 없이 일본 황실과 결혼할 것이라고 말한다. 그러면서도 그는 시대의 분노를 친일파 박영효(이호재 분)에게 '쥐새끼'라며 직접적으로 나타낸다. 이우의 사관학교 친구이자 부관인 요시나리(김준태 분)는 속내를 알 수 없이 이우를 존경하는 듯하다.

〈운현궁 오라버니〉

일본 황실에서 이우와의 결혼을 위해 보낸 히사코(전수지 분)가 등장하면서, 운현궁의 해원과 형길은 신이 난다. 멋있는 서양 복장도 선물 받고, 예쁜 언니가 축음기에 맞춰 서양 사교춤을 가르쳐주기 때문이다. 이방자(서진 분)여사와 함께 나타난 히사코는 그들에게 천사같이 착하고 아름답다. 곧 있을 결혼식 파티를 위해서 그들은 열심히 양춤을 배운다. 한상궁은 이런 것이 조선 황실의 법도에 어울리지 않기에 모두 못마땅하지만, 그래도 요청에 따라 비빔밥 같은 서민 음식도 만들어 줄 정도로 따뜻하다. 그러나 정작 이우는 히사코를 이리저리 피하며 단 한 번도 만나지 않는다. 한편 황실과 인척을 맺고 싶은 박영효는 손녀딸과 이우의 결혼을 꿈꾸며 운현궁을 계속 드나든다.

드디어 히사코는 포기하고 일본으로 돌아가기로 한다. 하직인사 온 그녀를 이날 처음 보게 된 이우는 그녀의 아름다움에 잠시 흔들린다. 몸과 이데올로기의 접전이라고도 하겠다. 손녀딸을 시집보내려는 박영효는 '이렇게 좋은 날이 있습니까?'라고 기뻐하며 등장한다. '좋은 날'과 대조되며, 무대는 히로시마 폭발이 비추이며 이우의 사망을 알리는 비디오로 가득 찬다. 따라서 이야기는 비약되고 서사가 약한 듯싶다.

"극적인 사건을 가능한 한 배제하면서 일상을 사실적이고 치밀하게 묘사하는 일상극의 형식으로 쓴 대본"이라는 작가의 말처럼, 공연에는 별 사건이 없다. 아마도 결혼을 위해 히사코가 왔다가 가는 것이 유일한 사건이라면 사건이다. 사건의 중앙에 놓인 히사코는 많은 것을 의미한다. 조선 황실을 없애려는 일본 제국주의 힘의 논리를 표상하기도 하고, 우아한 양옷과 유성기와 그 음악에 맞추어 추는 양인들의 사교춤 그리고 기독교의 십자가까지를 자유롭게 구사하기에 어찌 보면 근대의 표본이요 동경이기도 하다. 그러하기에 해원과 형길이 그녀에게 푹 빠졌던 것이다. 그러나 이우와 헤어지며 방긋이 웃으며 기뻐하는 히사코의 개인 인간적인 면모를 볼 때, 그녀 역시 제국주의의 희생양이었다. 이러한 양면성은 이방자 여사나 요시나리에게서도 보여진다. 이방자 여사가 뜰에 핀 들풀을 보며 고향을 그리워하는 장면이나, 요시나리가 이우를 진정 좋아하면서도 궁극적으로 배반해야하는 이율배반이 그러하다. 개인과 개인의 관계와 제국과 식민의 관계는 전혀 개개인의 의도와는 다르게 얽히고 있다. 아무리 좋은 개개인도, 제국주의의 한 도구일 뿐이다. 뿐만 아니라 이러한 고요한 일상과 폭력적 전쟁은 대조되어 나타난다. 따뜻하게 그려지는 일상이기에 전쟁은 더욱 폭력적이다. 먼저 나이 먹은 탓에 먼저 전쟁터로 떠나는 이건, 그리고 결국은 같은 운명을 겪는 이우― 이들을 보며, 일상의 따뜻함은 얼마나 부서지기 쉬운가를 느끼게 된다. 동시에 더욱이 식민지 시대를 사는 조선의 비극이 부각되었다. 황족이건 아니건 식민지 백성은 제국주의 일본의 희생양이다.

〈운현궁 오라버니〉

연출은 일상은 사실주의로, 전쟁은 비디오 화면으로 처리했다. 무대는 평상 하나와 몇 개의 나무만을 사실적으로 배치했을 뿐, 운현궁과 그 둘러싼 담을 어설픈 그림을 그린 배경막으로 대치했다. 그 담 뒤로 그림 인형인 군인들이 지나가고, 그 배경막에 전쟁 비디오가 비춰진다. 이러한 무대 처리는 일상과 전쟁을 자유롭게 오갔다. 뿐만 아니라 일상의 무심한 소품들- 호떡을 사기 위해 쓰는 여인의 쓰개치마, 무심히 지나쳤던 키를 재었던 나무의 눈금, 나무에서 떨어진 새, 매미 애벌레 등등의 소품을 통해서, 일상 뒤켠에 도사린 운명의 예감 같은 그림자를 일상 속에 잘 드리웠다.

배우들의 연기도 주변부터 챙겼다. 남매의 연기는 일상성이 뛰어났으며, 박영효의 너스레 연기나 한상궁의 푸넘이 어우러진 가운데, 이방자여사의 외로움이나 히사코의 조용한 아름다움 그리고 떠벌이 요시나리까지 각기 한 몫을 하였다. 여기에 이건의 투정과 비앙거림까지 덧붙이면서, 이우의 인물창조를 도왔다. 막상 주인공 이우의 연기는 조금 경직된 것 같아서 아쉬웠다. 사실 그가 할 연기도 별로 없었다. 주변에서 차차로 중심으로 들어가는 연출의 표현 방식 때문일 것이다.

사실 공연은 이우에 대해 많은 것을 이야기 하지는 않는다. 그러나 그 인물 주변부를 세밀히 묘사함으로써, 식민 시대의 한 단면을 세세히 묘사해서 그 아픔과 문제를 말없이 부각시켰다. 그 긴 여운은 오늘의 한국과 일본을 돌아보게 하며, 과연 오늘날은 그 제국주의에서 자유로운 것인가를 묻게 된다. 아련히 남는 이우의 아픔을 돌아보며, 오늘-그 근대 이후를 생각하게 되는 것이다.

(한국연극, 2010. 1)

<둥둥 낙랑둥>

꿈이 사실이고, 사실이 꿈인 현실
- 사랑 vs 죄의식, 에로티시즘 vs 복수심, 고구려 혼 vs 권력욕

올해 '씨어터 올림픽'을 겨냥하여 국립극단이 〈둥둥 낙랑둥〉(최인훈 작, 최치림 연출)을 올렸다. 〈둥둥 낙랑둥〉은 흔히 설화를 이야기하는 작품으로 알기 쉽지만, 사실 작품은 설화가 끝나는 곳에서 시작한다. 못다 한 사랑의 이야기이며, 죽은 낙랑공주의 복수이기도 하다. 그리고 설화라는 아우라를 제외한다면, 전통적인 요소를 실로 찾기 힘들다. 오히려 가상과 현실이라는 경계를 오가며, 근원적인 욕망인 에로티시즘과 어쩌면 우리 모두가 하나쯤은 갖고 있는 가장 숨겨진 죄의식을 표출한다. 그러하기에 작품은 최인훈 작가의 성향이라 할 모더니즘을 넘어서, 오늘날의 포스트모더니즘 세계를 넘나들고 있다. "죽어 잊어야 할까, 살아 그려야 할까!"라는 공연의 슬로건처럼, 그 어느 것도 '정말'이 아니요 '꿈'도 아니건만 동시에 '정말'이요 '꿈'인 세계이다.

연출은 공연을 위해 이 희곡에 우선 '전통'을 확실하게 부여했다. 이는 '씨어터 올림픽'을 겨냥했기도 했겠지만, 이 미완의 비극에 주인공 호동왕자가 추구했던 제3의 세계를 그리며 화해에 이르는 길을 암시하고 있다. 즉 작품에 이승에서는 평행선처럼 팽팽히 맞서가는 이분법의 세계에, 굿이라는 제3의 돌파구를 제시하며 해원과 평화를 부여한다. 공연은 큰 무당과 무당들의 해원굿으로 시작한다. 큰 무당(이 승옥 분)은 평소 무당굿에서 보기 힘든 위엄과 엄숙함으로 굿을 시작한다. 한 맺히게 세상을 떠난 낙랑공주와 호동왕자가 불려지고, 설화 이후의 뒷이야기가 시작된다. 다만 큰 무당의 낙랑과 호동에 대한 설명이 좀 더 간결하였으면 하는 아쉬움은 남으나, 공연에 메타적 테두리와 전통성의 부여는 연출의 탁월한 선택이었다.

〈둥둥 낙랑둥〉

꿈속에서 국내성 앞까지 따라온 낙랑공주가 사라지고, 호동은 국내성에서 기다리고 있는 낙랑공주를 본다. 사실은 낙랑공주의 쌍둥이 언니가 바로 호동의 의붓어미이다. 양국의 친선을 위해 고구려로 시집온 그녀는 성문에 마중나간 호동을 왕으로 착각했던 때부터 실은 연모하였다. 호동을 위로한다며 왕비는 낙랑공주 흉내를 내고, 서서히 이들은 낙랑성의 생활을 다시 살아간다. 점차로 현실과 가상, 왕비와 공주는 그 경계를 허물며 뒤섞이고, 마침내는 호동은 재현하는 놀이가 옛날 그대로가 아니어도 상관이 없다. 왕비는 노예로 끌려온 옛

상궁에게서 자명고의 비밀을 전해 듣고, 사랑과 복수 사이에서 번민하며, 호동의 반대 세력은 고구려 혼을 내세우며 권력욕에 불태운다.

이들을 둘러싼 세계는 이분법 투성이다. 호동은 사랑의 욕망과 죄책감 사이에서, 왕비는 에로티시즘의 욕망과 복수심에서, 그리고 삼촌은 권력에의 욕망과 고구려 혼 사이에서 각기 번민한다. 고구려의 나팔소리와 북, 그리고 낙랑의 자명고가 대립하며, 하나일 수밖에 없는 사랑도 호동에게는 낙랑공주와 왕비로 나뉘었으며, 왕비에게는 왕비의 의무와 에로티시즘으로 나뉘었다. 여기에 극중 세계 역시 국내성이면서도 낙랑성의 삶을 살아가고 있다. 현실에서 이 이분법을 풀어갈 방법은 없다. 고구려와 낙랑이 엄연히 대립하였기에 호동의 화친 노력은 무화되었던 것이다. 마지막에도 호동은 고구려가 아닌 낙랑의 북을 택했기에, 죽임을 당한다. 그것은 그렇게 엇갈려 쳐서는 안 되는 것이다. 아마도 가능해 보이는 유일한 합일의 상징은 어릿광대 난쟁이일 것이다. 그러하기에 마지막 그는 호동의 관에 왕비의 치마를 두른다. 그러나 현실에서는 그는 불구의 꼽추이며 한낱 어릿광대일 뿐이다.

더구나 이 작품의 세계는 현실과 가상을 오간다. "내 아닌 내 몸뚱아리"이며 "내 마음이 아닌 이 마음"이 두려운 현실이자 가상인 세계이다. "정말이 된 꿈 입니까? 꿈이 정말 입니까?"라는 대사는 이 현실과 가상의 혼동을 단적으로 나타내고 있다. 그러하기에 작품은 포스트모던한 느낌마저 강하게 든다. 무당의 해원굿이라는 액자에, 현실이 가상을 통해 살아지는 메타드라마적 성격이 강하기 때문이다.

그러하기에 공연에서 가장 아쉬웠던 점은 무대미술이었다. 가상과 현실의 혼동을 요즈음 추구되는 최첨단 홀로그램을 사용하여, 단지 상상에만 의존하지 말고 실현해 낼 수는 없었을까 하는 아쉬움이 우선 들었다. 국내성과 낙랑성이 순식간에 뒤바뀌며, 관객의 상상을 뛰어넘는 기술력을 보여줄 수는 없었을까? 홀로그램 같은 기술력이 가장 적합한 희곡인 듯싶어서 더욱 아쉬웠다. 가능하다면 '씨어터 올림픽'에서는 우리 전통과 미학적 기술력이 조화되어, 세계에 알릴 기회가 되었으면 싶다. 이러한 최첨단 테크닉은 차치하고라도, 무당굿의 배경인 푸른 하늘에 구름이 떠가는 장면이나 호동왕자의 처소, 그리고 낙랑공주(그러니까 왕비)와 호동의 정사 장면도 무대미술이 뒷받침해 주지 못했다. "왜 세상에는 낮과 밤만 있습니까"라고 항의 하는 무당의 배경에서 눈부신 빛의 사실적 하늘은 부적절해 보였으며, 낙랑공주와 호동이 숨어들어 은밀한 정사를 갖는 장면 역시 무대미술은 너무 열린 공간 같았다. 그만큼 무대미술이 공연을 뒷받침하지 못했다.

〈둥둥 낙랑둥〉

반면 연기력은 무난하게 공연을 끌어갔다. 더블 캐스팅이었던 호동(이상직, 이지수 분)과 낙랑공주(계미경, 곽명화 분) 중 특히 이지수의 대사 전달이 뛰어났으며, 난쟁이(이혜경, 조은경 분) 이혜경의 역할 소화가 인상적이었다. 흔히들 최인훈의 희곡은 시적이라고 한다. 다시 말하면 배우들에게는 그만큼 힘들다. 일상어가 아닌 시를, 관중에게 어색하지 않게 전달하기란 어렵다. 그래서 최인훈의 희곡이 레제드라마니, 희곡만큼 공연이 재미없다는 말이 종종 뒤따르는 것이다. 이번 공연에서 호동과 낙랑은 현실과 가상을 무리 없이 넘나들며, 주인공의 몫을 하여 주었다. 실로 대사만으로 관객도 함께 가상으로 빠져들게 하는 것은 어려운 일일 것이다.

이렇듯이 연출은 희곡을 거의 바꾸지 않은 상태에서, 스스로 목소리를 죽이며 드러나지 않게 성실하게 공연을 조정하고 있다. 그리하여 이분법인 세계와 그 세계를 넘은 제3의 공간, '정말'이자 '꿈'인 그 속으로 도피하여 사랑놀이를 벌이는 에로티시즘과 그들에게 숨겨진 죄의식을 잘 표현하였다. 더구나 굿이란 틀을 사용하여 우리의 전통을 확실하게 더하였을 뿐만 아니라, 그 의미에 제3의 세계까지를 제시하고 있다. 그리하여 낙랑과 호동이라는 최고의 비극과 화해와 해원이라는 굿을 통한 영원한 희극을 하나로 이어서, 성공적으로 보여주고 있다.

(한국연극, 2010. 2)

<바냐 아저씨>
흘러가는 일상, 사라져가는 꿈과 기쁨

체홉 탄생 150주년을 맞이하여 새해 벽두부터 그의 희곡이 무대에 올려 졌으니, 극단 전망의 <바냐 아저씨>(심재찬 연출)가 바로 그 시작이다. 체홉의 작품세계가 그러하듯이, 이번 무대 역시 별 사건 없이 무심히 흐르는 일상 속에 숨겨진 삶의 잔혹함을 선명히 드러내었다. "체홉이 사랑받는 시대는 결코 행복한 시대가 아니다."라는 러시아 체홉 학자들의 분석도 있었지만, 과연 어떤 시대가 삶에 대한 체홉의 고민을 피해갈 수 있을까를 생각하면, 아마도 체홉은 영원히 사랑받을 작가일 것이다.

작품은 퇴임한 교수와 그의 젊은 아내 엘레나가, 죽은 부인의 영지에 쉬러 오면서 시작된다. 장모는 그의 숭배자이며, 처남인 바냐는 이제 자신의 숭배가 잘못되었음을 느끼고 있다. 교수는 늙어가는 불편함 때문에, 사소한 이기심으로 주변 사람들을 괴롭힌다. 교수를 위해 소같이 일했던 바냐는 스스로 삶을 허비했다고 느끼며, 그의 부인 엘레나를 사랑하게 된다. 동네 의사 역시 엘레나를 사랑하게 되는데, 사실 교수의 딸 소냐는 이미 그를 열열이 연모하고 있다. 소냐와 엘레나가 친해지면서, 엘레나는 소냐를 위해 의사에게 그 사랑을 알려주려 한다. 그러나 이를 계기로 두 사람은 서로 사랑하는 것을 확인했을 뿐이다. 시골 생활에 염증을 느낀 교수가 영지를 팔아 도시에서 생활하겠다고 선언하자, 바냐는 드디어 교수에게 총을 쏜다. 물론 총을 빗나갔고, 엘레나는 당장 떠날 것을 종용한다. 표면적 화해는 이루어지고, 삶은 다시 전과 같이 흘러갈 것이다.

여기서 등장인물 모두는 불행하다. 바냐는 자신의 삶을 낭비하고 엘레나를 사랑하기에, 소냐는 의사를 희망 없이 사랑하기에, 엘레나는 이기적인 늙은 남편에게 구속되어 있기에, 의사는 자신의 꿈을 한낱 시골구석에 묻고 또 엘레나를 사랑하기에, 그리고 교수마저 늙어가는 고통과 주변인들이 자신을 싫어하기에, 각각의 삶은 버겁고 버겁다. 그리고 삶은 동시에 아이러니컬하다. 바냐는 허상을 숭배했었고, 엘레나는 소냐의 사랑을 이야기 해준다며 자신의 사랑을 확인하고, 무위도식하는 교수는 "일을 해야 합니다."라고 말하며 영지를 떠난다.

연출은 이러한 작품의 핵심을 잘 파악하고 전달하려 하였다. 그러나 연기들은 필자가 첫 공연을 봐서인지 아직 매끄럽지 못했다. 바냐(김명수 분)는 너무 밖으로 표현하려 하여 안으로 응축된 고통을 보이기 부족했고, 엘레나(이자하 분)는 오히려 자신의 고통을 너무 표현하지 않은 듯싶고, 소냐(김지성 분)는 어리고 가벼워 보여 인내하는 여인으로는 부족해 보였으며, 의사(김수현 분)는 인물 성격이 분명하게 드러나지 못했다. 또한 무대미술의 배경을 건물의 테두리와 둘러싼 나무를 도형화하여 상징적인 기호적 무대로 만들었는데, 여기에 중앙의 너무 사실적인 둥근 다리의 커다란 두 개의 테이블은 어쩐지 어울리지 않았다. 적어도 이 테이블은 배경과 같이 도형화해야 했을 것이다. 그리고 사실적인 연기와 이러한 무대장치가 어떻게 조화될 것인가도 좀 더 고민했으면 싶다. 뿐만 아니라 체홉의 비극성만큼 내재해 있다고 할 체홉의 희극성을 전혀 느낄 수 없었는데, 공연에 전혀 넣을 수 없었는지도 의문이 간다. 가령 총이 빗맞는 장면 같은 곳은 희극적

처리도 가능했을 것이다.

이러한 아쉬움에도 불구하고, 체홉의 비극이 잘 전달된 공연이었다. "참아요, 견딜 거예요."라는 소냐의 마지막 대사는 실로 비장한 아픔으로 다가왔다. 아이러니컬하지만, 바로 그 아픔 때문에 우리는 〈바냐 아저씨〉를 사랑할 수밖에 없다.

(아트뷰, 2010. 2)

<호야>

'형식'이 부여하는 공연 수행성

〈호야〉(한아름 작, 서재형 연출)는 '조선 연정 스캔들'이란 부제가 붙었듯이 어찌 보면 흔한 멜로드라마의 소지가 많다. 왕의 소실과 연분이 나서 남녀가 모두 죽었으니, 흔히 말하는 치정극으로 끝날 수도 있다. 그러나 공연은 절제된 형식의 통일성으로, 독특한 공연의 분위기와 치정 너머 존재하는 인간의 정(情)과 고독을 다가오게 하였다. 즉 '형식'의 공연 수행성이 돋보였다.

대궐은 흔히 생각하듯 호화롭고 편안한 낙원이 아니라, 그 긴 밤은 등장인물 모두에게 초조하고 고독하다. 왕(조한철 분)은 모든 신하들이 자신을 폐위시키려고 한다고 불안해한다. 왕비(김진아 분)는 왕손을 두지 못하여서, 애타게 왕을 기다린다. 왕비의 오라비인 한자겸(이원 분)은 사랑하는 사람을 왕에게 보내고, 이미 귀인(전미도 분)이 된 그녀를 차마 잊지 못한다. 귀인 역시 긴 밤을 왕을 기다리나, 실을 한자겸을 그린다. 아들을 낳아 대비(홍성경 분)의 총애를 받는 숙원(김은실 분)은 중전의 자리를 노린다. 이렇듯이 모두 이루지 못한 절실한 염원이 있거나 존재에 대한 불안과 불만이 터지기 일보 직전이다. 그러하기에 밤은 길고, 부엉이 소리가 스산하다.

그러한 초조함을 표상하듯이 인물들은 끊임없이 달린다. 무대는 중앙의 커다란 사각형 공간을 두고, 그 주위에 인물들은 위치한다. 인물들은 그 사각 주위에 각기 자신의 위치가 있고, 그들은 그 사각 공간 주위를 숨 가쁘게 달려서 등, 퇴장을 하여 제자리로 돌아온다. 대사를 하기 위해 그들은 죽도록 달리고야 한 마디를 뱉을 수 있다. 그리고 사각 공간에서 각 개인의 이야기가 펼쳐진다. 실로 독특하면서도 연출 형식을 도출해 내는 무대디자인이다. 〈죽도록 달린다〉라는 극단명이 말해 주듯이, 이는 연출 서재형의 연출 스타일이기도 하다. 죽도록 달리는 제스처야말로, 각자가 처해 있는 다급한 상황을 가시화 시킨다. 평범해 보이는 일상조차도 실은 쫓기는 존재에 불과하다. 죽도록 달리는 제스처가 전혀 맞아 보이지 않는 상황임에도 불구하고, 그 달림은 다가오는 절박한 상황을 알리는 동시에 그 달림의 가벼움은 상황에 대해 거리두기를 하게 된다.

거리두기는 지문을 배우들이 읽는다는 데서도 계속된다. 배우들은 모든 지문을 마치 대사처럼 낭독한다. 낭랑하게 읽어지는 지문을 배우의 움직임을 보면서 듣는다. 곧 배우 행동의 완성을 지문을 통해 확인하는 것이다. 뿐만 아니라 배우의 내면과 감정까지가 지문을 통해서 샅샅이 전해지고, 관객은 배우의 동작 이해가 쉬우면서도 다시 그 형식의 낯설음으로 인하여 묘한 거리감을 느낀다. 공연은 배우가 하지만, 그 배우마저 해설자의 역할에 나섬으

〈호야〉

로써 보이지 않는 제3의 존재를 느끼게 된다. 메타드라마가 아니면서도 메타드라마의 효과를 얻게 되는 것이다.

한복을 현대화한 의상 역시 아름다우면서도 기능적이었다. 뛰기 편하게 뒷자락을 걷어 올려 맨 치마는 마치 서구의 드레스 같으면서도 한복의 전통미를 고스란히 살렸다. 남자들의 의상 역시 전통 문양과 색조를 지니면서도, 어딘가 현대미가 더하여졌다. 전체적으로 균형과 조화를 이룬 의상을 입은 배우들의 연기 역시, 호흡이 맞는 앙상블을 이루어 군더더기 없이 조화와 균형을 이루었다.

공연에서 가장 큰 주제는 존재의 초조함을 넘는 정(情)에 관한 이야기라고 하겠다. 중전과 귀인, 박상궁과 상선, 중전과 오라버니는 따뜻한 정을 나누고, 남녀 간의 끈끈한 정을 일깨우기 위해 한자겸과 귀인이 죽고, 이들을 변호하기 위해 박상궁이 죽는다. 고독한 왕은 스스로의 매정함으로 인하여, 아무의 공감을 얻지 못하며 영원히 불안 속을 헤매일 것이다. 공연 내내 달려야만 했을 정도로 어짜피 삶은 불안하고 초조하건만, 인간의 존재는 바로 정을 얻는 순간 굳세고 편안해진다. 그러하기에 공연은 남녀 간의 치정을 그린 것이 아니라, 그 밑에 기저한 우리 삶의 작은 기쁨과 정에 대해 이야기 한다.

그러나 동시에 공연은 인간 존재의 고독에 관한 이야기이다. 등장인물 모두는 고독하다. 왕비는 왕이 오지 않아서, 귀인은 한자겸을 그려서, 최고의 권력자인 왕조차도 권력의 두려움에 떤다. 모두가 자신에게 만족하지 못하며, 초조하고 불안하다. 궁궐의 긴긴 밤은 부엉이 소리, 그리고 어두운 그림자 등등으로 잘 표현되었다. 실로 공연의 대부분은 밤에 연기되는 밤의 이야기이다. 밀실과 음모─그에 대한 불안과 떨림이 오히려 정(情) 이야기보다도 많은 부분 차지한다. 그러하기에 순간 보이는 정(情)이 섬광과 같이 파고드는 것이다.

공연은 형식적으로 잘 짜여지고, 연기의 앙상블로 무난하고, 무대나 의상도 깔끔했다. 특히 연기의 앙상블은 많은 연습이 없이는 이루어지지 않았을 것이다. 전체적으로 잘 만들어진 매끄럽고 예쁜 공연이다. 그러나 연출의 공연을 쭉 지켜본 필자로서, 문제는 이 공연이 새로운 작품이라는 느낌이 잘 들지 않았다. 〈죽도록 달린다〉에서 경험했던 신선한 연출 감각을 느낄 수 없었다. 거의 앞 작품의 같은 반복과 같이 느껴졌다. 물론 연출이 한 스타일을 갖는다는 것은 바람직하고 훌륭한 일이다. 그러나 자기 형식 안에서의 변화나, 스스로의 형식에서 더 나아가는 발전이 있어야 하지 않을까? 동의반복은 곧 식상함을 가져올 수 있음을 유의해야 하겠다. 서재형다움을 유지하면서도, 새로운 무엇을 공연에 더 넣을 수는 없는 것일까? 매끄러운 공연의 진행 가운데서도, 어떤 치열함의 결여가 아쉽게 느껴졌다. 전 공연을 살리는 어떤 마지막 터치가 부족했다.

이러한 아쉬움에도 불구하고, 연출만의 고집스러운 스타일을 경험한 것은 즐거운 일이었다. 어느 연출가가 이러한 치정이라는 멜로물을 이렇듯이 사유적인 연극으로 바꿀 수가 있을까? 어느 연출가가 이런 부자연스러울 수 있는 형식을 이토록 균형과 조화를 이루는 매끄러운 공연으로 만들 수 있을까? 별로 심각하게 말하지 않고 동시에 거리를 두면서도, 스쳐가듯이 언뜻 마음에 닿는 감정은 강하고 집요하다. 이렇듯이 내용의 재현을 보기 보다는 연기의 현상성과 전경화에 가까운 경험을 하면서, 서재형 작품의 공연수행성을 생각하게 한다. 멜로드라마에 자신만의 형식을 넣어서, 오늘을 여는 본격적인 포스트모던 드라마로 새롭게 만든 것은 아닌지? 서재형의 '형식'이 매 공연 새로움을 더하면서, 우리 연극사에 한 확고한 형식으로 자리잡기를 기대해 본다.

(한국연극, 2010. 3)

<에이미>

세대와 가치관의 간극 - 텍스트 중요성의 재확인

　<에이미>(데이비드 해어 작, 최용훈 연출)는 오랜만에 우리의 삶을 생각하게 했던 연극이다. 소위 포스트드라마가 시대의 대세라는 오늘날의 연극계에, 정통 사실주의 연극의 건재함을 알리는 동시에 텍스트의 중요성을 다시금 알린 공연이기도 하다. 삶의 가치와 믿음, 신세대 가치와 미디어의 지배력, 장모와 사위의 갈등 등등 우리 삶의 중요한 문제들이 제기되고, 공연 내내 그것을 돌아보는 계기가 되었다. 작가인 데이비드 해어는 60년대 이후 알렌 베넷, 탐 스토파드와 함께 영국 연극을 이끈 3대 작가의 한 명이기도 한데, 과연 날카롭게 오늘의 문제를 평범한 가정사 속에서 잘 집어내고 있다. 공연의 성공은 무엇보다도 해어의 원작이 주는 철학적 깊이에 있다고 하겠으나, 동시에 카리스카적인 흡인력을 가진 윤소정의 연기에도 크게 기인하였다. 작품의 노배우 에스메는 바로 배우 윤소정이라고 느껴졌다.

　작품은 얼핏 평범한 가정사를 다룬 듯도 하다. 에이미는 자신의 남자 친구 도미닉과 함께, 여배우인 엄마 에스메를 방문한다. 할머니인 이블린은 가벼운 치매에 걸릴 만큼 늙었다. 드디어 에스메가 공연에서 돌아오고, 간단한 인사 중에도 이기적인 도미닉의 행동이 보인다. 모녀간의 이야기 중에, 딸이 도미닉을 거의 숭배하다시피하며 임신한

사실을 알게 된 에스메는, 에이미의 간청에도 도미닉에게 임신사실을 알린다. 도미닉은 다행히 에이미와 결혼을 하여 아이를 낳고 살지만, 에스메는 여전히 연극을 무시하고 미디어 권력과 영화만을 쫓는 도미닉이 못마땅하다. 더구나 딸이 항시 사위의 비위를 맞추고 사는 것 같아서 더욱 싫다. 에스메의 걱정대로 역시 사위는 바람을 피우고, 에이미는 결국 이혼한다. 도미닉과의 이별보다 엄마의 그것 봐라 하는 말이 가장 두려웠다는 에이미의 말에, 에스메 역시 상처받는다. 더구나 에스메는 프랭크의 권유로 잘못 투자했다가 엄청난 빚을 지게 되면서도, 프랭크를 고발하지 않는다. 사랑은 아니지만, 그렇게까지 야박할 수 없다고 느끼는 에스메를 에이미는 이해할 수 없다. 몇 년 후 웨스트앤드의 작은 극장에서 공연하는 에스메를 도미닉이 찾아온다. 그간 에이미는 차 사고로 죽고, 애들만이 외할머니 에스메를 찾았던 것이다. 미디어 재벌이 된 도미닉은 에스메에게 에이미와 애들을 생각해서 화해를 하자고 청한다. 비록 스캔들 한 재혼을 하고 행복하지만, 도미닉은 에이미를 마음 깊이 사랑했던 것이다. 어떠한 차이에도 불구하고 가족은 가족이기에 더욱 소중하다.

작품은 온통 이분법 투성이이다. 예술연극과 대중매체와의 대립, 장모와 사위의 미묘한 갈등, 서로 사랑하면서도 엄마와 딸의 다른 가치관, 시어머니 이블린과 에스메의 갈등, 신세대와 구세대, 신자유주의와 사회변화의 물결 속에서도 그 의미를 드러내는 구(舊)가치관, 이혼은 했으면서도 통념적으로 이해할 수 없는 깊은 사랑, 등등 공연은 팽팽한 대립으로 차 있었으며, 그 대립이 바로 평범한 우리 일상에서 일어나고 있었다. 이 풀지 못할 것 같은 이분적 평행선이, 마지막 도미닉의 화해 신청으로 만나게 된다. 에스메와 도미닉은 각기 구세대와 신세대의 성공 신화를 말해 주고 있다고도 하겠다. 각 시대의 의미에서 이들은 성실하고 자신의 소신을 지켰으며, 시대를 자기편으로 만들었다. 파산했음에도 불구하고 성실하게 자신의 배우 역할을 수행해 가는 에스메나, 이혼을 했음에도 사랑했기에 그 장모에게 화해를 신청하는 도미닉은 각기 자기 세대의 가치관 속에 있으면서도 화해가 가능함을 알려준다. 사랑과 화해는 어떤 가치관보다 앞선다고 하겠으나, 이 화해는 에스메의 죽음을 담보로 할 만큼 어려운 것이기도 했다.

연출은 특별히 멋을 부리기보다 원작을 차분히 따르며, 인물 간의 갈등 부각에 주력한 것 같다. 에스메(윤소정 분)는 무대를 압권 했다. 실로 오래 만에 그녀를 무대에서 보는 것은 기쁨이었다. 관중을 휘어잡는 그녀의 카리스마가 없었다면 무대는 훨씬 초라했을 것이다. 그만큼 윤소정은 무대를 꽉 채운 배우였다. 그러나 바로 그녀의 강력한 프레젼스 때문에 에이미(서은경 분)나 도미닉(김영민 분)의 역할이 왜소했다고 느껴졌다. 따라서 에스메와 에이미의 갈등에서 언제나 에스메에게 눌리며, 자신의 가치를 잘 피력하지 못한 감이 있다. 특히 도미닉의 스캔들에 엄마로부터 '그럴 줄 알았다'는 그 말이 무엇보다도 무서웠다는 에이미의 항변조차 강하게 다가오지 못했다. 또한 마지막 도미닉의 화해 신청 전까지, 도미닉의 예술관이나 장모와의 갈등이 보다 자연스럽게 다가오지 못한 것도 사실이다. 젊은 배우들이 윤소정의 기에 눌린 느낌이다. 그래서 공연의 전체적인 균형감에서 무언가 미묘한 밸런스를 잃었다는 느낌이 있는 것도 사실이었다.

그러나 전체적으로 오랜만에 보는 완숙한 공연이었다. 프랭크(이호재 분)와 할머니 이블린(백수련 분)이 윤소정과 자연스럽게 호흡을 맞추면서, 젊은이들과의 불균형도 세대 간의 차이라고 치부할 수 있었다. 무대미술도 대부분의 연기가 이루어지는 응접실이 무대를 가득 채웠다. 평이해 보이면서도 너른 공간이, 특별히 드러나지 않으면서도 좋은 무대를 선보였다. 즉 사실주의 무대로 손색이 없었으면서도, 다양한 공간을 창조하였다.

이번 공연은 오늘날 소위 포스트드라마를 운운하는 형식의 새로운 시도와는 거리가 멀지만, 여전히 사실주의 연극이 건재함을 느끼게 한 공연이었다. 뿐만 아니라 연극에서 그 텍스트의 중요함을 다시금 일깨웠다. 작가의 날카로운 관찰로 오늘의 일상에서 보이는 다양한 갈등들을 부각시키고, 변해가는 오늘의 삶을 재현해 내는 것은 의의 깊은 일이다. 가장 진부한 듯싶기도 하지만, 어쩌면 우리 연극계가 가장 결핍한 것인지도 모르겠다. 형식이 주는 감동이란 자극적이고 감각으로 머무는 반면, 내용이 주는 감동은 사고(思考)적이며 지속적으로 남지 않은가 싶다. 이러한 이분법에 상관없이, 우리 연극계의 탄탄한 희곡의 결여가 다시금 안타까움으로 다가왔다. 그 어떤 형식도 철학적 인문적 깊이를 바탕으로 할 때에만 빛나는 것임을 다시금 상기해야겠다.

실로 이번 〈에이미〉는 탄탄한 연기와 무대로 정통적 연극의 완숙미를 느끼게 했다. 뿐만 아니라 소위 시류에 동조해서, 경시하기 쉬웠던 텍스트의 중요성을 일깨웠다. 텍스트가 바로 우리 일상을 반영하며, 그 던진 질문이 우리의 존재를 꿰뚫을 때, 비로소 연극의 묘미가 살아나는 것이다. 이 공연이 던진 세대 간의 깊은 차이와 갈등 ─ 그래서 세상은 변해 가는가?

(2010. 3)

<비밀경찰>
수행적 연기와 오브제화, 연극에서 퍼포먼스로

　〈비밀경찰〉(고골리 작, 강량원 여출)은 극단 동이 프로그램에서 밝혔듯이 "언어로 옮길 수 없는, 공연 그 자체를 지향하는―연극적인 연극 형식"을 시도하려는 연극으로, 실로 연극의 공연성이 압도했던 공연이었다. 흔히 잘 알고 있는 고골리 〈검찰관〉의 내용보다는, 극단 동의 공연수행성이 강렬하게 뇌리에 남았다. 즉 내용의 재현보다는 연기의 현상성과 전경화를 경험하게 하였다.

　공연은 몇 개의 장면으로 나뉜다. 첫 장면은 나부끼는 담요로 몸을 감싼 원로회장이 폭풍을 뚫고 들판으로 가려는 장면이다. 이를 무용극이라고 명명했는데, 어찌 보면 무용일 수도 있겠으나 우리가 생각하는 무용은 절대 아니다. 폭풍은 선풍기를 든 사나이가, 휘날리는 담요는 원로회장과 한 보조인물이 잡고서, 자연 앞에서 인간의 왜소함을 보여준다고 하는 편이 나을 것이다. 바람에 손을 들고 담요를 잡고 발을 드는 장면들, 즉 행동의 상황을 다변화하고 각 행동을 극대화하여 보여준다. 원로회장이 왜 폭풍우 속에서 어디로 가야 하는가 하는 인과적 관계는 관객의 관심 밖에 놓인다. 여기에 무대를 상하로 반 나누어 하부에만 도형적인 그림을 그린 판넬을 내렸다. 배우의 움직임마저도 도형화하는데, 무대미술도 일조를 하였다. 즉 설치미술과 연극의 만남이라고 하겠으니, 배우의 공연과 무대가 하나의 설치미술이라고도 하겠다.

　다음 장면은 꼭두각시극이다. 소읍의 원로들은 비밀경찰이 온다는 놀라운 소식에 기절초풍한다. 앞의 무대에다 다른 판넬을 내려서, 격자 속 무대 중앙에서 배우들이 연기하게 하여, 전통 꼭두각시극과 같은 무대를 만들었다. 배우들은 모두 연기의 수행적인 상황에 초점을 맞추어 꼭두각시와 같았다. 즉 제스처나 정서에 기대지 않는 신체적 반응 등을 통해서, 물체화하고 인간 오브제가 되어서 인형이 된다. 물론 대사도 일상적인 말이 아니라, 말의 의미성보다 음성성이 강조되었다. 더구나 한국 전통극의 현대적 활용이라는 점에서도 탁월했다. 고골리의 한 장면을 누가 꼭두각시극으로 공연하리라고 상상할 수 있겠나? 〈비밀경찰〉 전체를 통해서, 가장 수행적인 연기가 성공적으로 행해진 부분이라고 하겠다.

〈비밀경찰〉

비밀경찰이 마을 어귀 모텔에 숙박하고 있다는 소식은 로터리클럽 회장과 부회장에 의해 탈춤 분위기로 전해진다. 원로들을 실은 버스를 따라가면서, 원로회장과 딸은 일상적인 삶을 일깨운다. 이들의 동작 역시 마치 종이인형 같다. 무대는 대극장 크기의 도화지에 그린 그림 같으니, 원로들을 싣고 달리는 버스나 부인과 딸은 그림인양 벽에 붙어 있다. 원로들은 심각하게 비밀경찰을 집으로 초대하지만, 무대 미술은 만화처럼 경쾌해서 이 상황이 희극임을 말하고 있다.

비밀경찰 맞기 장면은 미국식 뮤지컬의 느낌이 나는데, 대접할 음식을 주방카트에 가득 싣고 끌면서 춤추고 노래한다. 무대는 손님을 환영하는 듯한 빨간 소쿠리가 몇 개의 큰 별처럼 하늘에 걸리는가 하면, 수백 개의 은쟁반이 마치 샹들리에처럼 상공에 걸리고, 주방카트 역시 같은 은빛이다. 각각의 원로들은 돈을 요구하는 비밀경찰에게 다양한 뇌물을 바친다. 이때 다양한 제스처와 몸짓 및 마술도 활용된다. 지금 벌어지는 사건으로서의 다양한 행동을 통해 연기는 수행성을 얻게 되고, 관객은 뇌물을 바치고 있다는 이야기의 인과관계보다 그 다양한 행동을 즐기게 된다. 다만 뇌물 바치기가 너무 길어져서, 시간이 갈수록 그 움직임이나 수행성을 즐기기가 조금은 벅차왔다. 공연성의 템포가 늘어졌던 부분이 아닌가 싶다.

한마디로 강량원에게 연기의 본질은 현전하는 배우의 자기 지시적 신체와 동작이라는 것을 실감할 수 있었다. 행동하는 신체와 그 특정한 형상의 전경화(Foreground)가 두드러졌는데, 동작뿐 아니라 느린 동작, 발을 들고, 손을 옮기고, 걷고, 눕고, 몸의 중심을 옮기는 동작, 행동의 상황을 다변화하고 행동과 장면을 확대하여 부각시킨다. 제스처 역시 오랜 시간 반복적 훈련을 통해서만 얻어질 수 있는 행동유형으로서 마치 자율신경 제스처 같았는데, 이는 메이어홀드의 생체역학 연기를 연상시켰다. 호흡 역시 흉내 내는 것이 아니라, 신체적 반응만으로 연기했다 하겠다. 따라서 배우 인간조차도 하나의 오브제로 활용된다. 대사 역시 사물화 된다고 하겠으니, 말의 의미성보다는 음성성이 더욱 강조되었다. 신체적 연기에서 중요한 것은 음성성이며 그것은 에너지, 힘을 표현하는 수단이다. 의미를 알 수 없는 신음들, 단조로운 반복의 모노톤 사용 등은 소리의 음성성, 즉 말의 물체화를 드러내는 수단이라고 하겠다. 일상적인 말이 전혀 아니다. 여기에 음악(그룹 불세출 연주)의 활용도 두드러진다. 배우와 연주자들의 움직임이 자연스럽게 맞아들면서, 연기도 음악의 일부가 된 듯싶다. 창작국악그룹의 음악이기에 전통적이면서도 현대적이다.

무대 미술 역시 7~8번씩이나 바뀌면서, 배우 움직임에 걸맞는 독특한 공간을 연출하였다. 배경의 입체성(3-Dimention)을 포기했기에, 무대는 만화 같기도 하고 초현실 같기도 하다. 즉 입체적 배우와 평면적 무대는 묘한 부조화를 이루면서 만나기에, 오히려 관객에게 낯선 세계로 인도했다. 무대 전체를 캔버스인 양 그림으로 마음대로 구도를 잡고, 다양한 무대를 선보였다. "무대 위. 무지개를 찾아 우리들이 춤추고 있을 그 시간을 찾기 위해 오늘도 우리는 바쁜 숨은 그림찾기를 하고 있다. 숨겨져 있던 또 다른 나를 찾기 위해"라는 무대 미술을 담당한 홍시야의 말처럼, 물체화된 배우의 움직임은 도형화된 무대그림에서 그림찾기 놀이를 하고 있다고도 하겠다. 무대의 반만 보이는 무대, 꼭두각시 프레임 무대, 그림에 붙어 있는 배우들, 은쟁반이 가득한 무대 등등 무대는 다양한 그림을 그리면서도, 일종의 통일성을 유지하여 한 편의 초현실주의 그림을 본 듯하다.

이러한 현대적 느낌의 공연 안에서 기묘하게 전통을 재창조했다는 것도 본 공연의 빼어놓을 수 없는 뛰어난 점이다. "연극적인 연극 형식의 출발점이 된 메이어홀드의 초기 카바레와 우리 민속극 양식을 무대에 도입했다"고 연출은 말한다. "특히 남사당패의 가면극과 꼭두각시 인형극, 어름, 살판, 버나 등으로 장면을 구성, 각각의 장면에 독립성을 부여하여 이야기의 흐름보다는 연극성과 현장성을 강화하였다"는 연출의 의도는 실로 유효하였다. 이렇듯이 현대적이면서도 전통적인 공연을 근래에 보지 못했다.

〈비밀경찰〉

다만 정통 미국식 뮤지컬까지도 함께 도입하려고 했는데, 지나치게 다양한 형식의 혼합이 부자연스럽기도 했다. 원로들이 주방 카트를 끌며 미국식 뮤지컬처럼 비밀경찰을 접대하는 장면이 공연에서 가장 미진한 장면이었다. 공연 전체로 볼 때, 여태까지의 긴밀하고 조직적인 스타일을 저해하는 요소였다. 축제적으로 공연을 마무리하려 했던 연출의 의도는 알겠으나, 이 장면을 카바레나 전통적 축제로 마무리했다면 보다 형식의 짜임새가 돋보였을 것이다.

수행적인 연기에 초점을 맞추는 공연이란 연기의 현상성을 지각하도록 하는 공연이라고 했다. 그런 의미에서 〈비밀경찰〉은 성공적인 공연이었다. 나아가서 지금 벌어지는 사건으로서의 행동을 통해 연기는 수행성을 얻고, 공연은 재현작업에서 퍼포먼스로 이행된다. 따라서 고골리의 〈검찰관〉을 공연했으나, 그 내용은 희곡의 내용이 아닌 그 행동의 수행이 곧 연극의 내용이 된다. 즉 극단 동만의 〈비밀경찰〉인 것이다. 누가 이 공연을 보며, 고골리의 〈검찰관〉을 떠올릴 것인가? 그런 의미에서 실로 수행적 공연을 보았으며, 한 편의 연극이기보다 퍼포먼스 공연의 현상이 아닐까하는 생각이 들었다. 이제 우리 연극도 새로운 시작을 말하고 있다. 실로 우리 연극계에도 설치 미술과 음악과 연기가 어우러지는 수행적 포스트드라마틱한 공연이 시작되었다.

〈비밀경찰〉

(연극평론, 2010. 여름호)

\<고도를 기다리며\>
포스트모던 시대에 돌아보는 모더니즘의 부조리

'오늘날 자아 중심에 갇힌 세계가 과연 관심을 끌 수 있을까'라고 의심하며 〈고도를 기다리며〉 공연으로 향했다. 관극의 기저에는 올해 밀양여름공연 축제 수상작이라는 사실도 있었지만, 내심 장애인 극단이라는 '극단 애인'에 대해 어떤 빚진 의무감을 느낀 것도 사실이다. 이는 우리 연극계가 장애인과 함께 하려는 노력은 아직 너무 미미했기 때문이다. 그런데 공연은 뜻밖에도 어떤 〈고도를 기다리며〉 보다도 강한 감동으로 전해 왔다.

극단 애인은 "장애인만의 고유한 움직임과 표현으로 관객들에게 다가가고자" 노력하는데, "지체 장애인들의 특징인 언어장애와 다양하지 못한 표정을 장애인들만의 호흡과 리듬으로 바꿔내는데 목적을 두고" 있다고 한다(프로그램 중에서). 실로 이러한 목적은 작품 〈고도를 기다리며〉와도 잘 맞아서 공연의 성취도를 높였다. 사실 고고와 디디는 정상인일 필요가 없으며, 또 정상인도 아닐 것이다.

고고와 디디에게서는 기다리는 자의 막막함과 초초함과 지리함이 묻어났다. 장애인의 독특한 표정이 거슬리기보다 오히려 인간 실존의 모순을 더욱 분명하게 전달하였다. 그들은 열중하여 기다리지만, 순간순간 기다림에 지쳐서 차라리 죽으려고 할 만큼 절박하다. 서로에게 떠날까도 아예 가버릴까도 생각하지만 삶은 갇혀있고 고도의 구원의 메시지는 강력하다. 포조와 럭키는 삶의 부조리를 더욱 각인시킨다. 그들의 설정 자체가 부조리하지만, 이번 공연에서는 휠체어에 탄 포조의 강력한 프레젠스로 역할이 더욱 빛났다. 불구로 휠체어에 탄 채 호령하기에, 삶은 더욱더 모순적이다.

장님이 된 포조와 벙어리가 된 럭키가 다시 등장하면서 시간 그 자체를 부인한다. 언제가 아니라, 그냥 '어느 날 눈멀고 벙어리가 되었다. 고고와 디디도 시간을 의심한다. 어제도 오늘도 그리고 그 옛날도 다 같은 날만 같고, 여전히 고도를 기다리고 있기 때문이다. 고고와 디디는 고도가 무엇인가를 별로 생각하지 않는 듯싶다. 마지막에 구원이라는 말에 얼핏 나오지만, 단지 기다려야 하기에 기다린다. 한계 상황에 갇힌 인간의 존재이다.

공연에서 특히 주목되었던 것은 블라디미르 역할의 백우람과 포조 역의 강희철의 연기였다. 백우람 특유의 표정연기는 그 역할과 너무 잘 어울렸으며, 어떤 정상인도 표현하지 못했던 블라디미르를 창출했다. 뿐만 아니라 포조역의 강희철도 우렁찬 목소리와 정확한 발음으로 포조 특유의 잔인성과 능청스러움을 연기했다. 그들의 연기는 이렇게 좋은 배우가 있었을까 하는 감탄을 자아냈다. 앞으로 장애극단 뿐만 아니라, 보통 극단에서의 활약을 기대해도 좋겠다. 다른 배우들도 이들과 적절히 조화되며 좋은 연기를 펼쳤다.

다만 아쉬움이라면 전체적으로 놀이성의 부족을 꼽겠다. 고고와 디디가 힘들게 발음하면서 심각해 보였는데, 이를 보완하는 연출의 배려가 아쉬웠다. 이들을 가끔은 좀 더 경쾌하게 놀게 할 수는 없었을까? 시종 심각함은 오히려 심각함을 경감할 수 있다는 것은 주지의 사실이다. 무료함과 절망이 오히려 놀이성을 통해서 가장 잘 나타날 수도 있기 때문이다.

공연의 심각성을 더욱 가중시킨 것은 아마도 시종일관하게 어두운 무대도 한 몫을 했다. 하루 종일 고도를 기다리다가 저녁이 이슥하면 다시 내일을 기다리며 돌아가는 고고와 디디의 일상에서, 무대는 웬일인지 낮과 밤이나 하루 시간의 흐름을 느낄 수 없이 시종 어두컴컴했다. 조명의 변화를 주며 시간의 흐름을 드러냈더라면, 놀이성이 살아날 수도 있었으리라 사료된다.

실로 이번 〈고도를 기다리며〉는 장애인 연극의 개가였다. 장애인도 정상인 못지않게, 아니 오히려 어떤 표현은 더욱더 잘해낼 수 있음을 확인시킨 공연이었다. 이번 고도는 필자가 본 어떤 고도보다도 부조리와 한계 상황에 갇힌 인간을 설득력 있게 표현하고 있다. 비록 오늘의 포스트모더니즘이 당신은 자아에 갇혀서 인간의 부조리만을 본다고 지적한다 하더라도, 블라디미르의 그 절실한 표정에서 인간 존재의 부조리를 생각해 보지 않을 수가 없었다. 어떤 공연이든 잘된 공연은 그 메시지를 감동적으로 전달한다는 평범한 진리를 다시금 깨닫게 한 공연이었다. 그리고 이러한 성공은 부단한 노력의 결과임이 다시금 숙연해진다. 2007년 창단한 '극단 애인'은 2010년부터 매년 꾸준하게 〈고도를 기다리며〉를 올렸기 때문이다. 오늘의 공연에는 지난 4년간의 피나는 노력이 자리 잡고 있다. 배우의 복지를 생각하며 점점 가벼워지는 오늘의 공연을 생각할 때, 극단 애인이 보여준 자세를 본받아야 하겠다. 그만큼 〈고도를 기다리며〉의 감동은 배우들의 긴 노력의 끝에 있었기 때문이다.

이미 사회에서는 장애인의 채용이 의무화되고 있다. 그런데 연극계에서는 아직 이러한 관심조차 없는 것이 부끄러운 실정이기도 하다. 항시 연극은 배고프고 그래서 도움을 받아야만 하는 실정이었다. 제작여건이 나빠서, 좋은 연극도 잘 나오지 않는다는 것이다. 그러나 이번 극단 애인의 〈고도를 기다리며〉는 우리가 상상할 수 없는 역경 속에서도 얼마든지 훌륭한 공연을 이뤄낼 수 있음을 당당히 증명했다. 예술의 자유로움은, 실상 함께 사는 인간들 속에서 더욱 자유로움을 생각해야 한다. 연극계 여러 분들께 자랑스럽게 알리고 싶다. 오셔서 〈고도를 기다리며〉를 관람하십시오. 그리고 얼마나 뛰어난 예술의 경지에 이르렀는지를 느껴 보십시오. 이 공연을 관람했다면 장애인 연극에 대한 편견을 버리게 될 것이며, 예술 속에서 우리 모두가 함께 가는 연극인 동지임이 자명해질 것입니다.

(2013. 10)

<황금용>
주변에서 바라보는 소외된 다양한 삶과 그 잔혹성

〈황금용〉(롤란트 시멜페니히 작, 윤광진 연출)은 폰 마이엔부르크의 〈못생긴 남자〉(2011, 윤광진 연출)의 성공에 힘입어서 소개되는 두 번째 독일 현대극이다. "〈황금용〉은 2010년 독일 밀하임 페스티벌에서 극작가상, 월간 연극잡지 테아터 호이테의 극작가상을 수상하면서 가장 최근의 독일연극 경향을 대표하는 작품"이라고 한다. 이러한 독일 동시대 연극은 "일체의 연극적 분위기를 제거해 버린 빈 무대에서 그들은 연극을 적나라한 놀이로 전개시켜 나간다. 그들의 연극적 재료는 주로 위트와 유머, 그리고 신랄한 독설과 정신 분열증적 인격의 다중성이다… 중략…별스러운 무대도 없고 연극적 환상도 필요치 않은 연극, 그러나 배우는 능수능란하게 다양한 역할로 변신을 거듭하면서 신랄한 야유와 조롱을 퍼부을 수 있는 능력을 갖추고 있다."고 한다.[8]

이번 공연된 〈황금용〉도 이러한 독일 포스트드라마적 동시대 연극의 특징을 반영하고 있다. 다섯 명의 배우(이호성, 남미정, 이동근, 방현숙, 한덕호)가 다발적인 역할놀이로 풀어낸 〈황금용〉은 새로운 연

---

8 이윤택, 「독일 동시대연극과 브레히트의 후예들」 〈황금용〉 프로그램 중에서.

출방식 – 역할놀이, 거리두기의 연기방식, 다발적인 이야기 진행, 젠다 바꾸기, 해석의 배제 등이 돋보였다. 삶의 아이러니는 남녀 배우들의 엇바뀐 역할에서 나타난다. 남자 역은 여자배우가, 여자 역은 남자배우가 표현하고 있으니, 관객은 의아해하며 펼쳐지는 삶을 바라본다. 독일의 '황금용'이라는 식당 주방에는 중국에서 온 불법 이민자들이 음식준비에 바쁘다. 이들 중 막 이민 온 30세가량의 꼬마라고 불리는 남자가 치통을 호소하고 있다. 그리고 황금용에서 식사를 하는 특별할 것 없는 2명의 스튜디어스가 등장한다. 그 건물 한쪽에는 편의점 가게가 있으며, 다락방에는 젊은 남녀가 살며, 할아버지도 이 건물에 산다. 그런데 한편에서는 개미와 베짱이 우화가 펼쳐진다. 이렇듯이 이야기는 단편적인 에피소드로 다발적이고 애매하다. 작가가 분명하게 끌고 가려는 이야기가 없는 듯이 무심하게 서로가 필연적이지 않은 에피소드가 다발적으로 펼쳐지니, 포스트드라마의 기법이라고 하겠다.

〈황금용〉

연기의 기법은 '거리두기'가 적극적으로 활용되었다. 배우 각자는 거의 예외 없이 자신이 행할 내용을 예고하고 다음 대사로 말한다. 본 공연에서 따로 해설자가 등장하지는 않았지만, 배우 스스로 해설자가 되었다가 다음 배우가 된다. 가령 그는 아프다고 말한다고 해설한 다음, '아 아파요'라는 대사가 따르는 식이다. 모든 대사가 그러하니 극중 사건과의 '거리두기'가 분명하다. 그러나 작가는 "하지만 극작품의 목표는 거리감이 아니라 그 반대로 접근이며 동일시입니다."라고 밝힌다.[9] 가령 아프다는 상황을 설명하고 아프다는 대사가 나오는 것은 브레히트식으로는 '거리두기'이지만, 작가의 관점에서는 아프다는 상황과 감정의 표출이라는 점에서 '접근'으로 본 듯하다. 브레히트의 생소화 효과를 보다 정교하게 발전시킨 것이요 새로운 해석이라고 하겠다. 어쨌든 이러한 연기 기법은 에피소딕한 이야기 구성과 함께 작품의 자연스러운 흐름을 끊임없이 방해했다.

에피소드가 좀 더 진행되면, 잔혹한 삶이 펼쳐진다. 치통을 호소하던 주방보조원은 치과에 갈 수 없어서(불법이민자이며 돈이 없다), 동료가 이를 뽑다가 사망한다. 베짱이는 겨울을 맞고 배가 고파서 개미굴에 들어가서 창녀가 된다. '황금용' 건물 위에 사는 젊은이 커플은 원하지 않는 애가 들어서서 고민 중이고, 늙은 할아비는 다시 젊어지고 싶어서 안달이다. 건물 다른 쪽에는 바람난 여편네를 쫓아내고 편의점 주인과 술을 마시는 남자가 있다. 죽은 이의 빠진 이빨은 튀어서 스튜디어스 스프에 들어가고, 그 이빨은 죽은 남자처럼 다리위에서 강물에 버려진다. 이빨 구멍에는 중국의 식구들이 모여서 남자를 걱정하고 있고, 죽은 남자는 소식 없는 여동생을 찾아 독일로 밀항했음

9 롤란트 시멜페니히 「2010년의 극작품 〈황금용〉: 오늘날은 극작품을 쓰기에 흥미로운 시대이다」, 〈황금용〉 프로그램 중에서.

이 알려진다. 강물에 버려진 시체는 지구로 돌아서 고향 중국으로 과
연 당도할 것인가? 그 시체의 여행이야말로 공연에서 유일하게 볼거
리의 장면이라 하겠다. 비닐로 강물을 표현하며 무대를 감싼 그 퍼덕
이는 하얀 거대한 비닐이 사라질 때, 그 시체도 그 남자의 꿈도 사라
짐을 느꼈다.

작품에는 가해자가 있기는 한데, 모두 피해자일 뿐이다. 우선 베짱
이 우화가 과연 원작대로 쓰였는가가 의문이다. 개미는 베짱이의 약
점을 이용하여 인신매매에 쓰고 돈을 벌기 때문이다. 베짱이가 여름
에 일을 안 했기 때문에, 겨울의 고통을 견뎌야 하는 것인가? 그러하
기에는 부지런한 개미가 너무 음흉스럽고 타산적이다. 더구나 베짱이
는 갈수록 죽은 주방보조원의 여동생 같아 보인다. 그녀에게 한쪽 더
듬이를 뽑아낸 늙은 노인은 단지 자신의 늙음을 한탄했을 뿐이고, 그
녀를 피투성이 거의 초죽음에 이르게 한 바람난 여편네의 남편 역시
부인의 피해자일 뿐이다. 그들은 베짱이를 해할 생각이 전혀 없었지
만, 참혹하게 망가트린다. 죽은 주방보조원은 그의 치통을 덜어주려
는 동료들의 배려 때문에 죽음에 이른다.

〈황금용〉

공연에 등장하는 인물 모두에게 삶은 잔혹하다. 불법이민자인 죽은 주방보조원이나 베짱이는 말할 것도 없고, 독일의 백인 중산층 인물도 그러하다. 스튜어디스는 나이 많은 백인 남자친구에게 이용당하고, 젊은 여인은 원하지 않는 임신 때문에 불행하고, 백인 남자 역시 부인에게 배반당했다. "〈황금용〉과 같은 극작품이 급격히 방향을 바꾸고 장면전환이 숨 가쁘게 진행되면 — 계속해 등장하고 퇴장하고 끊임없이 역할이 바뀌면서 지속적으로 새로운 상황이 벌어지고, 항시 발사준비가 되어 있다면 — 그러면 연극은 이것이 연극이며 다른 것이 아니라는 것을 보여 줍니다 — 어떤 면에서 이것이 환상의 종말입니다."라는 작가의 고백은 〈황금용〉의 구성과 주제를 단적으로 말해 준다.[10] 무심하게 삶이 흘러가면서, 모든 환상을 걷어낸다. 연출은 "농축된 삶의 순간들"이라고 말했지만 오히려 사소한 삶의 순간들이며, 이 순간들이 흐르며 자신의 소원과 멀어지고 관계는 무너져가고 삶은 공허하다.

그러하기에 공연을 보면서 브레히트 계열의 작품임이 다가오고 오늘의 소외된 자들의 삶을 고발하고 있다는 생각이 분명히 들었지만, 그래도 마지막에 길게 남는 여운은 새로운 체홉의 등장으로 여겨졌다. 이들이 무심하게 보여주는, 비참하고 잔혹한 일상의 삶은 체홉의 세계를 연상시키면서도 한층 슬프다. 그러하기에 공연은 삶의 아이러니와 "신랄한 유머와 통렬한 현실시각"을 보여줄 뿐만 아니라, 이 포스트모던 시대에 다시 브레히트를 부각시킬 필요를 느끼게 한다. 그러나 분명한 무엇을 지적하기에는 삶은 애매하며 다발적이고 우연적이며 전복되었기에, 체홉을 다시 느끼게 하는 포스트드라마이다.

(한국연극, 2013. 5)

---

10 위의 글.

<갈매기>
'배우가 연출하는 체홉극'

배우의 입장에서 바라본 〈갈매기〉

연희단거리패의 〈갈매기〉(3.13~4.12)는 '배우가 연출하는 체홉극'이라는 명제를 걸고 김소희 연출로 공연되었다. "저희 연희단거리패 같은 극단 중심 제작체제에서는 배우의 역할이 그렇게 개인적이고 제한적인 역할에 머물 수 없다"라고 이윤택 연희단거리패 예술감독은 말한다. 연극에 관련한 만능맨이기를 요구하는 연희단거리패의 연극관에서, 배우 김소희의 연출 시도는 당연했던 결과라고도 하겠다. 그러나 무작정 만능 연극인을 위해서 김소희 배우가 연출이 된 것은 아니다. 김소희는 2008년 러시아 연출가 유리 부투소프 연출 〈갈매기〉에서는 마샤를, 2010년 윤광진 연출에서는 니나를 연기한 바가 있는 만큼, 〈갈매기〉를 익히 알고 있다. 이러한 체험을 연출로 끌어내서 배우의 입장에서 〈갈매기〉를 새롭게 바라보고자 했기에, 성공한 배우만큼은 아니더라도 (누가 김소희를 여배우로 감히 인정하지 않겠는가) 훌륭했던 연출일 수 있었다.

배우의 연기에 초점

배우의 연출답게 김소희의 〈갈매기〉는 어느 연출보다도 배우의 연기에 초점을 맞추고 그 인물 관계가 드러나 보였다. 배우와 배우 간의 관계에 중점을 뒀기에 공연에서 아르까지나나 트레고린의 독보적 카리스마가 줄어들며, 모든 인물들의 감정이 관객에게 잘 고르게 전달되었다. 무심한 듯이 일상을 움직이는 인물들 간의 엇갈린 사랑 – 이는 부조리한 절대불가항적 요인으로 〈갈매기〉를 지배한다. 젊은 작가 지망생 트레볼레프는 니나를, 명성을 동경하는 니나는 작가 트리고린을, 원숙한 여배우 아르까지나 역시 트레고린을 사랑한다. 여기에 제2의 고리처럼 마샤는 트레볼레프를, 가난한 선생 메드베젠코는 마샤를, 마샤의 엄마 안드레예브나는 의사 도른을 사랑한다. 작품의 거의 모든 인물은 숙명처럼 얽혀서 사랑에 빠졌으며, 아무도 이 멍에를 벗어날 수 없다. 사랑할수록 잔인해지고 옥죄는 삶의 아이러니이기도 하다. 우유부단하고 이기적인 트리고린 정도나 오로지 자신만을 사랑하기에 이 사랑의 굴레를 벗어날 수 있는 정도다. 주인공 트레볼레프의 성공한 것 같은 새로운 예술에 대한 열정도, 결국 좌절된 사랑 앞에선 권총자살로 마감할 수밖에 없다. 예술과 명성을 얘기했지만, 결국 모두는 자신이 지어낸 사랑에 갇혀 있다.

비극적 동경

그럼에도 이들은 무엇인가 더 높은 무엇 – 일상이든 새로운 예술이든을 원하기에 비극적이다. 현상계가 아닌 초월적인 무엇, 등장인물들은 현실에 살면서도 다른 미래를 꿈꾼다. 엇갈린 사랑들도 어찌 보면 막힌 현실을 벗어나서 다른 세계에 대한 동경의 근원이라고도 하겠다. 트레볼레프는 니나에게서 순수를, 니나는 트리고린에게서 명성을, 아르까디나는 트레고린에게서 젊음을 보았는지 모르며, 마샤는 트레볼레프를 왕자같이 숭배하고, 가난한 선생 메드베젠코는 마샤에게서 본인이 모르는 풍족함을, 안드레예브나는 의사 도른에게서 박애와 헌신을 봤는지도 모른다. 각각의 사랑은 실체이기보다는 환영이기에 더욱 절대적이다. 그러하기에 각자는 열열이 사랑을 열망하며, 인생은 니나의 마지막 대사처럼 '다만 견뎌내는 것'일 뿐이다.

〈갈매기〉

마이너한 인물에 대한 연출의 애정

이렇듯이 체홉은 '모든 것을 냉담하고 세밀하게, 아이러니칼한 시선'으로 삶을 바라보고 있다. 그러면서도 의미도 모르면서 사라져 갈 삶에 대해서 무한한 연민과 애정을 보이기도 한다. 이번 공연에서는 어느 공연보다도 각 등장인물 모두에 대한 연민이 진하게 묻어왔다.

예를 든다면 과장되어 웃어넘길 수도 있었던 마샤의 사랑이 주인공 트레볼레프의 사랑만큼 아프게 다가왔다. 메드베젠코의 사랑 역시 웃어넘기기엔 너무 가혹하다. 즉 이들을 소극(笑劇)적 효과로 과장되게 그리기보다 진솔하게 그리고 있다. 이는 배우 연출 김소희가 배우의 경험으로 느낄 수 있었던 마이너한 등장인물에 대한 애정에서 비롯되었다고도 하겠다.

배우들의 상호 인터 액션에 주력

연출 김소희는 무엇보다도 배우들의 상호 인터 액션에 주력했기에 탁월한 배우 없이도 일상 속의 비극을 극명하게 다가올 수 있었다. 스스로 '일상의 속내를 후벼파는 연기'라고 명명했듯이, '배우들은 때론 객석과의 경계를 허물기도 하며 외적인 사실성이 아닌 내적인 진실성을 드러내기 위한 다양한 연기술'에 도전한다. 더구나 우리극연구소 출신의 젊은 배우들은 각자 인물의 개성들을 잘 살렸으면서도 전체 연기의 앙상블에 뛰어났다. 어느 누구도 튀지 않기에 한 배우의 카리스마적 매력은 없었으나, 그러하기에 전체가 더욱더 사소한 일상으로 다가왔다. 또한 각 인물들은 격정적인 순간에는 '인물들의 조급함, 초조함, 두려움으로부터 내적 행위는 폭발하'는 성격을 드러내며, 관계를 이어간다. 프로그램에서 '때로는 갑작스럽고 때로는 충격적이며 예측불허인 순간들을 표현하는 연기 메소드를 사용하여 신체, 발성, 화술 연기를 구성하고, 보다 쉽게 관객과 소통하는 연극을 표방했는데, 관객과의 소통이 역시 좋았다. 마지막 성공한 듯한 트레볼레프(윤정섭 분)의 자살이 어느 공연보다도 자연스럽게 다가 온 것도 이 폭발에 이르는 과정을 관객과 함께했기 때문일 것이다. 반면 아르까디나(황혜림 분)의 과장과 허세는 축소되어서 그녀 역시 고독한 영혼으로 다가왔다. 각자의 고통에 빠져 있기에 오히려 트레볼레프와 아르까지나 간의 갈등을 빗겨갈 정도로 등장인물 모두가 삶을 연기(演技)하며, 각자의 무게로 참고 있었다.

〈갈매기〉

삶은 견디어야 할 멍에

체홉이 사실주의 작가이면서도 모더니즘의 시발로 보는 이유는 바로 살짝 중심에서 빗겨나서 그 이면의 심리로 바라본 삶을 그렸기 때문이다. 인물들을 지극히 사실적으로 묘사하지만, 그 인물들은 모두 현실을 보지 못하거나 환영내지 꿈을 쫓는다는 점에서 비현실적이며 상징적이다. 그러나 그들은 결코 비현실성을 인정하지 못한다. 아니 깨닫지 못하기에 더욱 비극적이나, 사실 그 모두가 운명의 총에 맞아 죽은 갈매기인 것이다. 그러하기에 제목 '갈매기'는 강한 상징성을 띤다. 이번 〈갈매기〉의 무대에서도 인물들은 지극히 일상적인 옷을 입고 일상적인 행동을 한다. 그러나 이 행동의 이면에는 현실에 만족하지 못하는 인물들의 환영이 따라다녔다. 그 없는 듯이 존재하는 일상의 상처와 그 현재성으로 여전히 삶은 견디어야 할 멍에이다. 그 모두가 갈매기인 것이다. 더구나 그 삶조차 사라져가기에 안타깝다. 사라져가는 것들을 위하여 '다만 견뎌내는 것일' 뿐이다.

시각적 미니멀리즘

배우 연출답게 무대미술은 테이블과 몇 개의 의자들로 미니멀했지만, 장면마다 적절히 효과적으로 재배치되었다. 특히 마지막 니나가 찾아온 장면에서는 단지 하얀보로 거의 무대 전체를 감싸서, 니나가 느끼는 추위, 젊은 시절의 순수함, 두 사람의 좁힐 수 없는 거리 등을 효과적으로 표현하였다. 게릴라극장이 결코 훌륭한 무대조건이라고 할 수는 없지만, 좁은 무대를 큰 동선과 미니멀한 무대미술로 넓게 쓰는 효과가 있었다. 의상들도 '오늘'의 현재성을 살려서인지 별로 눈에 띄는 의상은 없었다. 이러한 시각적 미니멀리즘은 배우의 연기에 더욱 집중하게 했다.

무대와 거리두기

더욱 주목할 것은 연출이 '무대에 집중하지 않은 관객'을 꿈꿨다는 것이다. '무대에서 일어나는 사건, 배우들의 얼굴과 목소리를 통해 관객이 여러 잡생각을 하게 되고', '객석 수만큼이나 다양한 생각들이 실시간으로 일어나기를 꿈꾼다'는 사실이다. 즉 무대에서 흘러가는 일상의 비극을 느끼면서 여기에 몰입하기보다는 우리의 일상 이면을 생각해 볼 것을 요구한다고 하겠다. 일종의 거리두기이며 이를 통해서, 〈갈매기〉를 오늘, 나의 비극으로 바라보려는 시도라고 하겠다. 나의 꿈, 욕망, 사랑, 예술을 이루기 위해 등장인물들처럼 고군분투하지만, 내 삶도 다만 견뎌내야 하는 멍에가 아닐까? 연출은 이러한 효과를 위해 등장인물 그 어느 누구도 두드러지지 않게 애썼다. 따라서 특별하게 어떤 인물과의 동화나 감정이입이 안 되도록 인물들 간의 고통 배분에 힘썼다. 그래서 관객은 쉽게 어느 인물과 동화하기 보다는 전체를 흘러가는 그림으로 볼 수 있었다. 그런데 일상은 지난날 그들에게나 오늘의 나에게나 무심한 듯 잔혹 하다. 삶은 순간 빤짝이는데 결국은 사라져간다.

〈갈매기〉 공연과 나의 삶 사이

이번 김소희 〈갈매기〉는 바로 이 상처를 주목하고, 그 누구의 상처도 소홀함 없이 드러내고 있다. 이는 배우만이 가질 수 있었던 말단 등장인물에 대한 애정이 아닐까? 체홉이 작가로서 개입하지 않았듯이, 연출도 인물들에게 개입하지 않는다. 인물들은 자유롭게 내팽겨진 상태에서, 각자 자신을 힘껏 드러내고 있다. 바로 이렇듯이 배우를 믿고 자유롭게 표현하게 했기에, 우리극 연구소의 젊은 배우들의 앙상블이 다가왔다. 따라서 인물 모두 각자의 고통이 각각 드러나면서 우리 삶의 부조리가 다가왔다. 가장 일상적인 공연이 삶의 이면의 허망함까지 이르고 있었다. 그 사소함에서 더욱 사소하게, 어느 누구에 나를 이입하기보다 흘러가는 애잔한 삶을 주시하면서, 나의 삶도 흘러가고 있음을 문득 깨닫는다. 여전히 현상에 만족하지 못하고 열망하기도 하며 소소하게 흘러가는 내 삶의 아픔들을 바라본다. 〈갈매기〉 공연과 나의 삶 사이, 바로 그 거리두기-바로 이번 김소희 연출의 개가이다.

(한국연극, 2015. 5)

\<유리동물원\>

테네시 윌리엄스의 〈유리동물원〉(2.26-3.10, 명동예술극장)이 보여준 소소한 일상이 잔혹하게 느껴지는 것은 웬일일까? 어쩐지 체홉을 연상시키기도 한다. 시대도 반세기가 넘어 다르고, 장소 역시 체홉의 제정 러시아와도 전혀 다른 공황기의 미국이지만, 여전히 일상은 무심하며 냉소적이며 사라져간다. 그 소소한 삶에 대한 성찰과 아픔– 바로 근대 명작이 주는 매력이라고 하겠다. 연출 한태숙은 "〈유리동물원〉은 현실적 고통과 더불어 극복하기 어려운 정신의 상처에 대한 이야기라는 점에서 현재성을 떠올리게 하여 더 마음이 끌렸다."고 고백한다. 상처의 현재성으로 여전히 삶은 견디어야 할 멍에이며, 사라져가기에 안타깝다.

아버지가 떠나버린 집에서 어린나이에 가장의 역할을 떠맡은 주인공 탐은 자신의 적성과는 전혀 맞지 않는 창고에서 가족의 생계를 위해 일하며 숨 막혀 한다. 그는 견딜 수 없는 현실을 화재비상구에서 한 줄기 담배연기로 내뿜는 불안한 몽상가요, 새벽까지 영화관에서 가상의 세계에 몰두한다. 누이 로라는 어린 시절 소아마비를 앓았기에 바깥 세계를 두려워하며 자신만의 세계에 갇혀 있다. 그녀는 자신이 편집광적으로 모으는 유리 동물에 빠져있는 자폐증 환자로 빛을 받아 빛나는 유리동물처럼 아슬아슬하게 아름답다. 현실에 없는 '블루 로즈'

로 곧 부서질 것만 같다. 어머니 아만다는 옛 남부 문화―장원의 대저택과 신사들을 그리워하지만, 현실에 살아남기에 안간힘이다. 이들 모두에게 현실은 극복하기 어려운 상처로 작품은 '단순히 퇴폐적인 낭만성을 담아낸 가정 비극이 아니라 '현대산업사회에서 어떻게 편견과 야만과 광기와 한없는 우울이 생산되는지를 적확하게 지적'하고 있다.

공연에서 무엇보다도 돋보였던 것은 아만다 역의 김성녀였다. 연출이 지적했듯이 '일상의 천연덕스러움과 비일상의 기묘함'이 같이 있는 김성녀는 공연의 중심에서 현실과 꿈꾸는 비현실의 균형감을 잡아주었다. 로라와 탐이 현실에 발 딛고 있지 않기에 그녀의 역할은 더욱 중요하다. 그녀는 잡지구독을 천연덕스럽게 권장하고, 로라의 미래를 계획하고, 탐에게 잔소리를 늘어놓는다. 탐의머리를 단정하게 빗기려 하고, 식사 때에는 '꼭꼭 씹어 먹어라'고 잔소리를 하고, 어젯밤 귀가 시간을 체크하는 아만다는 영락없는 오늘 우리의 어머니이다. 그러나 한편 역시 비일상의 기묘함을 보여주기에 공연의 다른 인물들과 연결된다. 그녀의 뿌리는 바로 사라져간 남부 장원문화이다. 그녀가 애타게 로라의 '신사'를 기다리는 것은 과거 자신의 영광에 대한 집착일 수도 있다. 대저택과 숭배자 신사들, 흥겨운 댄스 파티―말라리아에 걸렸어도 그녀는 연일 그 댄스파티에 참석했다. 악착같이 현재에 살아보려고 하여도, 그녀는 여전히 사라진 과거에 속한 사람이다. 김성녀는 바로 이 현재와 과거를 아슬아슬하게 균형 잡아서 연기해 냈으며 그 카리스마로 관중을 휘어잡았다. 짐의 방문 날 우아하게 옛 드레스를 꺼내 입은 아만다는 바로 사라진 남부 문화의 표상이었다.

로라가 도저히 현 세상에 적응할 수 없다는 사실이 명확해 질 무렵, 아만다와 탐이 계획하여 탐의 동료 짐이 방문한다. 작품 중 유일하게 현실적 사건이나, 평범한 식사 초대이다. 극적일 사건일 수 없지만 이런 사소함을 극의 중앙에 놓였다는 것도 심리가 사실주의에 스며들며 가능해졌다. 이런 의미에서도 윌리엄스와 체홉은 통한다. 방문자 짐은 미래를 위해 방송학교에 다니지만 그 역시 현실의 아픔을 안고 았다. 고등학교 시절 학생들의 우상이었던 짐이지만, 그의 현실은 초라하다. 그러하기에 그는 로라의 가치를 알아본다. 빛을 받은 유리 동물처럼 반짝이는 로라의 아름다움에 매료되기까지 한다. 이 작품의 진짜 주인공이라고도 할 로라의 갇힌 세계는 '너무도 화려한 세상의 빛'속에서도 짐이 끝내 잊지 못하는 세계이다. 로라가 아끼는 유니콘은 우리 모두가 숨겨둔 낙원의 상상은 아닐까? 결국 뿔이 짤려서야 유니콘은 세상 밖으로 나갈 수가 있다. 이제 평범해져서 다른 동물들과 잘 지낼 수 있으리라는 로라의 얘기를 짐은 유머스럽다고 하지만, 로라는 결코 유니콘의 세계를 벗어날 수가 없다. 로라가 위태, 위태하게 아름다운 것도 거칠고 조잡함이 넘쳐나는 세상에 대항한 유니크함이다. 그녀의 소리 내지 못하는 아름다움은 사라진 아멘다의 남부 문화와 연결된다. 사라져 가는 것들의 기억 – 그것은 세상 밖으로 뛰쳐나간 탐이 결코 잊지 못하는 상실의 뿌리이다.

이 장면에서 로라(정운선 분)의 연기는 내면적이기보다는 과장되었다고 느껴졌다. 두려워 짐을 피하는 연기도 과장되게 느껴졌으며, 유니콘을 이야기 할 때도 신비감이 적었다. 그녀의 유니크한 아름다움이 폭발해야 하는 순간이었기에 더욱 아쉬웠다. 함께 연기한 짐(심완준 분)이 오히려 좀더 과장되게 바깥 세계에서 말하는 미래를 힘차게 떠벌일 수도 있다고 생각되었다. 탐(이승주 분) 역시 결코 잊을 수 없는 기억의 세계를 말해가는 시인으로는 너무 평범하지 않았나 싶었다. "이승주의 톰과 로라의 정운선은 신경질적인 성격의 괴팍한 시인과 불구의 비련의 여주인공이라는 특수한 개인의 모습이 아니라 지극히 평범한 보통 사람들의 모습을 보여주고 있다"는 관찰은 주효하다.[11] 그러나 작가는 평범한 보통 사람을 그린 것이 아니라 현대 산업사회의 거칠음에 의하여 사라져 가는 아름다움과 우울과 연민을 그렸기에, 어떤 순간 이러한 낯설음이 반짝이며 튀어나왔더라면 하는 연기의 아쉬움이 남았다. 대체로 잘 조화된 무난한 연기였지만, 아만다와 같이 일상과 신비의 매력이 위태롭게 다가올 수는 없었나 하는 아쉬움이 특히 로라에게 남았다. 삼인 모두는 현실을 딛고 있지만 이들이 바라보는 너무 다른 세계가 한 눈에 대조되어 드러나지 못한 것도 아쉬웠다.

무대미술(윤정섭 디자인)도 현실의 이중성을 잘 표현했다. 퇴락하고 위험하기까지 한 비상계단 통로는 현실이 얼마나 아슬아슬하게 걸려 있는지를 보여준다. 낡았지만 어딘가 아늑한 실내는 보기에 따라 달라 보인다. 미래를 꿈꾸는 탐에게는 고리타분하고 답답한 구속의 공간으로, 현재에 위태롭게 매달려 있는 로라에게는 전 우주이며, 과거에 속한 아만다에게는 옛 영화의 그림자이다. 한 편에 걸려있는 일상에서 도주한 아버지의 초상화는 탐에게도 탈출을 부추기는 동인이며, 아멘다에게는 젊은 날의 사랑이다. 즉 초상화는 과거이며 미래를 지시하고 있고, 역시 아버지의 낡은 축음기는 로라의 현재에 자리 잡았다.

분명 서로 사랑하면서도 다른 곳을 바라보고 있는 가족들―그 누구의 욕망도 충족되지 않은 삶은 엇나가면서 계속된다. 체홉의 〈세자매〉에서처럼 '모스크바'조차 없고 허망하게 들려도 '일, 일 하쟈'는 외침도 없다. 산업사회에서 소외된 자들, 그 잔혹한 삶을 이번 〈유리동물원〉 공연에서도 김성녀의 아슬아슬하게 균형 잡힌 연기의 카리스마에 기대어 보여주었다. 실로 큰 배우라는 생각이 다시금 들었다.

(2015. 3. 미발표)

---

11 김옥란 「촛불과 달빛의 냉정한 비극의 세계」, 『객석』 2014. 9.

<여우인간>

우화를 통해 짚어보는 오늘의 자화상

우화의 틀: 간교한 인간이 여우?

주인공이 여우라면, 그렇다면 일단 우화이다. 등장인물이 작품의 틀을 만드는 경우로, 〈여우인간〉은 1971년 동아일보 신춘문예 등단작 '다섯'이래 항시 알레고리의 틀을 지켜왔던 이강백이 내놓은 새로운 우화극이다. 작가는 강력하게 오늘의 정치 현실을 풍자하며 사회의식을 드러낸다. 우화의 틀과 사회의식은 이강백 작품들을 꿰뚫는 두 축이라고 하겠는데, 이 작품에서도 예외는 아니다. 정치극이 부족한 우리 극계이기에 이 우화극은 주목된다. "신작 '여우인간'으로 얘기하고자 하는 '오늘'은 바로 지금 우리가 살고 있는 2010년대 한국 사회다. 보다 구체적으로는 2008년부터 2014년까지 우리의 정치사회적 현상이다"라는 제작발표회의 이야기는 더욱 공연에 기대를 갖게 했다. 공연은 '연극은 시대의 거울이다'라는 김혜련 예술감독의 말이 새삼 다가오게, 시종 '오늘'을 생각하며 작가의 알레고리 풀기에 열중했던 시간이었다.

'사고(思考)의 드라마'

공연은 여우들의 놀이 '여우야 여우야 뭐하니?'하는 합창과 군무로 시작된다. 여기까지는 '오늘을 웃음과 놀이로 풀어낸 풍자 우화극'이라는 기대를 갖게 하나, 여우 사냥꾼이 등장하며 여우 사냥 방법과 필요성을 독백하면서부터 역시 이강백답게 무엇보다도 '사고(思考)의 드라마'임을 직감하게 된다. 여우사냥꾼의 덫에 걸려 꼬리를 자르고 도망한 여우1은 자신의 처지를 정당화하려고, 자신의 뜻을 따르는 여우들과 꼬리 없이 인간으로 진화하길 시도한다. 아름다운 꼬리로 인기가 많았던 그는 여우 사회에서 경멸을 받으며 살 수는 없었다. 진실을 말하려는 여동생의 꼬리마저 잘라내고 꼬리 없는 여우 네 마리는 월악산 고향에서 트럭을 얻어 타고 서울로 향한다. 이처럼 여우들의 사회도 술수가 진실을 은폐하고 선동하기까지 한다는 것은 재미있다. 여우인간이 될 수 있는 여우는 오직 간교한 꾀쟁이거나 꼬임에 속는 어리석은 멍청이들이다.

이강백 작, 김광보 연출 〈여우인간〉 세종문화회관 제공

서울 시청 광장에 도착한 여우들은 굉장한 촛불집회에 어리둥절하다. 미국산 소고기에 반대하는 시위이다. 여기서 각자 다른 선택을 하는 여우들은 각기 정보요원, 사회변혁운동연합의 대표비서, 오토바이 소매치기, 및 비정규직 청소부라는 각각 다른 신분으로 살아가면서 매달 보름날에 남산타워에서 만나기로 약속한다. 지지대 벽 너머에 여우가 있다는 말에 사력을 다해 이를 넘은 여우1은 여우가 아닌 인간이 준 맛있는 미국산 소고기를 맛보며 보수꼴통의 정보요원이 되고, 데모 운동가에게 매력을 느낀 여우2는 진보의 대표비서가 된다. 이들은 곧 정치의 술수를 깨닫고 서로 정보를 빼내어 교환하여 공로를 세우기도 한다. '일파만파' 인터넷을 통한 선거 전략이 등장하고, 부엉이 꿈이나 굴속의 목도리를 두른 암여우 꿈이 국회의원 선거나 대통령 선거에 등장한다. 그러나 멀쩡한 미국산 쇠고기, 개혁보다는 자리를 탐하는 야당의 정치 세태, 그러면서도 선거 승리를 장담하는 잘못된 확신 등등 심각한 듯한 정치적 우의는 분명 야당에 대한 풍자로 스쳐 가지만 정작 그 핵심은 모호하다. 무엇보다도 여당에 대한 풍자 에피소드를 찾기 힘들었다는 점에서 우의는 더욱 모호해진다. 즉 오늘의 세태가 균형감 있게 드러나지 못했다는 생각에 우화는 약해진다. 우의가 너무 단순해도 자명해서 재미없지만, 반대로 퍼즐같이 아귀가 딱 맞지 않는다는 느낌이 들면 모호하여 우화의 틀이 살아나지 못하는 법이다.

여기에 문제는 보수나 진보 양측은 일이 잘못되면 모두 여우 탓이라고 비난한다. 여우인간이 활보하며 살고 있고 여우사냥꾼이 말하듯이 여우와 인간의 구분도 점점 더 힘들어진다고 한다. 여우의 지도자 구미호는 여우를 더 이상 박해 말라며 최후의 경고문까지를 보내온다. 그의 최종 메시지는 인간사회가 뫼비우스의 띠처럼 잘못된 현재와 과거를 맴돌 뿐 미래로 나가지 못할 것이라 한다. 뫼비우스의 띠에 갇혀서 하염없이 같은 자리를 맴돌고 있는 인간 사회에 대한 날카로운 경고에 우리는 멈칫한다. 그러면서 여우는 누구인가를 다시금 묻게 된다. 보수나 진보나 잘못은 모두 여우 탓이라고 하는데, 이는 오직 핑계이며 여우는 정말 아무 상관이 없는가? 여우1과 여우2는 각기 보수와 진보에서 일하고 있지 않은가? 그렇다면 더 많은 여우인간이 있지 않을까? 그럼 여우는 간교한 인간은 아닌가? 현 사회의 병폐를 꿰뚫어 보고 있는 구미호는 누구이며 간교한 인간들의 대장인가, 아니면 순수하게 진짜 여우를 걱정하는가?

인간처럼 길들여지기를 거부하며 야생의 습성을 즐기던 여우3은, 사냥감을 잡던 야성대로 오토바이를 타고 돈을 소매치기하는데 짜릿한 쾌감을 느낀다. 강남역 부근에서 여우처럼 뒹굴며 노숙자로 살고 배설한다. 바로 그 습성 때문에 여우사냥꾼에게 발각되고 그의 총에 맞는다. 여우3은 사냥꾼의 추측대로 동료들에게 도움을 요청하고, 광란의 도주가 시작된다. 이 도주에서 여우사냥꾼은 교통사고로 죽고 여우3은 과다출혈로 죽는다. 여기서 다시 몇 가지 의문이 따른다. 여우사냥꾼은 어째서 이토록 인간 속의 여우를 집요하게 쫓았을까? 월악산에는 분명 더 많은 여우가 있을 터인데. 여우3은 인간 세상에 적응하지 못하면서, 어째서 고향에 돌아가 여우로 살지 않는가? 우화의 퍼즐 맞추기는 더 어려워진다.

여우 미정으로 명명되었던 암여우는 임시직 청소부로 일하다가 화장실에서 어느 변비 왕따의 호소를 듣고 그를 위로하다 사랑에 빠진다. 육식을 하는 여우는 변비에 잘 걸리기에, 공공화장실 청소부인 그녀에게 누가 변비가 심한가를 찾아달라는 여우사냥꾼의 부탁 때문에 만나게 된 청년이다. 어려서부터 변비 때문에 청년은 여우도 아니면서 여우일거라고 지레 짐작으로 이런 저런 일로 왕따를 당해왔다. 외로운 청년의 삶에서 우리는 '편견과 왕따'라는 오늘의 문제를 만나게 된다. 이러한 외로운 청년도 여우 미정이 여우임을 알았을 때 혼비백산하여 도망친다. 공연에서 여우 미정은 가슴이 여러 개라며 실제로 많은 가슴이 달린 윗몸을 보여주었다. 극적 효과는 있었을 수도 있지만, 반면 이러한 사실성에 우의성이 심하게 흔들렸다. 그렇게 쉽게 구분된다면 여우인간을 찾기가 그렇게 어려울까 의문이 갔다. 또 여우에게 홀렸다는 말이 있듯이, 여우는 인간 속에서 사실적으로 구분되지 않으며 그 삶의 방향을 홀려야 하지 않을까 하는 생각이 맴돌았다. 너무나 순수한 여우여서, 간교한 여우의 우화성이 더 멀어지는 듯했다.

이제 여우가 너무 많다는 여론 악화에, 여우1과 여우2는 여우사냥이라는 축제를 구상한다. 그들은 대한엽사협회를 찾아서 여우 사냥 축제를 부탁한다. 한편 여우 미정에게는 월악산에 가서 이 사실을 알리고 여우들에게 하루만 피신할 것을 부탁한다. 아무에게도 해 되지 않는 즐거운 축제일 뿐이라고 여우1이 말했듯이, 처음부터 본말이 전도된 축제이다. 본질을 변화시킬 의도는 전혀 없이 번드르한 말장난 뿐인데, 이 기법은 여우 1.2가 정치판을 익히면서 배운 방법이기도 하다. 고민하다 제안을 받아들인 여우 미정은 잘렸던 꼬리를 붙이고 월악산으로 향한다. 인간 사회에 식상한 그녀는 진정한 여우로 돌아가려고 한다. 뿐만 아니라 그녀는 여우사냥을 동료들에게 알리나, 스스로 피하지 않고 변화의 제물이 될 것을 결심한다.

우의성의 그 퍼즐 맞추기

이상의 여우 이야기는 이렇듯이 우의성이 뒤섞여 있으니, 정치적 우의와 여우인간의 우의 그리고 오늘의 현재 모습인 뫼비우스의 띠의 우의 등이 그것이다. 여기에 스스로를 제물로 자청하는 제의적 우의까지, 실로 크고 작은 우의성 때문에 시종 그 퍼즐 맞추기에 여념이 없었던 공연이었다. 다시 한번 이강백 작품의 틀인 우화의 강점과 사고(思考)의 드라마의 재미를 느꼈다. 우리 연극사에서 그만큼 우화를 풀어낼 극작가는 없을 것이다. 한 방식으로 자신만의 작품 세계를 구축해 온 것도 존경스럽다. 그러나 작품은 단순하고 자명하여 지루한 우화와는 거리가 멀었지만, 그러나 동시에 그 정치적 함의가 풀어지며 아귀가 딱 맞는 통쾌한 우화로도 아쉬움이 남았다. 사소한 우의들을 넣는 잔재주들이 퍼즐처럼 딱 맞아 떨어지는 큰 밑그림을 놓치고 있기 때문이다. 언뜻 언뜻 스쳐지나가는 정치 풍자와 사회문제가 여우와 어찌 연결되는지, 또 작가는 여우를 어찌 보고 있는지, 보수와 진보의 대립은 무엇이 핵심인지 등등 여전히 많은 의문들을 갖고 극장을 나서기 때문이다.

이강백 작, 김광보 연출 〈여우인간〉 세종문화회관 제공

미약했던 놀이성

김광보 연출은 하얀 거의 텅 빈 무대를 사용하며 양쪽 벤치에 모든 등장인물을 마주보게 앉혔다. 무대소품은 거의 생략하고 코러스 배우들의 움직임으로 대치했다. 구미호는 중앙무대의 스크린에만 나타날 뿐 등장하지도 않는다. 무대 다른 어떤 요소보다도 배우들의 연기에 집중시킨 것도 사실이다. 그러나 아쉽게도 어느 개개인 배우의 연기도 두드러지지 못하면서 전체적인 앙상블도 돋보이지 못했다. 연출개념으로는 '놀이'가 강조되었는데, 김광보 연출은 "그 아픔과 상처들이 '놀이'의 방식을 통해 웃음으로 치유되길 바라는 마음으로 무대 위에 구현코자 했습니다."라고 말한다. 뿐만 아니라 작가는 "놀이로 푼 것이 굉장히 마음에 들었다. 만약 리얼리즘 연극처럼 사실적으로 풀었다면 재미가 없었을 것이다. 처음으로 내 작품을 내 돈을 주고 티켓을 사서 볼 것 같다."며 거든다. 이렇듯이 놀이에 대한 큰 기대를 갖고 보았으나, 처음 장면 여우야, 여우야, 뭐하니?'라는 군무이외에는 놀이랄 것이 별로 없었다. 김광보 연출의 앙상블을 이룬 배우들의 신체적 움직임과 놀이적 구성을 기대했기에 뭔가 부족하다는 느낌을 받았다. 특히 배우들의 의상이 마스게임을 연상시키는 듯 모두 흰 옷으로 통일을 해서 신체적 움직임을 더욱 기대하게 했었다. 전체의 군무를 틀로 하면서 개개인의 에피소드에 배우들이 들어가고 나가며 전체를 군무 놀이로 만들었다면 싶기도 했다.

오늘의 자화상: '뫼비우스의 띠'

이렇듯이 놀이가 힘들었던 것은 아무래도 사고(思考)가 강하고 우의성 풀기에 열중했던 탓이 크다고 하겠다. 작가는 "과거만 반복하고 미래로 갈 수 없다는 좌절감이 가득한 이 시대를 생각하다가 여우를 떠올렸다."라고 말했다. 최근 정치 세태에 대한 좌절이 '뫼비우스의 띠'를 맴도는 우리 사회를 말해준다. 치유되지 않는 세월호 1주기나 최근 성완종 게이트는 〈여우인간〉의 우화성에 더욱 무게를 실으며 실로 지난날을 맴도는 오늘의 사회를 절감하게 된다. 어이가 없어 웃음이 나오다가도 슬며시 쓸쓸함으로 잦아드는 우리의 자화상─이강백의 사회의식은 우화 속의 블랙 코미디를 통해서 우리에게 묻는다. 우리 사회 본연의 모습과 시대정신은 어디서 찾을 것인가?

이강백 작, 김광보 연출 〈여우인간〉 세종문화회관 제공

(연극평론, 2015. 여름호)

<신과 함께_저승편>
기발한 무대와 현대화된 저승이 재현하는 휴머니즘

"인간이 인간을 외면하면 어딘가 있는 차가운 신이겠죠."

　서울예술단이 만화로 널리 알려진 〈신과 함께_저승편〉(주호민 원작, 극작.작사 정 영, 김광보 연출)을 창작가무극으로 올렸다. 〈신과 함께〉는 "2011년 대한민국 콘텐츠어워드 만화대상 대통령상!, 2011년 독자만화대상 대상! 단행본 17만권 판매!"라는 실적으로, 그 화려한 인기를 말해주었던 웹툰이다. 그러하기에 무대화 한다는 것은 실로 어려운 도전이었는데, 만화나 영화와 달리 실제로 제한된 공간에서 사람이 직접 신화의 상상력을 전달해야 했기 때문이다. 그러나 이러한 어려움에도 불구하고, 공연은 오히려 생생한 배우의 살아있음 (aliveness)이 신화의 세계를 현실감 있게 재현하고 전달했다. 즉 상상 속의 신화가 인간 배우를 통해 더 가깝게 느껴질 수 있었기에, 타장르의 성공에 필적할 공연이었다.

기발한 상상력과 뛰어난 무대 미술

이번 공연에서 신화적 상상력을 구현하기에 가장 어렵고도 중요한 요소는 무대미술이었다. 상상 속의 10개의 지옥을 공간이 제한된 연극 무대에 재현한다는 것은 어려운 일이나, 〈신과 함께〉는 "무대 전체를 스크린으로 하여 영상을 사용"하여 이를 극복하였다. 즉 영상 스크린은 "무대바닥의 수평 스크린과 무대정면의 수직 스크린"으로, 특히 "처음으로 사용되는 80제곱미터의 LED 수평 스크린"으로 지옥을 표현했다.[12] 무대는 이들 스크린에 영상을 쏘아서 마음껏 상상의 세계를 구현할 수 있었다. 또한 지름 17미터의 거대한 바퀴모양의 경사무대에, 그 안쪽 공간이 저승으로 표현되는 한편, 둥근 바퀴는 윤회 사상 표현하기도 했다. 수직 스크린은 무대 전체에 늘어뜨려져 있는 저승의 지전(紙錢)으로 표현되었는데, 여기에 영상이 쏘아졌다. 지전은 이승의 소시민들의 삶의 대가를 상징하는데, 우리의 민속 신앙에는 이 지전이 망자가 저승에서 사용할 화폐이며 이승에서의 덕업과 선행으로 주어지는 것이다.

이러한 성공적인 상징적 무대 위에 영상디자인은 무대를 완성했다. 끊임없이 바뀌며 다양한 지옥의 스펙타클한 모습을 부각시켰다. 디자이너는 "지옥의 전형적인 비주얼을 답습하기보다는, 모던하면서도 강렬한 미장센에 중심"을 두었다고 한다.[13] 그만큼 무대는 상상력을 자극하며 시작적 효과를 극대화 하였다. 실로 원작의 만화 속 저승이 단순하고 살풍경했다면, 본 공연의 영상은 다양한 시각적 효과로 훨씬 더 상상력을 자극하는 지옥이었다. 이러한 무대 미술로 공연은 지

---

12 박동우, "무대미술" 〈신과 함께_저승편〉 프로그램 중에서
13 정재진, "영상디자인" 〈신과 함께_저승편〉 프로그램 중에서

리 할 틈이 없이 관객의 흥미를 이끌며, 화려하게 상상의 지옥을 펼쳐 나갔다.

〈신과 함께_저승편〉

오늘과 연결되는 주제의식

이야기는 불가(佛家)에서 말하는 죽은 뒤 가는 10가지 지옥의 심판을 한 소시민이 49일간 통과해서 다시 육도의 문에 선다는, 어찌 보면 우리 관객들에게 널리 알려진 내용이다. 그런데 여기에 살짝 현대화가 입혀진다. 저승까지 지하철을 타고 가며, 지하철에도 장사꾼이 있으며, 저승에도 변호사가 있다. 이야기는 2개의 축을 가졌으니, 김자홍과 원귀의 이야기이다.

그 하나는 평범한 회사원 김자홍은 변호사 진기한의 도움을 받으며 10개의 지옥을 통과한다는 것이다. 그런데 변호사 진기한은 저승 지

장법률대학 최고의 유능한 변호사임에도 불구하고, 인간을 구원하기 위해 선계(仙界)의 변론을 사양하고 소시민을 위해 나선다. 그는 지옥에서 평등하고 정의로운 사회를 위해 혼신을 다하며, 지옥의 모든 영혼을 구원하고자 한다. 평등하고 정의로운 저승은 곧 바로 이상적인 이승의 모습인 것이다. 그는 인간에 대해 따뜻한 휴머니즘을 실천하며, 심판보다는 구원을 지향한다. 별반 선행한 것도 없는 김자홍이 지옥을 모두 통과할 수 있었던 것은 그가 착하게 살았다는 것이다. 그저 악한 마음 없이 나약하게 소시민으로 살아왔지만 그 작은 착함은 당연히 인정받는다. 그러하기에 관객은 스스로를 돌아보고, 위협보다는 안심을 느낀다. 이러한 감정이입을 활용해서, 바로 오늘 이승 우리의 이야기를 들려준다고 하겠다.

다른 원혼의 이야기도 마찬가지로 강한 휴머니즘에 기저한다. 저승 최고의 무사 강림은 확고한 원칙주의자이나 단순히 염라대왕의 심부름꾼이기를 거부하며, 원귀의 한(恨)을 풀어주려고 저승의 규칙까지 어긴다. 군대에서 억울하게 죽은 원귀의 시신을 찾게 하며, 어머니와 이별의 시간까지 허락한다. 무시무시한 저승에마저 저토록 따뜻한 저승차사가 있다니, 결코 저승은 위협적인 곳만이 아니다.

뿐만 아니라 지옥 곳곳은 이승을 반영하고 있다. 칼날지옥인 도산지옥의 재판관은 시간에 쫓겨 슬며시 마지막 조의 사람들은 단체로 통과를 선언하고, 불효를 단죄하는 한방지옥은 오늘날 효(孝)의 의미를 돌아보게 한다. 작품은 김자홍과의 감정이입을 동일시하여, 관객에게 스스로를 돌아보고 불효했던 자신을 가슴 아파하게 한다. 죄의 무게를 다는 검수지옥에서는 스스로의 죄를 돌아보고, 발설지옥에서는 말조심의 필요를 깨닫고, 남을 속여 피해를 준 죄를 묻는 태산지옥에서는 속아서 피해를 보았다면 그만큼 죄가 줄어든다. 즉 이러한 각각의 지옥을 통해서 이승에서 어떻게 살아야 하며, 또 무엇이 중요한

지가 드러난다. 지옥심판이라는 무시무시한 상상을 통해서, 오늘의
이승을 돌아보고 각자 스스로의 삶을 조명하고 있다. 그리하여 "이 저
승에서 심판받고, 지옥에 가야 할지 몰라도, 씩씩하게 살아서 살아서
웃는 게 인간이지요."라고 말할 수 있다.[14]

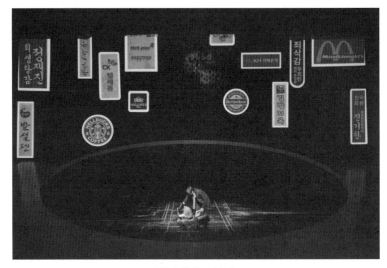

〈신과 함께_저승편〉

신과 인간

인간을 돕기 위해 저승의 변호사 진기한은 그렇게 노력하고, 저승
차사 강림은 스스로의 원칙마저 꺾는다. "인간이 인간을 외면하면 어
딘가 있는 차가운 신(神)이겠죠."라고 진기한은 말한다. 사실 변호사
진기한이나 저승 차사 강림이야말로 바로 인간적인 신(神)이 아닐까?

---

14 '인간은 신과 함께' 넘버 가사 중에서

〈신과 함께〉라는 제목이 말하듯이, 바로 이들은 인간적인 신이다. 또한 저승에서조차 우리는 따뜻한 신과 함께 하고 있으니, 이승에서는 더 말할 나위가 없다는 은유는 아닐까? 마치 기독교의 무한한 사랑의 하나님을 연상시키기도 하는데, 신은 결코 단죄를 위한 차가운 존재가 아니라 인간의 구원을 위해 끊임없이 노력하는 신이다. 그러하기에 신은 멀고 무서운 존재가 아니라, 우리의 소소한 일상과 나약함에 함께 할 수 있다. "인간은 먼지처럼 가벼운 존재일지라도 신이 아니기에 손을 잡아줄 신과 함께 살아갑니다."[15] 종교가 죽어간다는 오늘날, 슬며시 신의 따뜻한 대중적 부활을 그리고 있다.

대중성의 성취

공연이 돋보였던 것은 역시 대중성의 성취와 불가분의 관계가 있다. 꽃미남 배우들의 총출동, 빠르게 변하는 화려한 무대, 감정이입을 활용한 스토리텔링, 색다른 지옥의 공포감과 재미, 그리고 음악과 노래가 주는 감정의 고저 등등 뮤지컬 혹은 가무극이 갖추어야 하는 대중적 취향을 골고루 성취했다. 여기에 널리 알려진 만화의 인물들이 살아서 움직인다는 매체 변화의 재미까지 더해서 관객의 흥미를 고취시켰다.

뿐만 아니라 잘 알려진 고전 신화를 현대에 맞게 번안한 것도 대중성의 창출을 도왔다. 지하철, 현대 의상을 입은 저승차사, 변호사라는 현대적 개념은 물론, 공연 당시 사회문제의 병, '메르스'까지 들먹이며 이야기와 현실의 넘나들었는데, 이는 오늘에 초점을 맞추며 자연스레

---

15 신호, "조명디자인", 〈신과 함께_저승편〉 프로그램 중에서

대중성 성취를 거들었다.

공연의 음악 역시 대중적 비트를 가지고 익숙하면서도 흥겨웠다. 락, 재즈, 발라드 같은 익숙한 음악이 오케스트라를 활용하여 연주되었다. 다만 오페라의 아리아 같이 기억에 남아, 쉽게 흥얼거릴 수 있는 넘버가 없는 것이 아쉬웠다.

아쉬웠던 여백의 미

이렇듯이 공연 내내 지옥 상상의 세계를 휘몰아치듯 화려한 영상과 음악으로 그려냈지만, 다만 여백의 미가 없었던 것이 옥의 티였다. 원래 이 작품은 각자 음미하는 자신의 삶과 지옥에 대한 상상력이 필요했다. 그러나 혼자만의 지옥과 삶의 의미를 음미하기에는, 공연은 너무 강압적으로 많은 것을 제공했다. 쉴 사이 없이 끊임없이 바뀌는 LED 영상과 음악은, 한 개인의 상상력을 음미할 시간을 제공하지 못했으며 역시 삶과 죽음을 숙고할 수 없었다. 무대를 채운다는 생각에 너무 연연하여, 완급을 조절하는 여유가 아쉬웠다. 몰아치는 화려한 변화 속에 순간순간 여백이 있어서, 개인만의 삶과 지옥을 상상할 수는 없었을까? 죽음이 끝이 아닐 때, 우리는 어디로 여행하고 있는 것일까? 이 화려한 혹은 유쾌한 저승 여행 속에서 내 삶을 반추하기에는 무대는 너무 채워져 있었다.

나가며

〈신과 함께_저승편〉은 분명히 대중성을 획득하고 무대로 관중을 빨아들이는 공연이었다. 쉽지 않은 지옥의 상상력을 무대에서 구현하여, 현실로 보여주었다. 화려한 영상, 적절한 현대화, 즐거운 춤과 움직임 등으로 끊임없이 볼거리를 마련하면서도, 평등한 세상, 정의로운 세계 그리고 따뜻한 휴머니즘을 잔잔하게 전달하였다. 저승을 통해 이승의 내 삶을 돌아보면서, 우리의 어리석음에도 불구하고 살며시 손을 잡아주는 신(神)과 함께 이기에, 내일을 꿋꿋하게 살 수 있는 용기를 얻는 것이다.

(한국연극, 2015. 8)

\<이영녀\>
원작과 해석의 거리

'한국 근현대 희곡의 재발견' 시리즈

작년부터 시작되었던 국립극장의 '한국 근현대 희곡의 재발견' 시리즈 두 번째 작품으로, 김우진의 〈이영녀〉(박정희 연출)가 지난 5월 올려졌다. 알려진 중앙무대에서 〈이영녀〉 공연은 초연으로, 우리 근대극을 돌아보는 계기가 되었으며 한국 희곡의 레퍼토리화를 위한 국립극장의 올바른 행보였다. 그럼에도 불구하고 공연의 해석에 있어서는 현대화를 강조한 나머지, 원작과의 거리를 느끼지 않을 수 없었다. 실로 오늘날 '현대화'가 널리 강조되는데, 이는 원작의 에센스를 오늘의 감각으로 해석, 재현해야 한다는 의미가 되어야 하지 않을까 싶다. 관객 수를 의식한 '현대화'에 집착할 때, 이는 자칫 연출적 기교에 머물 수 있기 때문이다. 즉 〈이영녀〉(1925)를 논의할 때 우선 고려해야 할 것은, 당시 문단에서 일어났던 사실주의 근대문학을 받아들여서 쓰인 한국 최초의 사실주의 희곡의 하나라는 점이다. 일부에서 사실주의 희곡이 완성된 것은 30년대 극예술연구회에 이르러서였다는 의견이 있을 정도인 것을 보면, 이 작품이 사실주의극으로서의 중요성은 강조되어야 한다. 그러나 공연은 '현대화'란 화두에 얽매여서, 전체적으로 한국 근대 사실주의극을 살려내지 못했다고 하겠다.

김우진 작, 박정희 연출 〈이영녀〉 국립극단 제공

성공적으로 현대화한 무대미술과 배우들의 사투리 열연

〈이영녀〉는 실로 사실주의 희곡답게, 원작은 세부적이고 객관적인
장면 묘사가 뛰어났다. 그러나 공연은 무대를 사실적으로 다가가기
보다는, 장소를 박물관으로 바꾸고 1920년대 고가구 장농이나 반짇고
리 사이에서 진행되었다. 비록 사실적 재현은 아니었으나, 오늘의 감
각으로 전통 장들은 당시의 분위기를 잘 나타내고 있어서 당시의 일
상이 펼쳐지기에는 적절했다. 1920년 중반의 분위기와 일상이 묘하게
맞아떨어지는 무대미술로, 사실적 재현은 아니되 그 현대적 상징으로
어우러졌다.

이렇듯이 현대화에 성공한 무대에서 배우들은 전라도 사투리를 유

연하게 구사하며 열연했다. 원작보다도 더 자연스러운 사투리 구사가 돋보였으며, 누구보다도 안숙이네(남미정 분)는 무대를 휘어잡는 카리스마가 있었다. 그러나 이러한 열연에도 불구하고 사실적 연기와는 거리가 있었다. 종종 슬로우 모션까지 쓰면서 작품의 이야기를 강조했으니, 사실적 시대의 재현보다 이영녀의 고난만이 지나치게 강조되는 것이 아닌가 싶었다. "원작의 내용에는 손대지 않고 대신 극중극 형식 등의 스타일을 만들려고 애쓰고 있어요."라는 연출의 변은 공연이 사실주의와 멀어지고 있음을 단적으로 말하고 있다.[16]

사실주의와 대중주인공

공연이 계속될수록 원작과의 괴리감은 깊어갔으니, 공연이 근대 사실주의극의 소위 '대중주인공' 성격을 잘 활용하지 못한 것도 아쉬웠다. 〈이영녀〉에는 비록 이영녀를 주인공으로 했으나, 주변의 여러 인물들도 동시에 잘 그려졌다. 안숙이네나 기일이네 등 주변 인물들이 살아있는 인물로 다가온다. 사실주의는 고전주의처럼 더 이상 한 명의 주인공이 인생을 좌지우지할 수 없음을 잘 알고 있었다. 그 주인공마저 환경의 작은 요소일 뿐임을 드러내면서 주인공의 영향력을 최소화 한다. 그러나 본 공연에서는 시종 주인공 이영녀가 강조되었고, 특히 그녀의 모성과 분노가 공연을 이끌어갔다고 하겠다. 무엇을 말하기 보다는 원작대로 식민지 치하의 일상을 인행의 한 단면, A Slice of Life로 보여주었더라면 하는 아쉬움이 남았다. 주변 인물들도 이영녀와 마찬가지로 당시의 일상을 보여주는 주요한 인물이라는 점을

---

16 박정희, 「이영녀의 분노는 하늘에 닿아있다」, 〈이영녀〉 프로그램 중에서.

간과한 듯싶다.

"죽음은 있으나 파국은 없다"는 사실주의의 배반

　한편 사실주의의 주요한 모토의 하나는 "죽음은 있으나 파국은 없다."라는 사실이다. 작가 김우진도 이러한 사실을 잘 인지한 듯 이영녀의 죽음을 그리면서, 그 장면의 초점을 그녀의 딸 명순에게 옮겼다. 그녀는 다음 세대는 엄마처럼은 살지 않겠다고 다짐하며, 이혼도 할 수 있다고 믿는다. 그러하기에 이영녀의 죽음은 슬프지만은 않으며, 새로운 삶이 다음 세대에서 계속된다고 믿게 된다. 그러나 공연에서는 오히려 이영녀의 죽음에 초점을 맞춘 듯했다. 이영녀는 무대 중앙 높은 곳에서 스포트라이트를 받으며 죽어가고, 심지어는 화려한 꽃가루까지 뿌려지며 그녀의 죽음을 애도한다. 분명 아름답기는 했지만, 원작의 의미와는 전혀 다르게 겉도는 장면이었다. 이영녀의 죽음은 한 개의 끝, 곧 파국을 의미했기 때문이다.

　또한 이 장면을 통해서 김우진이 감화 받은 영국의 페비아니즘(Fabianism)을 설득할 기회도 놓쳤으니, 당대의 주요한 이슈의 하나를 놓친 것이다. 점진적 사회개량주의자였던 김우진은 버나드 쇼우를 사숙하며, 그의 〈웨렌부인의 직업〉에 나오는 개척적인 최초의 일하는 여성 비비를 사모하며 이영녀의 딸 명순을 그렸던 것이다. 그녀를 통하여 보다 나은 내일을 기대할 수도 있었는데, 공연에서 명순의 존재는 너무 미미했다.

사실주의의 시대정신

원작 희곡은 사회의 가장 절실했던 문제인 빈곤을 집어내어 고발하고 있다. 김우진은 당시 식민지 치하의 사실적 빈곤을 인생의 단면(A Slice of Life)로 그리며 빈궁문제를 제기한다. 품삯바느질은 물론 몸을 팔아서까지 살아야 하는 이영녀도 빈궁하지만, 그녀 주위의 거의 모든 인물들은 빈궁에 시달리고 있다. 안숙이네, 기일이네, 심지어는 이영녀를 죽음으로 몰았던 새 남편 유서방까지 모두 빈한하다. 그러나 공연은 일단 빈궁을 제시하기는 했지만, 이영녀에게 초점이 맞추어져 절대적이며 전반적인 빈궁은 쉽게 다가오지 못했다. 빈궁보다는 이영녀의 이야기가 더욱 흥미를 끌었기 때문이다.

김우진 작, 박정희 연출 〈이영녀〉 국립극단 제공

뿐만 아니라 시대의 정신은 가능하면 살려야 하고, 또 명시되지 못했던 시대정신까지 그려야 하는 것이 국립극장의 사명이 아닌가 싶다.

가령 이영녀의 남편은 공연에서 시종 노름꾼으로만 등장한다. 그러나 희곡에는 다른 의미도 있었음을 주시해야 했다. 즉 일제의 검열로 말해질 수는 없었으나, 그녀의 남편은 아마도 독립운동을 위해 가족을 버렸고 그래서 이영녀가 시종 남편을 원망하지 않았으며 또 처지에 맞지 않게 아들 교육에 열을 냈던 것이 아닌가 싶다. 이는 시대의 절실한 문제를 지적하여 고발한다는 사실주의 사고에도 맞는 것이다.

시대정신으로 또한 김우진이 여성의 문제를 제기한 것도 주목된다. 그는 빈한한 삶 속에서도 약자인 여성이 어떻게 남성들의 음욕과 가부장제의 권위 아래서 더욱 무너져 가고 있는가를 고발하고 있다. 이번 〈이영녀〉 공연의 중심에는 여성 이영녀가 서 있었지만, 무너져 가는 여성이기보다 그녀의 모성 즉 어머니의 영원한 헌신이 공연의 핵심 개념으로 자리 잡고 있었다. 이러한 이영녀의 모델로 연출은 윤심덕을 꼽고 있으니, "가부장적 기본 관념과 싸우던 윤심덕과 같은 1920년대 신여성들의 인생을 보면 다들 고등교육을 받고 유학도 다녀오고 자신의 예술세계들을 펼치지만 나중에는 다들 좌절했어요. 교양을 갖춘 르네상스적 여성들인데도 그들이 왜 좌초될 수밖에 없는지를 작가가 보았을 테고, 그런 여성들 중 한 명이자 작가의 애인이었던 윤심덕이 이영녀의 여러 모델 중 하나가 아니었을까 하는 것이죠."라고 말한다.[17] 그러나 윤심덕은 실로 '교양을 갖춘 르네상스적 여성' 중의 하나로, 원작의 이영녀 모델과는 거리가 멀다고 느껴진다. 이영녀는 일제 치하의 가난한 서민으로 교육도 받지 못했고 교양도 있지 않다. 김우진이 이영녀를 내세운 것은 당시 빈한한 서민, 그중에서도 더욱 핍박을 받았던 여성을 내세웠던 것이라 사료된다. 김우진이 '이영녀'라는 개인 여성의 이름을 제목으로 내세웠던 것도 분명히 핍박받는 여성

---

17 위의 글.

문제를 의식하여 반영했다. 원작에는 모성도 특별히 강조되기 보다는, 그냥 평범히 억압받는 빈한한 여성상이 사실적으로 묘사되었다고 하겠다.

다만 분수에 맞지 않는 이영녀의 교육열은, 평소 교육을 통해서만 사회를 개량할 수 있다는 김우진의 믿음이 반영된 것으로 보인다. 또한 이영녀의 죽은 남편의 교육으로 이영녀의 교육열이 비롯되었다고도 짐작할 수도 있다. 그 경우 남편이 집을 떠나서 했던 일은 민족과 더욱 연결된다고도 하겠다.

한편 인습의 거부와 새로운 전망도 분명히 했다. 이영녀는 구식여인으로 주어진 환경을 묵묵히 참고 견딘다. 그녀는 봉건 가부장이라는 단어조차 모를 수 있다. 다만 자식 교육에 집착했던 만큼, 교육을 통한 사회 개선을 믿었는지는 모르겠다. 그러나 그녀의 딸 명순은 이러한 상황을 거부한다. 명순은 이런 상황이면 이혼하겠다고 선언한다. 이는 주어진 인습에 대한 거부이며, 새로운 세대에 대한 전망이다. 이렇듯이 김우진 당시의 사실적 묘사에 힘쓰는 한편, 당시 시대정신을 적확하게 집어냈던 것이다.

김우진 작, 박정희 연출 〈이영녀〉 국립극단 제공

원작과 공연의 괴리감

공연에서는 절대적이며 전반적인 빈궁이 다가오기 보다는 이영녀의 고난에 초점이 맞추어져 있다. 그녀가 전체의 하나이기 보다는, 그녀의 한국적 어머니상을 강조했으며 그 여성상이 공연을 이끈다. 그러하기에 공연은 이영녀 만의 이야기였다. 그러나 김우진은 이영녀의 삶을 그렸으면서도, 이영녀를 부각하여 연민을 끌어내려고 하지 않았다고 사료된다. 실로 당시에 대한 '건조하다할 만큼 냉정하고 정확한 관찰'을 바탕으로, 그냥 담담하게 그녀의 일상을 끊어내어 각기 다른 3 장면을 부각시켰다.[18] 이렇듯이 다른 3개의 'Slice of Life'이지만, 파국일 것 같은 각 장마다 여전히 삶은 계속되었으며, 출구 없는 암담한 삶이 객관적으로 펼쳐졌다. "튼튼하고 힘세고 원시적 자연 속에서 큰 힘으로 펄떡 뛰어나온 듯한 33세의 노동자. 실룩실룩한 입술, 부릅 뜬 두 눈, 육욕에 끓는 힘이 넘치는" 이영녀의 남편조차, 아내에게는 폭력과 육욕으로 넘친 혹독한 가해자이면서도 스스로 식민치하 절대적 빈곤의 희생자였던 것이다. 공연은 그 역시 시대의 희생자였음을 놓치고 있는 듯했다.

공연이 놓친 (혹은 소홀히 했던) 원작의 의미 때문에, 필자로서는 어쩐지 불편했던 공연이었다. 한 훌륭한 어머니의 이야기에 초점이 맞추어지고, 고가구 사이에서 적절히 슬로우 모션까지 취한 행동으로 연기의 완급이 조절되는 등 여러 가지 연출의 장점에도 불구하고, '현대화'가 무엇인가를 시종 생각하지 않을 수 없었다. 국립극장이 근대극을 최초로 올리면서까지 관객 수(혹은 손쉬운 소통)를 염려한 현대화를 염두에 두어야 하는가 하는 의문이 들었다. 국립극장이기에 더

---

18 김윤철 「(재)국립극단 예술감독 인사말」, 〈이영녀〉 프로그램 중에서

욱 관객을 교육할 의무가 있으며, 그 현대화가 원작의 의미를 전달하지 못하거나 손상시킨다면 분명 문제가 있다. 실로 원작을 더욱 빛나게 하지 못하는 현대화라면, 그 현대화의 의미를 재고해야 할 것이다. 손쉬운 소통과 원작의 교육 사이에서 국립극장이 취해야 할 태도는 이미 분명하지 않았을까? 〈이영녀〉는 분명 잘 만들어진 공연이었음에도 불구하고, 깊은 아쉬움이 남는 이유이다.

(연극평론, 2015. 가을호)

<알리바이 연대기>
우리 모두의 알리바이로 읽어낸 한국 현대사

    희곡 〈알리바이 연대기〉(김재엽 작)는 역사적 현실에 대한 서사적 글쓰기로, 개인사를 한국 현대사와 교묘하게 교차시켰다. 작가 자신의 아버지와 형 그리고 자신의 개인사를 통하여, 한국 현대사의 흐름을 파노라마식으로 보여주는데 나름 현대사의 굵직한 사항들을 잘 정리하였다. 상징적 아버지라고 할 대통령과 실제 아버지의 이야기를 하다 보니, 자연스럽게 개인사와 현대사가 얽히게 된다. 아버지는 박정희와 같은 고향 사람으로, 해방 직후 일본에서 돌아 온 고향 집과 6·25 전쟁 중 포병학교에서 본다. 그 후 4·19 후 장준하 선생이 주도했던 국토건설요원이 되고, 5·16 군사혁명을 겪는데, 그때 박정희 영상이미지를 다시 보는데 직접 본 것보다도 생생했다고 기억한다. 이후 경북대학교 사무국 서기로 발령받으나 군사정부에 대한 막연한 반감에 사표를 내고 고등학교 영어 선생으로 근무한다. 그는 〈사상계〉를 사랑하며, 동아일보를 보고, 헌 외국 서적을 모으며, 일생을 마친다. 작가는 아버지의 외국어에 대한 끊임없는 동경과 열정은 지금 여기를 벗어나고 싶은 알리바이는 아니었을까 라고 묻는다. 1971년 김대중 대통령 유세장에 아들을 데려가고, 유신헌법을 읽고, 인혁당 사건을 들었으며, 장준하 선생의 죽음을 방송으로 듣는다. 그러나 스스로와 가족을 지키기 위해 '딱 중간에 서는' 일생을 아들에게 강조한다. 한편 형은 80년대 대학생활을 하며 운동권의 분신을 목격하나, 딱 하룻밤을 술 취해서 대구 고향 경찰서에서 보냈을 뿐이다. 서술자 나인 작가는 고등학교 때 전교조 교사 사건을 겪고, 90년 초반의 대학생활 때는 선배의 강권으로 5·18특별법 제정을 위한 한총련 집회에 딱 한 번 참석하며 IMF를 겪는다. 이렇듯이 대한민국 현대사를 스치며 속도감 있게 작품을 진행하였으나, 작가는 서술자요 객관적 기술자로만 남는다.

문제는 '알리바이'인데, 아버지는 6·25때 탈영을 했던 사실마저도 그 이후 장교로 복무하면서 알리바이를 만든다. 현대사의 어떤 시점에서도 소시민은 되도록 중간에 서서 알리바이를 만들며 회피한다. 그런데 현대사의 고비 고비에도 바로 이런 알리바이가 존재한다. 역사는 승자의 논리에서 쓰이기 때문에, 현대사의 기록도 승자들의 이러한 알리바이를 감안해야 하는 것이다. 아버지는 두려움과 비겁함으로 탈영하여 알리바이를 만들었지만, 현대사의 승자들은 자만심과 폭력으로 알리바이를 만든다는 점이 차이일 뿐이다. 그리고 이러한 비교가 느껴질 때 작품은 개인사를 넘어서 현대사에 대한 고찰로 다가온다. 무엇보다도 현대사의 책임을 묻고 있는 뛰어난 균형 감각이 주목되었으니, 현대사와 개인사를 교차시켜 감정적 교감을 이끌어냈으며 역사의식까지 아슬아슬한 중립성을 유지하였다. 결국 현대사는 우리 모두의 책임이기에, 우리는 끊임없이 '알리바이'를 입증하는 연대기를 쓰고 있는 것은 아닐까? 과연 현대사에서 소시민의 살아남기는 알리바이뿐이었을까?

현대사 속에서 악당도 영웅도 아닌 평범한 우리 아버지가 겪은 죄책감과 부채감의 역사가 잔잔하게 다가오며, 그 배경에 거대 역사의 모순들이 풍자되고 야유된다. 작가가 말했듯이 "신화 속에서 꿈꾸기보다는 역사 속에서 싸우기를, 예술이라는 타이틀로 포장하기보다는 인문사회과학의 사유로 발가벗겨지"는 생각하는 서사적 희극을 만나게 된다. 극작술도 작가 나를 앞세워 서술하는 서사극이면서도, 과거와 현재를 수시로 오가며 긴장감과 속도감을 주었다. 공연의 무대는 작가의 데뷔작 〈오늘의 책은 어디로 사라졌을까〉와 같이 압도적인 서가로 묘사되어, 더욱 사고(思考)를 채근하는 듯싶었다. 서가에서 책을 읽거나 그 사이를 자전거를 끌고 다니는 아버지의 모습에서, 소심하면서도 올곧은 아버지상을 쉽게 떠올릴 수 있었다. 한 마디로 연대기이며 현대사에 대한 풍자요 반성이기에 서사적이며, 알리바이를 만들어야 하는 보통보다 못난 사람들의 이야기이기에 희극이다. 다만 후반부 병상으로 가면서 작가 개인적인 감상이 드러나거나 이야기의 응집력이 떨어지는 아쉬움은 있었다. 그럼에도 불구하고 소시민의 살아가기가 근현대사 역사 돌아보기로 이어지며, 서사적 극작술과 맞물려서 감동으로 다가온 오랜만에 만난 수작(秀作)이었다.

(대산문화, 2015. 겨울호)

<백석 우화>
천재 시인의 몰락 - 우리 시대에 왜 백석인가?

1. 시인 백석

〈백석 우화〉(이윤택 대본 구성, 연출: 2015. 10.12~11.1)은 일종의
백석 시 낭송회라고 할 수 있다. 약간의 개인사가 연대기적으로 드러
나기는 하나, 별 세부적 이야기 없이 시들이 계속 이어지기 때문이다.
〈여우난곬족〉의 시창으로 시작되면서 〈나와 나타샤와 흰 당나귀〉,
〈남 신의주 유동 박시봉 방〉, 아동시 〈까치와 물까치〉, 〈메돼지〉,
〈기린〉, 〈산양〉, 〈굴〉이 노래된다. 이후 수필 〈관평의 양〉, 〈삼지연
스키장을 찾아-눈길은 혁명의 요람에서〉, 〈붓을 총창으로!〉 등이 낭
송된다. 연극은 이들 낭송과 각 작품평으로 연결되며, 마지막 유배 중
인 백석의 한 장의 사진으로 마감된다. 서사극적 연출기법을 활용했
다고도 하겠으니, 각 장면은 하나의 시를 중심으로 에피소드식으로
구성하였고 그 사이는 해설자의 내레이션으로 연결되며 각 장면은 제
목이 달렸고 스크랩트를 활용해서 그 내용을 미리 알리고 있다. 이러
한 기법은 시낭송을 더욱 두드러지게 하며, 시를 음미하게 했다. 이렇
듯이 시낭송회인 듯 연극인 듯 복합장르라는 시대의 형식을 취해서,
백석 시를 오늘에 감동적으로 재연하였다. 문득 최근 본 로버트 윌슨

의 〈소네트〉가 생각났으니, 이 역시 셰익스피어의 소네트에 음악과 이미지를 입혀 공연하였으니 비슷한 형식이라고 하겠다. 윌슨이 무대 그림 만들기에 공들였다면, 이윤택은 시성(詩性) 전달에 힘썼다.

　그렇다면 우선 공연에서 강조된 시의 저자 백석은 누구인가를 살펴볼 필요가 있다. 백석(본명: 백기행)은 1935년 〈조선일보〉에 시 〈정주성〉을 발표하면서 등단하고, 1936년 시집 ≪사슴≫을 발표하면서 그 명성을 굳히는데, 평안도 방언을 구사하여 민속적이며 토속적인 것에 집착하면서도 모더니즘의 특이한 경지를 개척한 시인으로 알려졌다. 한 때 월북시인으로 알려져서 그 시들이 금지되기도 했으나, 오늘날은 교과서에 〈나와 나타샤와 흰 당나귀〉가 실릴 정도로 탁월한 서정성을 인정받는 시인이다. 고향이 평안도 정주로 해방 후 고향에 남은 재북 시인으로, 북한의 공산주의나 주체 사상성을 시에 담을 수 없어서 결국 삼수갑산농장에 유배되어 일생을 마친다. 그의 탈이데올로기적 생활 때문에 결국 남과 북에서 모두 외면 받은 불운의 시인이다. 그는 그냥 '가족과 함께 이웃과 함께 살아 나가는' 삶을 살았을 뿐인데, 세상은 이데올로기를 강요하였다.

2. 백석의 천재적 시성(詩性) 읽기

　공연은 시종 백석이 사상과 무관한 시인이었으며, 천생 시인 밖에 못하는 시인이었음을 이야기 하고 있다. 〈여우난곬족族〉은 "명절날 나는 엄매 아배 따라 우리집 개는 나를 따라 진 할머니 진 할아버지가 있는 큰 집으로 가면"으로 시작하면서, 명절날 일가친척들이 모여서 북적이며 많은 음식들이 장만되고 아이들이 흥겹게 노는 장면 등이 한국적 정감을 가지고 세세히 묘사된다. 운율보다는 이미지로 시가 표현되었다는 점에서 모더니즘과 상통하는 것이다. 그런데 공연은 여기에 운율과 음악을 더하여, 김미숙의 구성진 창으로 읊조린다. "각각의 장면에 대한 장황한 서술과 묘사가 이어지는 독특한 스타일로써 바로 판소리의 양식에 닿아"있다고 보았기 때문이다.[19] 그리하여 〈여우난곬족族〉은 더욱 민속적이고 서정적으로 다가올 수 있었다.

시낭송을 제외하면, 연기는 주로 시평을 하는 화자들이 구사했다. 첫 시집 『사슴』에 대한 평에서 박용철, 김억, 임화 및 오장환 등 당대의 주요 문인들이 등장하다. 그러나 이들의 연기는 자유롭고 구성지기보다는 당대의 평론을 읽는 느낌으로, 역시 서술된다는 느낌이다. 실로 백석은 "모국어의 위대한 힘을 깨닫게" 하는 시인이요 "수정 없는 날것의 사투리로 생생한 표현"을 실현하는 시인이니, 그의 "시는 곧 우리 시단에 던진 커다란 폭탄이다"라고 선언된다.

이윤택 대본구성 연출 〈백석 우화〉

---

19 대본 구성 이윤택/시 엮음 최영철, 『백석 우화 그리고 서른 세 편의 시』, 15.

다음으로 〈나와 나타샤와 흰 당나귀〉의 모태가 된 여인에 대한 언급이 나온다. 백석의 애정사이기에 사실 이 이야기가 대중적으로 재미있을 수 있는데, 정작 공연에서는 나타샤 이야기는 스치듯이 지나간다. 즉 나타샤를 연애 이야기로가 아니라, 백석의 서정적 연애시의 이야기로 다루겠다는 작가의 의지를 읽을 수 있다. 자야가 이 시를 시창을 하는데, '정가에도 능한 예술가'로 소개된 것과 다르게 서구식 노래여서, 언뜻 의아함이 스치기도 했다.

백석은 친일어용 조선문인협회에 가입하지 않고 홀연 만주로 가서 창씨개명도 거부한다. 이 시절 보헤미안 같이 살았는데, 세 번째 아내 문경옥과도 1943년 이혼한다. 해방이 되자 문경옥은 김일성을 위하여 〈우러러 만수무강 축원합니다〉 같은 곡도 작곡하고 모스크바로 유학도 가지만, 백석은 홀로 슬픔과 어리석음을 새김질하며 눌리어 죽을 것 같은 외로움을 느끼며 〈남 신의주 유동 박시봉 방〉을 발표한다. 그의 외로움은 오직 이 시 낭송을 통해서만 전해오며, 월남을 권하는 후배에게 고향을 떠날 수 없다고 자신의 원고와 파를 든 사진을 남으로 보낸다. '파'야말로 홀로 푸르고 싶었던 백석 자신이 아니었을까? 이 장면 역시 문경옥의 〈우러러 만수무강 축원합니다〉 노래와 백석의 〈남 신의주 유동 박시봉 방〉의 시창만으로 불려 지며, 은연중에 두 사람의 예술 정신이 대조된다.

이후 백석은 한설야의 권유로 『고요한 돈』 번역에 몰두한다. 전쟁의 포화 속에서도 북으로도 남으로도 피난을 거부하며 정진했던 3부가 포화로 불에 타며 의욕을 잃는다. 6·25 이후 백석은 이데올로기와 거리를 둘 수 있는 아동문학에 관심을 갖고 〈까치와 물까치〉, 〈메'돼지〉, 〈기린〉, 〈산양〉, 〈굴〉 등을 발표한다. 배우들은 돼지, 기린, 산양 등의 하얀 머리탈을 쓰고 동작은 연기되며, 시들은 읽어진다. 그러면서 본의 아니게 사상논쟁을 하게 되는데, 공산주의 세계관 형성을 주장하는 당에 맞서서, "아동들의 인간성 그속 바탕 깊이 옳은 것과 아울러 아름다운 것에 대한 사랑을 길러주지 아니할 때, 그런 교양이란 아무런 가치도 가지지 못"한다고 주장한다.

결국 1958년 산수갑산에 유배를 가게 되며, 이 경험으로 수필 〈관평의 양〉을 발표한다. 다시 백두산 기행으로 〈삼지연 스키장을 찾아-눈길은 혁명의 요람에서〉과 남으로 향하는 수필 〈붓을 총창으로!〉를 쓰며, 마지막으로 "가족과 함께 이웃과 함께" 평양에서 살아보려고 안간힘을 쓴다. 수필 역시 시처럼 낭송되었으며, 연기라고는 〈붓을 총창으로!〉을 읽으면서 백석의 좌절을 나타내듯 얼굴에 하얗게 어릿광대 칠을 해나간 것이다. 남이 준 사상을 써나가는 시인은 바로 어릿광대인 것이다. 치욕이라면 치욕이랄 수 있는 당성을 따른 수필에 조차, 서정적 아름다움이 넘친다. "그 맑은 하늘, 초록빛 바다의 선연한 아름다움이 펼쳐지고, 아 가르마 곱게 탄 란이의 모국어는 반쯤 밖에 알아들을 수 없는 사투리지만 이 세상에서 가장 아름다운 새소리였다."라는 한 문장만으로도 풍부한 시성(詩性)을 느낄 수 있다.

이윤택 대본구성 연출 〈백석 우화〉

백석이 쓴 이솝우화를 마지막으로 그는 영원히 삼수갑산으로 유배 간다. 세상에서 가장 사악한 인간의 혀를 다물기로 한 그는 "산골로 가자 출출히 우는 깊은 산골로 가 마가리에 살자."라며 오히려 홀가분함을 느낀다. 중국 국경을 넘어서 남에서 찾아온 후배의 아들에게 시 문 대신 한 장의 가족사진을 남기고, 1996년 84세까지 37년간 동안 "협동농장에 살면서 매일 글을 썼지만 말년에는 자신이 쓴 글 모두를 불쏘시개로 사용했다"는 멘트가 나오며 공연은 종료된다.

공연에서 배우의 연기가 부수적일 만큼, 시와 수필의 낭송이 주요 부분을 차지했다. 그러나 김미숙의 시창을 제외하고는 백석(오동식 분)을 비롯한 다른 배우들의 시창은 완숙하다는 느낌이 부족했다. 시조창, 정가, 동요, 서구 노래 등등 온갖 창법을 동원한 것도, 공연의 다양성을 구가하기보다는 아직 통일감의 부족으로 다가왔다. 낭송을 제외한 배우들의 연기도 낭송처럼 대부분 사실의 서술에 국한되었다. 무대도 평범한 긴 테이블과 몇 개의 의자, 작은 벤치 등이 있는 뿐이며, 낭송에 나오는 동물들의 머리탈을 제외하고는 별 특별한 소품이 등장한 것도 아니다. 시각적인 볼거리도 시의 자막에 불과했다. 사실 백석의 다양한 애정 행각이 훨씬 더 극적이고 대중에게 흥미 있을 소재였음에도 불구하고, 시와 수필이외에는 언급이 없다. 즉 전 공연은 요즘 공연처럼 재미도 볼거리도 아닌 음악적 낭송을 통한 시성(詩性)만을 쫓고 있었다.

3. 우화의 의미

왜 작가는 이렇듯이 집요하게 백석의 시성(詩性)을 찾기에 급급했을까? 백석은 흔히 월북 작가로 알려져 왔음에도 불구하고, 공산주의 사상을 전혀 모르고 자신의 시만을 노래하다 결국 유배지에서 미미하게 죽은 시인으로만 그렸다. 누가 혹은 무엇이 우리에게 백석이라는 천재 시인을 잃게 하였는가? 그것은 바로 백석이 당(혹은 권력)이나 세대의 이데올로기가 원하는 시를 쓰지 못했기 때문이 자명하다. 진정한 시인이란 이토록 어리석고 아둔할 정도로 사회를 모른다. 그런데 문득 시대가 요구하는 시(예술)란 과연 존재할 수 있는가 하는 의문이 든다. 시인이란 백석처럼 다만 자신이 할 수 있는 노래를 부르는 자요, 그리고 바로 이 때 그 천재성이 진정 빛나는 것은 아닌가? 세상의 온갖 이데올로기와 상관없이 그가 보여주는 세상, 범인이 볼 수 없는 바로 그 세상을 자유롭게 노래하는 사람이 시인이요 예술가이다.

이윤택 대본구성 연출 〈백석 우화〉

그냥 무심히 우리는 백석은 훌륭한 시인이었다고 생각하다가도, 작가가 왜 공연 제목을 〈백석 우화〉라고 했는지를 궁금하게 여기게 된다. 우화란 무엇을 빗대어 다른 진실을 일깨우는 이야기이다. 백석의 시와 그 일생이 오늘 우리에게 하는 말은 무엇인가? 그의 아름다운 토속어와 민족성 그리고 서정성 등 그만이 보여주었던 아름다운 천재성은 어째서 빛을 발하지 못했는가? 혹 옛날의 이데올로기가 오늘은 새로운 어떤 형태로 시인들을 억죄고 그 천재성을 사멸시키고 있지는 않는지 생각하게 한다. 예술의 자유를 주장하는 것은 바로 예술가들은 어쩔 수 없이 한 번 생긴 대로 사는 사람이기 때문이며, 어찌 보면 한없이 어리석은 사람들이기 때문이다. 그러나 이들이 있기에 우리 삶은 정화되고 진정 아름다울 수 있다. 그러하기에 작가는 제목을 〈백석 이야기〉 혹은 〈백석 일대기〉가 아닌 〈백석 우화〉라고 명명했으며, 백석의 시성(詩性)을 극대화하기에 주력했던 것이다. 작가는 백석의 천재성과 태생적인 비(非)이데올로기를 통하여, 바로 오늘의 예술이 처한 시대를 돌아보고 우회적으로 항의하고 있다. 시창화한 시 낭송회 같은 서술 공연이 지루하지 않을 수 있었던 것은, 백석이 말했던 아동 동화시의 변(辨) 때문이 아니었을까 싶다.

"어린 시절부터 벌써 새나 개구리나 풀이나 꽃에서, 인형에서, 갖은 장난감에서, 비와 눈, 어머니와 동생들, 또 동무들에게서 아름다운 사랑을 느낄 수 있을 때 비로소 그들은 자라서 의로운 일에 제 목숨을 희생할 수 있으며, 인간을 열렬히, 충실하게 사랑할 수 있으며 이 세상에서 있는 모든 사악한 것들과 맞서 싸울 수 있다."[20]

〈백석 우화〉-어떤 시대에도 인간의 자유를 제한하는 모든 것에 맞서는 예술혼에 대한 찬미이며 구가(謳歌)이고, 그러하기에 영원한 우화인 것이다.

(연극평론, 2015. 겨울호)

---

20 위의 책, 49.

<꼬리솜 이야기>
우리 시대를 꿰뚫는 우화적 패러디

1. 극단 '차이무' 20주년: 대중적이면서도 생각하는 웃음

극단 '차이무'가 창단 20주년을 맞아서 '차이무 어느덧 20년: 1995~2015'를 기획했다. 대학로 예술마당에서 2015년 11월부터 2016년 1월까지 장장 석 달간에 걸쳐서, 〈꼬리솜 이야기〉(이상우 작, 연출), 〈원파인 데이〉(민복기 작, 연출) 및 재공연 〈양덕원 이야기〉(민복기 작, 이상우 연출)를 공연하였다. '아주 슬프고 기괴한 코미디'라는 카피가 붙었던 〈꼬리솜 이야기〉를 비롯한 이 기념 공연들은, 극단 '차이무'의 대표공연이라 할 〈늙은 도둑 이야기〉, 〈비언소〉, 〈돼지사냥〉, 〈거기〉로 이어졌던 '차이무' 공연의 특징을 잘 반영하고 있다. 우스꽝스러운 희화화와 패러디 그리고 익숙한 소소하고 따뜻한 일상이 웃음 속에 펼쳐지는데, 삐딱하게 풍자하면서도 슬그머니 찡하게 휴머니즘이 다가온다. 실로 극단 '차이무'가 보여주었던 희화화된 코미디는 우리 연극사의 한 흐름을 이루었을 정도로 중요하다. 대중적이면서도 생각하는 웃음은 바로 '차이무'의 역할이 아니었나 싶다. 기상천외한 발상이나 약간 비틀어진 각도에서 바라보는 일상은, 동시에 오늘을 돌아보게 하는 강력한 사회적 메시지를 가졌다.

2. 〈꼬리솜 이야기〉의 '진짜 역사'

〈꼬리솜 이야기〉는 오랜만에 발표한 이상우의 신작이다. 이 작품 역시 극단 '차이무'의 전통을 잇는 작품으로, 우화를 통한 오늘의 패러디이다. 공연은 세 파트로 이루어졌는데, 첫째 부분은 소위 '진짜 역사'로 미군 위안부의 실상이 고발되며, 둘째 부분은 공연의 위트가 잘 드러나는 '가짜 역사'로 오늘의 패러디이며, 셋째 부분은 이 두 부분을 이어 하나로 만드는 이 국가가 사라진 이유를 설명하는 학술발표회이다. 이러한 구성은 다발성을 느끼기에 적절했으니, 사실적인 고발과 가상적인 풍자를 함께 할 수 있었다. 포스트모던 시대에 맞게 짜깁기 같은 형식을 취했구나 하는 느낌이었다.

이상우 작 연출 〈꼬리솜 이야기〉

일단 공연은 '진짜 역사'로 시작한다. 작가의 말에 따르면 "당연히 가짜이지만, 혹시 이것이 진짜가 아닐까하는 의심이 생기는 가짜" 이야기이다.[21] 즉 극 중의 할머니 마금곱지는 『미군 위안부 기지촌의 숨겨진 진실』이란 책을 증언한 김정자 선생의 이야기를 바탕으로 하였다. 공연이 시작되면 할머니는 평상에 앉아 자신의 한 맺힌 이야기를 마치 오랜 친구나 손자에게 하듯이 두런두런 이야기한다. 그녀가 집을 가출하여, 초등학교 동창생에게 속아서 간 곳이 미군 위안부 기지촌이었다. 그 이후 그녀는 기지촌에서 단지 살기 위해 온갖 억압 속에서도 어쩔 수 없이 버티며, 더욱 서럽게도 내국인들에게서도 차별과 멸시를 받으며 온갖 고난을 당한다. 나라의 보호는커녕 이들의 성매매를 한 술 더 떠서 마치 나라의 관광산업처럼 계획하는 관리들까지 등장한다.

내레이티브로 말해진 마금곱지 할머니의 서술은 배우(전혜진, 김소진 더블케스팅)가 눈물까지 흘리며 열연했으나, 여전히 건조하고 지루하기까지 했다는 느낌을 지울 수는 없었다. 푹 풀어놓는 이야기보따리로 흥미를 사로잡기에는 그 내용이 이미 아는 듯한 이야기 같았으며, 배우의 연기술도 극장성에 익숙해진 관객을 끝까지 휘어잡을 만큼 특별하지 못했기에, 공연의 다른 축인 '가짜 역사'에 비해 설득력이 약했다. 즉 긴 내레이티브를 극장성 없이 배우에게만 의존하여 서술했기에, 끝까지 집중하기는 어려웠다. 일인체 내레이티브의 효과적인 연극적 서술을 위해서는, 일례로 판소리나 창을 응용했더라면 어떨까 하는 생각이 들었다. 그리했다면 서술의 전달이 보다 다각적인 극장성을 갖게 되어서 보다 효과적이 아니었을까 싶었다. 내레이티브로 서술되는 '진짜 역사'는 연극적으로 어딘가 아쉬움이 남는 부분이었다.

---

21 프로그램 '차이무 어느덧 20년:1995-〉2015', p.10.

3. 〈꼬리솜 이야기〉의 '가짜 역사'

한편 공연의 다른 한 축인 '가짜 역사'가 패러디로 펼쳐진다. 즉 공연은 내레이티브와 우화를 번갈아 공연하며 진행되다가, 마지막 마금 보로미의 꼬리솜 망국 분석으로 하나로 만난다고 하겠다. 공연의 무게는 역시 실연되는 '가짜 역사'에 쏠렸다. 꼬리솜은 다음과 같은 가상을 전제로 한다.

700년 전 꼬리나라가 칸 제국의 침략을 받자 항복을 거부한 사람들이 어느 솜에 정착하여, 그 솜을 꼬리나라 사람들이 사는 솜이라 하여 꼬리솜이라고 하였다. 평화롭던 꼬리솜나라에 100년 전 데이코쿠 군대가 쳐들어와 코라이지마가 되었다. 세계전쟁 후에는 중궈와 아메리카가 노꼬리솜과 마꼬리솜을 나누어 통치하며 나라는 남북으로 나뉜다. 이후 노꼬리솜과 마꼬리솜 사이에 전쟁이 계속되자, 결국 노꼬리솜의 노르만 거두 주석과 마꼬리솜의 마금나금 총통 조카딸과의 정략결혼을 통해 두 나라는 화해를 시도하지만 결혼식날 신부는 도망친다.[22]

이제 망국을 맞고 있는 꼬리솜이에서는 대통령은 한 번도 등장하지 조차 않고 비서부장, 국무부장, 군사부장 등이 벙커 같은 장소에 모여서 국정을 논의한다. 각종 사고는 끊임없이 일어난다고 보고되고, 국민의 숫자도 자꾸 줄어간다. 사고가 나서 희생되는 국민이 문제가 아니라, 통치할 국민이 줄어드는 것이 안타까울 뿐이다. 대통령에게는 사태가 보고조차 되지 않는 듯하다. 대통령이 너무나 고고해서 일까 아니면 너무나 무능해서일까? 최고 권력인 대통령이 이렇게 없는 듯

---

22 〈꼬리솜 이야기〉 홍보물

이 존재한다. 한편 끊임없이 먹어대는 부하들의 관심은 자신에 관련된 소소한 일뿐이다. 어떻게 똥돼지를 먹으러 갈까, 무너진 건물이 내 친인척의 것은 아닌가 등. 뿐만 아니라 이들 간의 서열 위계는 철저하다. 대통령을 대신해서 비서부장은 막강한 권력을 휘두르고, 국무부장은 군사부장에게, 군사부장은 또 경찰서장이나 아래 사람들에게 그러하다. 도를 넘은 경직된 권력의 계층 상하 구조가 이미 패러다임을 관객에게 일깨운다. 이들은 자신의 지위에 대한 집착으로 모두 움직일 때마다 자신의 의자를 들고 다닐 정도이다. 국민의 수는 각종 사고로 점점 줄어들어서, 결국 없어지고 꼬리솜 나라는 멸망한다. 멸망의 순간에도 이들은 걱정이 없다. 외국에 있는 딸네나 아들한테로 도망치면 되기 때문이다. 다만 의외로 대통령만은 갈 곳이 없다고 전한다.

이상우 작 연출 〈꼬리솜 이야기〉

지하 벙커 같은 어슴프레한 공간은 망해가는 나라와 음침한 위정자들을 잘 표현하는 표상이다. 음침하고 쓰러져 갈 것 같은 공간과 사건 때마다 안전모를 찾는 불안한 등장인물들은 망해가는 나라의 시각적 표현이었다. 반면 등장인물들의 대처 발언은 안전 불감증의 극치를 보여주며 대조된다. 어떤 보고가 오던 그것이 자신의 똥돼지 식사나 친인척에 연루되어 있지 않으면 만사 오케이다. 뿐만 아니라 쫓겨 가면서도 앉았던 의자를 그대로 들고 가는 우스꽝스러운 모습은 이 사회의 가치가 이미 경도된 것을 말해준다. 뿐만 아니라 부장들은 계급의 높음에 따라 더욱 아랫도리가 비정상적으로 묵직한 우스꽝스러운 바지를 입었다. 비정상적인 거대한 하체에 허리를 구부정하게 다니는 모습은 게으름과 탐욕스러움을 연상시킨다. 즉 이들의 과장된 연기나 우리 사회의 사고와 비슷한 사고에 어이없이 대처하는 모습들은, 바로 오늘의 우리 사회를 연상시키며 돌아보게 한다.

그 한 사건 사건에 대한 풍자와 재치가 느껴질 쯤, 연출은 사건을 다시 되돌려서 아무 일도 아닌 것처럼 만든다. 망국 이후에 갈 곳 없는 대통령이 그 단적인 예일 것이다. 다른 신하들은 아들네다 딸네다 모두 타국에 갈 곳이 있는데 정작 대통령은 갈 곳이 없다고 비웃는다. 그러나 최고의 국정 책임자는 책임을 진다는 이야기일까? 또한 '꼬리솜' 나라의 늙은 전(前) 대통령의 영부인이 될 뻔했으나 탈출하여 생물학자가 된 마금보로미는, 망국의 원인이 기생충 감염으로 인한 지도층의 판단력 상실로 진단한다. 이는 병의 일종이라고도 볼 수 있기에 지도층의 과실을 도덕적 해이로만 몰아붙일 수 없는 근거가 되기도 한다. 다음은 이 병에 대한 진단이다.

이 바이러스에 걸린 사람들은 타인에 대한 두려움과 적개심이 비정상적으로 증가. 약자에게는 무자비하고 강자에게는 절대복종하고 가난한 자와 유색인에게는 무례하고 불친절 합니다. 이기심이 극단적이며 일방적이고 자기중심적이고 특히 공감능력이 현저하게 떨어집니다. 체계적이지 못하고 충동적이며 거짓말을 하고 거짓말에 대한 두려움이 없

습니다.[23]

즉 10년 후 한 학술행사에서 마금보로미는 바로 위와 같은 특징을 나타내는 기생충 바이러스들이 꼬리솜 사람들을 조정하여 집단 자살로 이끌었다고 한다.

그런데 꼬리솜 사람들이 감염되었다는 바이러스의 특징은 바로 우리 사회를 돌아보게 하는 지적들은 아닌가 하는 생각이 드는 것이다. 이기적이고 자기중심적이며 거짓말에 대한 두려움조차 없는 정도라니, 이쯤 되면 단순한 코메디가 아니라 예리한 비유로 무서운 우리의 현실을 보게 한다. 우리 모두는 바로 이 바이러스에 감염되어서 그 고통이 조만간 자신에게 오게 될 것을 알지 못하고, 남에게 무관심하며 이기적인 것은 아닌가? 실로 무섭고 섬뜩하기조차 한 패러디이지만, 한편 우리인 듯 아닌 듯 경계에 선 풍자가 아슬아슬한 재미마저 있었다.

이상우 작 연출 〈꼬리솜 이야기〉

---

23 〈꼬리솜 이야기〉 홍보물

4. 우리시대의 자화상: '생각하게 하는 웃음'

〈꼬리솜 이야기〉는 소극장에서 별 무대장치도 없이 행해졌던 소박한 공연이었다. 평상, 지하벙커, 그리고 마금보로미의 스크린 정도가 전부였던 무대였으나, 그 공연이 우리 가슴에 남는 것은 우리 시대를 향한 통쾌한 패러디와 그 패러디가 주는 경고 때문일 것이다. 웃고 있는 우리를 향해, 단순히 웃을 수 있는 일이 아니며 우리도 모두 망할 수 있다는 강한 경고를 하고 있다. 이는 극단 '차이무'의 전통과 유사하면서도 거기서 한 발 더 나간 고발극이다. 우리는 우스꽝스러운 등장인물들을 보고 웃으면서도, 그 몰락이 보여주는 처절한 오늘의 고발로 인하여 문득 섬뜩하기조차 하다. '생각하게 하는 웃음'이야말로 〈꼬리솜 이야기〉가 절실하게 다가왔던 이유일 것이다.

(연극평론, 2016. 봄호)

<옥상 밭 고추는 왜>

오늘 우리 사회의 '올바름'을 향한
통렬한 질문과 사고(思考)

　무대는 앙상하고 획일적인 빌라의 형체만을 만들고 옥상에 쉼터와 이와 대조적으로 사실적인 고추밭을 조성했다. 빌라는 각호마다 똑같이 구획된 손바닥만한 작은 공간에 똑같은 대문을 달고, 그 안에도 그만그만한 똑같은 가구 몇 개가 놓여있다. 이렇듯이 낮익고 익숙한 공간에, 별 다를 것도 없는 평범한 일상이 펼쳐지는 듯싶었다. 〈옥상 밭 고추는 왜〉(장우재 작, 김광보 연출)는 이렇게 소소한 일상의 묘사로 시작한다. 등장인물들은 이제는 재건축을 해야 할 정도로 허름한 빌라에 사는 소시민들로 흔히 우리가 주변에서 마주치는 인물들이다. 사건이라야 304호 혼자 사는 늙은 광자가 기르는 고추를 201호 현자 아줌마가 몽땅 따갔다는 정도일 것이다. 그런데 광자가 흥분하여 쓰러지고 결국 입원하고 죽었다는데서 문제는 시작된다. (그러나 사실 광자의 죽음이 꼭 현자로 인한 것인지 알 수는 없다.) 301호 현태의 눈에는 이 일이 보통이 아니다. 이는 옳지 않기 때문이다. 현자는 단순히 고추가 아니라 광자의 가장 소중한 무엇을 앗아간 일이며, 현태는 이 사건이 진정한 사과 없이는 절대로 넘어갈 수 없다고 믿는다. 301호 현태의 삶도 만만치 않다. 홀어머니와 공무원을 준비하는 형과 같이 살며, 영화 조감독을 한답시고 일정한 수입도 없는데 항시 세상이 자기를 돌려놓는다며 분노한다. 이미 죽은 듯이 사는 어머니는 평범한 벌이를 하며 살자고 못마땅해 한다. 현태는 빌라 사람들 모두에게 현자의 일을 고발하고 문제 삼는다. 모두들 시들한 반응을 보이는데, 303호 동교만이 이에 적극적으로 응하며 외부 데모꾼을 끌어 들인다. 동교 역시 이혼을 앞둔 실직자로, 온건해 보이나 전에 했던 행정 일에 트라우마가 있는 폐인일 수도 있으며 축적된 분노가 없다고 할 수 없다. 그의 부인은 적극적으로 교수가 되려고 안간힘을 쓰며 결국 성취하지만, 그 과정의 옳지 않음으로 현실에 대한 불만이 많다. 그녀가 말했듯이 "교수는 아무도 건드리지 못해서" 교수가 되려는 맹신은 과연 사실일까? 등장인물 모두는 분노하며 각기 오늘의 힘겨운 삶을 산다. 가장 만족한 삶을 살며 '갑'인 듯한 현자마저도 야간 상고(商高)를 다니며 부단히 노력해서 겨우 여기까지 왔는데, 이익에 반해 재개발에 반대하는 광자를 미워한 것은 어찌 보면 그녀의 논리에서는 당연하다. "니가 세상이야. 니가 살아야 세상도 있지."라는 현태 어머니의 부르짖음을 모든 인물들이 살고 있는 듯하다.

〈옥상 밭 고추는 왜〉

현태와 동교 및 데모꾼들은 고추 탈을 입고 사과하라며 시위를 한다. 주택가 소음이 불법인가가 문제 되며, 소위 정의파의 데모가 옳은 것인가에 대한 의문을 슬며시 제기한다. 더욱이 이들이 현자의 신상 털기를 하여 이를 가지고 협박하여 사과를 받기를 시도하면서, 과연 누가 정의인가가 의문시 된다. 이 정의의 데모꾼들은 적절히 해외 휴가를 가며, 현태가 화가 나서 한 현자 외모 지적에 교조주의적일 만큼 반페미니즘이라고 반발도 하는데, 어느 시점부터인가 관객은 서서히 당혹하게 된다. 마침내는 현자가 광자에게 그랬듯이 현자의 가장 소중한 것, 즉 애완견을 잠시 훔쳐서 사과를 받고자 결행하게 되면서, 갑자기 데모의 정당성은 사라진다. 올바른 결과를 얻기 위해, 부당한 방법을 써도 되는 것인가? 그러면서 작품의 부제인 'Ethics Vs Morals'를 떠올리게 된다.

작가는 왜 'Ethics Vs Morals'을 부제로 하였을까? 국어사전에 의하면 윤리란 '사람으로서 마땅히 행하거나 지켜야 할 도리'라고 나오며, 도덕이란 '사회의 구성원들이 양심, 사회적 여론, 관습 따위에 비추어 스스로 마땅히 지켜야 할 행위'이다. 그런데 작가가 VS라는 기호로 표현했듯이, 윤리와 도덕은 맞서는 것인가? 그렇다면 등장인물 현태와 현자의 행동은 윤리 대 도덕의 문제인가? 좌파와 우파의 문제인가?……공연이 진행될수록 작품은 소소한 일상의 묘사가 아님을 느끼고 있었는데, 이제 본격적으로 우리 사회 현상에 대한 윤리적 답안 찾기임이 다가왔다. 작가가 말했듯이 '거대담론을 얘기하면서도 일상생활에서 지켜지지 않는 약속들'이기에 '가장 개인적인 것이 가장 정치적(The personal is political)'이다. 소위 '현대화된 가난' 속에서, 자기만의 목소리 크게 내기에 골몰하고 있는 한국 사회는 아닌가? 무엇보다도 자신만의 올바름에 갇혀서, 타인을 해하고 있지는 않은지? 천안함 전사자는 오천을 받고, 세월호 희생자는 6억을 받았다는 고발,

현자의 "별 것들이 다 나서서 진짜 노력한 사람들한테 기대서 살려고 그러잖아"라는 피해의식, 그래도 현자의 고추 싹쓸이는 더 가진 자의 탐욕이기에 현태는 절대 좌시할 수 없었다. 그런데 현태나 동교는 자신의 불만과 좌절을 그렇게 분노로 풀어내는 것은 진짜 아니었겠지?......정권이 바뀌었다고 세상도 인간도 더 나아지지 않았다.......결코 쉽게 정리되지도, 결말의 대답도 찾기 어려웠지만, 작품의 질문이 깊은 무게로 다가왔다. 누가 이렇듯이 소소한 일상생활에서 윤리를 빗대어 집어내며 질문할 수 있겠는가? 사실 이러한 소소한 일상을 바로 잡을 때 거대담론은 이루어지며 정치적이 된다는 것을, 이 작품만큼 이렇듯이 입증해 보일 수 있겠는가? 실로 장우재 작가가 전작(前作)부터 추구해왔던 깊은 추상성이 현실의 적절한 비유를 통해 빛나는 순간이었다.

연출 김광보는 작가 장우재가 갖는 관념성을 일상성으로 잘 소화하여 공연의 시너지 효과를 높였다. 연출은 무엇보다도 작품의 동시 다발적이고 다양한 인물들을 순간순간 개별성을 갖고 다가오게 하였다. 동사무소 직원이나 매일 아침 슬리퍼를 끌고 차를 빼주는 총각이나 빌라에 사는 모든 인물들은 별 대사가 없어도 그 개성으로 우리 곁에 살아있는 인물들로 다가왔다. 그리고 이들은 '빌라에서 매일 같이 반복되는 일상, 우리는 모두 한 배를 타고 있는 것이 잡혀야 합니다.'라는 연출의 말처럼 빌라의 생활이 내 이웃의 삶처럼 잡혀졌다. 그러나 한편 코러스라고 할 수 있는 할머니들은 정형화된 연기로 이들과 대조된다. 즉 그들은 시각적으로 웃음을 자아내는 동시에 기계적이며 아무 의식 없는 사람들로 그려졌다. 그러하기에 또 다른 인생의 단면이 빌라 사람들과 대조되어 드러났다. 이렇듯이 일상 속에 작품의 무거운 사고(思考)를 감춰서 전했기에, 그 사고를 별 거부감 없이 받아들일 수 있었다. 즉 가벼운 관극과 무거운 생각하기를 병행할 수 있었다.

〈옥상 밭 고추는 왜〉

뼈대뿐인 무대에서 푸른 고추밭을 만든 무대미술(박상봉 디자인)도 효과적이었다. 고추밭만이 사실적으로 존재함으로써, 가장 추상적일 수도 있는 소중한 것의 실체가 분명하게 무대에 자리 잡았다. 뿐만 아니라 다닥다닥하게 붙은 쇄락한 빌라의 실상을 골조 뼈대를 통해 잘 표현했다. 즉 무대의 사실성과 추상성을 적절히 배치하여 공연이 가졌던 함의를 높였다. 더구나 이야기의 중심에 있다고 할 동교, 현태 및 현자의 집을 중앙에 나란히 늘어서게 해서, 연기 공간의 균형마저 잡고 있다. (사실적으로 동교 집은 303호, 현대 집은 301호, 현자 집은 201호이다.)

배우들의 연기도 조화가 잘 되었다. 고수희는 언뜻 보면 나쁜 여자 현자를 단순히 악녀가 아닌 오늘의 바둥거리는 한 생활인으로 다가오게 했다. 그녀의 고추 따기는 광자의 재건축 동의를 얻기 위한 무언의 압력이었다. 자칫 현자가 단면화되었다면 작품의 의미는 상당히 축소되었을 터인데, 역시 고수희의 카리스마를 발휘하여, 현자의 정당성(?)도 이해할 수 있었으며 살아 있는 인물로 다가오게 하였다. 현태 역의 이창훈 역시 자신만 돌려지는 분노를 자연스럽게 표현했으며,

정의감에 현자의 사과를 받아야만 하는 당위성이 다가오게 연기했다. 초반에 잠시 등장했던 광자역의 문경희는 짧은 등장에도 불구하고 공연 내내 그녀의 존재를 기억하게 할 만큼 배려 깊은 억울한 할머니로 남았다. 성북의 한동규는 어느 마을에나 한 명쯤은 있을 것 같은 마음 좋은 아저씨를 다가오게 했으며, 대사 한 마디 없지만 늦게 와서 차를 아침마다 빼줘야 하는 총각이나 이를 부탁해야 하는 교수 지망생의 교차하는 분노도 전해져 왔다. 한편 코러스 역을 한다고 할 수 있는 세 명의 할머니(장연익, 김남진, 강주희)는 적절히 정형화된 연기로 다른 역할들과는 대조 되었는데, 앙상블을 이루며 공연에 소극적(笑劇的) 역할과 생각 없는 삶을 잘 표현하였다.

〈옥상 밭 고추는 왜〉

실로 〈옥상 밭 고추는 왜〉가 주는 감동은 깊었다. 소소한 각자의 목소리를 통해서 우리 현 사회가 적나라하게 드러났기 때문이다. 모두가 분노한 사회, 각자 목소리 크게 내기에 골몰한 사회, 누구나 자신만이 정의라고 굳게 믿고 있는 사회, 그러하기에 남에 대한 배려나 이해가 없는 사회 – 바로 이러한 사회가 어떻게 더 나아갈 수 있는지 모르겠다고 작가는 진심으로 오늘의 우리 사회에 묻고 있다. 가장 자신만이 옳다는 종교 전쟁이 가장 잔혹한 인류의 전쟁이 아니었던가? 적폐청산은 옳지만, 어째서 정치보복이라는 말이 나오는가? 현자의 잘못을 사과 받기 위해서, 그녀의 애완견을 훔치는 일은 옳은 일인가? 아니 정당화 될 수 있는가? 우리는 사소한 우리의 행동을 어떻게 책임질 수 있는가? 소소한 일상에서조차 윤리적 인간이기를 지키지 못하는 우리가 거대담론을 논할 수나 있는가? 올바른 윤리와 도덕은 점점 더 미궁으로 빠지고, 진실은 판단할 수 없으며 쉽게 우리에게 드러나지 않는다. 바로 이 미궁에서 지금 우리 사회는 어떻게 벗어날 것인가? 연극의 오락성이 대중화 시대의 해답인 양 기치를 내걸고 있는 오늘날, 실로 이 질문들은 가슴을 때리는 충격이었다. 서구의 연극사를 돌아볼 때도 위대한 연극이 항시 그러했듯이, 진정 연극은 철학이요, 사회학이요, 정치학이며 오늘의 인문학임을 다시금 깨닫는다.

(한국연극, 2017. 11)

3

전통의 현재화

고전 양식의 현대화
판소리 <사천가>와 창극 <로미오와 줄리엣>

들어가며

올 상반기의 연극을 돌아볼 때 공연의 주류를 이루었던 것은 아무래도 고전의 재공연이었다고 하겠다. 명동예술극장의 개관과 국립극장의 새로운 출발 등으로 셰익스피어는 물론 아리스토파네스, 체홉, 유진 오닐에 이르기까지 폭넓게 고전 번역극이 재공연 되었으며, 창작극 역시 한국의 레퍼토리로 정착해 가는 오영진, 최인훈, 오태석 등의 공연이 유독 많았다. 소위 한국 현대극이 정전으로 정착해 가며, 폭넓게 공연된다는 것은 반가운 현상이기도 하다. 다른 특징의 하나는 신진 작가와 연출가의 등장이다. 올해 개관한 남산예술센터와 두산아트센터가 적극적으로 이 흐름을 지지했다고 하겠다. '프로젝트 빅보이'가 대표적인 예이나, 이들 극장은 주로 젊은 예술가들이나 새로운 연극을 지원하였다. 그러나 아주 실험적인 공연이었기보다는 비교적 안정적인 산뜻한 공연과 새로운 경향들을 시사하였다.

이러한 공연들 사이에 별 주목받지 못했던 우리 고전 양식을 현대화하려는 두 공연이 있었으니, 판소리 <사천가>와 창극 <로미오와 줄리엣>이다. 이들은 판소리를 모태로 창작 판소리나 창극에서 나아가서, 이제 서구의 고전을 우리의 판소리화하였다.[1] 바꾸어 말하면, 우리의 양식을 세계 속에 널리 알리기 위해, 서구의 고전을 활용한 것이다. 이 공연이 감동적일 때, 판소리 장르가 세계 속에 우뚝 설 수 있을 것이다. 그러하기에 두 공연은 그 시도부터 의의가 크며, 우리가 주목해야 하는 이유이다. 이 두 참신한 시도를 분석하고 비교하여 보고자 한다.

〈2009 사천가〉

〈사천가〉는 브레히트의 〈사천의 착한 여자〉를 판소리로 작창하여 부른 것이다. 여기에는 이자람이라는 뛰어난 판소리 소리꾼의 재능 없이는 절대로 불가능 했을 공연이다. 사실 본 공연은 초연이 아니라, 2007년 말 정동극장에서의 초연을 보았던 두산아트센터 창작자 육성 프로그램 제작팀이 더하여져 "현대적 형식미"와 "동시대성"을 고민하며 2008년 〈사천가〉를 기획했고, 이제 다시 "우리 시대가 원하는 공연"이 될 수 있다는 확신에서 2009년 〈사천가〉를 올렸다. "첫 해는 실험, 둘째 해에는 안정, 셋째 해는 그간의 성과를 다른 소리꾼들과 나누는 것"이라고 했던 드라마터그의 말처럼, 초기의 불안정한 실험에서 이제 3년차를 맞으며 나름 미학적으로 안정된 공연을 널리 퍼뜨리기 차원의 공연이었다. 그만큼 이 실험의 정착과 성공을 알리는 공연이었다. 판소리 현대화의 새로운 시도였던 만큼, 이 공연의 성공이 시사하는 바가 크다.

〈2009 사천가〉를 살펴보면, 우선 등장인물은 소리꾼 혼자만이 아

---

1 서구 고전이 아닌 우리 창작 창극은 〈꿈하늘〉 등 90년대 중반부터 시도되었다.

니다. 비록 대사가 짧긴 해도 3명의 신들이 등장한다. 신들은 초월적 존재로 등장하기 보다는 연미복을 입고 거들먹거리면서 등장한다. 오히려 지상의 절대 권력이나 자본주의 하수인의 냄새가 난다. 악사들은 작업복 차림으로 서민들을 표상하며 무대에 서있다. 여기에 주인공 창자는 다수의 인물을 표현하는 만큼, 폭넓은 치마를 입었으나 어딘가 남성성이 강한 복장에, 현대와 고전을 아우르는 서양 복장이다. 배경에는 펼쳐놓은 병풍을 연상시키는 스크린이 'ㄱ'자로 펼쳐있고 여기에 도시의 다양한 영상물이 비친다. 그러나 여전히 흰 부채는 판소리처럼 하나뿐인 소도구로 중요한 역할을 한다.

공연에서 우선 가장 놀라운 것은 작창이다. 판소리를 잘 모르는 사람에게도 전혀 지루하지 않게 변화를 주면서 브레히트의 서사극을 잘 전달하고 있다. "판소리를 잘 모르는 분들은 이 공연을 보면 '그냥 판소리잖아!'라고 하실 테고 판소리를 잘 아는 분들은 극 중간중간 캐릭터마다 달라지는 생소한 장단과 창법에 재미가 좀 더 있으실 테지요." 라고 작창가가 말했지만, 별 식견이 없는 관객이라도 평소 판소리보다 다양한 변화가 있다는 것은 쉽게 느낄 수 있었다.[2] 실제로 이번 〈사천가〉에서는 "기존 판소리 장단 이외에 굿장단인 도살풀이, 자진타령장단, 동살풀이, 드렁갱이, 그리고 삼바 리듬 등을 사용하여 극적 효과를 더" 했으며, "베이스, 어쿠스틱 기타도 만나고, 젬베, 둠벡, 플로어탐" 같은 다양한 악기를 섞었다.[3] 분명 판소리이되, 음악적으로도 다양한 현대화를 시도한 것이다. 그리고 그 시도가 자연스레 원래 판소리에 녹아나서, 판소리가 아닌 다른 무엇으로는 인식할 수가 없는 것이다. 따라서 보다 다양하고 재미있는 소리로 다가왔다.

---

2 이자람 "판소리 장단에 자진타령, 동살풀이 그리고 삼바 리듬까지" 2009 사천가 프로그램 중에서
3 같은 글

여기에 소리꾼의 연기력도 뛰어났다. 소리만으로 거의 모든 인물들을 표현하기란 쉽지 않았을 것이다. 바뀌는 인물에 따라 바뀌는 소리꾼의 연기는 실로 극의 재미를 더했다. 물론 이는 판소리의 발상이나, 실로 이자람은 뛰어난 연기력을 가졌고, 여기에 현대적 연기를 더했다. 오히려 신을 비롯한 움직임 배우들의 연기가 작품 전체에 녹아들지 못한 인상이었다. 실로 일인다역을 어떻게 현대화 할 것인가는 좀 더 고려해야 할 과제이다. 가령 소리꾼은 악사들과 함께 서서 소리만을 하고, 주요 배역들도 모두 움직임 배우로 연기할 수도 있겠고[4], 아니면 창극처럼 주요 배역들만 각기 다른 소리꾼을 사용하고 전체를 이끄는 도창을 보다 길게 활용할 수도 있겠다. 물론 이들의 경우 판소리 본연의 양식미는 덜하다. 아직 미완이긴 하나 〈사천가〉의 시도는, 이자람의 연기력에 의하여 빛을 발하였다. 그러나 한 사람의 연기력에 의지한 성공은 보편적인 성공적인 양식으로는 좀 위태롭기도 한 것이다.

판소리 형식자체와는 관련이 없겠지만, 공연을 더욱 흥미롭게 만들었던 것은 〈사천의 착한 여인〉의 한국적 각색이다. 세 신이 착한 사람을 찾는데, 오늘날 부(富)의 상징인 타워팰리스를 빗대어서 탑골팰리스에 도착한다든가, 누구나 다 숭배하는 오늘의 미인상을 착한 여인으로 착각한다든가, 착한 여인이 사랑에 빠지는 견식이 겉멋 든 소믈리에 유학 지망생이라든가, 결혼식을 벌여 놓고도 돈 줄 사촌오빠가 나타나지 않자 끝끝내 결혼하지 않는 신랑 등 오늘의 우리 사회가 날카롭게 반영되고 느껴졌다는 점이다. 그리하여 단순히 어디엔가 있는 먼 한 도시의 문제가 아니라, 바로 우리 사회에 대한 적나라한 사회 풍자요 우리 문제에 대한 뼈아픈 지적인 것이 다가왔다. 이러한

---

4 일본 노의 경우를 생각하면 가상하기가 쉽다.

각색의 인문적 깊이는 공연을 더욱 즐겁게 했으며, 브레히트의 관점인 오늘을 생각하는 연극이라는 목표를 확실하게 성취하고 있다.

실로 〈2009 사천가〉의 의의는 크다. 무엇보다도 우리 판소리의 현대화라는 성취이다. 단순한 북장단을 다양한 전통 및 현대 악기로 대치하여, 장단뿐만 아니라 아닌 음색과 고저를 더하였다. 뿐만 아니라 소리꾼의 발림이나 너름새를 현대화하여 일인극의 경지로까지 그 연기의 영역을 넓혔다. 무대미술이 없는 판소리의 무대도 병풍식으로 펼친 스크린을 설치하여 다양한 영상을 쏘아서 크게 판소리의 무대를 벗어나지 않으면서도 그 단조로움을 극복하였다. 또한 서양극을 가져다 판소리화 했다는 의의도 크다. 기존에도 한국식 소재로 몇몇 창작 판소리가 있었으나, 서양고전을 가져다 판소리화함으로써 판소리의 세계적인 일반성을 쉽게 성취할 수 있었다. 더구나 이야기의 적절한 한국화는 우리 시대의 날카로운 풍자로 이어져서, 브레히트가 원래 의도했던 '생각하는 연극'을 성취할 수 있었다. 사회성이 약한 우리 공연계에, 강력한 현실 고발로 공연의 의의를 다시금 생각하게 했다. 다만 세 신의 움직임 배우가 적절했던가는 좀 더 고려해야 할 문제로 남는다. 그러나 판소리 현대화의 한 획을 긋는 공연이었으며 진정 새로운 판소리를 보여주었기에, 이 공연에 진심으로 박수를 보내고 싶다. 이러한 시도들이 이어져서, 판소리가 세계무대에서 오늘의 공연으로 우뚝 서기를 기대해 본다.

창극 〈로미오와 줄리엣〉

국립창극단의 창극 〈로미오와 줄리엣〉도 셰익스피어를 한국으로 번안 하였다. 로미오와 줄리엣은 문태규가의 아들 로묘와 최불립의 딸 주리로 변하고, 이들은 경상도 함양과 전라도 남원의 토호들이다. 즉 두 집안의 불화는 한국의 지역감정까지를 담아낸다. 무도회는 재수굿판으로 대치되었고, 기독교 사제는 무당이 대신한다. 작창은 창극계의 프리마돈나라고 할 안숙선이 맡았고, 국립창극단 최고의 배우들이 소리를 맡았다. 더구나 "판소리 어법과 원작의 깊이 있고 아름다운 문체가 조화를 이루며 소리꾼의 입에 착 달라붙는 대사"를 만들기에 주력했다 한다.[5] 뿐만 아니라, 중간 중간 풍물패 연희꾼들이 등장하여 탈놀이, 풍물놀이, 신선 줄타기 등등 다양한 전통 놀이를 엮어낸다.

이러한 발상만으로도 분명 성공적인 공연이어야 했을 창극 〈로미오와 줄리엣〉을 보면서, 뭔가 석연치 않은 느낌을 지울 수 없었다. 파노라마처럼 바뀌는 1막을 보면서, 한국의 멋을 느낄 수 없었을 뿐더러 소리의 매력도 드러나지 않았다. 소리도 전통놀이도 재수굿판의 무당춤까지도 그저 박제화된 한 장면으로 다가왔을 뿐, 감동이 전해오지 않았다. 즉 한국 전통을 보여주기에 급급해서, 나열하기에 그쳐 그 참 맛을 전하는데 미흡했다고 하겠다. 휴식 후 2막에서 소리가 좀 더 길어지면서 판소리의 멋이 들어나기 시작했으나, 이미 상당수 관객이 자리를 떠나고 흐트러진 흥을 되살리기에는 역부족이었다. 한마디로 창극 〈로미오와 줄리엣〉은 셰익스피어의 줄거리를 따라가기에 전전긍긍한 느낌이었다. 그리하여 〈로미오와 줄리엣〉은 창극의 양식미를 드러내지 못하고, 창극이 셰익스피어 내용을 전달하기에만 급급하였다.

여기서 우리는 양식의 현대화와 보편화를 위한 몇 가지 원칙을 생각해 볼 수 있겠다. 그 첫째는 본연의 양식미를 살려야 한다. 즉 판소

---

5 "로미오와 줄리엣" 2009서울 국제공연 예술제 프로그램 중에서.

리나 창극의 경우는 소리를 살려야 한다. 만일 이야기를 전달하기에 너무 길다면, 그 전달에 연연하기보다 도창으로 줄거리를 말해버리더라도 기억할 만한 소리가 있어야겠다. 가령 〈로미오와 줄리엣〉의 경우, 발코니 장면에서 나누는 두 사람의 사랑의 언약은 좋은 소리와 듀엣 될 것이다. 다만 몇 개의 곡이라도 판소리의 멋이 전해오게 길게 부르는 창이 토막토막 줄거리를 나열하는 것보다 좋지 않았을까? 오페라의 아리아 같이 기억에 남는 소리가 있어야겠다. 뿐만 아니라, 소리를 중심으로 감정의 고저를 미리 계획하여야 한다. 그 하이라이트가 전반부는 두 연인의 사랑의 아리아이고, 후반부는 무덤에서 서로 부르는 죽음의 곡이라면, 이 두 소리를 중심으로 감정을 조절하여야 한다. 즉 창극의 기본은 판소리 양식이라는 것이니, 소리에 주력하고 몇 개라도 아리아로 기억에 남을 수 있도록 우선 주력해야 할 것이다. 그리고 여기에 작품의 주제를 중심으로 감정을 넣어서 서구식 클라이맥스의 효과도 더할 수 있겠다.

다음으로 진짜로 현대화를 의도했다면, 소리에도 현대적 감각을 넣었으면 한다. 가령 판소리 본연의 쉰소리가 사랑을 노래하는데 거슬린다면, 그 쉰소리를 조금 부드럽게 넘어갈 수도 있을 것이다. 꼭 전통적인 음색이 효과적이지는 않을 것이다. 뿐만 아니라 반주에 음색이나 고저를 더하기 위해, 현대 악기까지도 활용할 수 있다. 사랑의 아리아에 부드러운 음색의 악기가 반주를 더한다면 좋을 것이다.

셋째 일단 등장한 전통예술은 좀 더 철저하게 활용하여 그 멋을 알릴 필요가 있다. 가령 재수굿판이 벌어지고 무당이 등장하는데, 여기서 무당이 주인공이 아니라고 굿판 자체가 전개되지 않았다. 그러니까 굿판이라는 설정 자체가 관념으로 남아서, 흥미가 생기지 않는다. 오히려 우리 굿판의 감흥을 전달하고, 바로 그 감흥에서 두 사람의 사랑이 싹트고 전달되었더라면 더욱 효과적이지 않았을까? 또한 어설

푼 전통의 차용은 금물이다. 가령 로묘와 주리 집안 지인들이 머리에 가면을 썼는데, 봉산탈과 산대탈 등이 섞여 있었다. 원한을 나타내기 위해 한 집안이 봉산탈을 다른 집안이 산대탈을 쓴 것도 아니고, 그렇다고 가면을 별로 활용하지도 않았다. 당위성 없는 전통이 그냥 등장하니까, 산만하고 나열식으로 느껴진 것은 당연하다고도 하겠다. 그 전통의 진수를 보여주지 않고는, 그 멋이 전달될 수 없는 것이다.

이런 의미에서 이번 창극 〈로미오와 줄리엣〉은 좋은 시도에도 불구하고, 양식미를 전하는 데는 미흡했다. 너무 안이하게 손쉬운 전통을 나열하고, 판소리의 현대화 없이, 서구 고전에 대입시켰다. 그리하여 생기는 불협화음을 관객의 판소리에 대한 이해부족이라고 몰아가는 듯한 수용자 중심의 공연이었다. 창극의 거대한 조직 국립창극단이 다른 극단에 비할 수 없는 지원을 받으며 내놓은 작품이라는 사실에 아쉬움은 더욱 컸다.

나가며

판소리 〈사천가〉와 창극 〈로미오와 줄리엣〉은 서구의 고전을 빌어서, 판소리 양식의 현대화 시도라는 점에서 높이 살만하다. 〈사천가〉가 본연의 판소리 양식에 과감하게 현대화를 시도했다면, 〈로미오와 줄리엣〉은 전통의 나열식으로 그 멋이 드러나지 못했다. 실상 원래적인 판소리 자체는 〈로미오와 줄리엣〉의 배우들이 더 잘 할런지는 몰라도, 성공적 공연으로는 〈사천가〉에 미치지 못했다. 〈사천가〉는 판소리 본 리듬에도 변화를 주었지만, 현대인에게 소리라는 참 맛을 느끼게 하며 브레히트를 전했다. 즉 판소리라는 양식을 오늘에 세우며, 현대인들에게 보편적으로 감동적인 것임을 일깨웠다.

실로 판소리 〈사천가〉와 창극 〈로미오와 줄리엣〉은 우리 전통의 현대화에 많은 것을 생각하게 했던 공연이었다. 이제 단순한 창작 판소리를 넘어서, 세계를 향하여 누구나 알고 공감할 수 있는 서구의 고전으로 도전하고 있다. '한술 밥에 배부르랴'라는 옛 속담을 생각하며, 이러한 시도들이 꾸준히 나오기를 기대한다. 우리 전통 양식이 세계 속에 우뚝 서고 각광을 받기까지, 이를 꾸준히 갈고 닦는 것은 온전히 우리의 몫이다. 이제 원형적 전통의 우월주의나 전통의 단순한 나열만으로는 오늘의 보편성을 얻을 수 없다. 한국적 정체성에 오늘의 현대성과 세계적 보편성을 더해야 할 시점이다.

(연극포럼, 2009. 12)

창극의 세계화와 정가(正歌)의 사랑 노래:
<수궁가>와 <이생규장전>

    새 밀레니엄에 들어서 우리 전통 고유의 장르를 새롭게 해석하고 현대화하려는 실험들이 심심치 않게 눈에 뜨인다. 올 가을의 새로운 시도를 꼽으라면 창극 〈수궁가〉의 세계화 시도와 사랑 노래를 정가로 엮은 정가극 〈이생규장전〉을 꼽겠다. 이들은 전통의 새로운 영역을 실험하고 있기에 주목된다. 창극을 세계적인 해외 연출을 초빙하여 세계화하려는 시도도 처음이고, 아정(雅正)한 노래라는 장중한 정가로 극을 만들어 사랑의 이야기를 전하는 것도 생소하다. 모두 아직 미완의 실험이라고 하겠으나, 바로 그 실험성으로 인해 주목되는 공연들이었다.

아힘 프라이어의 추상적 무대와 〈수궁가〉

    세계화(Globalization)는 고유의 창극도 비켜가지 못하는가 보다. 국립창극단이 〈수궁가〉를 "2011년은 국립창극단 역사에 정점을 찍게 될 해이다. 판소리오페라 〈수궁가〉를 통하여 창극의 세계화에 도전하기 때문이다. 〈수궁가〉는 우리의 창극이 서양의 오페라, 일본의 가부키, 중국의 경극과 함께 세계무대에 우뚝 설 수 있는 계기를 마련해 줄 것으로 기대된다."는 야심찬 포부로 올렸다.

독일 오페라의 거장 아힘 프라이어(Achim Freyer)를 연출가로 초대하여, 우리 전통 판소리 〈수궁가〉를 '판소리오페라'라는 낯선 이름으로 선보였다. 프라이어는 독일 오페라 연출의 거장으로 "오늘날 가장 존경 받고 있는 추상주의 무대연출가 및 디자이너이자 비주얼아티스트"이다. 그러하기에 창극이란 용어를 사용하지 않고, 프라이어의 오페라를 존중하여 '판소리오페라'라는 이름으로 이번 공연을 명명하였다. 실로 판소리의 새로운 변신이라고 하겠다. 그간 판소리 완창 공연에 대한 두 견해가 대립되어 온 것도 사실이다. 판소리 세계화를 위해 공연 형식의 변화가 필요하다는 견해와 한국 전통의 진수를 위해서 절대로 변형해서는 안 된다는 견해가 양존해 왔다. 필자는 항시 판소리는 판소리이어야 하며, 창극은 자유롭게 변화될 수 있다는 입장을 견지해 왔다. 이번 국립극장의 〈수궁가〉는 새로운 창극 혹은 판소리의 오페라를 모색했다는 점에서 우선 주목되었다.

실로 〈수궁가〉의 무대는 색다른 경험이었으니, 마치 하나의 현대적 추상 설치미술을 본 느낌이었다. 우선 아힘 프라이어의 자유롭고도 힘이 넘치는 무대가 압도적이었다. 일종의 표현주의, 초현실주의 혹은 상징주의가 겹쳐진 듯한 무대미술과 가면은 기존 창극의 고정된 개념을 무너뜨리기에 충분했다. 무대 양날개까지 확장된 흰 배경막에는 굵은 검정색으로 곡선을 휘감아서 압도적인 추상화를 그렸다. 어딘가 동양적 수묵화 같기도 하며 아함의 표현주의 같기도 한 힘찬 선의 아름다움이 빼어났다. 여기에 갖가지 동물형상을 한 종이가면을 쓴 배우들은 첫 눈에는 살아 움직이는 배우라기보다 무대그림의 일부 같았다. 그 평면적 가면들로 인하여 배우의 입체감이 사라져서, 배경막과 같이 2차원적인 형상으로 보이게 움직였다. 동물형상의 가면들은 통상 얼굴 크기를 넘어서 키의 1/2에 달하기까지 각양각색이다. 이렇듯이 무대는 마치 그림을 옮겨 놓은 듯, 배우들의 움직임조차 가면(얼굴)을 객석으로 향하고 움직이기에 입체감이 전혀 없이 2차원 그림으로 느껴졌다. 그 무대는 추상적이며 포스트모던하고 압도적이었다. 이러한 추상성을 뒷받침하기 위해서인지 조명이나 의상도 흑백이 주조를 이루었으며, 약간의 색조로 악센트를 주었다. 실로 멋있는 움직이는 추상화를 보았다.

막이 열리면 도창 안숙선이 거대한 구조물 위에서 이 구조물을 푸른 치마인양 감싸고, 창을 하며 이야기를 연다. 이러한 웅장함과는 대조적으로 치마 안에서는 동화에서처럼 토끼들이 오리 떼처럼 쏟아져 나온다. 연출의 갑작스러운 유머 감각이라고 하겠다. 용궁 역시 동화적이기도 하고 엄숙하기도 하며 현대 문명에 비판적이기도 하다. 바다에 가득 매달린 페트병은 쓰레기를 연상시키며 관객들에게 환경문제를 생각하게 하기도 한다. 무대미술이 주는 신비감과 대조적으로 이런 유머스럽거나 낯선 현대적 상황은, 소위 브레히트적 소외효과를 창출하기도 한다. 아름다운 추상화와 동화를 감상하다가 갑자기 현실감을 느끼는 것이다. 이렇듯이 느닷없는 현대의 삽입은 작품이 다루는 시대 폭을 넓히며 공감대를 형성했다.

음악도 판소리에만 국한되지는 않았다. 가령 용왕이 죽을병을 탄식하는 장면에서는 판소리를 떠나서 종묘제례악의 '전폐희문'까지를 활용했다. 분위기상 장중한 정악 연주를 살린 음악이 효과적이었다. 즉 창극에 판소리 작법뿐만 아니라 다양한 전통음악 작법을 활용하였으니, 이것도 실로 창극의 의미 있는 변화하고 하겠다. 이러한 변화를 더욱 확대하여, 프라이어의 추상적 미술에 맞는 현대 음악의 작법도 병행했더라면 시청각적 이미지의 괴리를 줄일 수 있지 않았을까 하는 생각을 해 보았다. 판소리라면 고유의 장르에 충실해야겠지만, 창극이기에 음악의 변화도 감히 생각할 수 있지 않을까 싶었다.

뿐만 아니라 원작의 현대적인 해석도 곳곳이 눈에 띄었다. 별주부는 원작의 충성심 대신 부귀영화를 위해서 토끼 사냥에 나선다. 충효를 강조하는 원작과 달리 개인적인 영달이 우선시되고 있다. 토끼가 별주부의 꼬임에 빠지는 것도 단순히 실수라기보다는 소위 현대적 의미의 현실타파의 시도이다. 막막한 현실에서 더 나은 삶에 대한 동경인 것이다. 더구나 마지막에 토끼는 달나라로 올라가면서 유토피아를 꿈꾸게 만든다. 그 유토피아는 현대인이 그리는 유토피아와 직결되고 있는 듯싶다.

〈수궁가〉

'이미지'와 '창'의 충돌

이렇듯이 평소 보지 못한 무대의 화려한 그림과 현대적 터치는

〈수궁가〉를 분명 기성의 창극과는 구별 지었다. 그러나 이러한 압도적인 그림으로 '판소리오페라'의 주역이어야 할 소리는 상대적으로 너무 왜소해졌다. 정작 등장인물들의 창은 별 감동을 주지 못하고 배경음으로만 들렸다. 이는 가면을 유일하게 쓰지 않았던 도창을 제외하고, 모든 등장인물에게 적용된다. 도창자 역시 너무 홀로 거대하게 높이 있어서 관객과 소통하기보다는 위압적이었다. 더구나 가면 뒤에서 마이크를 통해 나오는 소리는, 마치 녹음 같은 착각이 들었다. 전혀 입체감이나 살아있는 것 같지 않은 무대에서 나오는 소리이기에 더욱 녹음과 같이 들렸다. 그림이 움직이고, 소리는 그 배경음일 뿐이었다. 뿐만 아니라 추상적이고 현대적인 그림과 전통적인 판소리는 부조화를 이루며 어딘가 맞지 않았다. 그 시각적 이미지와 청각적 이미지의 부조화는 시종 계속되어서, 공연 내내 그 불협화음에 신경이 거슬렸다. 프라이어가 판소리를 좀 더 이해했거나, 아니면 하다못해 요즈음 신세대의 판소리처럼 현대 악기도 좀 섞고 했어야 프라이어의 추상화에 부합하지 않았을까 하는 생각이 절로 들었다. 그래서 그 현대 음악과 프라이어의 현대적 추상성이 만나야, 전통도 현대와 조화를 이루며 더욱 빛을 발하지 않았을까? 판소리나 창극의 주를 이루어야 하는 소리가, 한갓 녹음 소리로 들린다면 어떠한 멋있는 이야기나 그림도 이를 보상할 수는 없을 것이다. 그렇다면 그 공연은 판소리에 기저를 둔 장르가 아닌 어떤 다른 장르일 것이다.

소위 '세계성'을 추구하다가 우리 문화인 소리는 정작 잃고, 현대적 그림만을 보는 것은 아닌가 하는 의문이 짙게 들었다. 세계적 거장을 초빙하는 데서 나아가서 거장에게 우리 문화에 익숙하게 한 후 연출을 의뢰할 방법은 없었던 것인가 하는 아쉬움이 남았다. 아무리 거장이라도 그 문화에 대한 이해 없이는 결국 자신만의 문화를 이야기 할 수밖에 없다. 그러나 과연 한국 문화에 익숙한 해외 거장은 가능한가?

어설프더라도 이들을 활용하는 것이 세계화의 첩경이 될 것인가? 등등 의문들이 꼬리를 물었다. 그만큼 시각적 이미지와 청각적 이미지는 겉돌았고, 오히려 시각적 이미지가 청각적 이미지를 압도하고 있었던 공연이었다.

더구나 가면을 쓴 탓에 무대와 객석의 교감을 찾기 힘들었으니, 라이브 공연의 묘미가 없었다. 굵고도 강렬한 선의 전체적인 무대그림은 배우마저도 이차원적인 그림으로 변환시켜서, 교감을 의도하는 배우이기보다는 수동적 그림의 일부였다. 즉 소통에 주력하기보다는 연출가의 일방적 그림을 보도록 강요된 공연이었다. 이런 상황에서 실로 추임새를 넣는다는 것은 생각할 수 없었다. 물론 추임새가 생략될 수도 있지만, 관객과의 소통을 가볍게 여긴 것은 안타까웠다. 배우와 관객의 눈맞춤이 생략된다는 것이 이토록 소통에 치명적인 것임을 경험한 공연이었다. 가면 뒤 배우들은 관중과 어떤 생명적인 소통도 할 수 없는 전체 그림의 일부분이 되었을 뿐이다. 커다란 가면 뒤에서 나오는 소리는 누가 창을 하는지 누가 대사를 하는지조차 파악하기 어려웠으니, 교감은 아득한 일이었다.

뿐만 아니라 본 공연에서 움직임은 중요하다. 움직임으로 가면에 생명력을 불어 넣을 수도 있으며 표정을 만들 수도 있기 때문이다. 그러나 의외로 이러한 섬세한 배려들은 미흡했다. 별 고개 짓이 없어서 가면은 시종 하나의 표정이었으며, 표정을 살리는 별 특별한 제스처도 없었다. 더구나 다수의 인물이 등장하는데, 어떤 장면에서는 오히려 서로 우왕좌왕하는 듯이 보였다. 가령 간을 두고 왔다는 토끼에 대해 진위를 가리는 장면 같은 곳의 무대는 실로 엉성하고 뒤얽혀 보였다. 다수가 등장할 때 조직적인 코리어그라피(choreography)에 신경을 썼다면 좀 더 깔끔한 무대가 되지 않았을까 싶다. 다수의 인물이 무대 위에 주로 정연한 듯 일렬로 늘어섰음에도 불구하고, 서로 우왕좌왕하는 느낌마저 주었다.

이렇듯이 판소리오페라 〈수궁가〉는 미완의 실험이다. 연출가 아힘 프라이어가 우리 판소리를 무대화할 정도로 판소리의 멋과 맛을 이해하리라고 기대한 것은 잘못이었다. 그는 〈수궁가〉 스토리를 듣고 자기 식으로 받아들였는데, 그것이 판소리의 창과 크게 맞지 않았다. 그는 연출하는 데 있어서 판소리의 소리보다는 스토리에 집중했던 것 같다. 그가 연출한 것이 수궁가 이야기의 공연이었다면 이처럼 아쉬움이 남지는 않았겠다. 시각적 이미지가 현대적이며 추상적인 뛰어난 공연을 봤다고 할 수 있기 때문이다. 그러나 판소리에 근거를 둔 〈수궁가〉의 공연이라면, 청각적으로 너무 큰 문제를 안고 있는 실험이었다.

〈수궁가〉

그럼에도 불구하고 이 실험이 의미하는 바는 크다. 우선 판소리를 이어받은 창극의 공식적인 새로운 세계화 시도이다. 해외 거장과 판소리는 감히 연결 짓기 힘든 생각인데, 그 사고의 확장이다. '콜럼버스의 달걀과 같이 새로운 사고에서 새로운 형식이 열린다. 가령 앞서 지적했듯이 무대그림과 소리의 부조화는 포스트모더니즘의 이성, 혼성이나 파열로 새로운 형식이 되기를 기대하기도 한다. 그것이 과연 판소리인지는 의문이지만, 새로운 창극의 한 실험일 수는 있을 것이다. 하지만 앞으로의 창극은 판소리의 본질을 좀 더 이해하는 연출가에 의해 공연되기를 희망한다. 창극의 본질은 어디까지나 판소리의 창이며, 이 창을 살릴 때 우리의 고유 장르가 가능하기 때문이다. 포스트식민주의의 입장에서는 본 공연도 하나의 제국주의 공연이라고 말 할 것이다. 서구의 거장이라는 이름으로 한 고유문화의 본질을 짓밟은 공연이기 때문이다. 그러나 어찌 한술 밥에 배부르랴? 이제 이 새로운 세계화의 실험을 바탕으로, 보다 조화롭고 완결된 다음 작품을 기대해 본다. 새로운 실험의 세계는 열렸다— 바로 이것이 이번 〈수궁가〉의 의의라고 하겠다.

고전 정전과 고전 가악의 만남 〈영원한 사랑-이생규장전〉

한편 정가극(正歌劇)의 실험인 〈영원한 사랑-이생규장전〉(김석만 연출, 안현정 작곡, 국립국악원 정악단)은 정가로 이생규장전을 이야기 한다. 가곡(歌曲)·가사(歌詞)·시조(時調) 등 성악곡으로 이루어진 정가는 2010년 가곡이 유네스코 세계인류무형문화유산으로 등재되어 오늘날 새롭게 주목을 받기 시작했다. 작품은 김시습의 한문소설『금오신화』에 나오는 〈이생규장전〉을 9개의 에피소드로 나누어서 이생과 최랑의 만남과 이별을 시적(詩的)으로 이야기한다. '회상-이생과 최랑이 만나다-이생과 최랑이 서로의 마음을 확인하다-이생, 아버지에게 꾸지람 듣다-최랑은 돌아오지 않는 이생을 기다린다-결혼-난리 났네 난리 났어-재회: 이생이 폐허가 된 집으로 돌아오다·이별'이라는 각 에피소드는 〈이생규장전〉의 핵심을 잘 재현하고 있다. 유학이 지배했던 조선 시대에 죽음을 넘은 이생과 최랑의 사랑이 다소 의외이기도 했지만, 또한 애절한 사랑이기에 오늘과 소통되었다. 마치 그리스의 〈오르페우스와 에우리디케〉가 연상되었다. 무형적 전통이라고 할 고전 정전을 고전 성악곡으로 노래한다는 것부터가 실험적이었다.

〈이생규장전〉

극구성은 각 에피소드 간에 막힘이 없이 물 흐르듯이 연결은 부드럽게 이어졌다. 특히 에피소드 진행에 무용 코러스가 항시 움직이면서 장면의 분위기와 주인공들을 대변했다. 여기서 안무는 고전 무용에서 보는 전형적인 안무여서, 고전무용을 보듯이 전체적으로 흐르는 듯이 막힘이 없었다. 그러나 한편 너무나 전형적이고 고전적인 안무가 본 공연의 실험성에는 오히려 저해 되지 않았나 싶다. 정가극이라는 새로운 가극의 형식을 실험하는데, 고전무용의 전형적인 안무는 우선 그 실험성을 반감시킨 느낌이다. 정가에 극을 입힌다는 실험이면, 무용 역시 새로운 시도가 보였으면 싶었다. 무용에 가까운 움직임이 형식을 이끌었기에, 이 무용의 실험성도 요구되는 것이다.

전체적으로 새로운 공연양식을 만들어 내려는 시도치고는 무리 없이 극이 흘렀다. "조선 선비들의 사유방식과 세계인식, 자연과 인간의 소통방식을 지금 이해할 수 있는 양식으로 만들어 보고 싶었다."는 연출의 변처럼, 염려했던 소통 장애는 크게 없었다. 다소 무거운 노래에도 불구하고 갈수록 정가의 매력에 빠져들 수 있었다. 실로 정가는 우리가 어떻게 조선의 공연문화를 현재화 하여 문화에 깊이를 더할 것인가에 대한 하나의 답변 같았다.

〈이생규장전〉

다만 첫 실험이니 만큼 좀 더 정가와 관련이 깊은 정서를 표출하는 작품을 골랐더라면 하는 아쉬움은 여전히 남았다. '정가를 사랑 노래로?' 언뜻 정가라면 사대부의 무거움을 연상했던 필자는 처음부터 좀 무거운 마음으로 공연을 관람했던 것도 사실이다. 정가라면 좀 더 무거운 주제, 가령 성웅 이순신이라든가 사육신 혹은 삼학도 등등 그런 주제를 극화해야 선비들의 내면과 잘 조화되지 않겠는가? 다음 정가 극으로 이러한 이야기를 고려했으면 좋겠다. 그럼에도 불구하고 의외로 사랑노래에 결코 무겁지만은 않은 정가를 발견했다. 오히려 노래처럼 묵직한 사랑의 깊이가 다가오는 듯싶었다.

이번 공연은 "많은 수의 창작곡이 새로 올려지고 전통 선율이 살아 숨 쉬도록 곳곳에 배치하여 전통과 창작의 조화를 느끼도록 구성하였습니다."라는 작곡가의 말처럼 전통을 근간으로 현대의 감성이 느껴졌다. 공연이 끝난 후 정가가 "이 시대의 격조 있는 성악곡"이 될 수도 있겠다는 생각을 해 보았다. 이미 정가는 더 이상 정좌하고 앉아서 듣는 노래가 아니었다. 바로 이 사실만으로도 〈영원한 사랑〉의 성공을 말해준다고 하겠다. 정가가 오늘의 사랑노래로 들렸으니 말이다.

결어: 전통장르의 새로운 실험

〈수궁가〉와 〈영원한 사랑-이생규장전〉은 실로 전통의 수용이 아직도 부단히 새로워질 수 있음을 일깨운 공연이었다. 그리고 부단한 실험을 통해서 전통극은 전통이 아닌 오늘의 극으로 이어져야 한다. 전통은 현재 사는 사람들에 의해 변형이 가능하며, 기억과 기록에 남은 과거이며, 확고부동한 사실과 능동적으로도 만나면서 만들어진 기억이라는 에드워드 실즈의 말을 다시금 생각하게 된다.[6] 서구 연출과 만난 〈수궁가〉는 과거 판소리의 영역을 넘어갈 수 있고, 과거 정가로 〈이생규장전〉이 노래되지 않았겠지만 오늘날 이들은 얼마든지 만나서 전통적이면서도 새로운 우리의 가극이 될 수 있다. 물론 아직은 미완의 실험들이다. 그러나 이러한 꾸준한 실험을 통해서, 새로운 전통을 만들어 낼 수도 있음에 유의해야 하겠다. 그러기에 〈수궁가〉와 〈영원한 사랑-이생규장전〉은 실로 멋진 출발이었다.

(연극평론, 2011. 겨울호)

---

6 Shils, Edward. *Tradition.* (Chicago: University of Chicago Press, 1981), 195.

민속 가신(家臣)신앙과 판소리의 운문성
<흉가에 볕들어라>

〈흉가에 볕들어라〉(이해제 작, 이기도 연출)은 1999년 후반에 초연되면서 새 밀레니엄 벽두부터 평단을 사로잡았던 공연이었다. 실로 교묘하게 민간 가신신앙의 귀신들을 등장인물과 엮으며 시극(詩劇)이라는 명명으로 판소리의 음악성과 토속어의 감칠맛을 살렸던 공연이다. 즉 전통을 은근하게 인물과 대사로 살렸으니, 쉽게 눈에 쉽게 띄지 않는 전통의 무형성이 살아있다. 뿐만 아니라 극중극 혹은 극극중극이라는 기법을 활용하여, 시간과 장소의 경계를 흐려서 포스트모던한 느낌까지 갖추었던 수작(秀作)이었다.

이야기는 그믐날 밤 파북숭이가 폐허가 된 남부자 집에 들어오면서 시작된다. 대문 위에는 죽은 귀신이 된 남부자가 기다리고 있는데, 그는 하인이었던 파북숭이에게 새벽까지 절대로 죽지 말고, 이미 죽은 줄도 모르고 귀신이 되어 살아가는 자신의 식구들을 죽었다는 사실을 인정시켜 떠나보내라고 요구한다.

작품은 전통적인 가신 신앙을 접목시켜 전통적 볼거리를 만들면서, 다층의 액자 구조로 잘 짜여진 구조를 갖고 있다. 즉 30년 전 남부자 집의 하루와 가신들의 세계와 남부자와 파복숭이의 내기 및 업구정이와 업두꺼비의 이야기가 잘 맞물려서 작품에 복합적인 깊이를 부여하고 있다. 30년 전이나 지금이나 혹은 가신들이나 인간들이나 모두 욕망의 근원을 끊을 수 없고 그러하기에 더욱 비극적이나, 인물들의 표현 자체는 과장되고 희극적이다. 또한 현재와 과거, 거짓과 진실의 명확한 구분은 거의 불가능하며, 가신과 인간의 구별 역시 의문시 된다. 귀신 가족들은 민간신앙처럼 우물에는 용왕귀신, 마당귀신, 변소엔 변소각시, 삼신할미, 대들보엔 성주귀신, 장독대엔 터신귀신, 부엌에는 조왕신, 지붕에는 바래기귀신 등으로 나타나는데, 가족 인물과 민간신앙의 귀신이 교묘하게 맞아떨어진다. 즉 가족들은 각자 있던 장소와 욕망에 따라 그 귀신으로 등장하는데, 그들은 자신이 죽은 줄도 모르고 욕망에 빠져있다.

각각의 인물들은 남부자 집의 땅문서와 용단지를 노린다. 머슴은 자신이 갈던 땅을 요구하고, 며느리는 며느리이기에, 마님은 마님이기에 이를 지키려한다. 청지기는 용단지를 지키려고 안간 힘이고, 이를 집안 남녀 하인이 좇는다. 뿐만 아니라, 남부자는 화출에게 애를 배게 하고, 이를 모르는 파복숭이는 그녀를 연모하고, 남부자 마님은 화출을 병신 자식의 첩을 만들려 하고, 질투에 며느리는 미쳐간다. 이렇듯이 얽힌 세계 속의 얽힌 욕망이기에 더욱 비극적이다. 각기 자신의 처지만큼 욕망하는 바가 다르며, 오직 병신 도령만이 여기서 초연하다는 것도 아이러니이다. 그러나 그 역시 여자 속에 들어가고 싶다는 본능적 욕망을 좇는다. 그리고 이 모두에서 초연한 척하는 파복숭이는 사실 가장 악마적인 존재이다. 각자의 욕망을 부추기며, 결국 자신만의 이득을 취하지 않았는가? 그러나 결국 죽지도 살지도 못하며, 이 사건을 되풀이해야 하는 파복숭이는 업보 그 자체를 말해준다. 죄가 없다고 파복숭이는 외치지만, 새벽까지 꼼짝없이 귀신들의 세계에 잡혀서 30년 전 그날 밤을 지켜보아야만 했다. "작가는 밤의 세계, 꿈의 세계, 귀신들의 세계에서 파복숭이의 꿈과 현실, 과거와 현재를 뒤섞어 놓는다. 비현실적인 세계에서 과거의 일이 현실처럼 되살아난다. 그 속에서 파북숭이는 자신이 겪는 일이 꿈인지 현실인지를 구분할 수 없게 된다.[7] 파북숭이는 마치 타임머신을 탄 듯이 과거로 돌아가나, 각자의 욕망과 탐욕은 여전히 현재형이다. 귀신(가족)들이 모두 스스로의 욕망을 쫓다 죽고 파북숭이도 죄책감을 견디지 못하여 낫을 가슴에 꽂는다. 그러나 새벽닭이 울고 파북숭이는 꿈에서 깨어난 듯 일어나서, 아무 일도 없는 듯한 폐가를 바라본다.

전통의 수용으로 우선 눈에 띄는 것은 가족들이 각기 주로 거주하던 장소에 따라서 민간신앙의 다양한 귀신으로 나타나는 것이다. 변소각시, 삼신할미, 성주귀신, 바래기 귀신, 용왕신 등등이 가족 각자의 특성으로 나타나서 과장되어 유희성을 띤다. 원래 신의 특성과 가족의 특성이 맞지는 않으나, 약간의 유사성을 빌어서 겹쳐진다. 살벌할 수 있었던 가족 각자의 욕망은 민간신앙의 귀신으로 포장되어서 살벌한 욕망이 놀이성 갖게 되고 거리두기가 가능해 진다. 자기가 죽어서 귀신이 된 줄도 모르고 아귀다툼을 벌이고 있는 이 불량 귀신들은 작품의 주제를 더욱 강화하기도 한다. 욕망에 미쳐서 자신의 처지를 돌아볼 수 없는 인간이 어찌 이 가족뿐이겠는가? 파북숭이의 하룻밤의 꿈은 실은 인간 욕망으로의 깊은 잠행이었다.

공연에서 더욱 감칠맛 나는 것은 판소리 운문체에 기저를 둔 대사였다. 이러한 대사는 공연에 전통적 운율을 살렸기에 현대 관객에게 어딘가 낯설고 운문적이었다. 그래서 작가는 시극(詩劇)이라고 명명하였다. 그런데 그 시극의 운율자체가 전통적이며 토속적이었다.

특히 판소리 사설체의 음악성과 정서를 현대 희곡문학에 되살리는 것

---

7 임선옥 〈흥가에 볕들어라〉『공연과 이론』1(2000.4), 94.

에 재능을 보여주었던 작가이다. 당시 「홍가에 볕들어라」는 지문과 대사로 구분되고 막 또는 장으로 나뉘는 서구식 극형식을 따르지 않았던 파격으로 인하여 크게 주목 받았던 작품이다. 작가 이해제는 판소리 사설을 채록한 듯한 기법을 원용하여 운문으로 된 이야기체로 장면의 구별 없이 지문과 대사를 함께 섞어 서술해 나갔던 것이다. 이런 극작법은 「홍가에 볕들어라」에 독특한 문학적 풍취를 부여하기도 했지만, 동시에 극의 지문이 단순히 인물의 동작과 상황에 대한 정보를 전달하는 기능에서 더 나아가 장면의 정서와 리듬을 전달하는 역할까지 수행할 수 있게 만들었다.[8]

이상의 다소 긴 인용은 「홍가에 볕들어라」의 판소리를 따른 극작과 운율을 잘 설명하고 있다. 딱히 판소리는 아니지만 판소리 사설체의 음악성과 정서를 환기시키고 있다는 점에서 전통적이다. 뿐만 아니라 경상도 사투리로 진행된 대사는 현대 관객에게는 알아듣기 힘든 부분도 있었으나, 운율의 일부로 흘러가는 듯해서 큰 무리는 없었다.

〈초연 공연 중에서 파북숭이 역의 오달수〉

---

8 이진아, 「지리다도파도파 설공찬전 연구」, 『공연문화연구』 11집 (2005.8), 191.

민속 귀신들이 나오는 폐가이니 무대미술도 자연히 전통 풍경 속의 한 장면이다. 대나무 숲이 둘러 싼 한옥의 돌담, 대청마루, 툇마루, 마당, 우물, 변소 등의 배치가 옛 전통 가옥을 재현했으며, 여기에 지켜보는 업구렁이도 전통적이라 하겠다. 그러면서도 사실적인 재현이기 보다는 마치 '전설의 고향'에 나오는 장면처럼 으스스하면서도 어딘가 과장되어 유머를 지니고 있다.

재연 때에는 퓨전 국악그룹의 라이브 연주까지 끼워들게 된다. 해금·아쟁·스프링 드럼 같은 악기로 연주자들이 갈대숲에서 두꺼비 귀신 악사로 등장해 연주하면, 지붕 대들보에는 구렁이 귀신이 노래한다. 즉 전통과 현대 악기가 퓨전을 이루어 반주를 하여 지금과 과거를 오가는 이야기를 더욱 모호하게 혼종시킨다.

재연 〈흉가에 별들어라〉의 파북숭이 역의 한명수
(사진=강일중)

〈흉가에 볕들어라〉의 전통 수용은 다른 현대화에 비교하여 새롭다. 이는 어떤 전통을 수용한다는 것이 겉으로 잘 드러내지 않으면서도 은근히 판소리 사설체의 운문성을 차용하고, 가족의 욕망을 이야기 하면서도 은근슬쩍 가신들과 엮었기 때문이다. 인간의 원초적인 욕망과 가신들을 엮었기에 그만큼 욕망은 절대적인 것으로 인지되니, 어쨌든 신들마저 욕망에 빠져들기 때문이다. 또한 음산한 욕망에 인간 적인 가신들을 등장시킴으로써 해학적이며 유머스러운 분위기도 얻을 수 있었다. 인간의 욕망이 빚어낸 악몽이면서도, 그것이 꿈이며 가신 들과 같이 물러갈 수도 있다는 거리두기가 공연 내내 존재한다. 즉 작품의 액자구조와 가신들이 맞물려서 작품은 비극만은 아닌 오히려 깊숙한 욕망을 풀어보는 놀이굿이 되기도 한다. 그러하기에 이 악몽 같은 굿판 후에 흉가에 볕드는 것이다.

특히 지문과 대사를 특별히 구분하지 않고 판소리 사설을 채록한 듯한 극작은 판소리의 새로운 수용이다. 즉 창극 등 판소리의 소리를 본뜬 전통 수용보다 산문적이나 판소리의 기본 운율성이 대사에 살아 있는 것이다. 재연시 활용되었던 퓨전 음악은 차라리 가시적인 전통 수용이라고 하겠다.

이렇듯이 〈흉가에 볕들어라〉는 전통의 원용적인 수용방법을 택했 다. 인간을 닮은 익숙한 가신들을 등장시켜서 욕망의 무한성을 보이 는 한편 판소리의 운율성을 재현해 내고 있다. 전통의 근원을 드러내 지 않으며, 현대와 섞는 가운데 나타나는 전통은, 혼종성과 애매성을 배척하지 않는 포스트모던한 기법의 하나라고도 하겠다.

(2012. 12)

<템페스트>
전통의 조화와 원숙미

한국의 다양한 전통을 토대로 셰익스피어를 재현했던 <템페스트>는 2011년 에딘버러 국제공연제(Edinburgh International Festival)에 공식초청 되어 참가했으며, 헤랄드 엔젤스(Herald Angels)상을 수상해 세계적인 주목을 받기도 했던 공연이다. 세계에 우리 연극의 저력을 알리는 또 하나의 계기이기도 했던 <템페스트>는, 그간의 전통에 쏟은 오태석의 집념이 결실을 맺은 공연이라 하겠다. 분명 한국적 전통을 전적으로 활용했으면서도 공연은 자연스럽게 조화되며 원숙미를 보여준다. 이제 오태석의 전통은 한국적이면서도 동시에 세계적인 일반성을 획득했다고 하겠다.

오태석은 <템페스트> 원작을 삼국유사의 '가락국기'로 해석하여 서양적 마법을 고대 신라의 도술로 바꾸고, 지역 역시 이탈리아의 도시국가에서 고대 가락국과 신라로 바꾼다. 이러한 표면적인 변화뿐만 아니라, 주인공 페로스페로 해석이 전혀 다르다. 셰익스피어가 프로스페로를 마치 신과 같이 전지전능하게 그렸으니, 신적인 프로스페로는 모든 인간의 잘못을 용서하는 자비를 베푼다. <템페스트>가 셰익스피어 말년의 작품인 만큼 인생에 대한 용서와 관용 및 초탈을 신과 같은 주인공을 등장시켜 실현시키고 있다고도 하겠다. 그러나 오태석의 페르스페로는 인간적이다. 그는 종종 딸에게도 질투를 느껴서 허재비가 중간에 중재를 할 만큼 인간적인 프로스페로이다. 즉 오태석의 〈템페스트〉는 가부장적인 베풀음과 효(孝) 및 궁극적으로 동양적인 상생의 조화와 화해를 시도했다고 하겠다.

뿐만 아니라 씻김굿, 탈춤, 사자놀이 등의 전통을 적절하게 공연에 녹여내면서, 동양적인 도덕심과 신라의 세속오계까지를 공연에서 자연스럽게 드러난다. "한국연극의 거장 오태석 특유의 연출력 - 생략과 비약, 의외성과 즉흥성과 선조들의 볼거리 - 백중놀이, 만담, 씻김굿 등이 어우러져 볼거리의 향연 〈템페스트〉를 만들어 낼 것입니다."라는 프로그램의 말처럼 오태석의 〈템페스트〉는 서구에 한국의 전통을 자연스레 접목시켰을 뿐만 아니라, 서구의 유폐된 자의 복수심과 신격(神格)인 용서는 한국의 무속과 동양적인 상생의 원리로 풀어진다. 그러나 어느 전통도 그대로 삽입되지 않는다. 전통의 요소와 부분들이 〈템페스트〉에 녹아들어, 한국적이면서도 오태석만의 전통이다. 즉 연출의 상상력을 통해 재구성된 오태석만의 전통이 세계적 공감대를 얻게 된다. 한국인들에게는 미학적으로 정제된 알아볼 수 있는 변형된 전통이며, 세계인에게는 바로 그 이국적 미학이 통한다. 한국의 미가 세계성을 얻게 되는 순간이다.

오태석이 〈템페스트〉에 적용한 한국 전통을 구체적으로 살피면 다음과 같다. 우선 공간 개념으로 마당 혹은 빈무대를 활용했다. 무대는 검은 천으로 전체를 감싸고, 좌우 양쪽에 비좁고 낮은 등퇴장로와 중앙에 뻥 뚫린 출입구가 있을 뿐 다른 장치는 전무하다. 즉 빈 공간이라는 점에서는 우리 전통적인 공간인 마당을 활용했다. 그러나 등퇴장로가 있다는 것은 자유로운 마당은 아니다. 마당처럼 열린 공간이면서도 어디로나 등, 퇴장 할 수 있는 마당과 다르게 공간 사용에 일정한 제약이 있다. 즉 마당처럼 열린 공간이면서도 등, 퇴장을 한정하여 오태석 식의 규칙이 있는 것이다. 그러나 동시에 빈 공간인 무대는 마당처럼 자유자재로 바뀐다. 간단한 소품으로 무대는 격랑의 바다에서부터 다양한 장소로 변한다. 가령 시작 장면을 보면 뿌연 농무상태에서 파도가 일면, 긴 사다리 두 개로 연출한 배에서 배우들의 움직임과 한삼같은 흰 긴 천을 휘저어 무대를 구르며 바다의 격랑을 몸으로 표현한다. 이렇듯이 오태석은 극중 장소를 관객의 자유로운 상상력을 통해서 최소한의 소품으로 이루어 낸다. 그뿐만 아니라 마당과 같이 관객과의 소통은 자유롭다. 가령 예를 든다면 마지막에 질지왕이 도술부채를 관객에게 넘긴다. 이는 이제 도술이 관객의 손에 있음을 의미한다. 즉 전통마당과 같이 연기자와 관객이 허물없이 만나는 것이다. 이렇듯이 오태석은 전통 마당을 현대의 서구 현대의 빈 공간 개념과 적절히 조화시키고 있다.

다음으로 전통이미지의 활용으로, 공연은 〈템페스트〉에 한국 전통 이미지들을 거의 모든 장면에 덧입혔다고 하겠으며 이러한 이미지들은 연출가의 의외성과 즉흥성과 어우러지며 이 공연을 빛나게 하는 원동력이다. 결코 정통적인 전통 그 자체에 목표를 두지 않으면서도 작가의 상상력이 동원되어서 오태석만의 전통으로 되살아나는 것이다. 그리하여 작품의 필요에 따라 때로는 유머스럽고 때로는 그로테스크한 전통으로 바뀐다. 비현실적 인물들의 재현에는 더욱 전통 이미지들이 빛을 발했다. 프로스페로가 하인으로 거느렸던 공기와 물의 요정들은 허재비로 등장한다. 이들은 종이가면을 뒷통수를 정면으로 해서 썼는데, 이 가면을 쓰면 다른 사람들은 이들을 알아보지 못한다. 특히 허재비의 우두머리는 종종 소리로 창을 넣어 구음의 멋을 살렸다. 허재비들이 뒤로 나란히 서서 가면과 키를 쓰고 추는 군무는 묘한 허재비의 맛을 살렸다. 캘리반은 몸은 하나지만 머리는 둘인 희화적인 괴물로 등장한다. 실제 배우 두 명이 두루마기와 치마 같은 옷 하나에 같이 들어가 우스꽝스러운 동작을 무대 위에 펼쳐낸다. 이외에도 등장하는 오리나 동물들은 가면을 썼으며 유머스러운 모습으로 장면에 활기를 불어넣는다. 더구나 마지막에 허재비들이 오리가 되어 날아가는 모습에서 자연의 순환을 더욱 강하게 느끼게 하였다.

청각적 이미지 역시 한국적 전통의 활용이었다. 북소리와 징소리, 아쟁, 대금, 피리, 해금을 활용한 전통 악기의 연주나 효과음은 항시 무대의 행동을 극대화시키는 동시에 분위기를 고조시켰다. 무엇보다도 프로스페가 첫 장면에 치는 북소리는 풍랑의 고조와 적절히 연결되며 박진감을 더했다. 뿐만 아니라 적절히 활용되는 전통적 가락의 노래나 구음들도 공연에 깊은 맛을 더했다. 특히 허재비 우두머리의 소리는 이러한 효과의 극치였다. 대사들 역시 우리말 특유의 3·4조, 4·4조 운율을 살려서 시적인 느낌이 더했다. 일상어 같으면서도 시적 운율을 띤 대사는 그 소리 자체가 효과음 같기도 했다. 이렇듯이 공연 내내 청각적 이미지로 가득 찼으며, 청각적 이미지들은 시각적 이미지들을 보조하고 도와서 공연의 깊은 맛을 냈다.

뿐만 아니라 공연의 중간 중간에 한국 전통놀이가 부분적으로 직접 들어간다. 씻김굿이나 백중놀이의 일부가 스치듯이 지나가서, 전체적인 작품의 분위기를 살린다. 신라왕의 징벌 장면에 나오는 호랑이는 마치 탈놀이의 사자놀이와 같이 호랑이 등장자체가 하나의 볼거리였다. 호랑이의 마디 마디를 각각의 연기자들이 잡고 전체적으로 하나의 호랑이 모습을 만들었기에 호랑이 움직임이 더욱 자유자재였다. 조난자들을 위한 상차림은 우리 제상처럼 돼지머리가 등장한다. 이러한 전통들이 결코 놀이 자체로 읽혀지지 않고 원작에 녹았다는 것이 일반성과 세계화를 띠게 되는 첩경이기도 했다.

이렇듯이 셰익스피어의 〈템페스트〉에 나타나는 신적인 용서와 관용은 오태석의 〈템페스트〉에서는 가부장적 질서의 확인과 자연과의 동화로 나타난다. 그러하기에 셰익스피어의 프로스페로는 전능하고 비장하기까지 하지만, 오태석의 프로스페로는 인간적이며 마지막에 자신의 도술부채를 관객에게 건너기까지 한다. 상상과 비약을 통한 도술로의 초대로, 관객 누구라도 자신과 같이 도술을 할 수 있다는 암시요 자연의 순환에 대한 상징이기도 하다. 같은 이야기 줄거리를 사용하면서도, 그 내부적 주제에 있어서 이렇듯이 차이 나기에 오태석의 〈템페스트〉는 그의 창작이기도 하다. 그리고 자신만의 해석에서, 한국과 동양의 전통 사고에 깊숙이 뿌리박고 있다. 그리하여 전통적 이미지들이 도처에서 빛을 발하며, 동시에 자연과의 상생과 순환이 슬그머니 다가온다. 실로 전통의 원숙미와 조화가 은은한 향을 내뿜는 공연이었다.

(한국연극, 2012. 1)

<열녀 춘향>
해체와 현재화

　오늘날 아마도 가장 시대를 앞서가는 연출가라고 할 김현탁은 동서 고전의 기발한 재해석과 재창조로 새로운 작품을 만들어내는 실로 포 스트모던적 성향을 가진 연출가이다. 그는 고전을 재문맥화(re-con- textualization)하는데 기발한 천재성을 보여준다. 그가 이끄는 '성북 동비둘기'는 "우리 문화의 가치를 높이고 순수예술의 정신을 보존하고 자 뜻을 함께하는 젊은 연극인들을 중심으로 2005년 봄에 창단"되었 다. 이들은 "기존 텍스트의 해석에 그치는 것이 아니라 작품의 새로운 연극적 가능성을 확장하고 성북동비둘기만의 독특한 공연 형식을 만 들어가며 예술적 시야를 넓혀가고," 2010년 가을 일상 지하실에 자신 들의 연극 실험실을 만들었다.[9] 이미 〈메디아 언 미디어〉나 〈세일즈 맨의 죽음〉 등등 서구 고전으로 그 역량을 확인받은 김현탁은, 드디어 한국의 고전 〈춘향전〉을 〈열녀춘향〉으로 재구성했다.

　"열(烈)이라는 말을 열십(十)자로 바꾸어 본다."는 발상에서 시작한 춘향전의 새로운 해석이다. 작가 겸 연출(김현탁)은 "이제 춘향은 지 조와 절개의 열녀(烈女)가 아니라 여성이 가질 수 있는 열 가지 판타

지를 전부 내포하여 충족시킬 수 있는 단 한 명의 여자(ten girls, Choonhyang)인 까닭에 사랑받고 기억된다'고 선언하며 춘향을 열 개의 에피소드로 묘사한다.[10] 춘향 인물에 대한 직접적인 설명을 배제하고 단지 10명의 다양한 여인을 그리는데, "어쨌든 중요한 것은 십(十)이라는 상징적 판타지의 완전수"이며, 모두 성적 환상과 관련이 되어 있다. 그러하기에 향단이도 이도령도 등장하지 않는다.

김현탁의 무대가 그러해왔듯이 텅 빈 무대에 다만 직사각형으로 테이프가 바닥에 붙여져 있을 뿐이다. 몇몇 소품을 제외하고는 결국 무대는 움직이는 배우들로 꽉 차여진다. 의상마저도 열 명의 춘향이 핫팬티 청바지에 파인 하얀 민소매 티를 같이 입었으며, 모두 킬힐을 신고 나온다. 실로 민망할 정도로 섹시함이 강조되었다. 첫 번째 여성은 핸드백을 쏟아 놓고 흔히 핸드백에 있는 물건들을 집으며 춘화(春畵)에 비유하여 성적 환타지를 이야기한다. 두 번째 여인은 미인대회의 춘향이다. 최고의 미인으로 뽑히는 감격을 오늘날 미인대회에서 흔히 보는 우승자의 모습을 빗대어 희화화하고 있다. 세 번째 여인은 요리강사이다. 고추전 만들기를 통해서 은근한 성적 은유도 포함하면서 맛있는 고추전을 만든다. 네 번째 여인은 리듬 체조 선수이다. 오늘날 우리 사회가 각광하고 있는 모 리듬체조 선수를 연상시키며, 동시에 섹시하다. 다섯 번째 여인은 바이올리니스트이다. 베이스 연주자들과 앙상블을 이루며 성적 판타지를 연주한다. 여섯 번째 여인은 붓글씨를 쓰며 남성과 겨루어 재치를 자랑한다. 봄은 고금이 같다고 적은 뒤, 남성과 문자놀이를 붓글씨로 쓴다. 가령 사람 인(人)을 남성이 쓰면 여성은 개 견(犬)자로 바꾸고 하는 식으로 기지를 자랑하는 춘향이다. 일곱 번째 여인은 레슬링 선수이다. 수청은 레슬링 시합으

---

10 위의 글

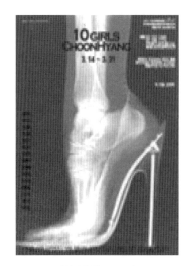

〈열녀춘향〉 포스터

로 은유되는데, 실로 부상이 염려될 정도로 춘향과 변학도(?)를 위시한 남성들은 모두 몸을 던져서 연기한다. 춘향은 이렇듯이 얻어 맞으면서도 자신을 지키고자 하는 강인함을 보여준다. 성적으로는 오늘의 연예인 권투선수를 연상시키기도 한다. 여덟 번째 여인은 비로소 춘향전에서 옥중 장면을 재연한다. 자기 대신 이도령을 잘 봉양해 달라는 부탁을 하는 장면인데, 현대의 응급조치 상황으로 재현했다. 춘향의 지조를 나타내는 장면이다. 아홉 번째 여인은 헬스클럽 강사이다. 그녀는 섹시한 춤을 리드하며, 지나간 춘향들도 등장하여 모두 섹시하게 춤을 춘다. 이들 9명의 여인은 마치 소녀시대를 연상시키키도 한다. 열 번째 여인은 춘향의 십장가를 부른다. 한 대목이 끝날 때마다 요구하는 사탕을 먹는 춘향은, 더 입에 넣을 수 없게 된 마지막 사탕을 모두 뱉어 버린다. 마치 십장가를 모두 부인하듯이. 그리하여 9명의 여인은 소녀시대의 '소원을 말해 봐'에 맞추어 춤을 추다, 킬힐을 벗어던지고 무대를 떠난다. 성적 환타지의 은유라고 할 수 있는 킬힐 벗어던지는 것은, 더 이상 성적 노리개인 춘향을 거부한다.

이렇듯이 오늘의 춘향은 과거에 주입된 사고에 순종하는 춘향과는 거리가 멀다. 이들이 보여준 의미는 당당하고 주체적이며, 동시에 지혜롭고 행동적이다. 그러나 이 열 명의 춘향에게 정확한 의미를 부여하기는 역시 난해하다. 이들은 어떤 방향을 제시할 뿐 모호하고 미묘하다. 그러하기에 다의성이 부여되고 각각의 춘향이 기발하다. 그녀들은 성적으로 도발적이며 남성을 꿈꾸면서도 동시에 자신의 주체를 위해 남성을 부인한다. 이러한 예측할 수 없음과 난해성과 모호성 등등은 포스트모더니즘의 다의성과 연결된다. 공연 포스터가 보여주는 사진 역시 이 공연의 특질을 단적으로 상징한다. 킬힐을 신고 있는 발목과 그 발목을 투시하는 뼈의 사진은 이율배반적이다. 킬힐을 신은 섹시한 여인뿐만 아니라, 그 드러난 뼈의 험악한 모습은 섹시를 넘은 진실을 가리키고 있다. 실로 선악과 미추의 이분법을 깨뜨리는 발상으로, 포스트모던한 춘향의 재해석이라 하겠다.

이렇듯이 김현탁의 〈열녀 춘향〉의 탈정전화(de-canonization)는 기성의 재해석과는 분명히 다르다. 그는 현대의 춘향을 명료한 의미를 거부하며 방향성조차 막연하게 그리고 있다. 그가 좀 더 집중한 것은 의미가 아니라 공간을 채우는 배우와 그들의 동작들이다. 립스틱을 들고 춘화를 이야기 하는 춘향이나 레슬링으로 표현된 수청의 거부 등 실로 무대를 꽉 채운 동작들은, 엄밀한 의미에서 그 의미를 알 수조차 없다. 열 명의 춘향은 전혀 기대하지 않은 모습으로 연기하며 관객의 허를 찌른다. 같은 점이 있다면 여성들은 집중적인 조명을 받으며 등장하는데 반해 남성들은 객석에 앉아 있다가 슬그머니 등장하는 정도이다. 왜냐하면 이 공연은 〈열녀 춘향〉이기에 남성의 주도권은 없기 때문일 것이다. 이야기하기를 거부하는 이야기이지만, 분명 오늘의 춘향은 다가온다. 그러나 그도 잠시 〈열녀 춘향〉은 모호하고 해석 불가하며 도발적이고 동시에 무한한 상상력을 자극한다. 공연이 끝난 후에도 어지럽고 못다 한 이야기가 전해오는 듯싶고 결국 다의성이라는 논리로 귀착되는 실로 포스트모던한 공연이었다.

(2013. 5 미발표)

\<돌아온 박첨지\>
꼭두각시놀음의 재구

서어: 꼭두각시놀음의 유래

꼭두각시놀음은 남아있는 전통연희 중에 유일한 인형극이다. 고대
의 기록이나 이웃 일본의 분라쿠(文樂)와 같이 정교한 인형극을 생각
할 때, 분명 우리나라에도 일찍이 인형극이 있어왔다고 믿어진다. "여
러 내외학자들의 의견을 소개한 바와 같이 우리나라의 인형극은 삼국
시대에 이미 있었으며, 그것은 중국을 거치거나 혹은 직접 북방루우
트로 하여 수입된 서구악의 일종이었다고 생각된다."고 기원을 추정
하고 있다.[11] 그러나 지금은 그 자취를 거의 찾을 수 없으니, 그나마
남사당의 놀이로 남아있는 것이 꼭두각시놀음으로 민중 속에서 다소
거칠지만 살아남은 민속인형극이다. 〈돌아온 박첨지〉는 인형극의 복
원을 목표로 우선 꼭두각시놀음을 바탕으로 재구한 인형극이다. 본
공연은 연극적 원형을 탐했으나, 앞으로 궁극적으로는 현대적 인형극
을 꿈꾼다고 한다.

---

11 이두현 『한국 가면극』(문화공보부 문화재관리국, 1969), 395.

〈돌아온 박첨지〉 포스터와 인형들

인형과 무대: 꼭두각시놀음 vs 〈돌아온 박첨지〉

이번 공연은 남사당놀이 인간문화재 박용태와 전수자였던 김학수 등과 오늘의 최고 극단이라 할 '미추'와 '백수광부'가 힘을 합하여 올렸다. 그만큼 인형극 전통의 복원에 힘쓰고자 했으며, 옛 풍자에 현대의 묘미를 더하고자 했다. 특히 꼭두각시놀음의 인형들을 복원하여 되살린 의의가 크니, 인형들이 원형과 유사하면서도 약간의 변형이 가해져서 해학적 느낌이 더 강했다. 아래 그림을 참조하면 그 변화를 대조할 수 있다.

 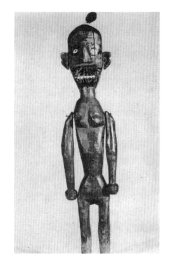

〈홍동지,1930년대(?), 서울대학교박물관소장〉 〈홍동지, 1960년대, 남운용 제작,전신 60Cm[12]〉

〈프로그램에 나타난 인형들, 붉은 색의 인형이 홍동지, 2013〉

---

12 위의 책, 396과 404에서.

전해오는 박첨지, 꼭두각시와 돌머리집 공연사진[13]

이번 공연의 꼭두각시와 돌머리집. 박첨지(위 프로그램 참조)

이렇듯이 인형은 시대마다 조금씩 달랐다고 하겠으나 기본적인 느낌은 비슷하다고 하겠다. 홍동지의 경우, 30년대 인형과 오늘의 인형이 상당히 유사하다. 그리고 오늘의 홍동지는 오늘의 몸짱 시대를 반영하듯이 가슴 근육도 발달했다. 박첨지와 꼭두각시 및 돌머리집을 비교할 경우, 오늘의 인형들이 더욱 희화화된 느낌이다. 꼭두각시의 얽음은 더욱 과장되었고, 돌머리집도 전대의 인형에 비하여 사실적으

---

13 위의 책, 405.

로 예쁘기보다는 조금 더 추상화되었다. 박첨지의 풍채도 오늘의 모습이 좀더 초라해 보인다. 비록 몇몇 예이지만, 인형의 전반적인 복원 상태를 가늠할 수 있으리라 사료된다.

기록된 인형의 크기 역시 마을 사람들 26cm부터 박첨지 76cm에 이르기까지 다양하다.[14] 본 공연에서도 인형의 크기는 다양해서, 작은 손인형부터 커다란 박첨지까지 천차만별로 원형보다도 더욱 그 크기의 격차가 크다. 그뿐만 아니라 인형의 크기는 여전히 작품에서의 인물 중요도를 나타낸다고 하겠다. 민속극이 그러하듯이 꼭두각시놀음 인형은 정교하지는 않다고 하겠는데, 그래도 이번 공연에는 눈을 깜박이는 인형 등 새로운 시도도 있었다.

공연의 무대 역시 기본적인 꼭두각시놀음의 구조를 가졌으나 훨씬 넓이를 길고 넓게 하여서, 배우들이 움직이기 쉽게 했다. 즉 전통의 포장 야외무대를 현대 프로시니엄 무대에 적용시켜서, 극장의 프로시니엄 자체를 꼭두각시놀음의 내부 프로시니엄으로 확대했다. 그뿐만 아니라, 빈 무대의 단조로움에 변화를 주어서 무대 배경도 만석중놀이 중 십장생의 하나인 소나무를 그림자극으로 처리하여 그려놓고 있다. 즉 전통적 꼭두각시놀음의 무대를 살리면서도 현대화한 것으로, 오늘의 관객에게 익숙하고 시원한 무대를 마련하였다. 이렇듯이 인형과 무대에 대해 상술한 것은 〈돌아온 박첨지〉 공연에 있어서, 인형과 무대의 복원은 공연의 매우 중요한 요소이기 때문이다. 배우대신 소통의 기호로 인형이 사용되기에, 공연의 성패를 좌우할 만큼 중요하다 하겠다.

---

14 위의 책, 397-401.

내용의 재현: 꼭두각시놀음 vs 〈돌아온 박첨지〉

본 공연이 전통 인형극을 이어받으려는 초기 시도인 만큼, 내용의 재현도 조심스럽게 원형에 다가갔다. 따라서 원형에 가깝게 공연되었으나, 원형에 없는 상모나 버나돌리기 등 풍물놀이나 혹은 탈놀이의 사자탈놀이 등을 곁들이며 놀이성과 그 본유의 풍자성을 더욱 확대하고 있다. 즉 원형대로 박첨지 유람거리, 피조리 거리, 꼭두각기 거리, 이시미 거리, 매사냥 거리, 상여 거리, 절 짓고 허는 거리가 공연되었으니, 제1거리 박첨지 유람거리에서는 박첨지가 꼭두패의 놀이판에 끼어들어 사물놀이까지를 곁들인다. 원형에 사물놀이를 접목시켰다 하겠다. 다음 피조리 거리는 2명의 어린 계집과 상좌중의 놀이로 결국 홍동지에게 상좌중이 쫓겨 나가니, 일종의 불교에 대한 비판 과장이다. 그러나 상좌중의 성적(性的) 수작에 슬며시 웃음이 나오니 역시 오늘과 연결되기도 한다. 꼭두각시 거리는 박첨지와 처 첩간의 갈등을 보여주며, 남성중심 가부장 사회의 모순을 지적하고 있다. 탈놀이의 할멈·할아범 과장과 유사하니, 반어적 표현과 풍자가 뛰어나다. 남성의 횡포를 묘사하는데 오늘의 어떤 여성연극보다 탁월하다고 하겠다. 이시미(용이 되려다 실패한 구렁이) 거리는 이시미가 박첨지의 손자, 피조리, 홍백가, 꼭두각시 등 차례대로 잡아먹는데, 죽을 뻔했던 박첨지도 홍동지 덕분에 목숨을 건진다. 원형보다 잔인할 만큼 이시미의 공포성이 더 두드러졌으며, 동시에 이를 물리치는 홍동지의 힘이 드러나는 과장이다. 이은 묵대사와 홍백가의 수작은 오늘의 정치 현실을 직설적으로 풍자하여, 오늘의 꼭두각시놀음으로 다가올 수 있었다. 이어지는 매사냥 거리는 신임 평양감사가 매를 가지고 꿩사냥을 하는 거리로, 매나 꿩도 볼거리일 뿐더러 양반에 대한 비방거림이 나타난다. 관료의 부패라는 점에서 오늘 현실과 이어지는데, 이에 대한 종말이 상여 거리이다. 평양감사가 개미에게 땡금을 물려 죽고 (절대적 권력자가 개미에게 물려 죽는다는 발상이 이미 풍자적이다), 상두꾼이 모두 다쳐서 홍동지가 상여를 밀고 나간다. 죽음과 붉은 홍동지의 생명력이 대조되는 과장이기도 하며, 부패관료 종말에 대한 본보기요, 정교한 축소판 상여라는 볼거리도 마련하고 있다. 마지막으로 절을 짓고 허무는 과장으로, 전체 이야기와 뜬금없다고도 하겠으나 당시 민중의 신앙을 보여주는 경건하기도 한 과장이다. 민중들의 믿음과 삶이라는 점에서 다른 거리들과 이어진다. 여기서 관객을 공연 속에 직접 참여시키기도 했는데, 시주 장면에서는 관객이 실제로 시주를 함으로써 극과 현실의 경계를 허물기도 했다. 이러한 참여는 우리 무속 전통에서 익숙한 것으로 공연은 제의의 경계로 확대되기도 한다.

이렇듯이 연출은 원래 꼭두각시놀음의 이야기 원형을 지키면서도, 그 풍자를 더욱 과장시키고 놀이적 특성을 살리려고 애썼다. 즉 꼭두각시놀음에 부합하는 다양한 전통이 활용되고 특히 소리나 민요가 원용, 창조되면서, 공연에 풍미를 더하였다. 사물패거리가 등장하여 버나를 돌리고, 홍동지는 무대를 향하여 홍수같은 오줌을 싸며, 새로운 창작곡 '떼루' 테마곡을 합창이나 '나니네 타령'을 부르는 등 본 공연의 고전미를 풍성하게 하려는 시도는 다양하였다. 대사 역시 현대적인 맥락에 맞게 수정되어서 과거의 언어라는 거부감 없이 공연에 집중할 수 있었다.

인형극 〈돌아온 박첨지〉의 의의

실로 현대 배우들에게는 본 공연이 엄청난 도전이었을 공연이었다. 그러나 "비록 연기술은 다르지만 결국은 배우가 하는 것이기에 전통

연희 역시 충분히 현대 무대화될 수 있다."는 김학수 연출의 의지가 잘 나타났던 공연이었다. 그만큼 인형들의 움직임과 대사 및 노래와 산받이의 대사 등 잘 어우러진 공연이었다. 배우들의 능숙한 인형 조정과 특히 구성진 소리는 성공적 공연에 중요한 역할을 했다고 하겠다. 산받이의 능수능란한 입담도 공연의 성공에 필수적이었다.

잊혀 가는 꼭두각시놀음을 이만큼 복원해서 오늘에 다가오게 공연했다는 점에서 본 공연은 큰 의의를 가지며 또한 고무적이다. 더욱 주목되는 것은 인형극을 오늘에 살리려는 연출의 의지라고 하겠다. 연출은 "하나의 전통극을 손대는 것은 한편으로 과거의 사건을 끌어들여 과거의 정신을 제대로 이해하거나 알리고자 하는 것은 아니다." 라고 말하며, "동시대의 적합한 연극적 발언으로 재구되어야 한다는 사명감 아래 우리의 연극적 원형을 탐하여 창작적 기반을 다져 나가려는 것"이라고 밝힌다.[15] 이렇듯이 본 공연은 '원형의 창작적 기반'을 잘 닦았던 공연이었으며, 앞으로의 인형극을 기대하게 했다.

인형이라는 기호는 배우가 줄 수 없는 또 다른 기의를 가지며 우리 연극을 풍부하게 할 것이다. 소위 최첨단 기술력으로 3D 아바타가 나오고 있는 것이나, 인형이 대신하는 것이나, 인간배우가 할 수 없는 표현의 새로운 경험을 개척하는 것이다. 오사카 시내에 전용 극장을 가지고 아침부터 밤까지 공연하는 분라쿠같이, 대학로 어디쯤 꼭두각시놀음 인형극장이 생길 날을 기대해 본다. 실로 이번 〈돌아온 박첨지〉는 꼭두각시놀음의 성공적인 복원이었으며, 인형극의 가능성을 보여준 고무적인 공연으로 전통의 다원성을 넓히고 있다.

(연극평론, 2014. 봄호)

---

15 〈돌아온 박첨지〉 프로그램 중에서

<춘향이 온다>
세계에 통하는 한국식 음악극의 가능성

마당놀이 〈춘향이 온다〉(배삼식 대본, 손진책 연출: 2015.12.16.- 2016.2.10)가 작년 〈심청이 온다〉에 이어, 더욱 뛰어난 미장센으로 연출되었다. 공연은 무대 위에 있는 모든 시청각적 대상과 이미지가 조화를 이루어 물 흐르듯이 흘러갔다. 〈로미오와 줄리엣〉과 같이 성급한 사랑이면서도, 춘향의 간절한 사랑이 고난과 인내를 통하여 완성되고, 관객의 심금을 울리며 해피앤딩으로 끝난다. 국립극장 해오름극장을 꽉 메운 관객들의 열기를 보면서 새삼 우리 고전의 힘을 느끼는 한편, 개발해야 하는 관객층을 실감하였다. 이들은 통상적인 연극의 관객도, 요즈음 따로 관객층이 형성된 뮤지컬의 관객도 아니라고 생각된다. 중장년과 이들이 동반한 청소년 가족들이 주된 관객이었기 때문이다.

한국문화의 뛰어난 미장센

공연을 매료시켰던 것은 무엇보다도 전체적인 미장센이다. 관현악 국악 오케스트라의 라이브 연주와 국립무용단의 화려한 군무와 창

(唱)이 어우러지는 가운데, 상무 돌리기나 재담 그리고 과거와 현대를 오가는 재치(컴퓨터로 시조 쓰기 등)가 돋보였다. 다양한 전통 문화를 차용하여 적절하게 배치하며 빈 무대를 화려하게 느끼게 하기란 쉽지 않다. 즉 마당이라는 현장성을 유지하면서도, 부드럽게 이어지는 미장센은 이미 성공적인 공연임을 말해준다.

주제로는 신분보다 사랑에 강한 방점을 두면서 춘향을 오늘의 이야기로 살렸다. "춘향전은 사랑 이야기입니다. 꿈같은 사랑이야기입니다......아름다운 것은 본디 허황하고, 허황하여 사랑스럽습니다."[16]라는 대본 작가의 말은 단적으로 사랑을 강조하고 있다. 뿐만 아니라 "지금 여기에서 인간다운 삶을 생각하는 연극이 바로 '마당놀이'입니다."[17]라는 연출의 말대로 그 현재화가 돋보였으니, 춘향은 단순한 신데렐라가 아니라 자신의 고난으로 사랑을 쟁취하는 현대 여성이기도 하다. 또한 불쑥불쑥 끼어드는 컴퓨터나 핸드폰 등 현대의 소품들과 배우와 관객과의 수작 장면들은 이러한 현대성을 더욱 살렸다.

다시 말하면 마당성을 살리려는 시도들도 돋보였다. 공연은 우선 〈오늘 오신 손님 반갑소〉라는 노래로 '지금, 여기'라는 현장성을 강조하며 시작한다. 무대를 여는 고사에 관객이 참여하여 돈을 놓고 절을 하기도 하고, 배우가 관객 중 한 명을 선택하여 첫눈에 사랑에 빠졌다고 수작을 걸기도 하며, 다른 배우는 관객에게 농을 주고받기도 한다. 연출의 말대로 "마당이라는 건 두 발을 딛고 서 있는 바로 '지금, 여기'"이기 때문이다. 즉 '지금, 여기'라는 현장성이 강조하기 위해서, 성대한 뒤풀이도 마련한다. 이 현장성은 축제성으로 연결되는데, 단순히 보는 공연이 아니라 관중이 참여하는 축제로 귀결되는 공연이기

---

16 배삼식, 「작가의 글」, 〈마당놀이 춘향이 온다〉 프로그램 중에서.
17 손진책, 「왜 마당놀이 〈춘향전〉인가」, 〈마당놀이 춘향이 온다〉 프로그램 중에서.

때문이다. 소위 포스트모던 용어로 수행성을 수행하는 공연이다.

특히 안무(국수호 안무)는 공연에서 가장 두드러지게 다가왔다. 각 장면마다 계속되는 군무들이 세트 없는 텅 빈 공간(Empty Space)을 채우며, 공연에 역동감을 실었다. 별 세트 없이도 이렇게 화려하게 무대를 채울 수 있음에 새삼 놀랐다. 일례로 가령 사또 생일잔치에 뱃놀이 선유락을 선보이며, 길게 늘인 휘장으로 길쌈까지 짜는 춤과 연결시켜서 화려함을 더했다. '쑥대머리'를 노래하는 장면에서조차(극적으로 효과적이었는지는 모르겠지만), 흰 옷을 입은 무희들의 군무를 더했다. 실로 "고난이도의 안무를 하기보다는 음악에 맞춰 모두가 몸을 움직일 수 있는 몸짓을 만들고자 하였습니다. 관객 분들께서 공연을 보는 내내 한바탕 신나게 놀 수 있기를 바랍니다"[18]라는 안무의 말처럼, 익숙한 몸짓들은 흥을 돋우었다. 시종 각종 장면들과 함께한 군무는 서구 뮤지컬과 같은 볼거리와 화려함을 창출하였다.

한마디로 〈춘향이 온다〉는 한국 전통 문화의 축소판이었으니, 창이면 창, 무용이면 무용, 전통 놀이면 놀이대로 완숙한 프로페셔널리즘에 이르렀다. 그러나 그 문화가 아름답고 부드럽게 윤색되었다 하겠다. 이것이 대중적 오락성을 성취하는 수단이 된 반면, 〈춘향전〉의 심각할 수도 있는 숙연함을 잃게 하였다. 쑥대머리 창의 절절한 순간에도 애절함 보다는 예쁜 우아함으로 넘어갔다. 따라서 〈춘향이 온다〉가 관객에게 줄 수 있었던 감정의 폭이 좁았다. 뿐만 아니라 너무 꽉 찬 무대도 빈 순간이 없었기에 아쉬웠다. 어딘가 빈 순간이 있어야 채워짐이 더욱 가득하게 느껴지지 않았을까? 끊임없이 볼거리가 흘러 갔기에, 마비된 듯 순간순간의 진한 감동이 오히려 멀어진 듯싶다. 덜어내기의 미학이 아쉬웠다. 그러니 이러한 아쉬움에도 불구하고 〈춘

---

18 국수호, 「안무가의 글」, 〈마당놀이 춘향이 온다〉 프로그램 중에서.

향이 온다〉는 실로 한국문화의 다이제스트로 쉽게 성취하기 어려운 잘 짜여진 공연이었다.

브로드웨이에서 주목받는 한국식 음악극?

이번 마당놀이 〈춘향이 온다〉를 보면서, 한편 새 천년 이후 공연되는 일련의 한국식 음악극을 생각하였다. 2000년 김명곤의 〈우루왕〉을 시작으로, 창극 〈청〉을 비롯하여 최성신의 〈인당수 사랑가〉 그리고 국악뮤지컬집단 '타루'의 등장 등등, 소위 호평을 받았던 주목할 만한 국악 음악극만을 꼽아도 그 숫자가 많다. 이들은 국악 뮤지컬, 창극 혹은 마당놀이 등등 다양한 이름으로 불렸으나, 모두가 점차 한국 음악극의 세계화와 대중화를 향하고 있다는 생각을 지울 수 없다.

이번 〈춘향이 온다〉 역시 대중화는 물론 세계화의 경향이 뚜렷하게 드러났다. 기존의 마당놀이와는 그 구성이 다르다고 생각될 정도로 이야기는 각각의 장면으로 연결되었다. 그 장면의 연결이 부드럽게 이어져서, 종전 마당놀이의 에피소드식 구성과는 다른 것처럼 느껴졌다. 즉 오늘날 뮤지컬의 씬(Scene)들의 연결을 연상시켰다. 각 장면들은 그 장의 주제가로 이어지며 다양한 볼거리를 제공하였다. 실로 뮤지컬의 구성과 유사하게 느껴졌으며, 마당놀이이기보다는 국악으로 노래하는 뮤지컬로 다가왔다. 그러하기에 세계에 통할 수 있는 한국식 뮤지컬이 될 수 있겠다고 믿어졌다. 소위 국악 뮤지컬의 세계화가 가능하다고 처음으로 분명하게 느꼈다.

한편 마당놀이이라기보다는 창극에 가깝게 거의 모든 대사는 창으로 진행되었다. 서구 뮤지컬의 넘버처럼 노래1에서 19까지 노래가 각 장면마다 정해져 있다. 그 노래만을 따라가도 대강 극의 내용을 알 수 있었다. 즉 뮤지컬 넘버처럼 극의 흐름이나 극중 인물의 감정들이 잘 담겨져 있어서 드라마와 자연스럽게 어울리며 하나의 작품으로 인식된다. 다만 욕심을 더 낸다면, 어떤 주제가가 반복되었으면 조금 더 대중적 반응을 이끌어 낼 수 있으리라 생각된다. 서구 뮤지컬의 테마곡같이, 가령 사랑가 같은 곡이 춘향과 몽룡의 첫 만남 장면, 사랑 장면, 몽룡의 감옥 방문 장면이나 마지막 재회 장면 같은 곳에서 반복해서 불려 진다면, 관객의 기억에 확실히 남을 수 있으리라고 믿어진다. 더구나 창을 잘 아는 관객이 적은 오늘날, 좀 쉬운 곡으로 주제곡을 작곡하여 공연이 끝난 후 관객이 흥얼거릴 수 있었다면 하는 아쉬움이 남았다. 쉽고 현대화된 창의 주제가를 정하고 공연 전체에서 반복해서 불러서, 서구 뮤지컬의 테마곡과 같이 할 수는 없을까? 이런 주제곡을 만든다면, 우리 음악극을 세계화하는 일도 먼 것이 아니리라고 믿어진다. 서구 뮤지컬에 근접한 마당놀이를 보았으며, 이를 다듬어서 브로드웨이에서 공연하면서 세계인의 공감을 얻어 보려는 것은 지나친 바램일까? 모든 한국식 음악극을 브로드웨이에서 공연할 필요는 없지만 그러나 그 한 유형이 진출하여 세계화를 이루는 것은 바람직하다고 믿는다. 판소리와는 다른 현대화된 국악 뮤지컬로 세계인과 공감할 수 있기 때문이다.

이번 〈춘향이 온다〉에서 분명 그 가능성을 보았으며, 또한 국립극장이라는 아우라와 자금력을 생각하면 충분히 시도해 볼만 하다. 더구나 국립이라는 명분을 생각할 때 한국식 음악극의 세계화 노력은 필요하다. 창의 넘버로 이어지는 뮤지컬은 새로운 자극과 다양성을 요구하는 포스트모더니즘의 요구에도 부합한다. 여기에 화려한 군무, 사물놀이, 상무돌리기 등등 한국문화의 진수를 더했으니, 볼거리도 충분하다. 다만 이상에서 논의했듯이, 어떻게 공연의 미장센을 세계화에 맞추는가에 있겠다.

나가며

이제는 신기한 일회적인 호기심만으로는 세계화를 이룰 수 없을 것이다. 형식과 연출의 미장센이 세계의 그것들과 다르면서도 어딘가 근본적인 익숙함을 요구한다고 하겠다. 그리고 이번 〈춘향이 온다〉에서 그 가능성을 읽었다. 부드럽게 뮤지컬의 씬(Scene)들처럼 연결된 장면들을 보았으며, 각 장면들은 창으로 노래된다. 여기에 쉽고 현대화된 주제곡 창을 더한다면, 뮤지컬의 형식과 유사할 것이다. 시종 공연에서 한국 전통 문화의 세련된 미장센과 프로페셔널리즘을 보았으며, 그러하기에 한국식 음악극의 세계화를 가늠할 수 있었다.

(한국연극, 2016. 3)

＜연극동네 연희마당＞
우리 연극 원형의 재발견

　＜연극동네 연희마당＞은 국립극단 신임 예술감독 이성열의 야심찬 기획인 '우리 연극 원형의 재발견'을 하기 위한 예비 무대이다. 이미 계획되어 있던 올해의 공연 사이에서 유일하게 전 극장이 비는 하루를 찾아서, 전통 연희를 풀어 펼쳤다. 짧은 준비 기간, 짧은 하루 동안에 너무 많은 것을 보여주려는 과욕이 문제이긴 했으나, 국립극단이 가야할 길을 올바로 세워 보여준 이번 공연의 의의는 실로 지대하다. 이는 바로 우리의 정체성에 대한 탐구이기 때문이다.

　지금 새삼스럽게 어째서 우리 연극에 전통이 왜 문제인가? 그 의의를 살피기 위해 짧게 연극사를 돌아보면, 연극에서 전통은 70년대 이래 꾸준히 제기된 문제이다. 외세에 의해 왜곡된 근대로 인하여, 그 이후의 연극이 우리 연희 전통과 단절이 되었기 때문이다. 70년을 전후하여 국사학계부터 일기 시작했던 한국적 정체성 찾기는 연극계도 예외가 아니었다. 우리 연극적 전통 발굴에 힘쓰며, 이를 현대극에 수용하기 위한 활발한 실험들이 계속되었다. 그 대표적인 실험의 줄기로 '드라마센타', '민예극장', '극단 자유' 등을 꼽을 수 있는데, 이들은 70년대 대표극단과도 거의 동일하다. 그뿐만 아니라 대학가에서도 학생들이 탈놀이를 비롯한 우리 전통 연희에 높은 관심을 가지고, 배워서 공연하기 시작하였다. 연극에서 문학성보다는 극장성이 새롭게 평가되고, 세계적인 아방가르드의 흐름과 맞물리면서 극장주의 연극은 확대되어 나갔다. 이러한 일련의 움직임들은 우리 민족문화와 민족예술의 방향정립에 초석을 놓는 동시에, 그 가능성을 확보하였다는데 의의가 크다.

80년을 전후로는 민주화와 노동운동의 확산으로, 마당극이 대두하며 점차 자리잡아갔다. 이는 전통을 활용하여 우리 현대극의 한 지류로 정착했으며, 짙은 사회성과 저항성으로 세계적으로는 포스트콜로니얼리즘과 그 맥을 같이한다. 아이로니컬 하게도 마당극이 기성연극에 편입되기 시작하면서, 그 전성기가 지난 느낌이다. 88올림픽을 계기로 우리 사회는 개방화가 가속되며, 연극에서도 포스트모더니즘을 수용하기 시작한다. 포스트모더니즘의 다양성과 다원성의 존중은 현대극의 재원으로서의 전통의 가치를 다시금 인식시켰다. 더불어 세계성을 획득하기 위해 서구 정전에 우리 전통을 더욱 적극적으로 적용하기 시작했으며, 이는 새 밀레니엄 초반 셰익스피어의 본고장 영국 글로브 극장에 양정웅 등이 초대되어 공연했던 것으로 그 정점을 이룬다.

그러나 그 이후 연극에서는 전통의 현대화 운동이 정체된 듯싶다. 오히려 전통 전공 쪽에서 연극을 수용하기 시작했으니, 2008년 〈사천가〉 등 이자람의 판소리가 그 포문을 연 것 같다. 이는 전통 분야에서 우리 전통을 더 잘 구가하기 때문에 연극인들이 망설이기도 하였겠지만, 오히려 연극의 신세대에게 더 문제가 크다고 생각된다. 90년대 신설된 많은 연극과로부터 본격적으로 졸업생이 배출되기 시작했고, 이들은 교육 결과 잘 만들어진 연극에 익숙해 있다. 상업적 성공이 공연의 성공으로 간주되는 본격화된 대중 사회에서, 어설픈 실험을 하기보다는 잘 만들어진 연극이 유리하기 때문이다. 한편 대학교육과정의 문제도 함께 한다. 한국연극사나 전통 연희에 대해 가르치는 학교가 매우 드물기 때문이다. 설혹 가르쳐도 1-2과목에 끝나니, 전통을 배우고 익숙할 기회가 거의 없다. 새 밀레니엄 이전에는 거의 모두가 아마추어였기에 전통을 감히 다룰 수 있었는데, 이제 본격적인 프로페셔널 연극 시대를 맞아서 잘 모르는 전통을 두려워하기 때문이다.

이러한 실정이기에 국립극단의 이번 프로젝트는 그 의의가 매우 크다고 하겠다. 손쉬운 듯싶어도 잘 볼 수 없는 전통을 배워보고 놀아보고 하면서, 전통의 현대극으로서의 가치를 발견할 수 있기 때문이다. 서구의 피터 부룩이나 무느쉬킨 등 많은 현대 대표 연출가들이 문화 상호주의를 들고 나오면서, 동양의 전통에 눈돌렸던 것을 기억한다. 그만큼 전통은 새로운 공연의 재원으로 중요하다. 전문극단 국립극단이 새로 창작한 창작연희가 어쩐지 어설픈 듯도 싶지만, 바로 그만큼인 오늘 우리의 현실을 말해준다.

〈연극동네, 연희마당〉은 여러 마당으로 구성되어 있다. 우선 첫째 마당 옛날연희에서 〈나희〉, 〈황해도 철물이굿〉과 〈고성오광대〉가 공연되었다. 그러나 〈나희〉에서부터 전통연희는 삐긋거렸다. 우선 프로그램에 설명했듯이 "전통적으로 마을의 동제나 축제에 앞서 마당을 정화시키고 희망을 심어주는 의식"이라는 설명이 애매하다. 사실 〈나희〉는 주로 궁중에서 섣달 그믐날의 대나(大儺)에서 행하여졌다. 일종의 송구영신의 나례는 점차 역귀(疫鬼)를 쫓아내는 종교적 의식으로만 그치지 않고, 다분히 관중들을 즐겁게 하는 구경거리, 즉 연극적 행사로 발전하여 '나례'가 '나희(儺戲)'로 변해갔던 것이다. 실제로 행해졌던 공연은 〈나희〉가 아니라, 오히려 〈풍물놀이〉에 가까웠다. 적어도 붉은 옷을 입은 12명의 진자나 금빛 방상시가면의 행렬과 처용무 정도는 행해지고, 이후 다양한 연희를 했더라면 하는 아쉬움이 컸다. 〈나희〉의 핵심은 빠지고 뒷풀이만을 보여준 격이다. 짧은 준비

기간으로 인하여 이미 준비된 극단(여기서는 The 광대)의 연희를 활용한 것은 알겠으나, 왜 굳이 이 연희를 〈나희〉로 명명했는가는 의문이 갔다. 국립극단의 시작을 정화한다는 의미라면 더더욱 진자와 방상시 가면의 행렬이 필요하다. 이래서 이론은 연희를 뒷받침해야 하는데, 필자를 비롯한 학계와의 간극과 소통의 부재가 너무나 컸다. 하나뿐인 국립극단이기에 그 실수는 더욱 크게 느껴졌다. 그러나 공연 자체는 땅재주, 버나돌리기 등 숙달된 재주로, 시작 마당의 흥을 살릴 만 하였다.

다음 〈황해도 철물이 굿〉은 백성희·장민호 극장에서 행해졌는데, 극장의 한 벽을 열어서 야외공연의 맛을 살렸다. 그리하여 새로운 공간이 창조 되었으며, 실로 굿의 연극성을 충분히 보여준 공연이었다. 대표거리인 '칠성거리'와 '장군거리'등 여섯 거리만을 공연했는데, 굿에 익숙하지 않은 관객들도 쉽게 즐길 수 있었다. 작두를 타는 엄숙한 순간마저, 오히려 긴장되기보다 하나의 놀이로 즐길 수 있었다. 특히 박수의 소리가 구수하게 호소력이 뛰어났는데, 어째서 판소리가 무당 무가에서 기원되었다고 하는 주장이 나왔는지 공감이 갔다. 거리 뒤에는 후하게 돌리는 떡을 받아먹으며, 구수한 굿의 매력에 흠뻑 빠졌다. 오늘날 '제의에서 연극'으로 넓혀가는 굿을 느꼈다.

마지막 탈춤 〈고성오광대〉는 문둥북춤으로 시작하여, 오광대 놀이 및 할멈·할아범 (제밀주)과장과 상여놀이로 끝났다. 고성오광대보존회의 원로와 중견 연희자가 출연한 만큼, 〈고성오광대〉의 진수를 보여주었다. 특히 할멈·할아범 과장에서 출산 장면은 서구의 벌레스크(Burlesque)를 떠올렸다. 성적(性的)인 웃음을 유발하는 콩트나 여성의 매력을 강조한 춤들이, 다시금 우리 탈춤은 희극임을 확인시켰다. 이상의 전통 마당은 이미 숙련자들이 보여준 노련한 전통연희로, 웃음과 함께 전통의 연극적 가치를 확인하게 하였다.

둘째 마당 창작연희 〈양반을 찾아서〉(한현주 작, 김학수 연출)는 이번 연희마당 중 가장 공을 들인 프로그램이라고 하겠다. 공개 오디션을 통해 선발된 15명의 배우가 국립극단에서의 사전 강습과 경남 고성에서의 현지 연수를 통해서 거의 두달간 훈련하고, 전문연희자 4명과 합동으로 올렸다. 공연은 〈고성오광대〉에 등장하는 전설의 동물 비비가 못된 양반 99을 이미 잡아먹고, 승천을 하기 위해 마지막 1명의 못된 양반을 찾기하기 위해 오늘 서울 한복판에 나타난다는 설정에서 출발한다. 양반을 찾아서 아르바이트생에서 점주, 점주에서 빌딩주인 등으로 옮겨가거나, 혹은 사고의 피해자에서 하청업체 협상꾼으로 옮겨가나 못된 양반을 찾기가 쉽지 않다. 이후 양반으로 다시 다양한 소위 적폐의 대상들이 등장하기도 하나 우왕좌왕 결국 양반을 잡아먹지 못하고 막은 내린다.

짧은 기간을 감안하면 대본도 공연도 수준급은 되었으나, 우리의 원형 발견에 많은 생각을 하게 하였다. 우선 〈고성오광대〉는 민속극이다. 민속극은 전문가들이 하는 공연이 아니라, 아마츄어들의 자생적인 공연이다. 이를 국립극단 전문가 집단이 그대로 공연하기에는 무리이다. 자칫 전통은 재미가 없다는 결론에 이를 수가 있다. 표피적인 풍자나 해학을 넘어야만 현대인의 폭넓은 공감대를 얻으리라 사료된다. 너무 연희 자원에만 기댄다면 현대극으로의 수용은 한계적일 수 있다. 또한 마당극과의 변별점도 문제이다. 반드시 마당극과 달라야만 한다는 전제는 없으나, 적어도 국립극단의 원형 찾기가 마당극의 형식으로 종결되서는 안 된다. 이렇듯이 우리 연극의 원형 찾기는 만만하지 않은 문제이다. 단순한 과거 연희의 재현이나 형식에의 이입을 넘어서, 오늘의 형식과 오늘의 다양한 감각으로 프로페셔널한 연극을 보여주어야 하기 때문이다. 따라서 연극계 인사들이 대거 참여하여 현대성과 프로페셔널리즘을 어떻게 성취할까가 문제로 남는다.

이후 셋째 이야기마당에서는 이수인(떼아뜨르 봄날), 남인우(극단 북새통), 변정주(전 극단 우투리), 이은진·심재욱(바바서커스), 신재훈(천하제일탈공작소), 임영욱(희비쌍곡선) 등 새 천년 이후 전통의 재창조 공연으로 주목받았던 연출가들을 모았다. 이런 연출가들을 한자리에 모으는 일이 쉽지 않았을 터이나, 그 토론은 미미했다. 이미 장시간 공연으로 지친 관객들은 떠났고, 해가 지자 엄습하는 매서운 추위로 토론을 길게 할 분위기가 전혀 아니었다. 여기에 찬조공연으로 판소리 〈필경사 바틀비〉와 꼭두각시놀음 〈돌아온 박첨지〉까지 있었다. 약간 모자라는 것이 넘치는 것보다 낫다는 옛말이 있듯이, 이후 행사는 추위와 지침으로 오히려 끝맺음의 흥이 없었다. 본 기획을 그냥 창작연희로 마감하고, 이후 실내로 들어가서 이야기마당에서 초대한 연출들의 경험을 공유하고 자신이 바라는 우리 연극의 원형을 깊이 있게 토론하는 자리였으면 어떨까 하는 아쉬움이 깊게 남았다.

우리 연극 원형을 재발견하기에는 절대로 하루 공연으로 되지 않는 일이라는 것을 모두 익히 알고 있다. 그러나 이번 프로젝트를 계기로 다양한 전통에 눈 돌리고 이들을 새로운 연극의 재원으로 활용할 수 있는 연극인이 많이 나오기를 기대한다. 사실 굿이나 고성오광대를 접하지 못했던 많은 젊은 연극인이 있었으며, 또한 젊은 연극 학생들에게도 큰 자극이 되었다. 이러한 노력들이 모여서 언젠가 전통과 서구 수용극의 격차가 없어지는 날을 꿈꿔본다. 왜냐하면 많은 연극인이 현대극에서 전통의 가치나 방법론을 활용하여 연극을 만들다 보면, 어느 날엔가 과거의 전통과 오늘의 현대극이 하나되는 시점이 있을 것이라고 믿어보기 때문이다. 그리고 이 쉽지 않은 작업이야말로 국립극단의 가장 큰 소명이라고 하겠다. 우리의 문화 정체성을 찾아서 세계 속에 세우는 일이야말로 국립극단의 사명이기 때문이다. 이를 위해서 '우리 연극 원형의 재발견'은 국립극단이 꾸준히 진행해야 하는 사업일 것이다. 국공립기관평가에서도 이 프로젝트만큼은 손익이나 관객수를 헤아리지 말기를 간곡히 부탁드린다.

(한국연극, 2018. 11)

4

국제 공연

미국의 상업극:
2011년 여름 브로드웨이 공연 단상

<전쟁의 말>, <멤피스>, <스파이더 맨>,
<마녀>, <빌리 엘리엇>

소위 연극을 전공한다면서도, 뉴욕 브로드웨이 공연을 작심하고 보기로 한 것은 참으로 오랜만이다. 학생 시절에는 티켓 값이 부담이 되어서였고, 이후로 뉴욕에 잠깐씩 들러서는 비싸기도 하거니와 원하는 표를 살 수가 없었다. 그래서 이번은 최신 인터넷 정보로 미국에 가기 3~4개월 전에 일찌감치 표를 예매하였다.[1] 6월 13일에 2011년 토니상 시상식이 있으므로 그 공연을 꼭 보고 싶어서, 노미네이트된 작품들의 평을 읽으며 내 나름의 수상작 리스트를 만들고 공연을 예매했다. 수상작이 발표된 후에는 보통 2년 치 티켓이 순식간에 팔려 나가므로, 한국에서는 표를 사기가 어렵다. 운(?)이 좋게도 내가 점찍었던 〈전쟁의 말〉(War Horse)이 '최고의 연극(Best Drama)'을 수상했다. '최고의 뮤지컬(Best Musical)'에 뽑힌 〈몰몬경〉(The Book of Mormon)까지 맞혔더라면 얼마나 좋았을까만은, 하나라도 맞춘 것을 다행으로 여기며 뉴욕으로 향했다.

---

1 한국에서 www. broadway.com이나 www.telecharge.com을 통해서 카드로 미리 예매할 수 있다. 얼마나 좋은(?) 혹은 좁은(?) 세상인지!

토니상 최고의 연극 〈전쟁의 말〉

〈전쟁의 말〉(War Horse)은 한국에서부터 기대가 컸던 작품이다. 어떤 작품이 미국 '최고의 연극'으로 뽑히는가도 알고 싶었던 사항 중의 하나였다. 그러나 뽑힌 작품은 의외로 영국의 내셔널시어터(NT)의 작품이었으며, 작품의 참신한 아이디어는 적은 전통적인 희곡이었다. 이는 브로드웨이의 상업성과 연관되는 보수성과도 관련이 있는 것 같다. 다만 공연에서 무엇보다 눈에 띄는 것은 말의 등장이다. 세 사람이 한 조가 되어 말 형상의 틀에 들어가서 거의 완벽하게 말의 움직임을 재현해 낸다. 1인은 틀 밖에서 머리 부분을, 나머지 2인은 앞 뒤 다리가 되어 움직임을 조작한다. 특히 전쟁터에서는 다수의 말들이 등장하며 무대를 압도했다. 말은 동시에 유일한 무대미술이기도 했다.

작품은 두 이야기를 축으로 하는데, 하나는 인간과 말 상호간의 깊은 사랑이고, 다른 하나는 전쟁의 비참함과 무의미에 대한 고발이다. 주인공 앨버트는 아버지의 객기 때문에 경매에서 샀던 말을 기르게 된다. 그는 말에게 조이라고 이름 붙이고, 혼신을 다해 조이를 키운다. 이들 간에는 깊은 신뢰와 사랑이 싹튼다. 앨버트의 말이라면 조이는 보통 경주마가 절대 하지 않는 수레도 끈다. 이 내기에서 이긴 아버지는 절대로 조이를 팔지 않겠다고 약속했으나, 이 약속을 깨고 전쟁이 나자 군대에 비싼 값에 조이를 판다. 이에 19살이 되지 않아서 군대에 나갈 수 없음에도 불구하고 앨버트는 나이를 속여서 군대에 나가 전장에서 계속 조이를 찾는다. 한편 조이는 여러 난관을 겪으며 살아 나가다, 부상당한 앨버트를 만난다. 눈을 부상당했던 앨버트는 조이를 울음소리로 알아낸다. 이후 전쟁은 끝나고, 그들은 함께 집에 돌아온다.

마이클 몰퍼고(Michael Morpurgo)의 소설을 각색한 작품으로, 원작보다 전쟁의 고발이 약화된 듯싶다. 물론 전쟁 중에 앨버트나 조이가 겪는 고통은 모두 전쟁의 무의미와 참화를 알려주지만, 공연은 일종의 대중성을 겨냥하여 앨버트와 조이의 사랑과 결국 재회하는 승리를 강조했다. 관객들은 무엇보다도 말의 움직임에 매료된 듯싶다. 3인 1조로 움직이는 말은 확실히 신비해 보이기도 하고 매력적이었다. 그러나 깊이 있는 전쟁 고발이라기보다는 조금은 신기할 수도 있는 말과 사람 간의 애정을 멜로드라마로 다루었다. 아버지의 박해 가운데도 둘의 사랑은 진정으로 계속되었으며, 전쟁 속에서도 목숨을 걸고 찾아 헤매고 결국 만난다는 가벼운 해피엔딩으로 끝난다. 전쟁의 진중한 고발을 보다 기대했던 필자에게는 전체적으로 공연이 가벼운 듯싶었다. 소위 대중적 취향을 향해야만 살아남는 브로드웨이 식이라는 생각을 금할 수 없었으며, 몇 년 전보다 그 경향이 심화된 것은 아닌가 싶다.

〈전쟁의 말〉

단순하지만 보기에 즐거운 〈스파이더 맨〉

이러한 대중적 취향에 대한 단상은 뮤지컬을 보면서 더욱 깊어졌다. 최근 개막한 〈스파이더 맨〉은 실로 '대중성'에 대해 생각하게 만들었던 공연이었다. 이 작품은 배우들의 부상이나 테크놀로지의 문제 등으로 개막이 자꾸 늦어져 화제가 된 작품이기도 하다. 필자의 취향은 아닌 줄 알면서도, 토니상을 받을까봐 혹은 가장 최신작을 보려고 한국에서부터 고심해서 예매했던 작품이기도 하다. 결국 개막이 늦어져서, 최종적으로 2011년 토니상 후보에 심사되지 못하고 다음 해로 미루어졌지만, 개막 전부터 수상 후보작으로 회자되었다.

〈스파이더 맨〉은 어찌 보면 너무 단순하고 만화 같기도 하지만, 이 공연이 어째서 대중의 욕구를 충족시키는지를 알게 해준 것도 같았다. 아주 새롭지는 않았지만 다양한 테크놀로지가 화려하게 사용되고, 스파이더맨이 무대를 넘어서 관객석 위로 날아다니고 (객석 군데군데 스파이더맨이 날다 멈추어서 관객과 악수하는 일종의 발코니가 있다), 만화 느낌을 주는 무대 세트는 접혀있다 펼쳐지고, 온갖 영상으로 환상적인 느낌을 더하는데, 정의는 지켜지고 젊은 남녀의 사랑은 변함 없이 계속된다. 극장 안을 종횡무진하게 날아다니는 스파이더맨을 연기하기 위해 7~8명의 스턴트 스파이더맨이 활용되었으며, 피터와 메리의 사랑도 해피엔딩으로 관객을 즐겁게 했다. 음악적 효과에 맞추어 무대는 빠르게 움직이고 새로운 볼거리로 채워진다.

분명 뻔한 이야기에 깊이도 없는데, 보기에는 일단 즐거웠다. 권선징악의 단순함이 주는 편안함, 극장 전체를 날아다니는 스파이더맨 활동선의 박진감, 무대가 전환될 때마다 접혀있다 펴지는 무대세트의 신비감, 달콤한 로맨스의 뮤지컬 노트 등 실로 브로드웨이식 뮤지컬이라는 것을 확인시켜 주었다. 분명 남녀노소가 즐길 수 있는 대중성을 갖춘 박진감 있는 뮤지컬이다. 그러나 공연이 끝났을 때 이러한 뮤지컬은 브로드웨이로 족하다는 생각도 들었다. 보는 순간 즐거웠을 뿐 어떤 감흥이 없었기 때문이다. 이러한 가벼움을 위해서 그 많은 제작비를 쏟아야 하는가 하는 의문이 떠나지 않았다. 나아가서 '대중성'을 쫓는다는 것이 연극의 올바른 방향인가? 혹은 연극의 상업성은 결국 엔터테인먼트 산업인가? 브레히트적 연극은 아니더라도 근대극 초기에 연극이 가졌던 사회적 소명은 지금 어디에 있는가? 이러한 브로드웨이 뮤지컬의 가벼움에 대한 거부감이 드는 것은 어쩔 수 없었다. 아니면 오늘날의 대중성을 받아들여야 한다면서, 이 거부감을 갖는다는 것 자체가 시대에 뒤처진 일은 아닌가 하는 단상도 스쳤다. 과연 뮤지컬의 방향성이 어디로 향해야 하는 것일까? 과연 대중성이란 오락적이며 소비적인 것이기만 한 것인가?

〈스파이더맨〉

묵직한 사회적 주제와 개인적 꿈, 〈빌리 엘리엇〉

무거운 뮤지컬로 고른 작품이 〈빌리 엘리엇〉(Billy Eliot)이다. 2000년 영국 영화상을 휩쓸었던 리 홀(Lee Hall)의 영화를 바탕으로, 2005년 뮤지컬로 탄생했으며, 2008년 브로드웨이에 입성했다. 역시 영국식 뮤지컬은 미국식 뮤지컬과 다르다고 느꼈다. 우선 형식부터가 크게 다른데, 미국식 뮤지컬은 음악 노트의 연속인데 반하여, 영국식은 대사가 많고 음악은 끼워 넣기 식이다. 작품의 주제 역시 미국보다 훨씬 무겁게 다루어지고 있다.

본 작품은 우리나라에서도 공연되었지만, 원래의 브로드웨이 공연을 보고 비교하고 싶었다. 연기자를 제외하고 모든 것을 사들여 온 공연이었던 만큼, 두 공연의 큰 차이를 느낄 수는 없었다. 한국도 모사적인 공연에서는 결코 뒤지지 않음을 실감했다. 필자의 관람 시, 마침 150만 명째 관객을 뽑았는데 바로 내 옆옆 자리여서 실로 유감스러웠다. 2명만 빨랐다면 150만 명째 관객이 되어서, 모든 캐스트가 사인한 액자에 든 포스터를 받고 그들과 뒤풀이를 같이할 수 있었는데 말이다. 동창회의 그 흔한 수건 경품하나 받아보지 못한 필자지만, 이번에는 왠지 내 일생 전공과 뉴욕까지 온 정성을 감안해서 꼭 될 것만 같아서 마음을 졸이기도 했다.

1980년대 영국 광산 파업을 배경으로 한 이 뮤지컬은 여러모로 브로드웨이 뮤지컬과 다르다. 우선 대사 중간 중간에 노래가 섞이어, 미국식 노래 위주의 뮤지컬은 아니다. 그런 점에서 형식상 오히려 한국식 뮤지컬과 유사한 점이 많았다. 벌써 미국식 뮤지컬에 익숙해서 인지, 뮤지컬 치고 대사가 상당히 많다고 느껴졌다. 즉 대사 위주라고 하겠고 오히려 노래는 부수적이다. 파업이라는 무거운 사회적 주제가 11살의 어린 빌리의 눈을 통해서 그려진다. 빌리는 권투를 배우라는 아버지의 권고에도 불구하고 춤추기를 원한다. 남자가 발레를 한다는 것 자체가 웃음거리인 문화 불모지에서 그는 꿈을 향해 나아간다. 빌리를 발레 학교 오디션에 가게 하기 위해, 파업 중인 탄광 인부들이 모금해 주는 장면은 가슴이 찡하다. 파업의 찬반을 떠나, 모두들 향토심에서 빌리를 응원한다. 발레리노를 향해 가는 빌리의 꿈 이면에는, 항시 그가 자란 마을에 대한 애정과 파업과 경찰과 데모대의 대치가 함께 한다. 즉 공연은 사회적 이슈인 광산 파업을 대두시키면서도, 어린 빌리의 꿈의 성취와 함께 다루어서 전체적인 균형감을 맞추고 있다.

실로 브로드웨이 전형적 뮤지컬과 여러모로 대조되었다. 뮤지컬 노트도 적고 주제도 무거웠을 뿐만 아니라, 볼거리도 빌리의 환상 속의 춤추기를 제외하면 거의 없다. 기본적으로 대사로 이야기가 진행되었으며, 전문 배우이기가 힘든 어린이를 주인공으로 내세우고 있다. 다만 품었던 꿈을 이룬다는 꿈의 성취와 해피엔딩 정도가 브로드웨이 뮤지컬과 공통점이라 하겠다.

재즈음악과 춤의 〈멤피스〉

다시 브로드웨이 전형적인 뮤지컬을 탐구하기 위해서, 2010년 토니상 최고의 뮤지컬로 뽑힌 〈멤피스〉(Memphis)를 관람하였다. 역시 시종 계속되는 뮤지컬 노트와 화려한 재즈 댄스로, 거의 대사 없이 이야기가 진행되었다. 집념과 성공의 이야기도 빠질 수 없으며, 미국사회가 민감한 인종 간의 사랑 이야기도 대중적 관심을 끌었다 하겠다.

흑인 재즈 음악에 매료된 주인공(Chad Kimball 분)은 멤피스의 라디오 방송에 이를 소개하여 크게 히트를 한다. 그는 백화점에서조차

해고당할 정도로 무능하게 그려지나, 흑인 음악에만큼은 열정을 지녔다. 이 음악으로 인해 방송국 프로를 맡게 되고, 이 프로는 폭발적인 지지를 받는다. 특히 한 흑인 여자(Montego Glover 분)의 노래를 사랑하다, 그녀를 사랑하게 된다. 그러나 멤피스에서는 흑백 인종 간의 결혼은 금지되어 있기에 그들은 폭력배들에게 린치를 당하기도 한다. 뉴욕에서 이들의 방송과 노래를 듣고 멤피스에 찾아온 관계자는 그의 여자를 뉴욕에 데리고 가서 전국 방송으로 전파하고자 한다. 주인공에게도 진행자를 제의하나 단 코러스 댄서들을 백인으로 바꾸는 조건이었다. 이를 수락할 수 없는 주인공은 멤피스에 남고, 그녀는 뉴욕으로 떠난다. 쓸쓸히 다시 방송을 하고 있는 주인공에게 어느 날 그녀가 찾아온다, 약혼했다고 하며. 그러나 그녀는 멤피스에서는 꼭 함께 공연하자고 청한다. 다 같이 신나게 재즈 음악 콘서트를 열며 재즈 댄스로 공연은 끝난다.

공연의 중요한 축은 음악이다. 실로 재즈 음악의 진수를 보여주었으니, 춤과 함께 힘이 넘치는 음악들이 인상적이었다. 특히 여주인공의 가창력은 무대를 압도하며 쩡쩡 울렸으니, 가히 감탄할 만하다. 이러한 재즈 음악과 가창력을 바탕으로, 공연의 다른 한 축은 흑백 인종간의 사랑을 호소하고 있다. 사회적 조건에 갇힌 사랑이 얼마나 힘들며, 그럼에도 사랑하는 이들이 안타깝게 다가왔다. 따라서 사회적 편견에 대한 진솔한 고발이기에 휴머니즘적인 색채가 짙다. 그러나 전체적으로 재즈와 춤에 더욱 중점을 두었다. 실로 재즈 음악을 사랑하는 사람이면 꼭 보아야 할 뮤지컬이라고 하겠다. 이렇듯이 음악과 엔터테인먼트에 더 주력했다는 점에서, 역시 전형적인 브로드웨이 뮤지컬이라고 하겠다.

〈멤피스〉

설화의 재해석과 볼거리 〈마녀〉

새 밀레니엄 들어서 오픈한 뮤지컬로 가장 폭넓게 대중적 인기가 있는 것은 〈마녀〉(The Wicked)다. 2003년에 오픈해서, 2004년에 토니상 3개 부분을 수상했으며, 드라마데스크상(Drama Desk Award) 및 올리비에상(Olivier Award)을 받은 뮤지컬이다. 아마도 21세기 이후 창작된 최고의 뮤지컬로 꼽는데 별 이의가 없을 것이다. 이야기는 알다시피 동명의 소설에서 빌려 왔으며, 1939년 영화 〈오즈의 마법사〉로 더 널리 알려진 작품이다.

〈오즈의 마법사〉가 배경으로 깔리지만, 공연은 서쪽의 나쁜 마법사로 알려진 엘파바가 사실은 좋은 마녀였으며, 겉보기로 선악을 판단해서는 안 된다는 이야기를 하고 있다. 엘파바는 북쪽의 좋은 마법사로 알려진 글린다와 룸메이트를 하게 되면서 이들의 우정은 싹튼다. 그러나 동시에 라이벌인 이들은 멋있는 피에로를 두고 사랑의 경쟁자이기도 하며, 서로 다른 성격과 차이에도 불구하고 오즈의 부패한 정부와 맞서면서 좋은 친구가 된다. 그러나 엘파바는 녹아 죽어야 하는 운명을 가졌기에, 글린다와 서로 애타는 이별을 한다. 그렇지만 사실은 함께 사랑했던 피에로가 그녀를 구출하여 둘이 함께 살게 된다는 이야기로 끝맺는다.

이야기는 산만하고 작위적인 점이 많아서 〈오즈의 마법사〉를 잘 모르는 관객에게는 쉽게 이해되지 않는 부분이 많으며, 특히 피에로가 어째서 아름다운 글린다 대신 초록색의 추녀 엘파바를 갑자기 사랑하게 되는지, 또 어떻게 엘파바가 녹아버리지 않고 피에로와 도망가게 되는지 등, 당위성이나 인과성이 미약해서 플롯의 작위적인 면도 보인다. 본 작품이 초기에 왜 비평가들에게서 혹평을 받았는지를 말해주는 부분이다.

무대는 상상력을 자극하며 화려한 마법의 나라를 보여준다. 뿐만 아니라 뮤지컬의 노트나 음악도 대체로 무난하게 작품을 받혀주었으나, 'For Good'을 제외하면 특별히 기억에 남는 음악은 없었다. 그러나 오즈의 마법사를 바탕으로 상상력을 자극하는 여러 화려한 볼거리, 사랑의 삼각관계, 그리고 마녀에 대한 새로운 해석을 바탕으로 볼만한 즐거운 뮤지컬이었다. 특히 우리가 흔히 생각하듯이 겉보기의 아름다움이나 추함에 따라서 인물을 평가하는 것이 잘못되었다는 해석은 오늘날 대중에게 잘 받아들여진 것 같으며, 어째서 대중적 인기가 있는지 수긍이 갔다. 〈스파이더 맨〉같이 완전히 볼거리에 의지하지는 않았지만, 관객에게 널리 알려진 이야기를 바탕으로 이의 재해석으로 대중을 매료시켰다고 하겠다. 특히 엘파바와 글린다의 연기가 공연을 끌고 가는 핵심이라고 하겠다. 전폭적으로 감동하지는 않았지만, 어째서 인기가 있는지는 수긍이 갔다.

〈The Wicked〉 포스터

대중성의 물결, 연극의 진로

마지막 날에는 드디어 타임스퀘어 티켓 박스를 방문했다. 현재 동향을 위해 보아야 할 공연에 얽매이지 않고, 그냥 자유롭게 반값 티켓을 사서 보기로 했다.[2] 그리고 현재 공연 중인 작품 중에 뽑은 공연이

2 2011년 Tony Award에서 베스트 뮤지컬 상을 받은 ≪The Book of Mormon≫ 암표상을, 반값 티켓을 사려고 기다리다가 만났다. 그는 반값으로 팔지 않는 ≪The Wicked≫ 등 다양한 암표를 가지고 있었다. 사실 ≪오페라의 유령≫ 대신 ≪The Book of Mormon≫을 보려고 했으나, 2장은 몰라도 1장씩은 절대 팔지 않는다는 암표상의 말에 결국 포기했다. 요구하는 티켓값도 장당 $400을 넘어서, 오히려 잘 된 건지도 모른다고 스스로를 위로했다. 혹시 뉴욕에 가서 급히 최근작 표를 구하려면, 티켓 박스 근처의 암표상을 생각해 볼 수도 있겠다.

역시 〈오페라의 유령〉이다. 10여 년도 전에 런던 웨스트 앤드에서 이 공연을 처음 관람했을 때의 감격을 잊지 못해서였다. 그런데 알고 보니, 현 브로드웨이 공연 중에서 최장기 공연이라고 한다.

너무도 잘 아는 뮤지컬이었지만, 여전히 어느 뮤지컬보다 즐길 수 있었다. 낯익은 뮤지컬 노트들과, 병적이지만 애절한 사랑이 가슴을 적셨다. 환상적인 지하세계의 무대와 뛰어난 음악이 여전히 감동적이었다. 결국 이번에 보았던 어떤 공연보다도 좋은 듯싶었다. 잘 된 뮤지컬은 쉽게 나올 수 없는 만큼, 또한 영원한 듯싶다.

이렇듯이 2011년 토니상 최고의 연극 〈전쟁의 말〉, 2010년 토니상의 베스트 뮤지컬 〈멤피스〉, 2011년 토니상에 거론되었다 개막이 늦어져 내년으로 심사가 미루어진 화제작 〈스파이더 맨〉, 새 밀레니엄의 최고 인기작으로 꼽히는 〈마녀〉, 영국식 뮤지컬을 보여준 인기작 〈빌리 엘리엇〉, 그리고 현 브로드웨이 최장수 공연 〈오페라의 유령〉을 보았으니, 대충 브로드웨이 공연은 훑은 셈이다. 전 공연을 통해서 생각나는 하나의 단어를 꼽는다면, '대중성'이다. 결국 이들 공연은 상업극이고, 상업극인 이상 일정량의 티켓이 팔리지 않으면 자동적으로 공연이 종료된다. 몇 년 전의 브로드웨이보다 더욱 대중성으로 향하고 있는 느낌이다. 모두 나름대로 긍정할 수 있는 공연이었지만, 결국 내 취향은 아니라는 생각이 들었다.

전체적인 브로드웨이 공연의 가벼움을 생각하며, 앞으로의 공연은 상업극과 연구극을 구분해서 해야 하지 않을까 하는 단상에 젖어본다. 그렇지 않고는 결국 공연이 결코 가벼운 대중성에서 벗어날 수 없으리라는 생각 때문이다. 그리고 이런 엔터테인먼트 공연은 브로드웨이면 족하다는 생각이 들었다. 문득 우리 연극계의 가속화되는 상업극화가 떠올랐다. 국립극장마저 재정적 자립도의 상승이 극장장이나 예술감독의 능력으로 평가되고 있는 현실이다. 요즈음 떠들썩하게 보도

된 성을 매개로 한 〈교수와 여제자〉의 경우 연극계가 그토록 부러워하는 초대권 없는 공연을 진행하며 당당히 수지를 맞추고 있다. 우리에게 상업극이 이상(理想)이 될 때, 실로 브로드웨이만큼도 그 연극적 수준을 유지할 수 없을 것이다. 그 비싼 브로드웨이 뮤지컬을 매일 밤 보며, 오히려 연극의 진로에 대해 고민하게 되는 것은 무슨 아이러니일까…. 화려한 타임 스퀘어의 다양한 뮤지컬 선전 간판 네온사인이 아름답듯이, 나도 그냥 편하게 대중 속으로 걸어가고 싶었다.

(연극평론, 2011. 가을호)

오늘날 미국의 '심각한 연극(Serious Drama)': 현대 연극의 거장, 탐 스타파드

- 초기작 <로젠크란츠와 길덴스턴은 죽었다>와 최신작 <락 앤 롤(Rock 'n' Roll)>

1. 서어

탐 스타파드

탐 스타파드(Tom Stoppard)를 20세기 극문학의 대가로 꼽는 데는 아무도 주저하지 않을 것이다. 첫 희곡 〈물 위의 발자국(A Walk on the Water, 1960)〉을 시작으로 희곡과 영화를 오가며 스타파드 만큼 꾸준히 작품을 발표한 사람도 드물다. 3번의 토니상과 7번의 런던 이브닝 스텐다드 최우수 각본상 수상이 작가로서 그의 화려한 경력을 말해준다. 우리에게는 〈로젠크란츠와 길덴스턴은 죽었다(Rosencrantz and Guildenstern are Dead, 1965)로 잘 알려졌으며, 〈희화(Travesties, 1974)〉나 〈진짜(The Real Thing, 1982)〉 같은 작품 등이 1990년대에 성공리에 공연되기도 했다.

그의 작품들은 재치 있는 말장난이나 희극적 요소를 능숙하게 구사하면서도, 삶과 철학의 무수한 모순들을 지적하면서 이들을 통해 재미와 동시에 교훈을 전달한다. 그의 작품들은 유희적이면서도 시대를 꿰뚫어 읽는 날카로움이 번득인다. 그러하기에 체코 출신 영국 극작가이면서도, 오늘도 미국 각 도시에서 공연될 만큼 현대 연극에서 그의 위치는 확고하다. 여기서는 미국 앤아버에서 본 그의 초기작 〈로젠크란츠와 길덴스턴은 죽었다〉와 보스톤에서 보았던 최신작 〈락 앤롤(Rock 'n' Roll)〉을 살펴보겠다. 두 작품이 한 작가의 작품이라고 생각되지 않을 정도로 다르다고도 하겠지만, 삶의 모순들을 지적한다는 점에서 상통한다고 하겠다.

2. 부조리와 유희: 〈로젠크란츠와 길덴스턴은 죽었다〉

앤아버에서 상업극단 퍼포먼스 넷워크(Performance Network)에 의해 공연되었던 〈로젠크란츠와 길덴스턴은 죽었다〉는 이 작품이 부조리계열의 희곡임을 다시 확인시켰다. 작품은 〈햄릿〉의 별 의미 없는 두 조연을 작품의 중심에 놓음으로써, 세상은 이해할 수 없는 힘의 통제를 받으며 인간은 조연에 불과하다는 스타파드의 메시지를 전한다. 이러한 주제를 강화하기 위해 이번 공연에서 배우들은 끊임없이 무의미하거나 필요 이상으로 과장된 동작들 연출했다. 유일한 무대미술이라고 할 비스듬히 반쯤 기울어진 배를 배경으로, 로젠크란츠와 길덴스턴은 계획을 세우고 연설을 하고 또 생각한다. 그러나 그들은 결과적으로 그 결말에 아무런 영향을 줄 수 없었다. 그러하기에 돌이켜보면 그들이 계획하고 연설하고 생각했던 어떤 것도 사소하고 미미하다. 그토록 진지했고 열심이었던 순간순간이 모두 하나의 의미 없는 놀이였으며 가상인 체(make believe)하는 것이었다. 이것은 등장하는 비극단원들로 인하여 하나의 액자틀을 형성하며, 더욱 유희적이며 놀이화되었다. 즉 세상은 유희이며 겉모습뿐인 것이다. 실체는

〈로젠크란츠와 길덴스턴은 죽었다〉

한낱 허상이며, 부조리하거나 우연이다.

오늘에 되돌아보는 부조리극은 별로 새로운 것은 없었으나, 여전히 스타파드의 언어 재치와 위트는 번뜩였다. 종종 터지는 관객의 웃음소리는 이를 반증하였다. 별 무대장치 없이 무대를 반 이상 채운 배 하나에 의지하는 볼거리였기에, 연기가 더욱 중요하였다. 특히 미시간대학 교수인 말콤 튜립(Malcolm Tulip)에 의해 연기되었던 길덴스턴은 압권이었다. 그는 유희 자체를 즐기는 듯이 연기했으며, 그 경쾌함과 진지함은 비극적 결말마저를 포함하여 유희화하였다. 그들의 최후가 슬프기는 하지만, 그러나 우리 삶 자체가 무대에 선 배우의 연기이며 가상이지 않던가? 유희이기도 사소하기도 하겠지만, 인간은 그래도 도전한다는 각오마저 다가와서, 부조리극이면서도 부조리극을 넘어서고 있었다.

3. 이데올로기와 일상: 최신작 〈락 앤 롤(Rock 'n' Roll)〉

초기작 〈로젠크란츠와 길덴스턴은 죽었다〉와는 다르게 신작 〈락 앤 롤〉에서 작가는 다시 삶의 작은 따뜻함에 주목한다. 젊은이의 반항에서 70대의 노인으로, 인생을 바라보는 완숙미가 익어서일까? 〈락 앤 롤〉은 2006년 영국 런던 로얄 코트 극장(the Royal Court Theatre)

에서 초연된 이래, 2007년 이 극단의 미국 뉴욕 순회공연이 있었다. 이를 2008년 보스톤의 헌팅톤 극장(Huntington Theatre Company)이 미국 배우들로 공연을 다시 올렸는데, 일종에 뉴욕을 겨냥한 시연(Try-Out) 공연이었다. ASTR(American Studies for Theatre Research: 미국연극학회)이 학회 공식 공연으로 추천했을 만큼, 올해 연극의 화제작이요 문제작이다.

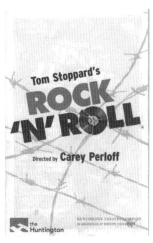

〈락 앤 롤〉

〈락 앤 롤〉은 프라하의 봄인 1968년부터 1989년의 벨벳혁명과 프라하에서 롤링스톤의 콘서트가 열린 1990년까지를 다루고 있다. 작가 스타파드가 체코 태생인 만큼 이 작품은 고향과 극작가 하벨 대통령에 대한 헌시라고도 하겠다. 작품은 두 개의 관점과 이야기가 얽히는데, 체코에서 유학 온 락앤롤 음악을 사랑하는 박사지망생 얀과 그 스승인 영국 교수 맥스 가족의 이야기이다. 시작은 런던의 맥스 교수 집을 배경으로 런던 생활이 펼쳐진다. 맥스 교수는 마르크스 이상을 믿는 영국의 공산주의자이고 딸 엘리아노는 반항적 십대로 자유주의자다. 이들의 사상과는 별개로 맥스 교수 부부의 자유로운 일상이 펼쳐지며, 록을 좋아하는 얀은 프라하의 봄을 맞아 고향으로 돌아가기로 결정한다. 그러나 그는 금지된 지하 록 밴드[3]에 관여했다고 빵공장으로 쫓겨가서 일하며, 근근이 생계를 이어간다. 지난날 학자의 꿈이나 록뮤직

---

3 실재 The Plastic Peolple of Universe(PPU)를 작품에서 강하게 시사한다. PPU는 프라하의 언더그라운드 문화를 주도하던 락 뮤직 그룹이다. 이들은 서구 추종 세력으로 종종 감옥에 가기도 했다.

에 대한 열정 등은 모두 희미해진다. 한편 1960년대 자유운동에 기수였던 엘리아노는 아비 없는 딸을 낳고, 이제 돌아가신 어머니를 대신하여 집안을 돌보며 아버지 맥스 교수를 수발하고 있다. 프라하에 벨벳혁명으로 다시 자유가 돌아오자, 얀은 영국을 방문하여 맥스 교수를 찾는다. 현실과 관계없이 여전히 공산주의자인 맥스 교수는 반갑게 맞으며 얀에게 그간 고생을 위로하며 용서를 구한다. 함께하는 식사 중에 맥스 교수의 결혼이 발표되고, 엘리아노의 딸은 옛날 엘리아노와 같이 반항적이다. 허전함을 느끼는 엘리아노에게 얀은 청혼하고, 둘은 함께 프라하로 온다. 어떤 이념에 경도되었던 때보다도 둘은 함께하는 평범한 일상 속에서 참 행복을 느낀다.

〈락 앤 롤〉

작품은 실로 많은 것을 제기하고 생각하게 한다. 도대체 무엇이 역사의 흐름을 바꾸는가? 공산주의자인 맥스 교수가 하지 못한 것을 이념과 무관한 한 지하 록 밴드는 해냈는데, 그렇다면 한 개개의 예술가는 사회 변화에 영향을 미치는가? 하벨 대통령이 그러했듯이, 예술가는 정치가인가? 더 크게 말한다면 정치가 문화를 바꾸는가 아니면 문화가 정치를 바꾸는 것인가? 또 얀이 말했듯이 모든 정치제도가 그렇고 그렇게 같은 것이라면, 체코의 벨벳혁명 역시 또 바뀌게 될 하나의 제도에 불과한가? 또는 정치 변혁의 대가는 어떠한가? 등 실로 많은 질문을 던진다. 그러나 정치적 변화에도 불구하고 인생의 변하지 않는 가치는 여전히 따뜻한 일상에 있다고 작가는 말하는 듯하다. 얀과 엘리아노는 긴 방황과 청춘을 소비한 끝에 이 평범한 진리에 도착한다. 이 깨달음이야말로 〈로젠크란츠와 길덴스턴은 죽었다〉의 부조리를 넘어서, 70세에 이른 노장의 극작가가 도달한 진실인 듯싶다.

공연은 캐스팅의 묘미를 더하여, 변함없는 우리의 삶을 부각시켰다. 즉 십대의 엘리아노와 후일 그녀의 딸을 같은 여배우로, 또 엘리아노를 걱정하는 맥스의 부인과 자신의 딸을 걱정하는 엘리아노를 같은 여배우로 설정했다. 즉 나이에 따라 이중 캐스팅을 한 것이다. 이러한 캐스팅은 삶이 반복된다는 이미지를 강하게 주었다. 세계를 바꿀 것같이 반항하던 엘리아노 역시 어머니와 똑같게 되며, 젊은 시절 엘리아노와 그 딸의 이미지는 겹쳐진다. 이데올로기는 한때 지나가는 바람과 같고, 남는 것은 여전히 같은 삶이다. 긴 시간을 묘사하는 무대였으나 변함없는 맥스 교수 집이 등장함으로써, 역시 삶의 불변성이라는 주제와 연결되었다.

무대는 따뜻한 맥스 교수의 가정을 잘 부각시켰다. 바로 그 따뜻함 때문에 맥스 교수의 공산주의 타령도, 엘리아노의 히피적 반항도 가능했다고 하겠다. 어떠한 흔들림도 막으며 다독거릴 수 있는 곳이 바로 그 가정이었기 때문이다. 반면 프라하 시절은 회색 톤으로 처리되어서 그 암울했던 시절을 대변한다. 그러하기에 얀 역시 자유를 얻자 가장 먼저 맥스 교수 집을 방문하는 것이다. 맥스 교수의 연기는 우리가 갖고 있는 통념적인 공산주의자라기보다는 맘 좋은 이웃집 아저씨 같은 느낌이었으며, 얀은 공산주의에 경도되고도 락앤롤을 좋아하는 젊은이에서 그 환상을 잃고 지쳐버린 중년과 새로운 사랑으로 희망을 얻는 긴 과정을 폭넓은 연기력으로 설득력 있게 전달하였다.

이 공연이 감동적이었던 또 다른 이유는 이 작품이 어딘가 우리나라의 포스트 386세대를 연상시킨다는 점이다. 이데올로기의 경도와 혁명적 열정, 그 이후 다시 삶을 바라보면서 일상에의 회귀는 오늘의 우리 사회의 이야기이기도 하다. 이를 실제로 체험했던 우리 관객이 미국 관객에게 보다 훨씬 공감할 수 있으리라 생각된다.

결국 동서를 막론하고 인간의 삶은 같은 패턴을 밟으며, 관조하는 눈으로 되돌아볼 때 일상의 따뜻함만이 영원한 것인가? 그렇다면 이데올로기나 역사의 변화를 일으키는 힘이란 항시 일상과 대결되는 것인가? 그래도 역사를 변화시키는 힘(그것이 정치이든 예술이든)은 중요하지 않은가? 공연은 많은 질문들을 일으켰을 뿐, 작가는 즉답을 주기지 않는다. 포스트모던 시대답게 작가는 어떤 가치도 중앙에 놓지 않는다. 그래서 우리가 잊었던 사소한 일상의 기쁨이 대단해 보이기도 한다. 어떤 것이 훌륭한 삶인가는 여전히 의문으로 남으면서도, 롤링스톤의 록 앤 롤에 맞추어 몸을 흔들며 관객들은 극장을 나온다.

브로드웨이의 수많은 뮤지컬이 오르면서도, 여전히 이러한 심각한 공연들이 행해지고 또 관객을 끈다는 것이 미국 공연계의 힘이라고 생각되었다. 진솔하게 삶을 질문하는 연극에 대해 결코 무관심하지 않으며, 이를 골라내는 혜안을 가진 안목이 있기에 오늘 미국의 연극이 건재함을 새삼 느꼈다. 오락과 삶의 철학─이 두 마리의 토끼를 잡고 있는 미국 연극이 우리 연극계에 많은 것을 생각하게 한다. 이렇듯이 공연의 다양한 층이야말로 우리 연극계가 닮아가야 할 것이다.

(연극평론, 2009. 여름호)

아시아계 극작가의 부상: 문화상호주의를 넘어 다인종 혼혈 연극(Mixed Blood Theatre)으로

서어: 부상하는 미국 아시아계 연극

미국 연극계에서 아시아계 극작가라는 개념은 1988년 데이비드 황의 〈M. 나비〉 이전에는 실로 낯설고 생뚱맞았다. 그만큼 아시안 극작가가 제 목소리를 내지 못했거나 혹은 중앙 연극계에서 묵살당했다고 하겠다. 사실 데이비드 황이 〈M. 나비〉로 중앙 무대에서 성공할 수 있었던 것도, 소위 아시안 스트레오타입에 충실했기 때문이라는 아시안계의 비판도 만만하지 않다. 어쨌건 데이비드 황은 거의 최초로 중앙무대에 성공적으로 데뷔했고, 그 이후 아시안계 극작가는 그 영역을 넓혀가고 있다. 특히 1990년대 중반 이후로 많은 아시안계 극작가들이 등장했으며, 한국계 역시 성노나 다이아나 손을 비롯하여 이때쯤부터 아시안계에 한국계 목소리를 확실히 더하였다.

실로 오늘날 미국연극에서 아시아계 연극은 활발하다. 일찍이 1960, 70년대부터 시작되었던 4대 극장, 즉 East West Players(L,A), Pan Asian Repertory Theatre(New York), Asian American Theatre Company(San Francisco), Northwest Asian American Theatre (Seattle)를 넘어서, 이제는 많은 프린지나 실험 극장들과 손잡고 공연을 하며 아시아인만의 아시아 연극을 넘어서고 있다. 이러한 결과는

National Asian American Theatre Conference[4]나 National Asian American Theatre Festival[5] 등으로 나타나고 있다. 그뿐만 아니라 Asian American Theatre Revue나 그룹 이메일을 통해서 수시로 아시아 연극 공연과 관련 정보를 교환하고 있다.

전반적으로 큰 이슈가 없어 보이는 미국 연극계에, 흑인 연극을 넘어서는 민족연극(Ethnic theatre)으로서의 아시아계 연극은 그 관객층을 아시아인에 국한하지 않고 빠르게 전반적인 미국인으로 넓혀가고 있다. 다시 말하면 아시안 연극은 그만큼 미국 기성 연극계의 새로운 동력으로 부상하고 있다. 그리고 이러한 부상에는 소위 포스트모더니즘의 중심 파괴로 인한 다인종 혼혈주의의 부상과도 밀접하게 연관되어 있다. 아시아 연극에도 이제 아시아인만이 등장하는 것이 아니라 다인종이 등장하며, 휴머니즘에 기저한 다인종들의 복합적인 삶이 그려지는 것이다. 이국적인 문화를 도용하던 문화상호주의에서 이제는 소외되었던 다인종 혹은 혼혈(Mixed Blood)이 섞여서 엮어내는 삶이 중요한 이슈로 떠오른다. 2008 미국 민주당 대통령 후보로 역시 혼혈인 오바마가 선정되었다는 것을 상기한다면, 이러한 아시아계 연극 부상의 배경을 쉽게 이해할 수 있을 것이다.

본고에서 논의하려는 두 개의 공연은 필자가 관람할 수 있었던 4월 L.A.의 〈사다리꼴(Trapezoid)〉과 6월 미니아폴리스 구스리(Guthrie) 극장의 〈백년 후에(After A Hundred Years)〉이다. 이들은 모두 아시

---

4 제1회 National Asian American Theatre Conference는 2005년 East West Players 주관으로 L.A.에서 열렸으며, 제2회는 2008년 Guthrie Theatre 주관으로 미니아폴리스에서 열렸다.

5 제1회 National Asian American Theatre Festival은 2007년 뉴욕의 Ma-Yi theatre company, NAATCO(National Asian American Theatre Company)와 Pan Asian Repertory Theatre 주관으로 주최되었으며, 제2회는 2009년 역시 뉴욕에서 계획되고 있다.

아계 극작가의 작품이면서, 다인종 혼혈 연극의 특징을 잘 반영하고
있다.

〈사다리꼴(Trapezoid)〉

〈사다리꼴〉

〈사다리꼴〉은 한국계 극작가 겸 문화운동가인 닉 차 김(Nick Cha Kim)의 작품으로, 연출 역시 한국계인 칠 공(Chil Kong)이었다. 미국 내 유일한 한국계 극단이라고 할 'Lodestone(천연자석 혹은 이처럼 사람을 끌어당기는 것)'이 공연하였다. 로드스톤은 오순택이 East West Players에서 나와서 만든 극단으로, 한동안 공백이 있다가 필립 정(Phillip Chung)이 다시 맥을 이어서 1990년대 후반부터 정규적으로 공연을 올려 올해 10주년을 맞는다. 그러나 완전히 아마츄어를 표방하는 극단으로, 아무도 공연에서 보수를 받지는 않는다. 극작가, 연출, 배우 모두 무보수 자발적 인원들이나, 그 공연의 질에서는 직업극단에 뒤지지 않았다. 대부분 캘리포니아대학 출신들로 한국계가 지배적이나 다인종 극단이다.

〈사다리꼴〉은 과학과 사랑에 대한 탐구이다. 영문학도인 피터는 걸프랜드와 임신으로 갈등을 겪는데, 로보트 컴퓨터 실험실에 취직된다. 그의 임무는 로보트에게 감정을 부여하는 작업이다. 결국 로보트

는 피터를 사랑하게 되고, 자신을 만든 사람들의 규제에 화를 내며 이들을 죽이게 된다. 피터마저 걸프랜드에 대한 사랑을 시기하며 해하려 하나, 피터는 간신히 로보트를 파괴한다. 즉 공연은 두 가지 큰 질문을 하는데, 하나는 과연 현대의 과학은 완벽할 수 있느냐 하는 문제와 설령 기술적으로 완벽해진다 해도 생기는 또 다른 문제를 어떻게 대처할 것인가 하는 것이며, 다른 하나는 과연 사랑이란 무엇이냐 하는 질문이다. 로보트를 사랑하는 과학자 간의 암투나, 피터와 걸프랜드의 갈등 및 자아와 임신의 문제, 그리고 로보트의 파괴적인 사랑—모두는 사랑을 점점 더 모호하게 만든다. 한편 인류를 더 행복하게 할 것 같았던 과학 역시 결국에는 스스로의 함정에 빠진다. 과학의 한계를 그린 점에서는 종래의 과학 공상 소설과 큰 차이가 없으나, 이야기의 초점은 궁극적으로 사랑에 놓여 있는 듯하다. 특히 로보트를 네모난 상자로 처리하여 인간과의 이질성이 더욱 두드러졌기에 그 로보트의 사랑이 더욱 놀랍다.

한국계 미국 극작가의 작품으로는 좀 이질적으로 느껴졌다. 왜냐하면 이민 2세대의 문제나 인종 문제에 대한 직접적인 언급이 전혀 없기 때문이다. 소위 일세대 극작가들은 이러한 문제에 집중해 있었다. 그러나 점차 2세대가 등장하면서 이들의 주장처럼, 소위 '일반성'을 추구할 때 아시아계 연극이 더욱 발전할 수 있다는 신념이 잘 반영된 작품이라고 하겠다. 그러나 다인종은 역시 무대에 등장하며 이들의 혼합된 삶이 보인다. 피터와 걸프랜드는 한국계, 로보트를 만든 과학자는 백인이며, 이를 단련시켰던 연구원은 히스패닉계이며, 흑인 경비원이 등장한다. 더구나 이들 각각 사이의 갈등에는 인종문제가 지나가듯이 언급된다. 인종 문제는 이제 직접적인 고발의 대상이 아니라, 삶의 일부분으로 보인다. Mixed Blood 한 사람들이 Mixed해서 살아가며, 여기에 과학의 산물인 로보트까지 등장하여 이들과 대등하게

mixed해서 문제를 만들어간다. Mixed Blood 한 인간들이기에, 과학과의 Mix 역시 더욱 자연스럽고 당위성을 갖는다 하겠다.

공연은 정식 극장이 아니라, L.A. 인근 작은 공원의 간이 극장에서 올려졌다. 따라서 볼거리는 거의 없는 가난한 연극 스타일이었으나, 로보트를 빛나는 사각상자로 설정한 것이 신비감을 잘 살렸다. 배우들의 열연도 기대 이상으로 인상적이었다. 특히 피터역 주인공을 맡았던 배우의 심리묘사가 뛰어났다. 대부분의 배우는 대학교에서 연극을 전공한 이상의 학력을 가지고 있었기에, 말이 아마추어이지 전문 배우들이라고 하겠다. 우리나라 대학로의 소극장 공연을 생각하면, 이 공연의 수준을 가늠할 수 있겠다. 즉 예산의 한계로 볼거리는 거의 없으나, 배우들의 열정과 극작가의 '하고 싶은 말' 때문에 행해지는 공연이었다. 따라서 공연의 열정이 전해지는 행복한 관극이었다. 요즈음 소위 'How'에만 주저앉으려는 우리 공연들이 한번쯤 돌아보아야 할 공연 같았다. 연극 같은 수공업이 아직도 존재하려면, '무엇'을 전하려는 강력한 의지가 있어야 하지 않을까?

〈백년 후에(After A Hundred Years)〉

〈백년 후에〉는 구스리(Guthrie) 스트디오에서 6월 초연된 공연으로, 일본계 혼혈 나오미 리주카(Naomi Lisuka) 극작으로 연출은 백인계인 리사 포테스(Lisa Portes)가 맡았다. 구스리 극장은 미시시피 강변에 공원을 끼고 근년에 새로 지어졌는데, 3개의 극장을 갖고 있다. 즉 Wurtele Thrust Stage, McGuire Proscenium Stage 및 Dowling Studio 극장으로, 다양한 공연을 수용하기 위해 프로시니움, 트러스트 그리고 스트디오를 다양하게 갖추었다고 하겠다. 이번 공연은 스트디

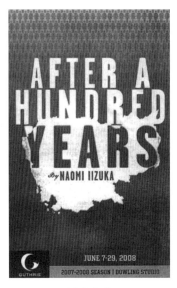

〈백년 후에〉

오극장에서 행해졌는데, 약 3~4백석 정도의 소극장이었다. 동양계 극작가가 비록 소극장이긴 하나 구스리 극장에서 초연을 한다는 것은 의의가 크다고 하겠는데, 구스리 극장은 미국 전체 내에서도 몇 손가락 안에 꼽히는 기성극장이기 때문이다. 즉 동양계 극작가가 미국 메인 스트림에 등장함을 의미한다.

공연은 캄보디아 킬링필드의 주역을 인터뷰하기 위해 미디어맨인 주인공이 도착하면서 시작된다. 여기서 의사로 봉사하는 친구 부부를 만나는데, 불행한 듯이 보이는 그 부인에게 호감을 갖게 되며 잠시 삼각관계로 발전한다. 이에 친구는 만취 상태에서 그에게 항의하며 그는 항상 부유한 행운아였다고 시샘한다. 더구나 의사로서 헌신적인 봉사에도 불구하고 친구는 서구 제약사에서 어린 매춘부들에게 에이즈 약을 실험하게 하며 운영비를 받고 있음을 술김에 고백한다. 한편 인터뷰에서 킬링필드의 주역 역시 자신의 무죄와 불가피했음을 피력하다가, 갑자기 자신의 죄임을 모두 인정한다. 즉 무엇인가 정치적 흑막과 흥정이 있음을 주인공은 간파한다. 여기에 친구네 하녀인 나린의 생활사는 캄보디아의 비극을 더욱 극명하게 밝혀준다. 그녀의 모든 가족은 함께 도망 가던 중에 사살당했다. 어린 그녀가 아버지를 고발했으며, 그녀는 '어째서 자신만 살았을까?' 하며 항시 죄책감에 시달린다. 의사의 헌신적인 봉사도, 정치권력의 가공할 만한 악도, 한 개인의 생존마저도 양면성을 갖는다. 즉 선과 악, 진실과 거짓, 삶과 죽음마저 혼재하며, 그것들은 어쩌면 힘 혹은 불가피함에 의해서 정해지고 있다고 말한다. 주인공은 결국 친구의 행위를 미디어에 고발하고, 친구는 자살한다. 그는 과연 옳았을까? 아무도 옳지 않았으나 또 모두가 불가피했다. 여기에 백년 후에는 과연 더 나은 세상이 올 수 있을까?

공연은 동양을 보는 서구의 새로운 시선을 부각하고 있으니, 전형적인 서구 휴머니스트의 스트레오타입을 도마에 올렸다. 어린 캄보디아 매춘녀들을 동정하던 헌신적인 의사도 결국 서구 제약회사의 실험을 위해 이들을 이용하고, 휴머니스트인 기자도 캄보디아 킬링필드의 죄악에 대해 아무것도 더 알아내지 못한다. 휴머니즘에 기저해서 친구 의사를 고발했건만, 단지 친구를 자살하게 했을 뿐 캄보디아 창녀들의 생활에는 아무 변화가 없다. 소위 서구 휴머니즘의 스트레오타입들이 얼마나 허구이며 무력한가를 지적하고 있다. 그러나 이들의 진심이 있었기에 작품은 시니시즘보다는 절망에 가깝다. 소통할 수 없음과 불가피함이 이들을 지배하고 있다. 포스트모던 시대답게 아무런 중심도 없으며, 역사를 변하게 하는 것은 알 수 없는 불가피성이나 이 역시 설명되지 않는다. 그러하기에 작품은 '백년 후에' 무엇이 달라질 수 있을까를 질문한다.

뿐만 아니라 주역 배우들은 서구인이면서도 정작 이야기의 중심은 캄보디아인이다. 이렇듯이 서구인이 주변적인 캄보디아에 관심을 가졌다는 사실만으로 서구 연극의 변화를 감지할 수 있다. 동양이 먼 이국적인 환타지 스트레오타입으로 떠오르는 것이 아니라, 실제로 있는 그대로를 파악하고자 노력하며 또 서구인의 실패를 인정하기도 한다. 이런 의미에서 소위 '오리엔탈리즘'의 파괴이며, 탈식민적 관점을 갖는다.

공연은 간단한 간막이와 소품들만을 응용해서, 시공간을 자유롭게 오갔으며, 캄보디아 대학살은 슬라이드로 비추어졌다. 무대에서 시각적으로 가장 눈에 띄었던 것은 인종의 혼혈이다. 특별한 볼거리가 없으므로 자연 배우들에게 집중하게 되는데, 서구인과 캄보디아인이 자연스럽게 섞여 있다. 이렇듯이 인종들이 비슷한 중요성을 가지고 공존하는 연극을 보는 것은 색다른 경험이었다. 즉 캄보디아인의 삶은 서구인의 삶과 엮이면서, 이들은 같은 고민에 빠지고, 모든 인간과 세계는 연결이 된다는 점을 명백히 보여주고 있다.

이렇듯이 〈사다리꼴〉이나 〈백년 후에〉는 모두 동양의 스트레오타입과 무관한 이야기를 다인종이 무대에서 자연스럽게 섞이며 끌어간다. 〈백년 후에〉는 한 걸음 더 나가서, 소위 동서양 스트레오타입의 실패까지를 고백한다. 이렇듯이 미국 동양계 연극은 새로운 국면을 맞고 있다. 이제 이민 2세대 문제나 직접적인 인종 차별의 문제를 벗어나서, 다양한 주제로 보다 정확하게 동양의 문제를 이야기하고 있다. 그리고 이 Mixed Blood 한 무대는 점차 중앙무대로 그 영향력을 넓혀가고 있는 듯하다.

(연극평론, 2008. 가을호)

시카고의 화제작: 미국을 매료시킨 뮤지컬
<해밀턴(Hamilton)>

　요즈음 시카고의 화제작은 단연 뮤지컬 〈해밀턴(Hamilton)〉이다. 작년 9월 프라이빗뱅크 극장(PrivateBank Theatre)에서 오픈한 이래, 기록적인 높은 티켓 가격에도 연일 만석을 채우고 있다. 원래 이 작품은 오프 브로드웨이(Off-Broadway)에서 2015년 2월에 개막했고, 2015년 8월에 브로드웨이 Richard Rodgers Theatre로 옮겨서 오픈한 이래, 작년 2016년도 토니상(Tony Award)과 그래미상(Grammy Award for Best Musical Theater Album)의 베스트 뮤지컬로 선정되었으며, 퓰리처 희곡상(Pulitzer Prize for Drama)도 받았다. 이렇게 동시에 모든 상을 석권한 작품은 드물며, 아울러 흥행에도 성공한 뮤지컬이다. 시카고는 뉴욕에 이어 두 번째로 〈해밀턴〉을 올린 도시로, 아직 세계 어느 다른 도시에서도 오픈되지 않았다. 올(2017년) 11월에야 런던 웨스트앤드에서 오픈할 예정이라고 한다.

　〈해밀턴〉은 미국 건국의 아버지로 꼽히는 알렉산더 해밀턴(Alexander Hamilton)의 일대기로, 2004년 발표된 역사가 론 쳐로우(Ron Chernow)의 전기(傳記)를 바탕으로 린 매뉴얼 미란다(Lin-Manuel Miranda)에 의해 각색·작곡 되어 뮤지컬로 탄생한다. 시카고 〈해밀턴〉은 뉴욕 무대를 연출했던 토마스 카이(Thomas Kai)에 의해서 연출되었다. 뉴욕 공연에 비하여, 시카고 〈해밀턴〉이 더 솔직, 담백하고 진지하다는 평이다. 이는 미국 중부가 정치적 아이러니를 즐기지 못해서가 아니라, 감정이 폭발하는 몇몇 순간을 제외하고는 전체적으로 공연이 절제되어 있다고 보았다. 그런 의미에서 원작자 미란다와는 조금 다른데, 미란다의 해밀턴이 고집 세고도, 불안정하며 화를 잘 냈다면, 시카고의 해밀턴은 염려하며 조심스럽다고 한다.[6] 한편 시카고 트리뷴에 의하면, 시카고 공연이 뉴욕 공연보다 곳곳에서 자신 있게 표현되지 못하고, 전반으로 덜 화려했으며 소박했다고 평했다.[7] 어쨌든 뉴욕 원래 공연처럼 정치적으로 섬세하게 아이러니하고 복잡하게 표현하는 대신, 시카고 공연은 좀 더 진지하고 소박하게 해밀턴을 그린 것 같다. 이런 표현 방식은 미국 연극평론가들이나 감지하는 것이고, 보통의 관중들은 시카고 공연에도 열광하였으며, 뉴욕 공연을 보지 못했고 섬세한 아이러니를 느끼기 힘든 외국인 필자에게도 충분히 인상적이었다. 같은 연출가에 의한 두 번째 공연이니 만큼 좀 더 절제된 공연일 수도 있을 것이다. 공연 후 귀가하는 복도에서도 관중들의 찬사가 이어지는 것을 들었다.

해밀턴은 미국 최초의 재무장관으로 오늘날 미국 경제의 틀을 만들었고, 헌법의 많은 부분을 기초했던 인물로 초대 대통령 워싱턴의 신임이 두터웠다. 그는 현재 10달라 지폐의 초상화의 인물이기도 한데, 제퍼슨과의 경제 담판을 위해 수도를 뉴욕이 아니라 워싱턴 DC로 정한 인물이기도 하다. 이렇듯이 미국 정계의 핵심에 있었으며 부자 상원의원의 딸과 결혼한 해밀턴은, 동시에 고아에 캐리비언 이민자 출신이었다. 그는 뉴욕에서 버(Bur)를 만나 친구가 되며, 독립전쟁이 일어나자 일선에서 싸우기를 원했으나, 워싱턴의 눈에 띄어 그의 오른

---

6 Ryan, Maureen (20 October 2016). "Review: Broadway Smash 'Hamilton' Opens in Chicago". variety.com. Retrieved 21 October 2016.

7 Chicago Tribune. chicagotribune.com. Retrieved 21 October 2016.

팔로 전쟁을 지휘한다. 뉴욕의 갑부가 주최했던 한 무도회에서 그의 딸 엘리자와 즉각 사랑에 빠져서 결혼한다. 그는 리가 워싱턴의 명령에 반해서 퇴각한 것에 격분하나, 워싱턴은 이를 무시하라고 지시한다. 다행히 다른 친구가 리와 결투를 해 주었고, 이를 알게 된 워싱턴은 해밀턴을 집으로 보낸다. 집에 와서야 아내가 임신한 사실을 알게 된다. 이후 곧 전쟁의 승패를 결정할 요크타운 전투에 해밀턴은 부름을 받고 참전하여 마침내 승리를 이끈다. 혁명이 끝나고, 해밀턴은 아들을 버는 딸을 얻으며, 뉴욕으로 돌아와 함께 법률 공부를 전공한다.

시카고 〈해밀턴〉의 무대

제2막은 프랑스에서 돌아온 제퍼슨의 등장으로 시작하는데, 그는 정부가 너무 많은 권한을 가지게 기안된 해밀턴의 경제플랜에 제동을 건다. 결국 수도를 뉴욕 대신 제퍼슨의 고향 버지니아의 워싱턴 D.C.로 하기로 하고 경제플랜을 관철시킨다. 해밀턴을 연모하던 처형 안젤리카는 자신의 감정을 동생을 위해 감추며, 해밀턴에게 절친한 친구가 되어서 해밀턴에게서 dearest라고 쓴 편지까지 받는다. 아내와 안젤리카는 여름휴가를 함께 가기를 강권하나, 해밀턴은 뉴욕에 남아서 일에 몰두하던 중, 남편으로부터 버림을 받았다는 마리아라는 여인의 방문을 받고 그녀를 돕다가 정사를 하게 된다. 종국에는 그녀의 남편으로부터 협박을 받고 해밀턴은 그에게 요구한 돈을 공금으로 건넨다. 한편 워싱턴은 사임하고 아담스가 대통령직을 이어받는데, 아담스는 해밀턴을 사임시킨다. 아담스에게 반대하는 해밀턴에게, 제퍼슨과 매디슨과 버는 해밀턴이 횡령을 했다고 따지러 온다. 해밀턴은 비밀로 해줄 것을 부탁하며 마리아와의 부정한 관계를 고백한다. 이후 해밀턴은 정직이 항시 최선이었음을 깨닫고, 자신의 부정한 관계를 공적으로 알린다. 해밀턴의 명성은 일시에 무너지고 정치적 생명이 끝난다. 깊이 상처받은 아내는 해밀턴을 떠난다. 여기에 더하여 아버지를 모욕한 친구와 결투를 하던 아들이, 결투로 죽는다. 회복될 수 없는 상처를 얻은 해밀턴과 아내는 결국 화해한다. 아담스 다음 대통령 선거에 제퍼슨과 버가 경쟁하는데, 해밀턴은 제퍼슨을 밀어 승리시킨다. 그러자 격분한 버가 결투를 신청하는데, 이 결투에서 총을 하늘로 쏜 해밀턴은 친구였던 버의 총에 맞아 죽는다.

다소 길게 줄거리를 요약한 것은 우선 〈해밀턴〉이 아직 한국에 잘 알려지지 않은 뮤지컬이기 때문이며, 또한 기성의 미국 뮤지컬로는 색다른 주제를 가졌기 때문이다. 즉 사랑이나 개인의 이야기이기 보다 건국사에 대한 역사 뮤지컬이다. 세세한 정치적 아이러니가 뉴욕과 시카고 공연의 비교 쟁점이 되었듯이 〈해밀턴〉은 개인사이면서도 국가 건국 역사를 이야기한다. 이를 만회하기 위해 스토리의 진행이 빠른데, 변화는 극성(劇性)을 살리기 때문이다. 다만 곳곳에 개인적인 감정이 폭발하듯 표현되어서 작품 전체를 개인화한다. 즉, 미국 건국사를 해밀턴의 입장에서 풀이했다고 하겠다. 뮤지컬로는 다소 의외의 주제이기도 한데, 어째서 미국 관객들은 〈해밀턴〉에 열광하는 것일까? 다음의 몇 가지를 그 이유로 꼽아 보았다.

우선 〈해밀턴〉에서 눈에 띄는 것은 기존의 마이너리티 문화였던 블랙 흑인문화의 중앙화이다. 'Black Lives Matter'라는 문구가 유행할 정도로 아직도 블랙에 대한 편견이 사라지지 않은 미국 사회이다. 그런데 블랙문화의 아이콘이라고 할, 힙합과 랩으로 뮤지컬을 만들고 중앙 브로드웨이에서 상업적으로도 성공시켰다. 이는 어쩌면 오바마 정부가 없었으면 한참 후에나 가능했을지도 모른다. 각색·작곡가 미란다가 2009년 백악관 공연에 초청되었을 때, 후일 〈해밀턴〉의 한 노래를 부르며 새로운 뮤지컬에 대한 비전을 이야기했다. 여기서 발전된 것이 오늘의 〈해밀턴〉이다. 이런 공연 자체가 흑인 대통령이 아니었다면 불가능했을 수도 있다. 이러한 정치적 후원이 〈해밀턴〉의 상업적 성공에 자리 잡고 있다. 실로 블랙문화의 중앙화는 소외된 모든 이들을 끌어 않는 제스처이며, 미국이 열망하는 인종차별주의에 대한 종언의 선언이기도 하다.

그뿐만 아니라 〈해밀턴〉은 소위 '미국 정신'을 잘 표현했다. 즉 주인공 해밀턴은 '자유와 혁명'을 추구했으며, 이는 역사와 얽혀서 나타난다. 더구나 해밀턴은 고아 출신 이민자로서, 'American Dream'을 이룬 사람이기도 하다. 그는 자유와 혁명을 위해 전장에서 용감했으며 자신을 헌신하였다. 이는 동시에 요즈음 미국에서 서서히 부상하는 내셔널리즘(Nationalism)과도 맥을 같이한다. 강한 미국을 위해서 해밀턴은 중앙 정부의 통제를 강화하는 경제플랜을 세웠던 것이다. 이렇듯이 〈해밀턴〉은 자유와 혁명을 지지하며, 미국이라는 내셔널리즘 위에 아메리칸 드림을 펼쳐 보인다. "미국을 다시 한번 위대하게(Make America Great Again)"라는 트럼프 대통령의 선거 문구를 연상시키기마저 한다.

이렇듯이 〈해밀턴〉은 그 정신에서 평등, 자유, 혁명 등 미국적 가치를 표방함과 동시에, 형식에서도 새로운 뮤지컬이다. 기성의 뮤지컬과 달리 음악으로 힙합과 랩을 주로 활용하였다. 기성 뮤지컬을 생각했을 때, 실로 놀라운 발상이다. 그러나 영국 조오지 국왕은 팝 형식으로 노래하는데, 항시 조롱하듯 경망스럽다. 또 남편의 부정을 알았을 때 아내의 노래와 같이 강한 감정의 표현에서는 기성 뮤지컬처럼 길게 아리아를 뽑기도 한다. 이러한 힙합과 아님의 대조가 의도적으로 세심하게 기획되었다. 그리하여 전체적으로 다른 기성 뮤지컬과 다름없는, 아니 오히려 새롭고 화려한 뮤지컬을 선보였다. 새로운 형식은 항시 쉽지 않은데, 뮤지컬의 새로운 장을 열었다는 의의도 실로 막대하다. 아마도 〈해밀턴〉이 최고의 뮤지컬상을 받은 이유이기도 하다.

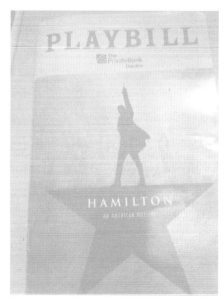

〈해밀턴〉 팸플릿

더구나 〈해밀턴〉은 잘 만들어진 뮤지컬이다. 연출의 코러스 활용이 특히 뛰어났다고 생각된다. 동적인 무대가 아닌 상황에서도, 코러스를 활용하여 항시 가득 찼다고 생각되는 무대를 구사했다. 특히 안무와 코러스의 앙상블이 뛰어났으며, 종종 장면의 마지막에는 화려한 조명으로 끝났다. 즉 코러스의 안무나 곳곳에 화려한 조명을 구사하여, 항시 변화하고 움직이는 무대를 보여주었다. 뿐만 아니라 임신을 고백하거나 배신당한 아내의 심정 혹은 전쟁 출전 각오의 노래 같이, 오직 감정적이거나 비장한 순간에만 코러스를 사용하지 않음으로써, 정적인 무대를 통해서 그 감정의 이입을 높였다. 이야기의 진행 상별 볼거리가 없는 장면들이었음에도 불구하고, 항시 무대는 신기하게도 꽉 차 있었고 볼거리를 마련하여 지루할 틈이 없었다. 이는 이야기의 빠른 진행과도 관련이 있을 것이다. 공연 역시 빠르게 진행되어서, 항시 무엇이 변화하며 극적 흥미를 돋우었다.

극장의 사운드 시스템도 뛰어났다. 어떤 작은 소리도 선명하게 들렸기에, 외국인인 필자도 빠른 랩을 무리 없이 따라갈 수 있었다. 우리 극장 사정을 감안한다면 상당히 부러웠다. 출연진들의 노래도 거침이 없었으며, 힙합의 매력을 십분 전달하였다. 과연 뮤지컬이구나 하게 주역들의 노래는 뛰어났다.

이렇듯이 미국적 내셔널리즘에서 미국적 가치를 구가하며, 마이너리티의 문화를 중심 문화로 바꾼 〈해밀턴〉이 인기를 끈 것은 당연하다. 거기다 잘 만들어진 뮤지컬이기에, 기성 뮤지컬의 테크닉들이 잘 활용되었으며 뮤지컬의 화려함도 잃지 않았다. 뮤지컬에서 힙합과 랩을 활용했다는 실험성에서나, 진지한 작품성에서나 모두 뛰어났다. 토니상과 퓰리처상을 동시에 수상한 것이 과연 수긍이 갔다.

공연을 보면서 시종 우리 뮤지컬도 일제에 대항하거나 건국의 공로자를 선정해서, 이렇게 풀어갈 수는 없을까 생각하였다. 내셔널리즘에 기반을 두고 역사를 다시 읽으며, 한국적 가치를 높이는 새로운 형식의 뮤지컬을 만들 수는 없을까? 과연 오늘의 한국적 가치는 무엇인가? 소위 양반정신의 상실 이후 우리는 무엇으로 사는가? 우리를 하나로 묶을 수 있는 시대정신이 어느 때보다도 필요한데, 소위 보수와 진보로 나누어진 우리의 진정한 가치는 무엇인가? 형식 역시 우리식 음악극으로 너무 판소리에만 집중해 온 것은 아닌가 생각해 보자. 우리식 새로운 뮤지컬로 꼭 판소리가 아니라도, K팝 등을 활용하여 대중적 접근성을 더욱 높일 수도 있을 것이다.

〈해밀턴〉은 그 주제의 선택이나 음악에서 미국 뮤지컬의 새 장을 열었다. 브로드웨이 뮤지컬이 가벼워서 경박하기까지 하다고 간주해 버린 내 편견을 한방에 종결시킨 뮤지컬이다. 아마 〈위키드〉 이후 최고의 화제작이라고 하겠는데, 〈위키드〉와는 비교될 수 없는 신선한 감동을 받았다. 왜냐하면 오늘을 사는 시대정신을 느꼈기 때문이다. 예술이 시대정신을 이끌며, 조상들이 추구했던 가치를 오늘에 확인하며, 동시에 눈과 귀가 즐거울 수 있다면 이것이 걸작이 아닐까? 공연 후 〈해밀턴〉의 감격을 이야기하는 관중 사이를 빠져 나오면서, 우리의 해밀턴은 누구일까 생각했다. 〈해밀턴〉의 시대정신과 힙합과 랩이라는 대중적인 시대적 형식이 부러웠다. 형식마저 시대정신인 '자유'를 향해 가고 있었다.

(연극평론, 2017. 여름호)

〈해밀턴〉 커튼콜

뉴욕 〈해밀턴〉 홍보 사진: 해밀턴을 둘러 싼 코러스가 돋보인다.

미국 브로드웨이 무대로 진출한 한국계 극작가: 영진 리

영진 리(Young Jean Lee)는 2017년 〈용비어천가(Songs of the Dragons Flying to Heaven)〉가 국립극단에 의해 공연되면서 한국에 알려졌지만, 사실 그 전에도 이미 2013년 스스로의 연출로 〈우리는 죽게 될거야(We're Gonna Die)〉로 두산아트센터를 찾은 일이 있다. 〈우리는 죽게 될거야〉는 2011년 뉴욕에서 초연돼 오비어워드 특별상을 받았으며, 이미 2007년 오비상 극작가상을 시작으로 2010년에는 미국문학예술아카데미, 2012년에는 도리스 튜크 예술가상을 이미 받았었다. 사실 이전에 몇몇 작품이 있었지만[8], 〈용비어천가(2006)〉는 영진 리를 유명하게 만든 공연으로 이후부터 미국 실험극계의 총아로 등장했다. 그 이후 그녀의 영진리 극단(Young Jean Lee's Theater Company)를 만들고 활동하고 있다. 그녀만큼 한국계 출신으로 미국 연극계에서 성공한 작가와 연출을 꼽기는 어렵다. 한때 성노가 미국 실험극의 지명도 있는 연출가 마부마인과 작업하면서 두드러졌으나, 그도 자신만의 극단을 만들만큼 성공하지는 못하였다. 성노가 한국계

---

8 그 전에는 다음과 같은 작품이 있다.
- Pullman, WA (2005)
- The Appeal (2004)
- Groundwork of the Metaphysic of Morals (2003)
- Yaggoo (2003)

연극인으로 아시아계 연극인으로 널리 알려진 시발이었다면, 영진 리는 미국 실험 연극계에서 확실하게 평가받는 연극인이다. 더구나 2018년 한국계 최초로 미국 브로드웨이에서 작·연출로 〈보통 백인 남성들(Straight White Men)〉을 공연하였다. 이 공연의 중요함은 본 공연이 최초의 한국계 작가의 브로드웨이 공연일 뿐만 아니라, 최초의 아시아계 여성 작가의 브로드웨이 공연이라는 점이다. 필자가 관람한 것은 바로 그 브로드웨이 공연이었다. 한국 배우와 연출로 공연된 〈용비어천가〉는 마침 연구년으로 외국에 나가 있었기에, 필자가 관람한 다른 두 공연 〈우리는 죽게 될거야〉와 〈보통 백인 남성들(Straight White Men)〉을 중심으로 영진 리를 논평하겠다.

영진 리 〈우리는 죽게 될거야〉: 소소한 아픔과 고통에의 위로[9]

영진 리의 〈우리는 죽게 될거야〉에서 말하는 세계는 익숙하고 어찌 보면 소소한 일상이다. 그런데 그 일상을 너무 친근하게 그 소외와 상처의 아픔을 이야기하고 있지만, 동시에 아픔에 대한 치유가 다가와서 따뜻한 위로의 공연이었다. 말을 안 들으면 왕따를 당했던 존 삼촌과 같이 될 거라는 엄마의 일상적인 협박, 그리고 우연히 들었던 존 삼촌이 혼자 중얼거리던 말 "난 쓰레기야, 쓰레기……."라는 자조에 놀라고 슬펐던 기억, 뿐만 아니라 어린 시절 친하게 지내던 친구와 무릎이 피투성이가 되며 배웠지만 자전거 타기의 즐거움과 그 후 새 친구가 이사 옴으로써 왕따를 당했던 아픔이 함께 전해진다. 그 왕따

---

9 영진 리의 전반적인 논의를 위해서, "새로운 형식 실험의 향연"에서 논의했던 많은 부분을 다시 빌려 왔음.

이후 처음으로 불면증을 겪었고, 엄마는 '잠 못 드는 자장가'를 일러준다. '잠 못 자도 괜찮아요 결국은 자게 되니까'라는 노래는 마음을 진정시키는 힘이 있다. 이후 멋진 헨리와의 로맨스와 헨리를 집으로 초대해서 의기양양하던 나는 우연히 엄마가 이모에게 자신보다 언니를 더 사랑할 수밖에 없다는 이야기를 엿듣는다. 그 외로움을 헨리에게 하소연하지만 그는 이해한다며 잠에 빠진다. 그런 그를 바라보며 '네가 있잖아'를 노래한다. 삶에 네가 있어서 얼마나 다행인지 모른다고 노래하지만, 결국 몇 년 뒤 헨리와 이별한다. 헨리가 짐을 빼 나가고 난 뒤, 빈자리에 오열하며 '외로운 이들을 위한 위로'를 노래 부른다. 나이가 들면서 무력해지는 자신에게 '흉내 내기: 나이가 들면'을 노래한다. 아버지가 폐암에 걸린 것을 알게 되고, 소위 특효약이 효과가 있다는 2% 든 사실을 분명히 알게 된 날 오후에 아버지는 죽는다. 이 모든 사실에 분노하는 자신에게 '끔찍한 일'을 노래 부르며, 너만이 비극에서 예외일 수 없다고 다독인다. 결국 우린 모두 죽게 될 것이라는 것을 다시 한번 확인하면서 '난 죽게 될거야'를 노래한다. "지금은 살아있지만 우리가 영원히 살 순 없어/상처를 받지 않게 서로를 지켜줄 수도 없어/난 죽게 될 거야/언젠가 죽게 되겠지/그러면 사라질 거야/그래도 나쁘지 않을 거야." 슬픔과 분노 속에서도 방점은 '모두가 죽겠지만, 그래도 나쁘지 않을 거야.'에 놓인다. 이 모두가 삶의 과정이고 그래서 오늘을 살 수 있기 때문이다.

영진 리의 독백과 락음악 연주에 맞추어 노래가 반복되는 공연은 일인극의 형식을 취하면서도 일종의 밴드 음악회라고도 하겠다. 맨해튼 남부의 유명한 오프브로드웨이 극장인 퍼블릭시어터 안에 있는 조스펍(Joe's Pub)에서 공연된 이 공연은, 공연 장소도 일종의 카페로 노래를 들으며 술과 가벼운 음식을 하며 공연자가 관객과 가까이 소통할 수 있는 곳이다. 즉 카바레에서 하는 '1인 쇼' 형식 공연이다.

인디록 밴드 퓨쳐 와이프와 함께했던 본 공연은 2011년 초연된 후 연극·뮤지컬 작품을 대상으로 하는 가장 권위 있는 상인 오비(Obie)상의 특별상을 수상했다. 그만큼 〈우리는 죽게 될거야〉가 우리에게 주는 위로가 인정받았다고 하겠다. 소소한 소외와 일상의 외로움을 이야기하면서도, 본 공연은 궁극적으로 그러한 아픔들에 대한 진솔한 돌아보기로 오히려 나만이 소외되지 않았으며 삶이 다 그렇다는 사실을 직면하게 만든다. 여기서 우리는 위로를 얻고 어려운 오늘과 내일을 살 용기를 갖게 된다. 즉 삶의 외로움과 고통을 공유한다는 소통을 통해서 치유하는 것이다. 여기에 노래가 어우러져 잔잔하게 다가온 자장가 같은 공연이었다.

이전의 영진 리의 작품들이 미국 소수민들의 시각으로 과장을 통한 풍자가 주를 이루었다면, 〈우리는 죽게 될거야〉는 그녀의 전향을 알리는 작품이라고도 하겠다. 소수민의 사회적 항거만이 아니라 삶의 본질을 바라보려고 하고 있다. 그러나 여전히 삶의 아이러니가 강하게 지적되지만, 그런 삶을 담담히 받아들이며 그 고통을 공유한다. 바로 누구에게나 아이러니컬한 삶이라는 공유가 우리 삶의 소통이 되며 치유인 것이다.

〈보통 백인 남성들(Straight White Men)〉: 흔들리는 백인 남성들의 자존감

〈보통 백인 남성들〉은 오프브로드웨이의 퍼블릭극장(Public Theatre)에서 영진 리의 연출로 2014년 11, 12월에 초연된 작품이며, 2017년 2, 3월 시카고 스테판월프(Steppenwolf Theatre Company)에서 다시 고쳐서 재연되었다. 그리하여 2018년 6월 29일부터 8월까지 브로드웨이에서 선보였는데, 이번에는 아나 사피로(Anna D. Shapiro)가 연출하였다. 이는 최초의 한국계 작가의 브로드웨이 공연일 뿐만 아니라, 최초의 아시아계 여성 작가의 브로드웨이 공연이다. 필자가 관람한 것은 바로 그 브로드웨이 공연이었다.

어찌보면 평범한 공연이었다. 작품은 아주 사실주의적으로 공연되었다. 중산층 가정에 있을 법한 소파와 거실 장식, 그리고 크리스마스 시즌에 있는 꽤 화려한 트리가 있다. 연기 역시 사실주의에서 크게 벗어나지 않았다. 이번 브로드웨이에서 공연된 아나 사피로의 연출은 '계산된 초상화'라는 평을 받을 정도로 정돈된 공연이었다. 뉴욕 비평가 힐튼 알스는 영진 리의 과격하리만한 열정이나 무모함이나 과장된 연기가 보이지 않는 것을 의아해했다. 본인의 연출은 조금 더 특유의 산만함과 무모함이 있었다고 하니, 아나 사피로 연출이 보다 매끄럽게 브로드웨이화한 것이 아닌가 싶다.

문제는 어째서 이 공연이 매력적인가에 있다. 이는 본 희곡이 흔들리는 오늘날 미국 중산층 백인 남성의 정체성과 소위 특권을 날카롭게 집어내서가 아닌가 싶다. 이야기는 크리스마스를 맞이하여, 홀아비가 된 아버지 집에 장성한 세 아들이 방문하는데서 시작된다. 집은 중서부에 위치했는데, 이는 중산층 보수적인 전형적인 백인 가정을 의미한다. 이 작품에서 영진 리는 보통 백인 남성들의 특권의식과 고통에 대한 통찰과 깊은 인간적 풍자를 보여준다. 세 아들은 모두 40대의 성인들로 각각 자신 삶의 문제를 안고 있다. 막내 드류는 소설을 출간한 교수이지만 새 소설을 고민하고 있고, 중간 제이크는 성공한 은행원이지만 최근의 이혼 때문에 불행하다. 더구나 큰형 매트는 하버드를 졸업하고 창창한 미래가 있었지만, 그는 아버지 집에서 지내며 자선단체에서 봉사하는 데 만족한 듯 보인다. 그러나 아무도 이런 민감한 문제를 언급하지 않고 아무 일 없이 크리스마스 휴일은 지나

가는 듯했다. 그런데 갑자기 매트가 아무 이유없이 울기 시작하여, 관객들은 갑자기 문제를 깨닫는다. 아버지는 매트가 과도한 학자금 빚 때문에(돈을 매트에게 주려하지만 거절당한다), 드류는 매트가 우울증 때문에 그렇다고 생각하는(클리닉에 다닐 것을 종용한다.) 반면, 제이크는 매트를 혼자 가만히 나둬야 한다고 생각한다. 극의 어디에서부터인가 가족 모두가 생각하는 매트가 불행한 이유는 그의 잠재력에 맞게 살지 못해서라는 생각이다. 그는 세 형제 중 항시 스타였기에, 그의 실패는 모두를 불안하게 만든다. 왜냐하면 이는 통상 백인들의 특권(?) 있는 삶과 맞지 않기 때문이다.

영진 리는 자신이 백인 그것도 남성이라면 어떨까를 생각하던 어느 날 이 작품을 구상하게 되었다고 한다. 영진 리는 백인들의 특권이 사라져가는 오늘날 결국 소수민과 같은 고통을 겪고 있는 인간을 발견한 듯싶다. 즉 소수민의 사회적 소외를 풍자하던 전의 작품들과 아주 다른 듯이 보이는 〈보통 백인 남성들〉도 궁극적으로는 같은 소외를 그리고 있다. 그리고 어찌보면 통상적인 백인 남성들의 전형적 삶에 대한 반란이기도 하다. 하버드를 나왔다고 해서 꼭 돈 많이 버는 직업을 가져야만 하는가? 실로 미국적인 질문이다. 어째서 이 작품이 브로드웨이에서 공연될 수 있었는지를 이해할 수 있을 것 같았다.

그러나 한국인들에게는 사실 이해하기가 힘든 작품이었다. 이는 미국 백인 사회를 완전하게 이해 못 하기 때문이라고 생각된다. 그나마 소외된 소수인의 고통은 이해할 수 있었는데, 그 주류 중의 주류인 백인 남성의 흔들리는 자존감을 공감하기란 힘들었다. 더구나 영진 리의 어떤 과장됨이나 무모함조차 보이지 않고 정돈된 듯한 언어 속에서 찾기란 더욱 힘들었다.

나가면서

영진 리는 한국계 미국 작가이다. 그러나 초기 작품들과 달리 중년에 접어들면서 더욱 미국 작가가 되어 가고 있다. 바로 그녀는 오늘의 미국 사회를 살고 있는 작가다. 그러하기에 미국을 반영하고 그러하기에 미국에서 환영을 받는 작가이다. 소수계라는 인종적 한계를 뚫고 브로드웨이에 우뚝 선 영진 리가 자랑스럽지만, 한편 그녀는 미국 작가라는 사실이 약간은 씁쓸했다.

(2018. 10. 미발표)

테크놀로지, 어디까지 왔나?:
4D Art의 <미녀와 야수>

〈오르페오〉(2000년 LG 아트센터)로 우리에게 깊은 인상을 남겼던 르미유 필론 (Lemieux Pilon) 4D Art가 최근 성공작 〈미녀와 야수〉로 대전문화예술의 전당에 다시 왔다. 2013년 아시아태평양 공연예술센터연합회 총회(10.7~10.9) 기념으로 초청된 4D Art는, 주지하듯이 캐나다 퀘백에서 시작하여 이제는 세계적으로 멀티미디어 공연을 선도하며, 시간과 공간 및 움직임 등에 대한 경계 넘기의 실험을 계속하면서 복합장르 공연을 이끌고 있다. 특히 화려한 영상 이미지를 무대예술과 접목시킴으로써 현실과 가상세계의 경계를 허물어 가고 있다. 2009년 서울국제공연예술제에는 〈노만〉이 초청되기도 했던 4D Art의 공연은, 그때마다 항시 테크놀로지가 어디까지 왔는지를 그리고 그 방향성을 보여주고 있기에 주목된다.

신작 〈미녀와 야수〉는 1740년대 마담 드 빌레느브가 쓴 동화 〈미녀와 야수〉를 재해석한 것이다. "우리는 모두 자존심에 상처를 입어 망가져버린, 그리고 상실, 슬픔, 상처에 의한 고통으로 일그러진 야수들"이라고 예술감독은 말한다. 개인주의 사회 안에서 각자는 자신의 상처에 고립되어 있으며, 바로 사랑에 의해서 "우리를 다른 하나, 겸손함, 관대함, 존경심으로 이끌며 관계를 만들어" 가는 것이다. 미녀

벨은 어머니의 갑작스러운 죽음으로 상처받고 자신의 그림을 통해서 상처를 표현하며 세상으로 가는 법을 찾고 있다. 한 남자 역시 떠나버린 사랑으로 인해 고통과 슬픔 속에서 과거에 갇혀서 야수가 되고 있다. 벨은 아버지가 부탁했던 장미 장식의 메달 보석을 전달하기 위해 야수의 성을 찾게 되고, 벨과 야수는 서로의 상처를 느끼며 서로에게 이끌린다. 한편 귀부인 혹은 요정인 La Dame는 오랫동안 야수를 숨어서 사랑해 왔으며, 그를 고통 속에 가두고 혼자 독차지하려고 한다. 그녀는 벨에게 무한한 질투를 느끼지만, 결국 벨만이 야수를 다시 삶으로 되돌릴 수 있음을 인정한다. 귀부인은 자신의 사랑을 희생하고 야수를 놓아주면서, 마녀가 아닌 요정의 길을 택한다.

〈미녀와 야수〉

공연은 극중극의 형식을 취하였다. 무대가 열리면 귀부인은 '나는 누구인가'를 관객에게 질문하며, 극중극을 시작한다. 펼쳐지는 〈미녀와 야수〉의 이야기는 결국 '나는 누구인가'를 찾아가는 과정임을 시사한다. 검은 박스 속에서 벨과 야수가 다양한 이미지와 함께 신비롭게 등장하며 전개된다. "무균실에서 살아갈 수 있는 사람은 없다. 그리고 상처를 치유할 수 있는 사람은 본인뿐이다. 어쩌면 사랑은 그 상처를 치유하는데 도움을 줄 수 있을지도 모른다. 그러나 모든 열쇠는 오직 본인이 쥐고 있는 것이다."는 사랑의 이야기가 펼쳐진다.

〈미녀와 야수〉

테크놀로지는 각 장면들을 유니크하고 신비하게 만든다. 실로 4D Art가 쌓아온 홀로그램의 영상기술이 잘 드러나는 작품이다. 빅터 필론 스스로도 자신들이 추구하는 영상 기술적인 부분이 가장 잘 드러나는 작품이라고 평가하고 있다. 그러하기에 캐나다뿐만 아니라 세계적으로 엄청난 인기와 호평을 누리고 있다. 예술과 테크놀로지가 접목하여 훌륭한 성과를 내기 때문이다. 벨이 물감을 뿌리면 벽면 캠퍼스는 붉게 물들고, 야수의 성은 무섭고도 신비로운 이미지로 시시각각 변한다. 성의 우물과 시계, 주위를 둘러싼 숲 등이 빠르게 변하며, 멀티미디어가 아니면 볼 수 없는 분위기와 무대미술을 선보였다. 이러한 기법은 단순한 이미지라 오늘날 널리 응용된다 치더라도, 쉽지 않은 기술의 다양한 홀로그램이 등장한다. 백마가 달리며 시간의 긴박함과 벨의 꿈을 알리고, 다른 자아가 등장한다. 키 큰 언니 혹은 자아는 항시 벨을 꾸짖고 억누르며, 작은 다른 자아는 항시 벨을 격려하고 긍정적이다. 칭찬과 긍정이 적은 세상을 비유한 듯한 홀로그램 이미지는, 실재 여배우 벨과 함께 어울려 연기한다. 벨의 상상이 끝났을 때 홀연 사라지는 것도 자연스럽다. 그러나 가장 새롭고도 압권의 장면은 야수와 야수의 다른 자아와의 격투이다. 단순히 대화하거나 손을 잡는 것에서 나아가서, 실재 배우와 홀로그램은 치고받고 격렬한 싸움을 한다. 이 싸움이 자연스럽게 보였다는 것은 실로 테크놀로지의 진일보를 의미한다.

〈미녀와 야수〉

한편 아무리 새로운 테크놀로지일지라도 그것이 인문학과 연결될 때 빛을 발한다는 것을 다시금 확인했다. 귀부인이 '나는 누구인가?'를 물으며 검은 프래임에서 펼쳐지는 다양한 이미지들, 사랑의 아픔과 연결된 나부(裸婦)의 그림 이미지 혹은 야수의 고독에 갇힌 이미지를 나타내는 멈춰진 시계, 자신과 싸우는 또 다른 자신의 홀로그램 등등 어디까지나 테크놀로지가 이야기를 돕고 있었다. 특히 홀로그램으로 분열된 자아를 쉽게 공연할 수 있었다. 단순한 볼거리로서의 이미지는 한계가 있으며, 4D Art는 이 사실을 잘 인지하고 기술을 활용하고 있었다.

그러나 전통적 공연보다는 어떤 차가움이 공연을 감싸는 듯싶다. 배우가 돋보이기보다 이미지에 파묻혀서 오히려 왜소하게 느껴진 것은 어떤 일일까? 테크놀로지가 인간화되기보다는, 배우가 테크놀로지화한 것 같았다. 즉 배우-끼리의 공연보다는 배우가 인간으로 느껴지지 않았다. 아직 테크놀로지가 인간화할 수 없으므로, 인간이 기계화하여 함께 공연하는 한계가 있다고 하겠다. 그러기에 어딘가 차갑고 배우마저 홀로그램으로 느껴질 때가 있었다. 뿐만 아니라 공연 초반 기술적 실수로 공연을 다시 시작했던 것도, 누구의 탓이었던 간에 테크놀로지 공연만이 가지는 한계라고 하겠다.

이러한 테크놀로지 연극이 미래의 연극을 여는 연극임을 부인할 사람은 아마 없을 것이다. 르네상스의 원근법의 도입이나 가스와 전기의 발명이 디머의 발명을 가져와서 새로운 연극의 출현에 획기적인 역할을 한 것은 이미 다 아는 사실이다. 그리고 오늘날의 멀티미디어가 연극을 어디로 데려갈지 아직 아무도 모른다. 4D Art의 작업을 보면서 실로 새로운 차원의 공연이 열리는 것을 새삼 느꼈다. 아직은 미흡하지만 곧 앞으로의 무대는 한 장의 슬라이드면 족하리라는 생각과 그 가상과 공연하는 새로운 연기술이 필요함을 느꼈다. 다만 멀티미디어 공연과 인간의 공연이 어떻게 만나며, 또 테크놀로지가 어떻게 인간화 할 수 있을까 하는 의문 등이 공연장을 나서면서도 여전히 뒤따라 왔다.

(한국연극, 2013. 11)

셰익스피어 탄생 450주년 기념 논단:
오늘 영국의 셰익스피어 무대

1. 서론:

올해 셰익스피어 탄생 450주년을 맞아서, 세계적으로 셰익스피어 공연은 활발하다. 실로 셰익스피어만큼 글로벌한 작가도 없을 것이다. 그가 영국의 제국주의에 힘입어서 세상에 널리 알려진 것도 사실이지만, 셰익스피어 작품의 인생을 성찰하는 시각과 언어의 힘은 실로 그를 위대한 작가로 보지 않을 수 없다. 세계적으로 벌어지고 있는 셰익스피어의 탄생 축제는 인류의 휴매니티에 대한 찬사라고도 하겠다. 올해 많은 공연들이 세계에서 공연되었지만, 그러나 셰익스피어 공연의 정통적 진수는 역시 영국에서 맛볼 수 있을 것이다. 셰익스피어의 고국이니만큼 사실 셰익스피어 작품들은 영국 사회가 합작하여 만들었다고도 할 수 있다.

그러하기에 본고는 올 여름 런던 셰익스피어 글로브 극장 (Shakespeare Glove Theatre)과 그의 고향인 스타포드(Stratford-upon-Avon)에 자리 잡은 로얄 셰익스피어 컴퍼니(RSC)에서 공연된 작품들을 살펴보고자 한다. 마침 필자의 방문 중에 공연되었던 RSC의 〈베로나의 두 신사(The two Gentelmen of Verona)〉와 글로브 극장의

〈줄리어스 시저(Julius Ceasure)〉 및 〈안토니와 클레오파트라(Antony and Cleopatra)〉를 살펴보겠다. 본 공연들은 필자가 방문 시 공연되었다는 우연 이외에도, 현지에서 별 4개로 비교적 호평을 받은 공연이기도 하다. 즉 오늘날 영국에서 공연되는 우수한 셰익스피어 공연이라고 할 수 있으며, 오늘 영국 셰익스피어 공연의 실제를 보여준다고 하겠다. 이들을 분석하여 보고, 그 셰익스피어 공연이 어떤 방향으로 나가고 있는지 살피겠다. 이를 위하여 셰익스피어 원작의 통상적인 논의들을 살펴서, 각 공연들이 오늘의 어떤 새로운 해석을 더했으며 어떻게 공연되었는지 논의하겠다.

2. RSC의 〈베로나의 두 신사(The two Gentelmen of Verona)〉

1) 원작의 논의들

〈베로나의 두 신사〉는 셰익스피어 초기작으로 1589에서 1592 사이에 창작된 것으로 믿어진다. 많은 학자들이 셰익스피어의 첫 작품이라고도 하는데, 본 작품에는 아직 좀 어설프지만 후일 셰익스피어 희극의 주제나 모티브가 잘 드러나 있다. 즉 두 쌍의 결혼이나 남장 여인의 모티프 혹은 어릿광대 같은 하인 등은 후일 〈십이야〉를 비롯하여 많은 희곡들에서 나타난다.

본 희곡은 사랑과 우정 사이의 갈등과 사랑의 어리석음, 그리고 용서하는 진실한 우정을 잘 보여주고 있다. 줄리아와 사랑을 위해서, 함께 가자는 친구 발렌타인의 요청도 거절했던 프로테우스는, 아버지의 명령으로 친구가 있는 밀라노로 향한다. 그곳에서 발렌타인의 애인 실비아를 보는 순간 줄리아에 대한 사랑의 맹세나 발렌타인과의 우정을 한순간에 잊어버리고, 실비아에게 구애하다 못해 발렌타인을 속여서 퇴출할 계략까지 세운다. 그 계략에 결국 발렌타인은 추방되고 산적들에게 잡히나, 오히려 그들의 우두머리가 되어 살아간다. 한편 발렌타인에게 충실한 연인 실비아는 구애에서 벗어나기 위해 공작의 저택을 탈출하여 그를 찾아 가기로 하는데, 도망간 그녀를 찾아서 아버지 공작과 프로테우스도 뒤따른다. 그 사이 줄리아는 남장을 한 채 프로테우스의 시종으로 일하며, 변심한 애인을 한탄한다. 숲 속에서 실비아는 산적들에게 잡히고 프로테우스가 구출하는데, 그는 폭력으로라도 실비아를 갖겠다고 덤빈다. 이때 발렌타인이 등장하여 사태를 종결 짓고 결국 모두가 만나는데, 발렌타인은 프로테우스를 용서하고 공작은 산적들을 용서하며 모두 즐거운 결혼식으로 끝난다.

이상은 〈베로나의 두 신사〉의 주요 줄거리이다. 이 희극에 소극적 요소로 두 하인과 개를 꼽을 수 있다. 교활한 프로테우스의 우매한 하인 론스(Launce)과 순진한 발렌타인의 하인 스피드, 그리고 개 크랩은 웃음을 선사한다. 해석에 따라 공연이 달라질 수 있는 가장 큰 논의점은 마지막 부분의 발렌타인의 태도이다. 거의 성폭행을 당할 뻔했던 애인 실비아를 보고도 프로테우스를 용서할 뿐만 아니라, 프로테우스에게 "All that was mine in Silvia I give thee.(내가 가진 실비아의 모든 것을 자네에게 주지.)" (5.4.83)라고 말한다. 이 해석은 상반될 수 있는데, 1) 발렌타인의 우정은 매우 깊고 관대하다는 해석과 2) 발렌타인을 양성애자로 볼 수 있다는 의견이 있다.[10] 전자를 주장하는 사람들은 당시 우정은 남녀 간의 사랑보다 우월하다고 보았던

---

10 이미 1970년 Aldwych극장에서 Royal Shakespeare Company (RSC)의 로빈 필립(Robin Phillips)가 연출한 공연에서 발렌타인은 실비아에게 키스하고, 연달아 프로테우스에게 키스했다. 이후 이런 동성애식 표현은 20세 후반 공연에서 종종 보였다. 보다 다양한 논의는 Patty S. Derrick, "Two Gents: A Crucial Moment", *Shakespeare on Film Newsletter*, 16:1 (December, 1991), 4, 등을 참조.

견해를 상기시키는데, 우정은 순수하나 사랑은 성적 욕구를 동반하는 탐욕이 함께 한다고 보았기 때문이다. 뿐만 아니라 자신의 여자를 친구에게 제공하는 것은 가장 높고 숭고한 우정의 표현이라고도 간주할 수 있다고 주장한다. 반면 발렌타인의 도에 넘치는 우정은 숨겨진 양성애의 표현이라고 보는 견해도 있다. 그는 프로테우스를 너무도 사랑했기에 그가 한 모든 잘못에도 불구하고 실비아를 제공하고 있는 것이다. 그를 양성애자로 본다면, 논리적으로 발렌타인의 행동이 훨씬 잘 설명된다.

역시 공연에서 주목되는 몇몇 인물과 장면이 있으니, 이들이 잘 무대화 될 때 공연은 풍성해질 것이다. 1) 우선 프로테우스를 찾아 온 줄리아의 남장이다. 그녀의 변장과 행동은 공연에 희극적 묘미를 더할 것이다. 2) 프로테우스의 어릿광대 하인 론스와 발렌타인의 하인 스피드 연기와 발렌타인의 멍청한 연적 토리오(Thurio)의 연기이다. 이들이 얼마나 우스꽝스럽게 연기 하는가에 따라서 공연은 소극적 희극성을 더한다. 3) 궁전 저택과 다르게 산적들의 숲 속 장면을 어떻게 처리하는가에 따라 창의적 볼거리가 마련될 것이다. 즉 완전히 변한 무대장치로 공연의 리듬을 바꿀 수 있다. 그리고 4) 마지막 발렌타인과 프로테우스의 화해 장면이다. 사실 논리적으로는 굉장히 어색한 장면이다. 더구나 이때 프로테우스가 갑자기 줄리아를 생각해 내고 줄리아에게 사랑을 맹서하며 토리오(Thurio)는 실비아를 포기하겠다고 선언한다. 발렌타인은 프로테우스에게 실비아를 제공하겠다고 한다. 이러한 갑작스러운 반전에 전개의 논리적 부자연스러움을 어떻게 극복하느냐가 관건이라고 하겠다.

바로 이러한 해석과 장면들이 이번 로얄 셰익스피어 컴퍼니의 공연에서 어떻게 형상화 되었나를 살펴보겠다. 우정과 사랑 그리고 배신의 문제를 다루면서 궁극적으로 이를 희극으로 수용하려 했던 셰익스피어의 시각을 느껴 보고자 했다.

2) 2014년 로얄 셰익스피어 컴퍼니(RSC)의 〈베로나의 두 신사〉 공연

한 마디로 공연은 적절한 템포의 변화와 희극적 연극 장치와 연기 등이 조화되어, 경쾌하고도 발랄한 보기 드문 수작이었다. 첫 장면은 현대의 오픈 카페이다. 음악이 연주되고 카페 판매원은 관객을 불러서 아이스크림을 주기도 한다. 배우들도 현대 의상을 입고 악사들은 발코니에서 연주한다. 음악은 대중음악이라기보다 클래식에 가까우며 작은 오케스트라가 합주하였다. 첫 장면부터 셰익스피어를 오늘에 살리려는 노력이 돋보였으니, 펼쳐질 장면이 먼 옛날이 아니라 오늘이거나 가까운 과거라는 분위기를 확실히 보여주었다.

이 장면은 자연스럽게 줄리아의 사랑장면으로 이어진다. 그녀는 프로테우스로부터 온 편지를 읽으며, 자신의 시녀에게 그 사랑을 부인하고자 하나 사랑이 확인될 뿐이다. 가볍고 경쾌한 희극적 분위기가 절로 다가오는 장면이었다. 결국 밀라노로 떠나야 하는 프로테우스와 사랑을 맹세하는 반지를 주고받고 이별한다. 후일 그녀는 연락이 없는 프로테우스를 찾아서 밀라노에 남장을 하고 찾아와서, 그의 심부름꾼이 된다. 그러나 공연에서 오히려 그 이후에 그녀의 매력을 느낄 만한 연기가 부족했던 듯싶다. 남장은 뚜렷한 효과를 찾을 수 없었고, 초반기 연기의 생동감을 잃은 것 같다. 자신의 사랑에도 불구하고 이에 반하는 심부름을 해야 하는 이율배반적 심리의 묘사나 남장으로 인한 희극적 묘미가 부족했던 것 같아서 유감이었다.

밀라노 공작의 저택에서는 공작의 아름다운 딸 실비아를 두고, 공작이 구애자로 인정한 토리오(Thurio)와 발렌타인과의 사랑싸움에 프로테우스마저 끼어든다. 토리오는 자존심 세고 멍청한 구애자로 사랑의 어리석음을 잘 표현했다. 정작 실비아는 발렌타인에게 사랑을 맹세하며, 이 두 연인들은 잘 생긴 미모로 무대를 압도했다. 그러나 똑똑한 것 같은 발렌타인 역시 친구에게 속아 넘어가면서, 연인들의 어리석음과 사랑에 대한 조롱이 함께 드러난다.

오픈 카페 같은 시작 장면

한편 하인 론스는 어릿광대 역할을 잘 수행하였으니, 그는 살아 있는 개까지 끌고 등장하여 희극적 분위기를 돋웠다. 그는 주로 희극적 효과를 위해서 창출된 인물로 사료되는데, 등장시마다 공연의 리듬을 바꾸는데 주효했다. 4명의 연인과는 대조적으로 육중한 그의 신체와 함께 웃음과 일종의 희극적 안도감을 주었다. 그와 짝이 된다고도 할 스피드는 별 활약이 없었던 반면, 론스의 연기는 관중의 폭소를 자아내며 공연에 소극(笑劇)적 희극성을 더하였다. 실로 토리오(Thurio)와 함께 공연에 희극적 안도감과 재미를 불어넣었다. 아리스토텔레스가 말했듯이 '우리보다 못한 자'를 편안한 마음으로 웃고 즐길 수 있었다.

숲속의 산적 장면을 위해서 무대는 사실적이지는 않았으나, 높은 추상적 단들에 나뭇잎을 덧씌웠으며 조명은 어두워서 첩첩 산중이라는 이미지가 다가왔다. 저택과는 대조되는 무대미술로 마술의 장소 같은 느낌이 강했다. 목가적인 땅으로 상징되는 "숲"은 꼬였던 모든 일들이 화해와 용서로 마무리되며, 연적 토리오마저도 실비아를 포기하겠다고 선언한다. 이후에도 종종 셰익스피어의 작품들은 목가적인 숲으로 나아가서 문제가 해결되는 희극이 많다. 폐쇄적이며 계략과 위선이 넘치는 궁전에 대조되어, 치유의 숲이라는 장소의 변화는 공연에 시각적으로도 새로운 리듬을 부여했다.

주지하다시피 이 작품은 사랑과 우정, 그것을 짓밟는 계략과 음모가 줄거리의 전개를 복잡하게 만들지만 결말은 화해와 축복으로 맺어지는 이 시기 희극의 전형적인 형식을 띠었다. 그러나 결말 부분에 대해서는 희극으로 마치기 위해 서둘러 끝냈다는 느낌이 강하다. 이번 RSC 공연 역시 마지막 부분이 매끄럽지만은 않았다. 발렌타인의 프로테우스에 대한 지나친 관대함은 여전히 의문을 남겼다. 그렇다고 발렌타인을 양성애자로 묘사하지는 않았으며, 단지 관대한 친구로 그리고 있다.

이러한 약간의 어색함을 제외하면, 전체적으로 공연은 경쾌한 희극적 리듬을 가지고 적절하게 완급이 조정되었으며, 배우들의 연기는 프로페셔널 했다. 과연 셰익스피어의 고장답게 배우들은 편안하게 능숙했으며, 소품과 무대 전환 역시 재빨랐다. 특히 살아 있는 개까지 등장시켜서, 코믹 장면을 보조하며 새로운 리듬을 부여했다. 음악은 간이 오케스트라와 배우의 기타로 수시로 연주되었었다. 시대상으로 공연은 셰익스피어 당시 보다는 현대에 가까웠다. 뚜렷이 어느 시대나 장소로의 이동을 나타내지는 않았고, 여전히 공작이나 가부장제의 권한은 존중되었지만, 현대의 의상을 입고 움직임이나 제스처 역시 동시대적이었다. 셰익스피어를 대가로 모시는 위압적인 공연이 아니라, 현대 대중과의 소통에 신경을 쓴 공연이었다. 이렇듯이 이번 RSC 공연은 셰익스피어 초기 희극 〈베로나의 두 신사〉에서 그 희극의 기본과 기법들을 잘 끌어내고, 오늘의 대중적 터치를 가미하여 부담 없이 즐겁게 볼 수 있는 수작이었다.

3. 글로브극장(Shakespeare Glove Theatre)의 〈줄리어스 시저(JULIUS CAESAR)〉

1) 원작의 논의들

〈줄리어스 시저〉는 셰익스피어의 1599년 작품으로, 지구극장(The Globe)에서 1599년 9월 21일에 공연되었다고 한다. 셰익스피어에 관한 기록은 확실하지는 않지만 그렇다면 〈줄리어스 시저〉는 "셰익스피어 작품시대를 4기로 나누어 볼 때 이 작품은 제2기의 끝 무렵에 해당되며 사극에서 비극으로 옮겨지는 건널목에 자리하는 원숙미가 돋보이는 작품"으로, 사극 혹은 비극으로 불린다.[11] 본 작품은 로마 공화정 말기, 소위 정치인들의 권력과 정체성과 야망을 그린 작품으로, 선동적이며 남성적인 작품이다. 작품의 압권은 역시 플롯이 진행되면서 변화되는 부르터스의 심적 내면 읽기라고 사료된다. 고귀한 그가 어째서 시저를 죽이고 몰락했는가에 대한 추적으로, 제목은 줄리어스 시저이지만 오히려 부르터스가 중심인물처럼 느껴지는 작품이기도 하다.[12]

---

11 신정옥, 『셰익스피어 비화』 푸른사상, 2003., p.251

이러한 부르터스의 내면과 함께 작품에서 중요한 것은 여러 가지의 불길한 징조들이다. 천둥과 번개, 도시에 출몰하는 사자, 죽은 자들의 배회, 불길한 예언, 유령 등 사건이 진행되기 전에는 반드시 징조들이 나타난다. 이들은 절대적 운명을 예견한다는 점에서 작품의 주제와 연관 지어지며, 또 이러한 징조들이 어떻게 공연에 나타나는가는 재미있는 관찰이 될 것이다. 초자연의 징조 즉 운명이 인간을 감싸고 있기 때문이다.

그러므로 작품의 주제는 궁극적으로 '운명과 인간의 자유 의지' 간의 대결을 보인다고 하겠다. 부르터스는 이상적인 민주국가를 꿈꿔서 시저를 살해했다. '이상 VS 타협'은 '운명 VS 자유의지'와 밀접히 연관되어 나타나는데, 불길한 징조들이 운명을 나타낸다면 인간은 이를 해석하고 행동하는데 여기에도 '운명과 자유의지'는 대조된다. 사실 작품에 많은 불길한 징조들은 운명으로 등장한다고 보아도 되겠다. 뿐만 아니라 명연설과 권력의 관계, 동맹과 라이벌의 관계, 공적인 자아와 사적인 자아 등 작품은 다양한 관계를 보여주고 질문한다.

〈줄리아스 시저〉 공연 시작 전 무대 전경

---

12 Humphreys, Arthur Ed. *Shakespeare, William* (1999). 〈Julius Caesar〉. Oxford University Press. 참조

줄리어스 시저 역의 배우 표정이 부각된 포스터, 비평가의 별 4개 평가가 보인다.

이상의 관계가 '생각하는 인간'이라는 점에서 주로 남성에 해당 된다면, 등장하는 여인들은 탁월한 남편에 의해 억압당하고 사는 시저와 부르터스의 부인들이다. 이들은 시저와 부르터스의 소홀히 된 사생활을 상징한다고도 하겠는데, 공적인 임무에 바빠서 항시 소홀히 되고 무시당했다. 시저는 부인의 말을 듣지 않고 의회당에 나가서 살해되고, 부르터스는 항시 조언자였던 부인에게조차 거사를 알리지 않으려 한다. 어찌 보면 부인들은 시저와 부르터스의 사적인 자아들이라고도 하겠다. 페미니스트의 관점에서는 고귀한 탄생과 지성에도 불구하고 무시당하는 여성들이다.

〈줄리어스 시저〉는 이렇듯이 고귀한 인물들과 이들의 이상(理想)과 운명과의 싸움을 격조 있게 그렸다. 따라서 여인의 등장은 중요하지 않을뿐더러 개개인의 사적인 자아와 감정은 중요하지 않다. 공화정이라는 이상(理想)과 왕이라는 야망을 품은 영웅 간에 벌이는 싸움에서, 인문들이 각자 논리적으로 스스로 정당화의 과정이다.

한편 이 작품은 당시 엘리자베스 사회에 대한 셰익스피어의 염려를 나타내기도 한다. 이제 늙은 엘리자베스 여왕은 후계자가 없는 상태이고, 정국은 곧 소용돌이 칠 것을 염려하고 있다. 당시 사회와 연관 짓는다면 〈줄리어스 시저〉는 당시 정국에 대한 셰익스피어의 질문이고 염려이다. 결국 왕정으로 끝난 로마같이 불필요한 당정을 없애자는 셰익스피어의 묵시도 포함되어 있다고 하겠다.[13]

이러한 원작을 염두에 둔다면, 1) 부르터스 내면의 심정변화와 그 정당화가 어떻게 묘사 되었나? 2) 운명과 자유의지 간의 대결을 생각하면서, 여러 가지의 불길한 징조들이 어떻게 무대에서 표현되었나? 3) 여성들은 어떻게 나타나는가? 4) 명연설의 장면 등등을 살펴보는 것이, 공연의 핵심에 들어갈 수 있다고 생각된다.

2) 2014 글로브극장의 〈줄리어스 시저〉 공연

이번 공연에서 가장 인상에 남고 누구보다도 돋보였던 역은 안토니우스였다. 초반에 등장했던 줄리어스 시저의 위엄과 야심은 그를 따르는 부하의 무리에 섞여서 잘 부각되지 않았다. 더구나 로마의 공화정이라는 이상을 향해 심적 변화를 보여주며 공적(公的) 자아와 사적(私的) 자아의 갈등을 보여주어야 했을 부르터스에 비해서도, 극중 안토니우스의 역할을 가장 부각되었다. 특히 안토니우스가 시민을 설득하는 배우의 연설은 압권이었다.

---

13 보다 자세한 논의는 Wyke, Maria (2006). *Julius Caesar in western culture.* Oxford, England: Blackwell. 참조

Yet Brutus says he was ambitious,

And Brutus is an honourable man.

. . .

I thrice presented him a kingly crown,

Which he did thrice refuse. Was this ambition?

Yet Brutus says he was ambitious,

And sure he is an honourable man. (III.ii.82 - 96)

"부르터스는 존경받을 인물이고 그는 시저가 야심적이라고 말했지만....중략.... 나는 세 번이나 시저에게 왕관을 바쳤고 그는 거절했는데도 이게 야심인가요?"라고 연설하는 안토니우스는 실로 혁명을 조소하고 부인하면서, 감동적으로 시저를 옹호한다. 그의 언변은 호소력과 힘이 넘쳤다. 그리하여 부르터스를 제치고 공연의 중심인물로 떠오른다. 실로 시저도 부르터스도 아닌, 안토니우스가 부각되는 공연은 처음 접하였다. 그러나 연출이 의도적으로 그렇게 한 것이라기보다는 안토니우스를 연기했던 배우의 힘이었다고 사료된다. 그의 호소력 있는 연설은 공연 중 모든 연설에서 압권이었다.

공연에서 '불길한 징조'의 표현에 특별히 주목할 만한 것은 없었다. 대부분이 대사 중에 처리되었고 여기에 강조를 두지 않은 듯싶다. 즉 작품을 보다 현대적으로 해석해서, 이들을 '운명'으로 받아들이지 않았다. 오늘날 들으면 오히려 어이없는 미신 같기에, 현대와의 거리를 좁히기 위해 미미하게 표현한 것 같다. 반면 결론에 이르는 과정에서 이성과 원칙에 얼마나 타협하는가가 강조되면서, 배우들의 논리적 언변이 강조된 듯싶다.

여성들의 등장도 공연에 큰 변수는 되지 않았다. 시저의 부인이 시저에게 의사당에 가지 말라고 호소하는 장면은, 라운드한 인물 성격이 드러나지 않아서 작품에서 그러하듯 갑작스럽다고 느껴졌다. 부르 터스의 부인은 동반자이자 내조자 성격은 드러났으나, 역시 공연에서 살아 있는 라운드한 인물로 느끼기에는 역부족이었다. 즉 여성들이 공연에 부여한 효과는 별반 크지 못했다고 하겠으니, 원작이 그러하 듯이 논리적 언변에 호소하는 보수적인 해석이었다고 하겠다.

사실 〈줄리어스 시저〉는 논리적 사고의 드라마로 자칫 지리 할 수 도 있는 작품이다. 본 공연은 소품과 무대배경을 적절히 바꾸면서 장 면의 리듬 변화를 주었다. 알다시피 글로브극장의 기본 무대는 고정 적이다. 여기에 천이나 수레를 응용해서 공간을 바꾸고 배우들이 객 석을 헤집고 다니면서 공연의 리듬에 변화를 주었으며, 이 효과는 탁 월했다. 관객들은 긴장을 풀고 이완되고 즐길 수 있었다. 실로 셰익스 피어를 원래 극장을 그대로 복원한 글로브극장에서 본다는 것은, 셰 익스피어 당대의 공연 상황을 상당히 충실하게 떠올리게 하였다. 스 탠딩 관객의 웅성거림조차 공연의 소음 효과로 〈줄리어스 시저〉의 대 중을 대변하고 있었다. 특히 에너지에 넘치는 배우들의 역동적인 움 직임은 공연에 박진감을 주면서 관객을 몰아가는 힘이 있었다.

선동의 드라마기도 했기에 배우는 무엇보다도 연설들에 주력하였 다. 각자의 연설 후에 술렁이는 대중들을 잘 표현했으며, 그 연설에는 힘이 있어서 공연의 리듬을 바꾸었다. 다만 부르터스의 내면이 보다 드러나지 않았던 것은 유감이었다. 시저를 사랑하는 그의 사적 자아 와 공화정을 유지해야 한다는 그의 공적 자아와의 갈등이 보다 드러 났으면 싶었다.

이러한 아쉬움에도 불구하고, 이번 〈줄리어스 시저〉에도 현대화와 대중화의 노력은 잘 드러나 있었다. 우선 미신적인 불길한 징조들에 대 해 스치듯이 언급하고 논리와 연설에 역점을 두어서, 개개인이 결론에 이르는 과정이 인과율에 합당했다. 불길한 조짐들을 강조했다면, 공연에서 오늘의 느낌을 받기란 힘들었을 것이다. 뿐만 아니라 배우가 스탠딩 관중 속에 섞여서 무대의 연설에 대한 반응을 선동하고 관객을 공연의 참여시켜서, 소위 공연의 현재화와 수행성을 높였다. 논리와 언어 중심의 작품이었음에도 불구하고, 공연은 항시 움직임으로 가득 찼기에 지리할 틈이 없었다. 이러한 연기는 궁극적으로 관객의 보다 쉬운 반응과 참여를 유발시키며, 관객과 함께 가는 대중화에 성공하였다.

4. 글로브극장의 〈안토니와 클레오파트라(Antony and Cleopatra)〉

1) 원작의 논의들

〈안토니와 클레오파트라〉는 1607년 킹스맨 극단에 의해 최초로 공연되었다고 믿어진다. 장르는 항시 역사적 사실에 충실하지는 않았지만 역사극이라고도, 아리스토텔레스적 비극은 아니지만 비극이라고도 하겠으며, 또한 사랑의 이야기라는 점에서 희극이며 로맨스이다. 역사는 로마의 관점에서 왜곡되었으며, 비극의 주인공은 고귀한 행동을 하다가 비극을 맞는 것도 아니며, 안토니와 클레오파트라가의 사랑이 비록 죽음을 맞으나 죽음을 통해 사랑을 확인하고 옥타비우스의 부러움을 산다는 점에서 희극이며 로맨스이다.

클레오파트라는 셰익스피어 작품들 중 가장 복합적인 여성 인물이라고도 불릴 만큼 다양한 해석이 가능하다. 아마도 그녀를 능란한 유혹자로 보느냐 혹은 노련한 지도자로 보느냐에 따라서 그 작품 해석은 달라진다. 뿐만 아니라 실로 많은 이분법적 구도가 가능하니, 남성/여성, 로마/이집트, 서양/동양, 아자/타자, 정신/육체, 왕녀/창녀 등등 많은 대조가 가능하다. 예를 들면, 로마는 명예와 의무와 이성을 표상하고, 이집트는 쾌락과 상상력과 예술을 표상한다. 뿐만 아니라 클레오파트라는 성적 분방함과 다산성이 암시하는 디오니소스적 요소로, 로마는 남성성·경직성·편협함이 암시하는 아폴로적 성향에 대한 비판적 대안으로서 제시되고 있다. 또한 클레오파트라는 존엄한 여왕의 신분을 갖추고 있고 많은 남성들의 관심을 불러일으킬 만한 미모를 지니고 있기도 하지만, 동시에 성(gender)적인 측면과 인종(race)적 측면에서 모두 '타자'(the Other)가 될 수밖에 없는 역설적 상황에 처해 있다. 그녀는 백인 남성들의 경탄의 대상이 되면서 동시에 환멸의 대상이 되기도 한다.[14]

19세기와 20세기 초반까지의 인텔리들은 클레오파트라를 단순한 성적 매력 덩어리요 유혹의 대상으로 보았지 이집트의 노련한 지도자로 간주하지 않았다. 시저는 그녀를 "창녀의 광대"(a strumpet's fool, I.1.18)라고 부른다. 따라서 욕망과 아름다움과 섹시함과 유혹과 여성적 나약함과 원죄의 이미지로 간주했었다. 이러한 해석은 20세기 후반부 포스트모던 시대를 맞으면서 다양해진다. 로마문화와 이집트문화의 대조로 보는 문화상호주의적 관점과 젠더의 상하관계로 보는 페미니즘의 견해, 혹은 그녀를 이집트의 통치권을 위해 시저에게 그리고 안토니에게 접근한 능란한 전략가로 보는 포스트콜러니얼적 관점 등등 다양하다. 남성적으로 그려진 로마와 여성적으로 그려진 이집트에 대한 해석은 페미니즘의 발달과 함께 변하기 시작했다. 일례로 클레오파트라가 가진 정치적 속성을 지적하면서, 그녀가 안토니를 유혹하기 위해 사용하는 다양한 전략들은 성적인 측면뿐만 아니라 정치적

---

14 이분법에 대해서는 다음의 논문에 잘 논의되었다.
　이나경, 「〈안토니와 클레오파트라〉에 나타난 이분법적 구도의 해체와 자결의 의미」, 『현대영미어문학』 제30권 1호 (2012) 겨울 169-185.

측면에서도 해석되어야 한다고 주장되기도 했다.[15] 결국 클레오파트라의 사랑은 정치와 분리되고도 대립되는 가치를 지닌 것이다.

안토니 역시 복합적 인물이다. 그는 로마의 영웅이면서도, 로마식 이성을 버리고 쾌락에 탐닉한다. 따라서 브래들리(A. C. Bradley)같은 학자는 셰익스피어의 다른 비극작품들에서 나타나는 주인공의 비극성을 대조적으로 제시하면서, 비극적 영웅의 자격을 갖추지 못한 안토니와 같은 인물을 주인공으로 삼은 이 작품의 비극성에 대해 회의하였다. "그는 그의 제국을 창녀에게 주었어"(3.6.66-67)라는 시저의 표현처럼, 안토니의 사랑을 숭고한 행위가 아닌 도덕적 타락과 몰락의 원인으로 볼 수도 있다. "나는 이 전쟁을 이집트와 그리고 여왕을 위해 할 것이오."(4.14.15)라는 대사에서 보이듯이, 그는 로마 장군으로서의 의무를 저버리고, 클레오파트라의 장군으로 전락했다 하겠다. 사랑에 순진한 연인으로 보기에는 그는 거리낌 없이 시저의 여동생 옥타비아와 결혼했고, 칭송받았던 장군으로 보기엔 비록 달아나는 클레오파트라를 뒤따르긴 했으나 제대로 싸워 보지도 않고 퇴각한다. 결국 그는 마지막 오직 사랑에 의해서만 "the nobleness of life"(1.1.36)를 획득하게 된다.

클레오파트라와 안토니는 비극의 주인공들로는 아쉬움이 많았으나, 드디어 스스로 택한 죽음을 통하여 "nobleness"에 이른다고 하겠다. 특히 클레오파트라의 죽음은 자신에 대한 부정적 인식을 완전히 종식시키고, 궁극적으로 안토니의 죽음을 정당화시키고 있다. 죽음을 선택하는 그녀의 행동은 시저와 로마로 표현되는 적대적인 거대한 세계와 운명에 대한 도전과 저항이라는 의미를 가질 수 있기 때문이다.

---

15 Dollimore, Jonathan. *Radical Tragedy: Religion, Ideology and Power in the Drama of Shakespeare and His Contemporaries.* (Sussex: The Harvester Printer, 1984), 216-7.

그녀의 죽음 자체가 그들이 가진 어리석은 의도를 "우롱"해주고, "정복"하는 것이기 때문이다. 그리고 그들의 사랑을 낭만적이고 초월적인 가치를 지닌 것으로 상승시키는 것이다.

이렇듯이 〈안토니와 클레오파트라〉는 1) 클레오파트라 성격의 설정과 2) 안토니와 클레오파트라의 사랑 유희 3) 로마로 상징되는 시저의 행동 표현 4) 로마와 이집트의 다양한 풍물을 보여주는 무대배경 등이 공연의 관점이 되겠다.

2) 2014 글로브극장의 〈안토니와 클레오파트라〉

아래 〈안토니와 클레오파트라〉 포스터 사진에서도 나타나지만, 본 공연의 클레오파트라는 일단 섹시한 유혹의 상징은 아니다. 클레오파트라는 세기의 미녀로 그려지기보다는 중년의 감정적이고 야심차고 시기심 많은 여인으로 묘사되고 있다. 작품이 시작된 이후의 그녀는 안토니의 사랑을 얻기에 전력으로 부심하는 중년의 여인이다. 안토니가 전략적으로 옥타비우스의 여동생 옥타비아와 결혼했을 때 그녀는 시기심으로 거의 미칠 지경으로 연기한다. 그녀는 자신이 처한 상황을 탄식하기 보다는, 엉뚱하다 싶게 그 소식을 전한 하인에게 폭행을 가하거나 옥타비아를 비하하는 말에 흡족해 하는 우스꽝스러운 행동을 보인다. 상처 받고 슬픔에 지치기보다 비합리적으로 고집 세고 변덕이 심하고 질투하는 모습을 보이면서, 관객으로 하여금 그녀를 동정하게 하지 않았다. 우아하거나 유혹의 여신으로는 거리가 있고, 중년의 사랑으로도 과한 감이 있다. 그만큼 그녀는 정렬적인 사랑에 빠져 있는 여인으로 그려졌으며, 정치에 대한 야욕은 별로 드러나지 않았다. 이러한 분위기는 공연 후반부까지 계속되었는데, 그녀는 중년에 정열적이고 평범하다고도 할 만큼 인간적인 여인이다. 그녀의 전략이라면 안토니를 즐겁게 할 계획이 전부이다. 마치 현대의 평범한 연인 같았다.

안토니 역시 중년의 평범한 남성으로 그려졌다. 옥타비우스의 날카로운 정치적 야망과는 대조적으로 그는 사랑과 쾌락을 앞에서 쉽게 무너진다. 호탕하고 남성적인 면은 있으나, 그의 지위에 걸맞은 냉정한 판단이나 위엄은 결여된 듯싶다. 이는 술자리에서도 잘 드러나니, 옥타비우스는 몇 잔의 건배 후 퇴장하지만 안토니는 부하들과 끝까지 퍼마시고 인사불성이 된다. 그러하기에 그는 이집트의 쾌락을 그리기에 이에 탐닉하는 것이 자연스럽다. 즉 안토니와 클레오파트라 모두 영웅이기보다는 우리와 가까운 오늘의 평범한 인간으로 그리면서, 그 사랑에 초점을 맞추고자 한 듯싶다.

그러하기에 인간적인 안토니와 클레오파트라의 사랑이 더욱 애틋하게 다가왔다. 그들의 사랑은 실수투성이이고, 애욕적이며, 육체적이고 쾌락적이었다. 이들이 인간적이었기에, 그들의 애욕과 쾌락은 더욱 잘 이해될 수 있었다. 이러한 사랑은 이성적인 로마와 대조되면서, 오늘의 사랑을 보고 있는 듯한 착각이 들었다. 사실 현대만큼 에로스적이고 쾌락적인 사랑이 강조된 시대가 또 있을까? 공연의 진행 동안 의문시 되었던 사랑/애욕, 파괴적 사랑/초월적사랑, 말/행동 등등의 모호함은 승화되어, 궁극적으로 절대적 사랑으로, 그것도 현대적인 사랑으로 다가왔다.

공연에서 로마와 이집트의 대조는 여러 가지로 나타났다. 로마에서는 항시 논쟁이 계속되는 반면, 이집트는 쾌락의 탐닉을 준비하고 집중한다. 이러한 장면을 위하여 다양한 소품이 응용되었으니, 천장에서 사냥에서 잡은 소가 떨어지고 이집트의 이국적 문양으로 된 카페트나 부채, 이국적 댄스 등등 다양한 볼거리를 마련했다. 이들은 무대 배경의 극적 전환을 마련해서, 공연 리듬감에 변화를 주었다.

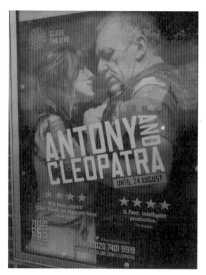

〈안토니와 클레오파트라〉의 안토니와 클레오파트라 포스터,
비평가들에게 받은 별 4개가 보인다

〈안토니와 클레오파트라〉 공연 전의 프리 쇼

〈안토니와 클레오파트라〉 공연 전의 프리 쇼

    시대를 확연하게 현대로 옮긴 것은 아니었지만, 어딘가 동시대적 느낌이 강했던 공연이었다. 위 포스터에 보이듯이 클레오파트라의 의상은 현대적이며 안토니의 의상도 시대 불명이다. 여기에 안토니와 클레오파트라가 인간적인 감정으로 행동하고 또 어떤 명예나 권력보다도 사랑의 쾌락에 집착한다는 것이 그들을 현대적으로 느끼게 하였다. 불멸의 미모나 유혹을 본 것은 아니었으나, 사랑을 잡기 위해 계략을 꾸미며 질투하는 클레오파트라에게서 오늘의 여인상을 보게 된다. 이러한 해석은 오늘의 대중을 의식했다고도 하겠다. 사실 오늘의 대중에게 에로스적인 사랑보다 잘 이해되는 것은 없다고도 하겠다. 그들은 역사의식이나 권력에 대한 야욕에 공감하기보다 인간적인 열렬한 사랑에 공감할 것이기 때문이다. 그러하기에 본 공연은 현대적이며 또 대중적인 해석이었다.

5. 결어: 최근 영국의 셰익스피어 공연의 경향

이렇듯이 로얄셰익스피어 컴퍼니(RSC)의 〈베로나의 두 신사〉와 글로브 극장의 〈줄리어스 시저〉와 〈안토니와 클레오파트라〉를 살펴보았다. 우연인지는 몰라도 세 작품이 모두 셰익스피어 전반부의 작품에 해당되며, 그의 명작으로 꼽히는 대표 작품들은 아니다. 올해가 셰익스피어 탄생 450주년인 만큼, 그만큼 다양한 셰익스피어 작품들이 기획되고 공연된다는 반증이라고 하겠다. 겨우 세 작품을 보고서 그 경향을 논한다는 것은 위험할 수도 있지만, 셰익스피어 연극의 본 산실에서의 공연이었고 또 그 경향이 일치한다면 오늘날 영국 셰익스피어 공연의 경향으로 조심스럽게 타진할 수 있을 듯싶다.

한 마디로 올해 공연의 특징으로는 현대화와 대중성이 두드러졌다. 셰익스피어 원작과의 크게 다른 새로운 해석은 아니었지만, 오늘의 시각이 곳곳에 가미된 공연이었다. 〈베로나의 두 신사〉는 뚜렷이 시대를 이동하지는 않았지만, 두 쌍의 연인들은 현대 옷을 입고 오늘의 분위기로 연애한다. 〈줄리어스 시저〉는 이상적인 부르터스보다 현실적인 안토니우스를 부각시키고 〈안토니와 클레오파트라〉는 중년에 열정적으로 쾌락적 사랑에 빠진 남녀를 등장시켰다. 원작의 의미를 의도적으로 변화시켜 재해석하지는 않았으나, 곳곳에 현대적 해석의 정취를 느낄 수 있었다.

이러한 현대화는 대중성과 연결된다. 인물들의 행동은 오늘의 대중적 상식에 보다 맞게 조율되었으며, 프로페셔널리즘을 앞세운 연기와 무대는 공연 리듬의 완급과 변화를 조절하여 즐겁게 볼 수 있었다. 셰익스피어를 앞세워 고급 예술임을 표방하면서도, 대중적 즐거움을 주는데 소홀하지 않았다. 공연의 스피드는 빠르게 진행되었으며, 여기에 공간이나 연기의 변화로 공연의 리듬이 지리 할 틈이 없었다.

세계 각국에서 문화상호주의적 셰익스피어가 난무하는 오늘날, 역시 셰익스피어의 본고장답게 원작의 의미를 지키면서도 오늘의 이야기로, 프로페셔널한 무대와 연기로, 관객을 의식하며 즐겁게 보여주었던 공연들이었다.

(연극포럼, 2014. 12)

참고문헌

김경혜. 「〈안토니와 클레오파트라〉에 나타난 페미니즘 전략과 그 한계」
  『Shakespeare Review』 Vol 42 No.4 641-669.

김종환. 「〈줄리어스 시저〉에 나타난 설득과 선동의 언어」 『Shakespeare
  Review』 Vol.47 No.3 563-584.

송민숙. 「수사적 언어의 각축장:〈줄리어스 시저〉」『연극평론』 통권 74권
  2014, 가을호.

신정옥. 『셰익스피어 비화』 푸른사상, 2003.

이나경. 「〈안토니와 클레오파트라〉에 나타난 이분법적 구도의 해체와 자결의
  의미」『현대영미 어문학』 제30권 1호 (2012) 겨울 169-185.

Derrick, Patty S. 「Two Gents: A Crucial Moment」, *Shakespeare on Film
  Newsletter*, 16:1 (December, 1991),

Dollimore, Jonathan. *Radical Tragedy: Religion, Ideology and Power in the
  Drama of Shakespeare and His Contemporaries.* Sussex: The
  Harvester Printer, 1984.

Humphreys, Arthur Ed. *Shakespeare, William.* 〈Julius Caesar〉. Oxford
  University Press, 1999.

Wyke, Maria. *Julius Caesar in western culture.* Oxford, England: Blackwell,
  2006.

<죽은 고양이 반등>: 국제다원예술축제의 포스트드라마틱 연극

국내외 공연예술과 시각예술을 아우르는 국제다원예술 축제인 '페스티벌 봄'이, 다원예술에 움트는 봄을 알리며 개막했다. '페스티벌 봄'은 "국내외 혁신적인 예술작품을 소개"하며 "실험정신을 촉진"시키고자 의도했는데, 실로 그 목적이 잘 성취된 것 같다. 예술 축제 중에서 드물게 본연의 취지를 잘 살리면서도 뛰어난 공연들이 적절히 선정되었는데, 이것이 김성희라는 한 예술가의 안목과 노력에서 비롯되었다는 것이 놀라울 따름이다. 김성희가 춤에서 시작하였기에 댄스 씨어터가 강한 측면이 있으나, 실로 다양한 공연과 전시를 선보였다. 무대에서 집을 지으며 관객을 극장 여러 곳으로 이동시키며 공간을 생각하게 하는 공연부터, 설치미술과 퍼포먼스, 극장 퍼포먼스와 공업 디자인의 어우러지고, 다양한 영상과 퍼포먼스의 만남 등 공연예술의 범주를 실로 다각화하였다. 그중에서 가장 연극과 가까운 공연은 아마도 〈죽은 고양이의 반등〉일 것이다. 연극의 갈래도 본다면 근래의 포스트드라마 연극에 속한다고 하겠다.

〈죽은 고양이의 반등〉은 기성 드라마는 없으나, 현대 자본 사회에 대한 고찰을 주제로 한다. 공연이 시작되면 우선 한 인물이 극장 수입을 보고한다. 정기를 주고 온 관객이 몇 명, 30% 할인 한 관객이 몇명, 50% 할인한 관객이 몇 명, 그리고 초대권으로 온 관객의 숫자도 밝혀지며, 총 극장 수입이 공개되고 이 돈을 주식에 투자하겠다고 선언한다. 관객은 적나라한 극장 수입 보고를 무심히 넘길 수도 있겠지만, 결국은 예술에 대해 지불한 가격, 즉 예술과 자본의 관계를 생각하지 않을 수 없다.

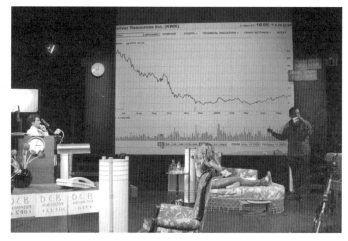

〈죽은 고양이 반동〉

런던 주식 시장에서 주식을 사기위해 우리 돈 극장 수입은 파운드화로 환전되고, 공연자는 Rio라는 주식을 산다. 즉 관람객 모두는 주주가 된 것이다. 변하는 Rio의 주식 가격이 그래프에 그려지고 계속해서 가격이 떨어지자, 이것을 팔고 다른 주식을 사자고 제안한다. 관객의 동의를 얻어서, 다시 다른 주식을 사기로 한다. 이때 더 투자할 사람이 있느냐고 물어서, 관객 중에서 추가 투자자를 얻는다. 이번에는 아프리카 금광에 투자하는 회사와 미디어 회사에 반반씩 나누어 투자하기로 한다. 주식을 사고 팔 때마다 5파운드의 수수료가 붙는데, 이 돈은 주최 측에서 마련한 무대 한 벽에 붙어 있는 10파운드 현금을 떼어내어 유리잔에 넣는 것으로 대신한다. 아프리카 금광 회사가 직원들을 어떻게 대우하는지 투자에 필요한 정보를 얻기 위해, 실제로 그 회사 주주담당 부서와 국제 전화를 걸기도 한다. 다시 이들 주가가 별 차이가 없자 절반을 팔아서, 오늘 2%가 반등한 주식을 사기로 하며 원하는 관객에게 투자를 요청한다. 놀랍게도 여기서도 별도의 돈으로 주식 사기에 동참하는 관객이 생긴다.

이러한 진행은 단순해 보이기도 하지만, 곳곳에서 연출가의 자본에 대한 멘트가 전해진다. 한국의 금융위기가 아무 관계없는 월가의 결정 때문이라든지, 맹목적으로 질주하는 자본을 서부 카우보이의 질주하는 말에 비교한다든지, 끊임없이 변하는 주가를 그래프로 그려서 긴장감을 돋운다. 주식을 사고 파는 가운데 커미션으로 내는 돈이 유리잔 가득 쌓이고, 주가는 맹목적이고 파악할 수 없다는 것이 드러난다. 소수의 몇 명 내부자만이 정보를 얻을 수 있다는데, 다수의 개인 투자자들은 다만 운에 목숨을 건다. 즉 자본의 맹목적인 게임에 들어가서, 헤어나지 못하고 버둥거리는 것이다.

공연에 확실히 기성의 드라마 대본은 없다. 그러나 주식을 사고파는 가운데, 주가가 오르내리는 동안 묘한 긴장감을 느끼게 된다. 바로 우리 돈을 투자했기 때문이다. 여기에 연출이 말하려는 자본의 이동이나 맹목성이 지적되고, 관객은 오늘의 자본주의를 되돌아보게 된다. 아프리카인이 아닌 유럽인들이 아프리카 금광을 운영하고 있으며, 지금 서울에서 영국의 탄광회사의 주인이 될 수도 있는 것이다. 〈죽은 고양이 반등〉이라는 제목은, 주식시장에서 부실한 회사의 주가도 떨어지다 조금은 반등하고 다시 떨어지는 상황을 설명한 용어에서 따왔다고 한다. 이미 제목에서부터 자본의 광란과 그 허상을 예고하고 있는 것이다. 이렇듯이 드라마 대본은 없으나, 자연스러운 일상 같은 공연이 말하고자 하는 바, 즉 또 다른 드라마가 강하게 다가오는 것이다. 그리고 그 주제가 우리와 결코 무관할 수 없는 돈의 이야기이며 동시에 우리와 무관하게 질주하고 있는 자본을 이야기한다. "주식 시장의 실시간 '드라마'가 곧 이 연극의 내용이 되"며, "손익의 변화가 곧 극의 흐름이다." 그러므로 고전적 의미의 연극 요소들– 갈등, 긴장혹은 욕망 등은 두루 공연에 들어있으니, 돈이 주는 쾌락과 비극의무궁함을 우리는 잘 알기 때문이다.

〈죽은 고양이 반등〉

여기에 영어와 한국어의 이중 언어도 적절하게 활용되었다. 한인배우 2인과 어우러진 독일 극단은 자연스럽게 이중 언어를 활용하면서, 금융의 국제성을 환기시켰다. 마치 국제 주식시장에서 자연스레생활을 하듯이 배우들의 연기 아닌 연기가 계속되었으며, 그 자연스러운 일상은 연기와 또 다른 친밀함을 가지고 국제주식 시장을 부각시켰다. 마지막 공연을 종료할 시간이 되자, 샀던 주식을 모두 판다.그 날 수수료를 제외하고도 전체적으로 8파운드 가량 손해를 보았지만, 다행히 투자했던 관객들은 소수의 금액을 더 벌었다. 바로 그 이익이 주식 시장의 미끼를 잘 나타내고 있다. 절대적으로 잃을 수밖에 없는 게임이지만, 때때로 운이 있다면 이익으로 나타날 수도 있는 것이다.

실로 포스트드라마의 묘미를 보여준 공연이었다. 실제 상황이었지만, 그러나 관객들은 연출이 하는 많은 이야기를 들을 수 있었다. 기성연극의 환영이 주는 갈등과 긴장감과는 다르지만, 무대는 주가의 변이에 따라서 묘한 흥분과 갈등 및 긴장감을 느낄 수 있었으며, 이는 실제로 관객이 투자에 참여하여 더욱 높아진다. 동시에 경제에 문외한인 사람이라도 오늘의 자본을 되돌아보는 시간이기도 하다. 맹목적으로 질주하는 카우보이 같은 무법자이면서도, 자본의 그 지배를 누구라 벗어날 수 있는가? 자본은 자본을 낳고, 다국적 기업은 새로운 신식민지를 양산하고 있다. 실로 누구나 한 번쯤 돌아봐야 하는 절실한 주제를 선택하여, 일상이라는 이름 아래 그 의도를 교묘하게 숨기며, 자연스럽게 관객을 그 게임의 일부로 초대하고 있는 것이다. 기성의 연기라고는 못하겠지만, 배우들은 일상인양 주식을 사고팔면서 동시에 그에 적절한 연기를 한다. 연출은 배우로 직접 등장하여 "유럽 실험극장의 실패를 한두 번 경험했습니까?"라고 물으며, 공연의 성패 여부도 관객에게 맡겨 버린다. 이런 새로운 경험을 하며, 과연 오늘 우리의 젊은 실험극은 무엇을 실험하고 있는가 하고 묻지 않을 수 없다.

(한국연극, 2010. 5)

<이사벨라의 방>: 새로운 포스트 드라마 연극의 기법과 그 감동

L.G 아트센터에서 공연되었던 벨기에 니드컴퍼니의 「이사벨라의 방」(얀 라우어스 Jan Lauwers 작. 연출)은 얼핏 보면 산만하다. 등퇴장도 없이 무대에 늘어선 배우들과 아프리카 그림들과 풍물이 널려있으며, 한 편에는 뮤지컬 밴드까지 자리 잡았다. 그러나 이야기가 진행될수록 그러한 불편한(?) 산만함은 다원적 의미로 다가오며, 다양한 에너지로 실존의 정곡을 찌른다. 그리고 그 다원성과 동시성으로 인해, 기존의 연극보다 더 깊은 울림으로 남았다.

우선 이야기는 철저한 메타드라마로, 극중극으로 진행된다. 연출가가 배우들을 소개하고 자신의 공연을 설명하며 시작되는데, 또한 배우들은 이사벨라의 회상 속을 넘나들며 극중극의 형식으로 이야기해 간다. 따라서 인물들은 사실적인 시간과 공간을 파괴하며, 회상 속에서 자유롭게 넘나든다. 시간과 공간은 허구 속에서 더욱 자유롭게 시간과 공간의 부유와 무의미를 전달한다. 이러한 극중극 기법은 산만한 무대에 대한 논리적인 설명일 수 있으며, 공연에의 몰입이나 감정이입을 막아서 산만함을 다양하게 받아들이게 한다.

공연에서 '환상'은 실제보다 강력히 존재하며 그 영향력 역시 지대하다. 주인공 이사벨라는 친아버지가 '사막의 왕자'라는 환상 속에서 살았다. 이는 그녀의 양부모 아서와 안나에게서 들은 말로, 이들은 어느 외딴 섬의 등대에서 함께 살았다. 등대라는 의미도 중요한 듯싶은데, 등대는 육지에 세워져 바다를 향하는 중간지점이라는 환상 때문이다. 어느 날 안나는 자살을 하고 아서는 사라진다. 이사벨라는 아서의 남긴 편지로 파리의 어느 아파트에 이르며, 아버지인 '사막의 왕자'의 허구 공간에 남겨진다. 이 이사벨라의 방은 실재하면서도 허구이며 환상이다. 무대를 가득 채우고 있는 아프리카 수집품들은 제국주의에 유린당한 대륙의 물품으로, 이제는 역으로 이사벨라의 무조건한 동경과 숭배의 대상으로 나타난다.

〈이사벨라의 방〉

「이사벨라의 방」에 나타나는 인간관계는 철저하게 통상의 규범(Norm)에서 벗어난다. 우선 양부모인 아서와 안나의 관계가 그러하다. 그들은 부부였지만, 사실 그 전에 아서가 안나를 강간했었고, 아서는 이를 감추고 실의에 빠진 안나에게 다가가 그녀를 섬으로 데려와 함께 산다. 안나는 강간의 산물인 낳은 아이를 버리기를 강요했고, 그래서 이사벨라를 수녀원에 버렸다가 후일 입양하는 절차를 거쳤다. 그러니 양부모는 사실 이사벨라의 친부모였다. 이렇듯이 부부 관계나

부모 관계가 모두 왜곡되어 있다. 이사벨라와 연인 알렉산더의 관계도 그러하다. 그는 이미 처자가 있는 남자였으며, 이와 무관하게 이사벨라는 사랑한다. 또 그녀는 사랑하면서도, 쾌락을 위한 다른 만남을 마다하지 않는다. 실로 그녀는 76명의 연인을 가졌다고 자랑한다. 알렉산더는 2차대전에서 일본 히로시마의 원자폭탄 투하를 목격한다. 그 이후 그는 점점 미쳐가고, 그를 돌봐주어야 할 처자식들은 모두 떠난다. 오직 이사벨라만이 그를 돌보며, 그의 유일한 안식처로 남는다. 통상적인 처첩의 역할이 뒤바뀐 듯한 인상이며, 비로소 규범을 벗어난 사랑의 진실을 다시 인식하게 된다. 더구나 이사벨라와 손자 프랭크와의 사랑은 도를 넘었다. 16세인 손자가 69세인 그녀에게 진정한 쾌락을 맛보게 한다? 통상적인 윤리를 완전히 파괴하는 사랑을 어떻게 받아들여야 하는지 망설이는 동안, 이사벨라의 아프리카에 대한 열정을 이어받은 프랭크는 아프리카의 적십자 활동 중 총상을 입고 죽는다. 프랭크는 아프리카의 혼란상이 빚어낸 희생양이 되었다. 그래서 아이로니컬하게도 이사벨라는 난생 처음 몇 시간 아프리카의 땅을 밟을 수 있었다. 프랭크의 장례식에는 벨기에의 극우파 청년들이 그가 흑인에게 살해되었다고 항의하는 난동이 일어난다. 지극히 개인적인 이야기에 현대의 주요한 사건들이 얽혀있는 것이다. 이제 마지막, 모두가 떠난 마당에 다시금 '사막의 왕자'만이 일생동안 자신의 곁에 있었음을 깨달으며 펠릭스(Felix: 죽은 언어로 행복을 의미함)라고 부른다. 죽은 언어 속에서만 행복을 찾을 수 있는 것인가? 어쨌거나 이 역시 환상과의 만남이었으며 왜곡되었으나 가장 극한적인 만남으로, 이사벨라는 약탈의 역사였던 아프리카의 역사를 화해의 역사로 바꾸었다.

여기서 다시 보들리아르의 극한 현상(Extreme Phenomena)를 생각하게 된다. 그가 말했던 "사회성의 엑스터시-대중(사회적인 것보다

더 사회적임), 육체의 엑스터시-비만(뚱뚱함을 넘어 비대함); 정보의
엑스터시-시뮬레이션(사실보다 더 사실적임); 시간의 엑스터시-실시
간과 즉시성(현재보다 더 가까운 현재); 실재성의 엑스터시-극사실성
(진짜보다 더 진짜 같음); 섹스의 엑스터시-포르노그라피(섹스보다 더
야함); 폭력의 엑스터시-테러(폭력보다 더 폭력적임)" 등이 「이사벨라
의 방」에서는 적나라하게 구현된다. 사회성으로는 히로시마 원폭투
하, 식민주의, 달 탐사, 아프리카의 기근과 불안정한 정국, 극우파 등
이 언급되며, 육체성으로는 이사벨라는 다른 배우와 달리 비대하다.
그녀는 무대를 압도한다. 시간은 과거와 현재를 넘나 들어서 더욱 즉
시성을 띠고, 섹스에 대한 욕망은 포르노그라피보다 진솔하다. 전쟁
과 테러로 그녀가 가장 사랑했던 알렉산더와 프랭크가 파괴되며, 허
구인 '사막의 왕자'는 사실보다 더 사실적으로 다가오며, 이사벨라의
방은 실재이면서도 바로 시뮬레이션으로 가득 찬 공간이다. 이사벨라
가 눈이 먼 것은 결코 우연이 아니다. 그녀는 모든 권력과 관음증에서
해방된 것이며, 그러하기에 자신만의 꿈과 욕망을 진솔하게 쫓을 수
있는 것이다.

　장르의 혼합도 이 공연에서 놓칠 수 없는 재미이다. 미니멀리즘에
입각한 무용과 음악이 곳곳에 혼재해 있으며, 아프리카 그림과 풍물
들은 그 자체가 미술이기도 하다. "좋은 작품이란 여러 개의 에너지원
들이 동시에 활동하고 있는 작품"이라는 연출의 말은, 어째서 이 공연
이 무용, 음악, 미술을 넘나드는 가를 설명한다고 생각된다. "표현의
자유를 수호하는 사람들"답게, 활용할 수 있는 모든 것을 동원하기에,
장르 자체는 무의미한 질문인 듯싶다.

　「이사벨라의 방」에 나타난 다층성과 동시성은 이 공연을 포스트 드
라마적 연극과 연관 짓는다. 그리고 이 다층성과 동시성은 무대의 다
양한 기호에만 머물지 않고, 나아가서 실존의 깊이와 맞닿아 있다. 그

러하기에 산만하다고도 할 인물들의 넘나듦과 집중적이라고 할 수 없
는 무용과 전혀 감정이입적이지 않은 음악에도 불구하고, 이사벨라의
욕망과 고뇌가 오늘의 열정적인 삶으로 다가오는 것이다.

(한국연극, 2007. 5)

<신의 아들을 바라보는 얼굴>: 로메오 카스텔루치의 인간의 근원적 한계와 고통에 대한 사유(思惟)의 드라마

　이미 몇 년 전 LG 아트센터에서 그의 대표작 〈신곡〉으로 우리에게 선을 보였던 유럽 연출의 거장 로메오 카스텔루치가, 이번에는 〈신의 아들을 바라보는 얼굴〉로 「페스티벌 봄」을 열었다. 카스텔루치는 원래 무대미술가에서 변신한 연출가로, 전통적인 연출보다는 미술이나 조명 등을 활용한 Total Theatre를 추구한다고 알려져 있다. 그러나 〈신곡〉이 그러했듯이, 이번 〈신의 아들을 바라보는 얼굴〉에서도 그의 모든 무대그림과 효과는 선명하게 인간 존재에 대한 질문으로 이어진다. 그러하기에 그가 아무리 의미를 부정한다고 해도 그것은 설명적인 의미일 뿐이지, 그의 작품은 궁극적으로 사고를 추구한다고 보인다.

　무대 중앙 벽면에는 커다란 신(혹은 신의 아들)의 얼굴이 걸려있으며, 그는 기독교를 표상함이 한눈에 알린다. 그 앞으로 극사실주의에 가깝게 깨끗한 흰색 가구를 가진 거실과 침실이 좌우로 펼쳐진다. 늙은 아비와 아들이 등장하는데, 곧 아비가 거동이 힘들고 대소변을 가누지 못하는 것이 곧 알려진다. 그는 용변을 보았고 아들은 정성스레 기저귀를 갈기 시작한다. 아비는 계속 미안하다고 되뇌고, 아들은 괜찮다고 답변한다. 무대 오른쪽에서 시작되었던 용변보기는 정갈하게 옷을 갈아입히자마자, 다시 용변은 나와서 이번에는 무대 중앙으로 옮겨진다. 아들은 여전히 효성스럽고 아비는 여전히 미안해한다. 지저귀 갈기가 끝나자 아비는 다시 설사를 한다. 아들은 인내하며 휠체어를 닦으려고 다가가자, 다시금 설사를 하는 아비에게 아들은 드디어 소리친다. "더러워 더러워, 아버지!" 아들은 아비를 무대 왼쪽에 있는 침대에 앉히고, 신의 아들에게 달려간다. 즉 무대 오른쪽에서 왼쪽까지 모든 공간에서, 일상의 고통은 계속되며 무대를 채운다. 고통에서 도망갈 공간이란 없다. 여기까지가 극사실주의처럼 세세히 진행 묘사되어서, 인간 노년의 비극-그 추함과 인간의 숙명을 관중에게 충분히 전하고 있었다.

〈신의 아들을 바라보는 얼굴〉

아들이 달려간 신의 얼굴에서 여전히 즉답은 나오지 않는다. 여기서 기독교 신앙은 단지 신앙을 의미하기보다 연출가가 자랐던 이탈리아의 문화적 행위라고 이해하는 편이 나을지도 모른다. 즉 이미 종교사와 예술사가 분리된 오늘의 포스트모던 시대에도 종교는 여전히 문화사의 일부인 것이다. 절박한 고통과 절망 앞에서 인간이 어디로 행할 수 있겠는가? '그리스도의 비움'이 하나의 답으로 다가올 수도 있다. 신처럼 인간도 인간의 존엄성(dignity)을 비워 가는데 익숙해져야 할지 모른다. 수난(Passion)이란 신이 한걸음 뒤로 물러나서 신성한 것을 비워내는 순간을 이른다. 예수의 수난(Passion)처럼, 인간도 비우는 수난을 지고가야 하는 것인가?

어린 아이 하나가 농구공을 들고 등장하여 가방에서 수류탄을 꺼내 신의 아들을 향해 힘껏 던진다. 또 다른 아이들이 삼삼오오 등장하고, 가방에서 수류탄을 꺼내 역시 신의 아들을 향해 저 나름 힘껏 던진다. 농구공은 〈지옥〉에서도 등장한 바 있는데, 여기서는 무슨 상징일까? 공은 그룹이 놀 수 있는 게임을 나타내기도 하고, 공기를 채운 곳이기에 공기를 나타내기도 하며, 또는 둥근 모양의 어떤 case, 즉 인간이 처한 상황을 나타낸다고도 하겠다.[16] 앳되고 순수해 보이는 어린아이들과 가방에서 꺼내 던지는 수류탄은 실로 이율배반한데, 이는 무엇을 의미하는가? 다가올 고통의 세월을 준 신의 아들에게 어린 아이들이 항의하는 것인가? 그렇다면 신을 죽이면 해결될 것인가? 아니면 우리도 아이들 같이 자신들이 무슨 일을 하는지 모르면서, 신의 아들 죽이기에 전념하고 있는가? 등 온갖 상념이 스쳤다.

아이들이 수류탄을 던지는 중 한편 침대에 앉아있던 아비는 계속 배설을 하는데, 이번에는 아주 침대 옆에 있던 오물통을 들고 쏟으며 계속한다. 여기서 극사실적 배설은 이제 폭넓은 은유로 바뀐다고 하겠다. 우리는 비단 노년의 생물학적 배설뿐이 아니라, 삶이 진행될수록 배설되어야만 하는 온갖 비움에 주목하게 된다. 노인이 신의 아들 초상 뒤로 사라지듯이, 비움에 비움을 거듭하면 우리도 신의 세계에 들어간다는 말인가? 생물학적 배설이 그러하듯이, 결코 아름다울 수

---

16 「로메오 카스텔루치-토크」 (2013.3.23.) 중에서

없는 배설물로 늙어가는 삶은 꽉 차있는가? 늙어간다는 것은 이토록 인간의 존엄성을 잃어가는 것인가?

드디어 신의 초상은 일그러지고 뒤틀리며 색깔 역시 검게 바뀌며, 마지막 드러난 스크린에는 "당신의 나의 목자(You are my Shepherd.)" 라는 글자가 밝게 비추인다. 그러나 동시에 그 옆에 Not 이라는 글자가 밝게 비추지는 않으나 분명하게 떠서, "당신은 나의 목자가 아니다."라고도 말한다.

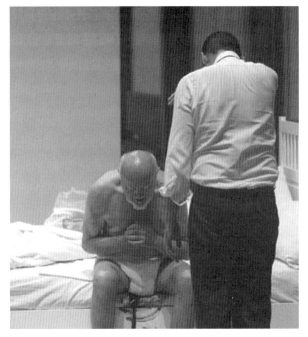

〈신의 아들을 바라보는 얼굴〉

로메오 카스텔루치는 본 공연에서 노년의 한 사소한 문제를 통해서, 인간의 존엄과 존재를 묻고 있다. 그는 클라이맥스를 전통적 방법으로 사용하지 않을 뿐이지, 그의 무대 미술적 감각으로 분명히 나타낸다. "당신의 나의 목자" 혹은 "당신은 나의 목자가 아니다."라는 상반되는 답변을 통하여, 종교사와 분리된 문화사가 갈 길을 잃고 있음을 지적하고 있다. 표현의 기법으로 극사실주의에서 시작하여 은유로 그리고 상징으로 넘어갔을 뿐이다. 그리고 이러한 표현의 변화와 흐름이 '사고'와 자연스레 연결되어 있다.

궁극적으로 〈신의 아들을 바라보는 얼굴〉은 사고의 드라마이다. 인간 존재의 한계와 고통이라는 상념과 연계되어 있지 않다면, 그 긴 시간 세세하게 극사실적으로 용변보고 치우기가 무슨 의미가 있겠는가? 아리스토텔레스적 전개가 아닐 뿐이지, 반서구적 공연이라고 알려진 로메오 카스텔루치조차 역시 서구식으로 '사고'에 매달려 있음을 다시 깨닫게 한다. 그리고 그 사유가 주는 멋에 흠뻑 빠질 수 있었던 공연이었다.

실로 「페스티벌 봄」의 작품 선정에 다시금 경탄을 보내지 않을 수 없다. 항시 자신만의 특유한 색깔의 새로운 공연을 보여주면서, 한국 연극계의 봄을 선도하지 않았나 싶다. 이 새 봄에 인간의 한계를 새롭게 조명해보며, 새 생명을 맞는 것도 나쁘지는 않을 것이다.

(한국연극, 2013. 4)

<보스 드림즈>: 환상과 초현실의 그림 여행

초현실의 세계를 꿈꾸는가? 그렇다면 <보스 드림즈>(세븐 핑거스와 리퍼블리크 씨어터 제작, LG 아트센터: 2018.4.6~8)를 봐야만 한다. 공연은 내내 기이한 생명체와 형태, 자유롭게 변해가는 풍경, 여기에 조화된 아크로바틱스가 엮어내는 낯익은 듯 낯설은 세계로의 침잠이었다. 바로 이런 세계가 초현실주의의 주창자였던 앙드레 브르통이나 달리가 꿈꾸었던 초현실주의 세계가 아니었을까 생각된다.

<보스 드림즈>는 "보스(Hieronymus Bosch) 서거 500주년을 기념하기 위해 설립된 보스재단의 의뢰로 제작"되었다고 한다. 공연의 주축이었던 세븐 핑거스(The Seven Fingers)는 캐나다의 서커스 극단인 '태양 서커스' 소속이었던 7명의 예술가들이 모여서 2002년 창단한 그룹이라고 하는데, 그간 3번의 올림픽 행사공연(2014년 소치동계올림픽, 2010년 밴쿠버동계올림픽과 2006년 토리노 올림픽)으로 세계에 이름을 알렸다. '태양 서커스' 출신답게 이들은 아크로바틱한 몸동작이 뛰어났는데, 보스의 그림 <쾌락의 정원>으로부터 영감을 받아서 <보스 드림즈>를 공연했다. 함께 제작에 참여했던 리퍼블리크 씨어터(Theatre Republique)는 덴마크 코펜하겐에 위치한 극장이며 제작극단이다. "2009년 설립 이후, 덴마크를 비롯한 세계 여러 예술가들의 새로운 작품을 소개하는데 집중하고 있으며", 특히 "창의적인 무대 디

자인과 멀티미디어 등을 통해 고전을 현대적으로 재창조하는 작업"을 많이 했다고 한다. 여기에 비디오 아티스트 앙쥐 포티에가 만든 신비로운 애니메이션이 더하여져 〈보스 드림즈〉가 탄생했다.

〈보스 드림즈〉

시작부터 장면은 으스스하게 낯설다. 보스로 추측되는 병상의 한 늙은이에게 괴기한 동물의 형체들이 병상으로 다가오는데, 병자는 한 소녀에게 붉은 공과 같이 생긴 열매를 준다. 붉은 열매는 앞으로의 거의 모든 장면에 나오기에 작품을 통관하는 중요한 상징이 된다. 대부분의 장면들은 알의 한쪽이 깨진듯한 형체 속으로 들어가며, 새로운 장면들이 펼쳐진다. 여기에 분명한 서사는 한 교수의 보스 작품에 대한 해설이다. 그가 공연의 주제인 〈쾌락의 정원〉에 대한 설명을 하면서 장면들이 펼쳐친다. 보스의 그림은 '강한 종교적 컨셉과 내러티브의 삽화'로 유명하다. 디테일한 풍경묘사와 시실적인 인물들을 그렸으면서도 환상적인 이미지들로 가득찼다. 어떤 부분을 확대하면 달리의 그림과 유사할 정도로 보스의 그림은 초현실적이기도 하다. 소녀는 여러 기괴한 형체들에게서 빨간 열매를 지키고 마지막에 보스의 임종 시 그에게 돌려주려고 한다. 그러나 보스는 그것을 소녀가 갖기를 희망한다 그녀는 터널을 지나 쾌락의 정원 속으로 들어가서 한 가운데에 있는 연못가에 열매를 놓는다. 천당도 지옥도 아닌 현재 쾌락의 정원에 열매를 놓는 것은 작품의 주제를 암시하기도 한다.

꿈처럼 이야기는 다가온다. 각각 다른 시대를 살았던 사람들—16세기 임종에 가까운 보스의 꿈, 2016년 강의를 하는 교수와 딸의 꿈, 그리고 1970년대 짐 모리슨의 음악의 꿈과 1930~40년대 젊은 화가 달리가 가졌던 다양한 꿈의 실현이다. 이러한 꿈들은 무엇이 선(善)이고 악(惡)인가를 묻고 있는 듯하며, 동시에 보스의 그림처럼 천당과 지옥을 보여준다. 매우 사실적이면서도 환상적인 보스의 그림처럼, 선과 악에 대한 우리의 태도를 완곡하게 묻고 있다. 지나가는 초현실적 장면같이 어쩌면 선과 악은 없고, 인생은 이곳, 바로 현재 '쾌락의 정원'만이 있는 것은 아닌가? 선과 악이 문제가 아니라, 지금 여기 바로 이 정원이 삶의 현장이다. "This is the Garden!"

사실 작품에서 명확한 서사를 추리하기란 거의 불가능하다. 공연은 시간적 서사가 아니라 공간적 경험으로 형성되기 때문이다. 연극학계에서 포스트모던한 공연은 시간에서 공간으로 옮아간다는 주장을 실감하게 했다. 즉 공연은 시간적 흐름에 따른 완결된 행동의 모방이 아니라, 지금 경험하는 다양한 장소로 바꾸며 그 다양성에는 가상의 공간까지가 자유롭게 펼쳐친다. 낯익은 듯 낯설은 초현실세계가 펼쳐지기에 각 장면들을 완벽하게 기억하기조차 힘들다.

몇몇 인상 깊은 장면을 회상해 보면, 물고기가 유영하다 새가 되며, 한 이상한 새는 달리를 납치하여 꽃 속에 던진다. 달리가 지나던 울창한 숲은 깊이를 알 수 없는 굴 속으로 바뀌고, 끝없이 밑으로 추락하던 달리는 드디어 바닥에 이르러서 꽃 속에서 물방울 속 여인을 만난다. 물방울 속의 여인은 핸드밸런싱에 의지한 다양한 아크로바틱을 보여주는데, 애니메이션의 시각적 아름다움에 연기자의 다양한 아크로바틱의 매력이 더하여 여인은 꿈같이 다가온다. 달리가 그 물방울 너머의 여인을 만지려고 물방울을 누르자, 물방울이 깨지며 여인은 순식간에 사라진다. 마치 모든 삶의 욕망이 그러하듯이, 탐욕하는 순간 사라진다. 보스의 〈건초수레〉그림에서 비롯한 수레바퀴 아크로바틱도 재미있었다. 그림에서 수레바퀴가 빠져서 무대로 돌아나온다. 이 휠은 아크로바틱한 곡예로 연결되어서, 〈태양극장〉과 같이 배우들의 숙달된 바퀴타기와 공중부양으로 연결된다. 서커스적인 요소가 보스의 그림과 자연스럽게 연결되고 있으며, 배우들의 아크로바틱이 뛰어나다. 또한 교수의 딸 줄리아가 그네를 타고 보이는 댄스 트라피즈 장면도 역동적이다. 숲과 붉은 열매들이 아름답게 어우러져 있는 곳에서 높은 공중그네를 타며 역동적으로 춤을 춘다. 아크로바틱한 춤뿐만 아니라, 몽환적인 배경과 어우러져 아름답다. '임종이 가까워진 보스가 주었던 붉은 열매가 그의 영혼'이라는 암시가 강하게 전달된다. 공같이 둥근 붉은 열매는 시작과 끝을 정할 수 없이 계속되며 생명의 열망같이 붉다. 그 위에서 그네줄을 타는 소녀 역시 젊고 생생하다. 한편 휠이 돌아가며 멈춘 곳에서 보여지는 뽑기같이 우연한 장면들도 인상적이었다. 특히 환상적인 숲속 풍광에 둘러싸여 사실적인 목욕 욕조에 여인이 등장하고, 그 위로 남성이 내려오는 장면은 에로틱하며도 몽환적이다. "서커스라는 장르는 공중에 떠있는 에어리얼 퍼포먼스, 한 손으로 무게를 지탱하는 핸드 밸런싱 등의 방식" 등으로 인간의 몸을 초현실적 이미지로 만들기에 적합하다. 즉 한 마디로 이 모든 장면들은 "블루 스크린 기법으로 촬영한 애니메이션 속 아크로바틱 아티스트들이 무대 위에 실제로 등장하는 방식은 보스의 초현실

적인 그림과 서커스의 절묘한 조화"를 이루었다.[17]

〈보스 드림즈〉

　이러한 초현실적 장면들 가운데서도, 교수는 꿋꿋하게 보스의 그림에 대한 사실적 해설을 늘어놓는다. 이는 자칫 미끄러져서 그 의미를 놓치게 되는 공연의 진행 과정에서, 초현실적 풍광에 어떤 포괄적인 의미를 부여하고 있다. 갑작스러운 교수의 설명에 관객은 공연을 다시 돌아보며 생각하게 된다. 더구나 교수의 사랑하는 딸은 보스의 소녀이기도 하다. 보스의 영혼을 쥐고 있는 소녀가 교수의 딸이라는 사실은 어떤 예술도 결국 후대의 그를 알아주는 평가로 연장된다는 의미인가? 아니면 가장 사랑하는 것이야말로 영원한 생명으로 이어지는 길인 것인가? 더구나 보스의 〈쾌락의 정원〉에 대해 유창한 해설을 하던 교수가 보스의 작품이 궁극적으로 말하는 것을 묻는 인터뷰어의 질문에 답변하지 못한다. "밝고 원색적인 가운데 그림 좌우로, 왼쪽은 에덴 동산을 암시하는 장소, 그리고 오른쪽은 지옥을 보여주는 그림

---

17 프로그램 중에서

이 날개로 붙어 있는 제단화 형식인" 〈쾌락의 정원〉에는 "기린이나 코끼리, 그리고 부엉이(올빼미)와 물고기 등이 사람들과 어울려 있기도 하고, 군무를 추는 듯, 아니면 서로 유희를 하는 듯 보이는데, 중간에 있는 연못을 주변으로 크게 원을 도는 것 같습니다."라는 그림 설명은[18] 어쩌면 관객이 경험한 초현실적 공연을 집약해서 전달하고 있다. 소녀가 영혼의 상징인 붉은 열매를 중앙의 연못에 놓는 것도 바로 초현실적 경험이 현재, 이곳으로 집약됨을 의미한다.

그러하기에 공연의 장르는 실로 애매하다. LG아트센터에 의해 무용이라고 명명되었지만, 오히려 분명한 서사 때문에 연극에 가깝다. 내러티브가 펼쳐지며, 그림이 설명되고, 각종 환상적인 장면이 펼쳐지기 때문이다. 더구나 그 중심에서 보스의 그림이 자리하기에 사실 전 공연의 경험은 보스의 그림이다. 이를 위해 더구나 화려한 가상의 애니메이션이 펼쳐지기에 멀티비디오 장르일 수도 있다. 아니 공연의 대부분이 애니메이션이기에 멀티비디오이다. 그러나 배우의 살아있는 아크로바틱한 연기 없이도 불가능했다. 결국 융복합 장르라는 개념으로 모아지고 설명될 수밖에 없다.

〈보스 드림즈〉를 관람하면서, 공연의 형태가 바뀌어 가고 있다는 사실을 절감했다. 미술, 연극, 무용 등 기존 공연 장르는 전혀 의미가 없으며, 경험은 종합적이고 총체적으로 다가온다. 시간의 흐름에 따른 완결된 행동을 해체하여 과거의 서사를 부인하고, 현재의 다양한 공간을 펼쳐보였다. 그 공간은 포스트모던의 단순한 다양한 공간을 넘어서, 쉴새없이 변화하는 가상의 공간을 향하고 있다. 여기에 무용과 서사와 아크로바틱한 연극과 애니메이션이 결합하여 새로운 경험을 창출하고 있다. 그러면서도 이 경험이 보스의 그림세계를 이토록

---

18 프로그램의 〈쾌락의 정원〉 설명에서

잘 구현할 수 있을까에 감탄하게 된다. 결국 공연의 경험은 보스의 움직이는 그림을 경험한 것이다. 보스의 그림이 보여주었던 낯익은 듯 낯설은 세계의 〈보스 드림즈〉는 실로 상상력의 세계였다. 시간을 뛰어넘어서 꿈 속에 잠긴 듯한 경험으로 여태까지 어떤 공연도 주지 못했던 감동이었다. 아크로바틱스를 펼치는 살아있는 인간이 애니메이션과 조화롭게 뒤섞여서 만들어내는 초현실의 세계였다. 그림도 연극도 무용도 멀티미디어도 결코 혼자만으로는 보여줄 수 없는 상상력의 세계가 펼쳐졌다. 이제 연극이 새로운 공간과 융합을 향하여 나아가고 있음을 입증한 공연이기도 했다.

〈보스 드림즈〉의 감동을 생각하며, 우리 연극계를 돌아보게 된다. 우리 연극은 어디만큼 서 있는 것일까? 이런 새로운 가상 공간과 융복합을 향해가는 세계의 공연 동향을 얼마나 파악하고 어떤 실험이 진행되고 있는가? 기성 세대는 기성 세대의 몫을 담당했기에, '새 술은 새 부대에 담는다'고 이제 차세대를 기대할 수 밖에 없다. 그런데 차세대의 연극마저 너무 많이 너무 쉽게 올라간다. 이 새로운 세대는 어디 있는가? 혹 실험을 상실한 오늘은 아닌가?

(한국연극, 2018. 5)

오늘의 브라질 연극: 선도 극장
오피시나(Oficina)의 <Macumba Antropofaga (식인종의 마술의례)>를 중심으로

　이번 브라질 상파울루에서 7월 열렸던 세계연극학회(IFTR)에서 몇몇 연극을 관람하였다. 그런데 거의 전부 브라질 공식어인 포르투갈어로 공연하는데다 영어자막까지 없어서, 솔직히 이야기 줄거리 이해하기를 포기하고 공연의 연기나 기법만을 보고자 했다. 그러나 차츰 다양한 형식이 재미있었으며, 너무나 브라질적인 공연 〈Macumba Antropofaga(식인종의 마술의례)〉를 보고나자 이를 알리고 논의해야만 할 것 같았다.

　우선 학회장 층계참에서 시연되었던 '뮤지까노아 그룹(Grupo Musicanoar)'의 작은 이벤트성 공연은, 붉은 막대기를 배우의 몸에 붙여 꽂고 시간이 갈수록 더 많은 막대기를 몸에 꽂았다. 자연히 넘쳐서 막대기가 우르르 떨어지기도 하고, 검은 옷을 입은 소품 담당인들은 계속해서 막대기를 다른 배우의 몸에 꽂았다. 막대기를 꽂은 서너 명의 배우는 걷거나 눕거나 정지한 채 무대공간에서 다양한 조형을 선보였다. 간단했지만 깔끔한 공연으로, 브라질 학자들이 학회에서 강조했던 무대의 공간성과 조형성이 돋보였다. 실로 브라질에서는 무대공간 만들기가 연극의 주요한 이슈인 듯 했다.

〈뮤지까노아 그룹(Grupo Musicanoar)의 공연 장면들〉

역시 학회장 마당 즉 상파울루 대학교정에서 했던 〈도서관〉이란 공연은 관객에게 모두 헤드폰을 나눠주고, 관객 각자 혹인 그룹이 헤드폰에서 나오는 이야기를 듣는다. 이야기는 2-30분가량 진행되었는데, 다행히도 이 공연은 영어로 진행되었다. 딸이 죽은 아버지를 회상하는 이야기로, 그 아버지는 자부심을 갖고 도서관 서기로 일했다. 뿐만 아니라 그는 굉장한 서재를 가지고 있었는데, 그의 죽음 후 책 둘 곳을 생각하던 딸은 결국 그 모든 책을 헐값에 팔았다. 딸은 뒤늦게야 그 서재의 중요성을 인지한다. 그 서재야말로 인류 발전과 상상력의 원천이 아니었을까 하고 생각한다. 다시 말해서 도서관이야말로 인류를 다른 동물과 구분 짓는, 먼 우주를 향해 갈 수 있는 원천이었다. 이야기가 끝나면 끝나는 대로 헤드폰을 반납한다. 정원 한 작은 스크린에는 문자가 비춰지며, 아직도 늦게 시작된 이야기가 진행 중이었다. 배우도 연기도 특별한 공간도 없이, 헤드폰에 의지하여 적절한 음향효과와 음악을 배경으로 이야기를 듣는 독특한 공연이었다. 처음에는 어떤 지시 사항이 있나 하고 긴장했으나, 그냥 이야기만 흘러 나왔고 감동도 각자의 몫이었다. 이야기하기가 공연으로 확대된 케이스로, 간단히 점심시간을 응용하여 공연한 것도 아이디어였다.

상파울루대학 실험실 극장(Teatro Laboratorio)에서 했던 다른 공연은, 이미지에 대한 실험으로 10개의 주제로 이미지들을 반복하여 보여주었다. 즉 한 배우가 서서 주제 이미지를 표현하면, 무대 배경 가득 비디오 이미지가 수시로 변한다. 그 비디오 이미지 화면이나 기법에 있어서 우리에게 새로울 것은 없었으나, 테크놀로지에 대한 브라질 연극인의 관심을 느낄 수 있었다. 거의 화면영상과 연기가 합성한 형태였다. 이상의 연극은 상파울루대학에서 했던 이벤트나 소공연이었으며, 이들은 브라질 연극의 새로운 트렌드를 반영하는 듯했다. 즉 배우가 만드는 공간성과 조형성을 강조하고 있었으며, 새로운 테크놀로지를 연극에 적용하려는 열망이 실험에 계속되고 있었다.

한편 학회에서 추천했던 브라질 프로페셔널 연극도 관람하였다. 먼저 〈화성이여, 거기 있나?(Marte, Voce Esta Ai?)〉를 상파울로 중심가 파울리스타 거리에 있는 상파울루 아트박물관 지하에서 감상했다. 전에 방문했던 칠레에서도 그렇듯이, 미술관에 공연장을 두는 것은 남미에서 일반화된 것 같다. 솔직히 포르투칼어로 아무 영어자막도 없이 진행된 공연을 이해하기는 힘들었다. 엄마와 딸 그리고 한 남자가 등장하여 그들 간의 갈등을 회상하는 형식으로 진행되었다. 줄거리를 이해할 수는 없었으나, 전체적으로 수정사실주의에 속하는 연출 스타일이었다. 클라이맥스에서 조명을 객석을 향해 비추거나 슬라이드를 응용해서 배경막을 자주 바꿔 주는 등 사실주의에서 한 발 더 나간 극장성(Theatricality)이 눈에 띄었다. 배우들의 연기도 안정되었고, 특히 어머니 역의 여배우는 남미 특유의 웅장한 신체와 느린 포즈로 주목되었다. 잘 만들어진 연극임에는 틀림이 없었으나, 연극에서 언어의 중요성이 새삼 부각된 공연이기도 했다.

마지막 공연으로 요세 꼬레아(Jose Celso Martinez Correa)가 연출한 〈Macumba Antropofaga: 식인종의 마술의례〉를 보았고, 바로 이 공연 때문에 강렬하게 브라질 연극을 소개하고 싶었다. 우선 'Macumba'는 브라질에 18세기부터 알려졌던 인디언의 제례 혹은 축제인데, 오늘날 일종의 마술이나 마법을 일컫는다고 한다. 바카스에서 디오니소스 종교의식도 일종의 'Macumba'라고 하겠다. 'Antropofaga'는 사람을 먹는 식인종을 의미한다. 그러니 제목부터가 '식인들의 마술축제'라는 원시에 근원을 두고 있다. 우선 공연은 3부로 나뉘어서, 우리 길놀이 같은 일종의 퍼레이드와 제1부 및 제2부로 구성되어서 총 5시간 20분을 공연한다. 20분 휴식시간을 제외해도 5시간이라는 공연시간을 언어도 통하지 않고 영어 자

막도 없었으나, 마치 빨려 들어가듯 관람하였다.[19]

먼저 퍼레이드로 공연이 시작되었다. 오피시나(Oficina)극장 주위를 1시간 가까이 돌면서 다양한 춤과 노래로 서막을 알렸다. 삼바, 펑크 등 브라질의 다양한 음악요소는 물론 록이나 레게나 힙합 등이 함께 어울린 음악이 흥을 돋우는 연주에, 배우들은 노래하며(서양 노래는 아닌 인디언 노래 같았는데, 아카펠라와 같이 화음이 잘 맞았다), 관객을 이끌며 춤추고, 어떤 집 앞에 서서는 사랑의 노래로 집에서 여인(여배우)를 끌어내거나, 군무로 축제의 서막을 알렸다. 전통 악기가 동원되고 아마존의 원시 분장과 다양한 춤과 리듬은 관객들을 고무시킨다. 그리하여 관객들은 점차 상승하는 에너지를 느끼며, 춤에 동참하며 그 제의·축제의 일원이 되어 간다. 이러한 흥분이 고조되었을 때, 퍼레이드는 극장으로 돌아오며 제1부가 시작된다.

---

19 마지막 1시간가량의 제2부를 필자의 비행기 시간표 사정상 보지 못해서, 추후 제2부에 대한 다른 학회 참여자들의 의견을 종합해서 알아본 즉 현대 정치 풍자로 대통령 트럼프, 루라, 김정은까지 동원되었으나 관객과의 교감에는 실패한 듯싶다는 의견이 우세했다. 즉 제1부가 하이라이트로 이후 그 감동을 이어가기에는 역부족인 듯싶었다.

〈퍼레이드 공연사진〉

　제1부의 시작과 함께 모든 남녀 배우는 누드로 등장한다. 그러지 않
아도 흥분되어 가던 관객들은 배우들의 올 누드에 극장성(Theatricality)
은 고조에 이른다. 배우들은 아무 거리낌 없이 무대를 누비며, 누드로

관객을 포옹하기까지 한다. 현대의 주인공은 한 여인과 사랑에 빠지는데, 그들은 곧 꿈을 꾸며 아마존 원시로 옮겨 간다. 처음에는 민망할 정도로 포르노에 가까운 성교 묘사가 연기되나, 관객은 이를 점차 자연스럽게 받아들이기 시작한다. 그것이야말로 원시의 힘이요 삶의 원천인 것이다. 주인공은 여인을 바꾸어 더욱 진한 성교를 보여주며, 먹고 마신다. 이러한 삶의 향락 최고의 절정에서, 신성한 식인 풍습의식이 발생한다. 그는 자신의 조카(아들?)에 의해 살해당해, 모든 부락민들의 음식이 된다. 즉 최고의 절정에서 낡은 것이 되었을 때, 새 것에 자리를 내주고 그 거름이 되는 것이다. 그 모두가 자연스러운 것이다.

중간 중간 북반구 드레스를 입은 사람들도 등장하는데, 이들은 다만 소위 문명의 거추장스럽고 어색함만을 드러낼 뿐이다. 어째서 우스꽝스러운 코르세트가 자연스러운 누드보다 더 문명이란 말인가? 누드 배우들은 소위 문명자를 비웃으며 그들을 쫓아가고 소리 지르며 무대를 누빈다. 북반구 사람들은 잘못된 우월감으로 문화적 차이를 이해하지 못하며, 오늘날에도 가식적인 인종 차별을 행하고, 자연스러운 아마존 사람들을 마치 원숭이 취급한다. 그들은 문화를 진정으로는 교류하지 않기에, 그들에게 원시의 입장을 말할 필요가 있다. 식인종이 끔찍하다면서, 그들은 인간의 몸을 상징하는 개구리 고기를 먹는다. 누가 더 야만적이며 미개인인가? 실로 연출가가 보여주는 '원시'에 동의하게 되며, 동시에 그의 신랄한 문명비판이 몸으로 다가왔다.

한편 기독교 비판으로, 하나님의 십자가를 진 사람도 등장하는데, 십자가 역시 문명으로 인간을 짓누를 뿐이다. 그 십자가가 얼마나 많은 규율을 만들고 마녀사냥에 앞장섰던 것인가? 단순한 삶과 자연은 하나님 그 이상의 천국을 보여준다. 원시야말로 인간 최상의 극락이었다. 자연은 관대하고도 잔인하기도 하지만, 인류의 복음주의는 인

간을 로봇으로 전락시킨다. 바로 이것은 인류의 멸종을 의미하기도
한다.

그러나 그 원시의 최상은 동시에 비극적이기도 하다. 부락민에 의
해 잡혀 먹히는 족장은 비극이지만, 그러나 낡은 것을 먹고 그를 몸에
축적하여 새날을 밝혀 가는 부락민들에게는 축복인 것이다. 그런데
오늘의 문명은 자연을 경외하지 않고, 오히려 오염하여 죽이고 있다.
이리하여 공연은 자연스럽게 에코사상을 전파한다. "녹색 경제"의 출
현을 강조하고, 선과 악을 넘어 영원한 자연에의 귀환을 이야기 한다.
모든 사람은 원시의 DNA를 가지고 있으며, 우리는 여전히 다른 동물
과 동일한 보편적인 "인간의 동물"이기 때문입니다. 그런데 우리는 우
스꽝스럽게도 항시 어떤 '선언'을 지지하며, 문명의 현대 아니 포스트
모던임을 자랑스럽게 여기고 있다. 이런 자신의 선언 세계관을 버리
는 자극을 위해, 공연은 이 원시 마법의례에 동참할 것을 권유한다.

본 공연은 교화를 위한 어떤 서사극(Epic)이나 아리스토텔레스적
부르주아적 연극의 상상을 넘었다. 관객은 원시로 초대되고, 초현실
적인 꿈을 경험한다. 그리고 그 꿈은 우리가 잊고 있었던 자연과 쾌락
의 갈망을 불러일으킨다. 그러하기에 1부 마지막에 초대받은 관객들
은 배우와 함께 옷을 모두 벗어버리고 알몸으로 자유롭게 춤을 춘다.
학회(IFTR)에 참석했던 서구 노장 학자마저 알몸으로 그들과 함께 군
무에 동참했다. 필자마저도 내 속에 있었던 '원시'가 충동하기에 거의
함께 춤출 뻔 했다.

이러한 동화와 공감 뒤에는 극장성(Theatricality)을 고려한 연출의
철저한 계산이 있었다. 퍼레이드를 통해서 점차 고무시킨 관객들, 배
우 전원의 전신 누드의 충격, 포르노에 가까운 정교한 성 묘사 장면,
적어도 30명은 넘는 코러스로 구성된 이국적 훌륭한 합창과 연주―
록, 삼바, 레게, 힙합 등의 다양한 리듬, 삼바 춤을 응용한 코러스의

안무, 무엇보다도 틀에 억매이지 않은 예기치 않았던 배우의 연기, 프로시니움 없이 극장 전체를 활용했던 다양한 공간(발코니에서 무대 밑 트랩까지), 누드 가운데 옷을 겹겹이 입었기에 우스꽝스러운 서구인 등장 등등 극장성을 고무한 시도는 실로 다양했다. 뿐만 아니라 배우 개개인이 무심히 움직이고 춤추는 듯이 보여도, 실로 50년이 넘었다는 극단답게 또한 5년 넘게 공연했던 본 레퍼토리답게 전체의 앙상블이 뛰어났다. 언어도 모르고, 자막도 없었지만, 관객들은 몸으로의 소통으로 공연에 공감하며 또 그 주제를 이해할 수 있었다. '자연'에의 열망, 우리 문명이 잊었던 소위 '원시'야 말로 내 속에 잠재한 내 존재의 심연인 것을 깨닫는다.

제1부가 '원시'에 대한 꿈이었다면, 제2부는 현대의 정치에 대한 풍자이다. 브라질의 룰라 대통령, 미국의 트럼프 대통령 및 북한의 김정은 수령까지 등장했지만, 풍자의 포인트를 잡기 어려웠다. 언어 탓도 있겠지만, 텍스트가 부족한 듯싶었다. 또한 군사독재와 사라예보나 가자 지구 등 전쟁의 땅과 이에 대항한 빈곤 퇴치를 위한 노력 등을 대조시켰다. 역설적으로 예술과 과학을 육성하는 사람들이 미디어를 통해 노력할 때, 빈곤은 근절될 수도 있다는 믿음을 전파한다. 단편적으로 오늘의 정치 문제는 나열 되어 있었지만 스쳐 가듯 부족한 텍스트에 제1부의 몸으로 전할 수 있었던 원시의 감동이 없었기에, 언어의 장벽이 부각되며 관객과의 깊은 공감에는 어려움이 있었다. '원시'와 '현대'를 대비하고자 하는 연출의 문명비판은, 오히려 부족한 '현대'의 묘사에서 역설적으로 '원시'를 더욱 풍성하게 했다고도 하겠다.

이렇듯이 〈Macumba Antropofaga〉는 실로 오늘 연극의 두 관심사를 잘 반영하고 있었으니, 성(性)과 정치이다. 원시를 통해 자연스러운 성을 부각시키며 관음증을 만족시키는 누드를 부각시킨 한편, 오늘의 문명을 비판하고 소위 '자연'과 '원시'를 돌아보게 하였다. 문명

비판이 오늘의 정치풍자로 이어진 것은 자연스러운 결과일 것이다. 그러하기에 가장 원시적 리듬과 춤과 누드를 이용하였으나, 그 산발적 텍스트와 숨어 있는 날카로운 비판으로 가장 포스트모던한 공연이기도 했다. 연출자가 오늘날 가장 포스트모던적 브라질 연출가로 불린다는 사실도 과연하고 공감할 수 있었다. 실로 브라질의 원시를 경험하고 정치를 풍자했던 문명비판 공연으로, 신기하게도 별 언어 소통 없이도 연출이 의도했던 '원시의 마성(魔性)'이 깊은 감동으로 다가올 수 있었다.

(한국연극, 2017. 9)

참고

공연 중 사진 찍기는 금지.
관심 있으신 분은 다음 사이트를 보면, 비디오나 공연사진들을 볼 수 있다.
Part 1 일부: https://www.youtube.com/watch?v=iZrwp52QpFI
Part 2 일부: https://www.youtube.com/watch?v=gBcarNJJ9Ro
　사진들:
　https://www.flickr.com/photos/tags/macumba%20antropofaga/

<소녀도시로부터의 메아리>:
역동적인 무대와 초현실적 판타지

　〈천년의 고독〉이나 〈인어전설〉 공연으로 우리에게 잘 알려진 '신주쿠양산박(新宿梁山泊)'이 가라 쥬로의 대표작이라고 할 〈소녀도시로부터의 메아리〉(가라 쥬로 작, 김수진 연출)를 우리에게 선보였다. 중국소설 〈수호전〉에서 극단명을 따 온 '신주쿠양산박'은, 봉인되었던 108마성이 봉인에서 깨어나서 108호걸들로 양산박을 모여들어 세상을 구한다는 이야기처럼, 공연마다 항시 연극계에 새로운 바람을 일으킨다. 이번 〈소녀도시로부터의 메아리〉는 일본 '앙그라 연극'의 특징들을 잘 내포하면서 여전히 강한 에너지와 신체 연기의 묘미를 보여주었다. 이 공연을 이야기하기 위해서는 '앙그라 연극' 제1세대였던 가라 쥬로로 거슬러 올라가야 한다. '앙그라' 연극은 1960년대 이후 지하소극장들을 거점으로 전개되었으며, 학생시대에 안보투쟁을 체험한 세대이다. 1983년 데리야마 슈지의 죽음으로 전위로서의 '앙그라'는 종말을 고했다고 본다. 본 공연은 가라 쥬로의 '상황극장' 일명 '붉은 텐트'의 1980년대 재기 공연이기도 했으며, 연출 김수진이 가라 쥬로에게 인정받게 된 공연이기도 하다. 아마도 거의 마지막 '앙그라 연극'에 속한다고 보겠으며, "로망의 복구, 아이덴티티의 추구, 스펙터클성의 확보, 그리고 배우들의 역동적인 에네르기"를 추구했던 '앙그라 연극'의 지향점이 고스란히 확보된 연극이라고 하겠다.

〈소녀도시로부터의 메아리〉는 공연 후 이야기를 가름하기 힘들지만, 로망을 추구했던 만큼 분명 이야기가 있다. 이야기의 틀은 '쌍둥이 소실 증후군(vanishing twin syndrome)'을 모티브로 한다. 오빠 다구치는 원인불명의 복통을 일으켜 수술을 받는데, 그의 친구 아리사와와 그의 약혼자 빙코가 지키고 있다. 이러한 틀 안에 메타드라마가 전개된다. 다구치는 꿈속에서 여동생 유키코를 만나 유리 세계를 여행한다. 모든 것이 차갑고 투명한 유리 세계에서 유키코를 데리고 나오려는 다구치에게, 유키코의 약혼자 닥터 프랑케는 그를 배척하고 죽이려 한다. 다구치의 필사의 노력으로 현세에 온 유키코는, 친구 아리사와를 유혹하여 그 따뜻함으로 현세에 있으려 하나, 그의 약혼자 빙코에 의해 다시 유리 세계에 갇힌다. 수술 후 서서히 의식이 도는 다구치는 유키코의 존재조차 망각했으며, 배에서 커낸 유키코의 머리카락만이 걸려 있다. 유키코의 유리 세계는 무언가 말해지지만 여전히 알 수 없다. 마치 초현실주의의 세계와 같이 낯익음과 낯설음이 뒤엉키며 다만 암시할 따름이다. 약혼자 닥터 프랑케는 옛 만주 사변 때의 군인이기도 해서 역사는 언뜻언뜻 환기되기도 하나, 동시에 미래나 미지의 유리 세계에 대한 지배자이기도 하다. 냉혈함, 차가움, 북쪽, 유리 자궁 등으로 표시되는 닥터 프랑케와 그 유리 세계는 과연 오늘에 무엇을 의미하는가? 악몽같이 현세에 이루지 못하고 사라져 간 어떤 것들의 아우성인가? '오레나의 성'은 과연 이상향인가?

공연에서 이러한 이야기의 의미가 중요한 것은 아니다. '앙그라 연극'답게 배우들의 에너지가 무대를 가득채운 공연이었다. 코러스는 음악을 연주하며, 거지 떼로 혹은 닥터 프랑케의 사수인 등으로 변신한다. 무대는 무한한 상상력을 자극하면서, 음악적 감성에 의지하여 우리 내부의 그 무엇인가를 일깨우며 체험하게 한다. 사실 각 장면이 의미하는 바는 어렴풋이 짐작만 할 뿐이다. 어딘가 과장된 배우들의 동작, 종종 키타와 함께 연주되는 감성적인 음악과 노래, 여기에 중간막과 몇 개의 판을 사용하여 분절되듯 전환이 빠른 장면들— 마치 꿈인양 환상인양 장면들은 스쳐가며, 각 장이 가진 에너지들은 강하게 관객을 매혹시킨다. 더구나 마지막 유리구슬이 쏟아져 내리며 무대를 꽉 채울 때, 유리 세계에 대한 환상이 다가오는 듯 했다. 소극장 무대였지만, 소위 '스펙타클성'이 확보됨을 다시 느꼈다. 병 안에 구슬이 있는 사이다가 지금도 팔리고 있는 일본 관객들에게는, 공연의 상징들이 더 가깝게 다가왔으리라고 생각된다.

〈소녀도시로부터의 메아리〉

연출가 김수진은 〈소녀도시로부터의 메아리〉가 "신주쿠양산박 창립의 원점이 된 작품이고, 지금도 제 연극의 핵이 되는 작품입니다."라고 말하고 있다. 아마도 이는 "관객을 연극이라는 판타지 세계로 초대하는 데 있다."는 신주쿠양산박의 이념을 잘 구현하기 때문인 것이다. "머리에서는 도저히 이해할 수 없는 것들도 있습니다. 여러분께

말씀 드리 건데, 머리로 고민하지 마시고 날카로운 감각을 살려, 눈이 핑핑 돌아가는 이런 불가사의한 세계를 즐겨 주십시오."라는 연출의 말은 본 공연을 이해하는 데 핵심이 될 것이다. 연출은 직접 닥터 프랑케 역을 맡아서 가장 난해할 수도 있는 인물을 우리에게 다가오게 하였다. 뿐만 아니라 시의성도 적절히 집어넣어서 중간에 이번 동계 올림픽에서 선전한 우리 스케이트 선수들을 직접 코멘트하기도 했으니, 가상의 판타지 세계에서도 현실을 교묘하게 교차시킨다. 이렇듯 이 현실과 꿈을 문뜩문뜩 나란히 배치시킨다는 점에서 상당히 초현실주의적 세계이다.

〈소녀도시로부터의 메아리〉

나아가서 연출은 이러한 세계를 재일 한국인과 연결 짓기도 한다. "소녀인 유키코는 유리구슬처럼 매우 불안정한 존재입니다. 그런 소녀가 전혀 다른 세상에 살아가려고 발버둥치고 있습니다. 그런 존재는 우리들 재일 한국인에게도 통하는 공통된 무엇인가가 있습니다."

라는 관찰은 유효하다. 뿐만 아니라 실은 오늘날 국제화 시대를 살아가는 현대인들이 느끼는 고향 상실 내지 자아 상실과 불안정감은 바로 소녀 유키코의 유리 세계처럼 불안정한 세계인지도 모르겠다.

그러나 한편 본 공연의 기법들은 어쩐지 어딘가 지나간 시대의 공연 같기도 하다. 일본에서 '앙그라 연극'이 이미 종지부를 찍었다는 사실이 이를 더욱 뒷받침한다. 어딘가 과장되고, 떠벌이듯 에너지가 넘치고, 감상성을 자극하여 관객의 혼을 빼놓기는 하지만, 마음 깊이 설득하기에는 어딘가 부족함을 느낀 것도 사실이었다. 일례로 음악의 감성도 시종 70년대 노래를 기조로 하고 있는데, 이런 음악이 오늘의 젊은이에 얼마나 설득적일까 하는 의구심도 일었다. 여기에 조금 더 차분한 설득과 새 시대의 메소드를 첨가한다면 금상첨화일 것이다.

이러한 아쉬움에도 불구하고 〈소녀도시로부터의 메아리〉는 역동적인 무대와 유리 세계가 보여주는 판타지로 분명 감동적인 공연이었다. 가라 쥬로의 공연에 대해서 "아무것도 알 수 없지만 재미있다."라는 관객평이 있다. 실로 이번 무대도 이성적으로 아무 것도 판단할 수 없었지만, 몽환적 경험과 그 세계에 대한 여운이 오래도록 남는 공연이었다. 진짜 아무것도 알 수 없지만, 재미있었다.

(한국연극, 2010. 4)

5

연극제와 올해의 연극

한국에도 New Theatricality는 시작되었는가?

1. 서어: 한국에도 New Theatricality는 시작되었는가?

올 연극계(2007년)를 돌아볼 때 어떤 경향을 한 마디로 정리하기란, 수많은 공연들을 생각할 때 실로 난해하다. 포스트 모던한 다원주의의 시대임을 일깨우듯이, 다양한 공연들이 공연되었다. 이제 어떤 공연도 집중적인 스포트라이트를 받기보다는 마니아를 중심으로 각각의 관중을 형성하고 있는 듯싶다. 가령 이번 서울국제공연예술제에서도 필자가 우연히 같은 날 보았던, 같은 한국공연 〈체게바라〉의 관객과 〈짐〉의 관객은 거의 교차되어 공연을 보지 않을 것 같았다. 손쉽게 그나마 평론가들이 집중적으로 보는 공연이 여지까지는 그래도 중심이라고 일컬었는데, 과연 이러한 공연이 언제까지 중심을 잡아 줄지, 이제는 필자에게 심각한 의문으로 되돌아왔다. 우선 평론가가 모든 공연을 보기기 불가능해졌다. 이제 공연의 홍수 속에서, 평론가마저 전체적인 정보를 얻지 못하며 기성연출가를 중심으로 공연을 보는 것은 아닌지? 그리하여 새로운 연극은 평론가에게 불만이 생기며, 궁극적으로는 평론을 무위 시킨다?⋯⋯다원주의사회 안에서 이제 평론까지 하나의 목소리로 전락하게 될 수도 있다는 사실이 단지 의구심만이 아닐 수도 있다는 위기감으로 다가왔다.

올해의 연극을 평론의 위기설로 시작한 데에는 그만큼 평론가가 공연의 구심을 읽어내지 못했다는 반성도 되지만, 장르 파괴적인 공연, 그래서 연극이라고 생각되지 않아서 그 범주에서 제외시키는 공연들이 놀랄 만큼 부상했다는 사실과도 깊은 연관이 있다. 사실 최근 몇 년 사이 이러한 장르 파괴 혹은 복합적인 공연은 꾸준히 증가해왔다. 이번 봄에 출범했던 'Spring Wave' 페스티벌이 그 단적인 가사화이다. 윌리엄 포사이스의 무용대신 풍선으로 가득차서 부유하는 공간을 보며, 당황했던 기억이 새롭다. '흩어진 군중'은 육체로 하는 안무가 아니라, 공간에 대한 안무라는 포사이스의 답변이다. 이보다는 덜 황당했던 로미오 카스텔루치의 '헤이 걸'은 어떠한가? 연극적 내레이티브를 찾을 수 있었던가? 오히려 첫 장면의 녹아내리는(?) 조각으로 기억되지는 않는가? 이러한 극단적인 예를 제외하더라도 우리 연극계 전반에 이러한 새로운 연극성(New Theatricality 혹은 Postdramatic Theatre)의 조짐들은 놀랄만큼 다양해졌다. 이러한 새로움 혹은 그 징조를 주의하면서, 올해의 연극을 논하겠다.

2. 기획연극제

우후죽순 실로 많은 기획연극제들이 전국에서 공연되었고, 어떤 연극제가 있었는지조차 전부 기억하기란 불가능해졌을 정도로 기획연극제가 많아졌다. 기획공연이 거의 없어서 이러한 기획연극제를 바랐던 때가 불과 십여년 전이었음을 상기하면, 확실히 연극계의 발전이라면 발전이다. 그러나 이제 과연 이런 연극제가 모두 절실히 필요한 것인가를 반성해야 하겠다. 지원금을 받아서, 단지 그 보고서를 쓰기 위해서 하는 연극제는 아닌지? 서울 인근의 연극제만 보아도 서울의 연극제와 기간이 겹치고, 또 공연 작품까지 겹치는 경우가 많다. 대부분의 경우 관객이 절반도 차지 않는다. 이제 연극제의 통폐합 구조조정을 생각해야 하지 않을까 싶다.

또한 연극제에는 대개 외국의 공연들이 서너편식 초청되고, 또 그 초청 공연 횟수도 몇 번이 안 된다. 급조해서 초청했음이 드러나는 부분이다. 과연 이들이 모두 필요했던 초청이었나? 물론 예술감독도 뒤늦게 선정되고, 그 애로도 모르는 바가 아니다. 그러나 이렇게 해외 공연의 초청을 남발해도 되는 것일까? 이 초청 공연의 대부분이 세금이고 보니, 도대체 언제부터 우리가 이토록 부자였을까 하는 걱정을 지울 수 없다. 기간이 비슷한 연극제끼리 해외 공연을 함께 기획 초청해서, 양쪽 연극제에서 공연하는 방안을 제안해 본다. 그러면 일단 초청 비용이 반감된다. 다음으로 공연의 질을 엄선해야 하겠다. 아무리 좋더라도 비슷한 유의 공연이 자꾸 초청된다던가(이미 우리가 그 유형을 알아버리지 않았던가?), 그 공연의 수준상 특별히 초청할 이유가 없는 공연들은 지양되어야 하겠다. 또한 연출가를 보고 작품을 선정하기보다는, 작품명을 지정해서 초청 요구를 해야겠다. 같은 연출가의 작품이라도 그 예술성의 차이는 엄청나기 때문이다.

대표되는 몇 개의 연극제로 무엇보다 가을의 '서울국제공연예술제'와 봄의 '서울연극제'를 꼽겠다. 사실 두 연극제의 뿌리가 '대한민국연극제'로 같다보니, 자주 같이 거론되는데 이제는 그 차별화도 자리를 잡았다. 이번 '서울국제공연예술제'는 역시 무용과 함께 음악극이 정식으로 자리를 잡았다. 이는 장르의 파괴 혹은 다원예술을 향하는 하나의 지표는 아닐지? 적어도 대한민국을 대표하는 연극제에 무용과 음악극이 장르로 인정되었다는 사실은 이제 연극 개념의 변화를 뜻하고 있다고 해석해도 되겠다.

더구나 여기의 문제작 〈Long Life〉와 〈Waiting Room〉은 대사가

전혀 없거나 전혀 문제가 안 된다. 이들은 이미 전통적인 드라마적 내레이티브를 가진 연극과는 거리가 멀다. 그 누가 객관적인 줄거리를 요약할 수 있겠나? 뿐만 아니라 이미지와 음악 및 무용들이 갖는 비중이 언어에 비해 조금도 덜하지가 않다. 소위 레만이 〈Postdramatic Theatre〉에서 말했던, 비원본성(Non-Textuality), 복수주의(Pluralism), 다원적 코드(Multiple Codes), 반모방성(Anti- Mimetic)이나 해석의 거부(Resisting Interpretation)가 드러나며, 궁극적으로 공연자가 주제요, 공연은 주제(Theme)이 아닌 하나의 과정으로 넘어가고 있다. 비록 해외공연 일지언정, 올해의 특징인 다원예술로 향하는 공연을 여실히 보여주고 있다.

그러나 '서울국제공연예술제'의 정체성은 여전히 넘어야할 과제로 남아 있다. 이들 공연은 해외초청 작품이 절반을 넘었다. 연극 쪽의 경우는 더욱 많아서, 공식작품의 경우 국내 5편에 해외와 공동제작이 9편에 이른다. 이는 곧 그대로 오늘의 글로벌리즘을 가리킨다. 90년대 말 시작되었던 세계화의 작업은 이제 한 10년 남짓한 시간에 이미 우리 속에 들어와 있다. 그리고 이 세계화는 소위 중심 강대국과의 관계를 넘어서 전 세계적으로 진행되고 있으니, 프랑스, 독일뿐만 아니라 인도, 라트비아, 스위스, 체코, 루마니아 등 폭넓게 세계와 교통하고 있다. 그래서인지 이번 연극제의 주제가 얼핏 떠오르지 않는다.

---

1 〈Long Life〉는 알비스 헤그마니스 2007 유럽연극상 새로운 연출가상 수상, 2006 에딘버러 페스티벌 메인 프로그램 선장, 2006 발틱 하우스(Baltic House) 관객상 수상, 2005 제45회 Mess 황금 월계관 상 수상(연기 부문), 2005년 BITEF 그랑프리 수상작으로, 유럽의 최신 문제작이다.
〈Waiting Room〉은 언어가 별 의미가 없다. 그래서 자막이 필요없다. 아니 결코 자막을 안 쓴다. 2006 에딘버러 프린지페스티벌 프린지 퍼스트 어워드, 2006 에딘버러 프린지페스티벌 토털씨어터 어워드, 2006 에딘버러 프린지 페스티벌 헤럴드 엔젤 어워드 수상작이다. 연극일까 무용일까를 가릴 수 없는 작품이기도 하다.

마치 백화점 식으로 세계의 공연들을 늘어놓아서, 현대 연극의 현재를 엿보며 미루어 짐작하기가 가능하다. 아직 해외 연극에 목마른 우리 관객들에게 이러한 엿보기는 갈증 해소에는 좋을 수도 있다. 그러나 막대한 예산을 쓰면서 언제까지 이러한 해외 초청은 안 되겠다. 영구한 주제가 불가능하다면, 적어도 단위 기간이나 해마다라도 주제를 정하여 '서울국제공연예술제'의 지향점을 밝혀야 한다. 그래야만 비교적 적은 예산으로 예술적 연극제를 자리 잡게 할 수 있다. 이미 한 비평가가 한국 전 공연 관람도 불가능한데, 어떻게 한 연극제가 국제 연극의 현재를 계속 보여줄 수 있을 것인가? 이 연극제의 정체성은 그 예술성의 성취나 예산절감을 위해서도 반드시 필요하다.

'서울 연극제'는 예년과 비교할 때, 전체적으로 좋은 공연이 부족하였다. 이는 대본의 문제는 아닌 것 같다. 대본은 〈죽도록 죽도록〉을 제외하면, 다들 나름대로 강점과 특색을 가진 작품이다. 욘포세의 〈이름〉이나 조지 타보리의 〈골드베르크 변주곡〉은 기대를 모으기에 충분했던 희곡들이고, 일본 야스유키의 〈연기가 눈에 들어갈 때〉도 삶을 관조하는 잔잔한 거리두기가 눈에 뜨였던 작품이다. 체홉의 〈벚꽃동산〉이 하나 들어간 것을 고전의 다시읽기로 나무랄 수는 없고, 창작극 〈발자국 안에서〉는 소품이기는 하지만, 나름대로 다수의 틀 안에서 소멸되어 가는 개인을 공간과의 관계에서 잘 형상화했다. 그러나 공연은 각 대본의 장점을 잘 살리지 못했던 공연이 많았다.

〈벚꽃동산〉은 우리나라 1930년대로 옮긴 번안이 잘 되었는지는 좀 의문이었지만, 확실히 자신만의 연출 스타일을 가진 공연이었다. '코메디 노스딸지아'라는 부제에 걸맞게 약간은 감상적이면서도 과장 되었으나, 나름대로 독특한 스타일이 시종 유지되었다. 이 스타일은 〈벚꽃 동산〉 원작을 잘 소화하고 있다. 그러나 감성성이 들어가면서, 체홉의 냉소적 사실주의를 담담히 그려내기에는 2% 부족한 느낌이다.

〈죽도록 죽도록〉은 앞날에 대한 희망조차 기대할 수 없이 살아가는 엑스트라 주변 연기인들의 이야기이다. 이들의 연습을 통해서, 이들의 연기는 거의 장애에 가까운 것임이 드러난다. 그래도 이들은 연기판을 떠날 수 없기에 더욱 비극적이다. 연극제 작품으로 초대되기에는 우선 작품도 소품이었고, 공연 역시 너무 단조로 왔다. 젊은 작가이니 만큼 앞날을 기대해 본다.

〈연기가 눈에 들어갈때〉는 죽음 앞에서 삶을 관조하며, 가족과 친지의 관계를 생각한다는 주제를 담담히 그려냈다. 그러나 본 공연은 그러한 관조하는 삶을 담담히 그려내기 보다는 과장된 감상을 부추긴 감이 있다. 그래서 두 고인의 삶이 살아있는 사람의 눈으로 평가되고, 남은자의 화해가 강요되고 있다는 인상을 버릴 수 없었다. 즉 삶과의 거리두기가 공연에서는 잘 나타나지 않았다고 보인다. 그리고 그 거리야 말로 이 작품의 핵심이 아니었나 사료된다. 따라서 연기자들의 열연에도 불구하고 공연은 감상적으로 흘러갔으며 삶의 진정성을 결여하게 되었다.

〈이름〉을 가정극으로 이해해서는 안 된다고 생각된다. 가출했던 소녀가 애를 배서 집으로 할 수 없이 돌아오는 이야기가 아닌 것이다. 가족―가장 가까운 인간관계를 재고하는 것이 주제가 아닌가 싶다. 어머니나 아버지, 애인과 옛 친구, 그리고 태어날 아이―이들은 모두 소중한 사람들이고 소중한 관계이다. 그러나 아무도 소녀에게 도움을 주지 못한다. 모두가 사랑하지 않는 것도 아닌데, 외로운 개개인이 외롭다. 이러한 실존의 부조리에 가까운 작품을, 넓은 무대의 극히 일부만을 사용하여 사실주의극의 응접실 세트 같은 무대를 만든 것부터 우선 거슬렸다. 조금 더 추상적인 공간에서, 서로를 향해 이야기하나 들려지지 않는 그러한 분위기가 필요하지 않았을까? 그러나 연기들이 생뚱한 관계를 드러냈고, 조명도 효과적이었다고 생각된다. 주제의 전달에 미흡한 개념설정이었으나, 전체적으로 깔끔했던 공연이었다.

〈골드베르크 변주곡〉은 성경의 공연하기(다시 쓰기)를 통해서, 자신의 공연이 "자유와 질서, 즉흥성과 강제 사이의 변증법을 연구하는 실험실"이기를 작가 조지 타보리는 원했다. 그런데 이번 공연에서는 성스러운 성경의 내용이 연출이나 배우들을 통해 어느덧 속(俗)으로 나타나고, 연출의 방탕한 생활은 더욱 이런 느낌을 강화한다. 즉 연대기적은 아니나 성경의 거의 모든 중요 장면들이 공연되지만, 공연은 전혀 성스럽다는 생각은 할 수 없으며 왜 성경이 등장하는지 조차도 모호하다고 하겠다. 공연을 위해서 우선 성경에 대한 깊은 이해가 있어야 된다고 느꼈으나, 연출은 그 이해에서 부족한 듯싶다. 또 이해가 잘 되는 속(俗)한 부분만이 오히려 잘 드러났다. 따라서 공연은 성경의 '변주'가 되지 못하고, 공연의 뒷이야기 정도로 머물고 있다. 주인공 역의 과다한 대사 때문인지, 공연이 뒷부분으로 갈수록 연기를 힘들어하는 기색이 역력했다. 모두 다 심각하고 힘 드는데, 그 핵심인 주제를 드러내지 못한 듯싶다.

〈발자국 안에서〉는 공간에 대한 사유가, 인생의 꿈과 목적으로까지 자연스럽게 이어지는, '생각하게 하는 연극'이었다. 그 은유가 비교적 관객들에게 정확하게 전달되었으며, 소위 다수의 규정된 틀의 위력을 새삼 느끼게 했다. 과연 나의 삶은 그런 다수의 틀 안에 나도 모르게 흡수되지는 않는가? 이러한 주제를 설득력 있게 무대화했다. 특히 일상의 공간을 가지고 관념적이고 새로운 공간을 깨닫게 한 공로는 연출의 몫이라고 생각된다. 이번 서울연극제 공연 중에서 가장 눈에 뜨이는 공연이었다. 다만 소품이라는 것이 단점이라면 단점이었다.

사실 이 모두는 다원예술로 향하는 연극과는 관계가 거의 없는 공연들이라고 하겠다. 이는 서울연극제가 시민과 함께 한다는 명분 아래, 다소 보수적인 공연들을 선택한 것에도 기인하다. 그러나 보수건 실험이건 좋은 공연만이 시민을 끌 수 있다는 평범한 진리를 다시금 새겨야하겠다. 사실 이번에 대상을 탄 것은 〈발자국 안에서〉로, 전통적인 내레이티브에서 벗어나서 '공간'을 통해서 상징을 획득한 공연으로 새로운 글쓰기의 단초를 시사하고 있다. 전체적으로 예전의 서울연극제의 명성에는 부족했던 공연들로, '서울국제공연예술제'가 독립해 나간 후부터 해마다 더욱 심화되고 있어서 염려스럽다.

이외에도 수도권의 'Spring Wave 페스티벌', '의정부 국제음악극 축제', '아시아연극연출가워크샵', '수원화성국제연극제', '과천한마당축제', '세계국립극장페스티벌', '100만원 연극공동체 페스티벌', '혜화동 일번지 페스티벌(미스터, 리가 수상하다)', '여성연출가전', '변방연극제' '핀터페스티벌' 등을 비롯하여, 지방에는 '거창연극제'와 '밀양연극제' 및 '춘천 마임축제' 등이 열렸다. 복합이나 다원예술성을 지향했던 'Spring Wave 페스티벌'과 '변방연극제'와 신인 연출가를 알렸던 '혜화동일번지 페스티벌'을 제외하면, 특별한 정체성을 찾기 어렵다. 물론 '핀터페스티벌'은 핀터라는 극작가 때문에, '여성연출가전'은 여성연출가의 등장이라는 의의 때문이기는 하지만, 연극계의 주목을 끌기에는 너무 미미했다. '수원화성국제연극제'나 '과천한마당축제'는 근근이 전년도의 명맥을 유지한 듯싶으며, '100만원 연극공동체 페스티벌'도 의욕에 비하여 독창성이나 실험이 결여된 듯싶다.

이번에 새롭게 시도된 국립극장의 '세계국립극장 페스티벌'은 그 내용에 치중하느라 홍보가 부족한 듯싶어서 안타까웠다. 단 3회 공연이었던 현대연출의 거장 피터 슈타인이 연출한 〈엘렉트라〉 같은 공연도, 객석의 절반을 채우지 못했던 것을 어떻게 설명해야 할까? 코러스의 연기가 부족한 듯싶었으나, 엘렉트라를 비롯한 연기자들의 연기나 피터 슈타인의 연출이 어우러져 현대화된 그리스 비극의 진수를 맛볼 수 있었다. 개막작이었던 한국 공연 〈춘향〉이나 창극 〈청〉도 격조 있는 공연이었다. 〈춘향〉은 무용이면서도, 고전문학을 활용했고 국립국악관현악단과 국립창극단에다 바이올린과 첼로까지 동원한 라이브 관현악에, 마지막 미당의 시를 소리로 부르며 대단원을 내린다. 무용에 음악과 문학 그리고 연극적 요소까지를 가미한 복합적인 공연이다. 〈청〉역시 작년에 시도된 창작 창극으로, 화려한 볼거리와 시원한 가창력으로, 근년의 창극을 한 단계 높였던 창극이라고 하겠다. 해를 거듭할수록 관객에게 더욱 다가가는 연극제가 되길 바라며, 또한 각국의 정체성을 느낄 수 있는 '세계국립극장 페스티벌'이 되기 기대한다.

3. 창작극

극작계에서 최근 세대교체가 일어나고 있다는 생각을 지울 수 없다. 즉 근년 차범석 선생님이나 이근삼 선생님 같은 원로 극작가들이 세상을 뜨신 것은 물론, 극작가로 자리를 굳히신 분들의 신작을 쉽게 보기 힘들다. 아니 신작이 발표되었다 하더라도 주의를 끌지 못한다. 반면 신진 극작가들이 조용히 등장하고 있다. 한 시대가 마무리되고 역시 새로운 시대가 열리는 것이 아닌가싶다. 올해의 화두를 장르의 파괴 혹은 다원예술이라고 정한만큼 이와 관계되는 대표 창작극을 중심으로 살피되, 올해의 흐름을 대표하는 다른 작품도 다루겠다. 이를 위해 〈황색여관〉(이강백 작, 오태석 연출)과 〈그남자 그여자〉(이미나 작, 김종연 연출), 〈그림같은 시절〉(정영훈 작, 박상현 연출), 〈열하일기만보〉(배삼식 작, 손진책 연출), 〈착한사람, 조양규〉(배삼식·김동현 작, 김동현 연출), 〈체게바라〉(황지수 작, 장소익 연출), 그리고 다원예술을 표방한 〈오페라의 유령〉(홍성민작, 연출)을 살펴보겠다.

〈황생여관〉은 우리 연극계의 거장들이 작과 연출을 맡고 최고의 배우 집단인 국립극단이 출연하였다. 정말 최고의 공연을 기대하게 하였으나, 결과는 예상과 너무도 빗나갔다. "고약한 극작가는 있어도 고약한 관객은 없다"는 극작가의 말대로라면, 어째서 이런 결과가 초래 되었을까? "요즘 관객들은 연극을 제대로 즐길 줄 모른다"는 작가의 말대로이기 때문인가? 다른 여러 요인들이 있겠으나, 필자는 일단 작가가 표출한 이분법적 사고가 주요 원인이 아닐까 생각해 보았다. 그의 희곡은 대강 작가의 "냉철한 이성"으로, 예와 아니오라는 이분법적 답변을 염두에 두고 작가는 방관자로 작품을 맺는다. 〈황색여관〉도 예외는 아니다. 아래층의 빈자와 윗층의 부자는 서로의 불신에서 서로를 모두 죽이게 되며, 여관주인은 이들의 물건을 챙기며 부자가 된다. 여기서 떠나려했던 주방장과 처제도 결국 손님 한 사람만 살아 있으면 여관을 준다는 미끼에 걸려서, 계속되는 죽음을 치우며 새로운 손님을 위해 여관을 준비한다. 희망이기도 했던 주방장도 결국은 또 다른 여관주인을 준비하고 있는 것이다. 문제는 이러한 이분법이 오늘의 관객에게 더 이상 설득력이 없다는 데에 있다. 오늘과 같이 이미 다원화된 세대에게 이렇듯 단순한 알레고리는 진부한 것이다. 정의의 386세대가 정권을 잡았으나, 그들의 비리가 신문 일면에 오르내리는 오늘이다. 이제 관객은 거친 알레고리보다 섬세하고 개별적인 이야기를 기대한다. 사회적인 것 역시 개별적이며 은밀한 것을 요구하는 것이다. 이것이 〈황색여관〉의 비극이니, 시대의 흐름을 읽지 못했다. 그리고 이는 비단 〈황색여관〉만의 문제가 아니라, 오늘의 많은 극작이 이 함정에 빠져있다. 관객에게 이분법적 설교는 더 이상 먹히지 않는다.

반면 〈그남자 그여자〉는 사랑에 관한 오늘의 멜로드라마이기에, 기억에 남지 못한다. 두 쌍의 연애이야기와 해피엔딩 — 이런 류(類)의 연애물은 대학로에 수없이 많다. 원작은 인기라디오 드라마였는데, 그 중의 일부를 연극화했다 한다. 이미 대중 미디어의 성공을 등에 업고 데이트족들을 끌며 약간의(혹은 많은) 흥행에 성공하는 연극－1980년대에 번성했던 에로물을 대신하는 흥행극이라고 하겠다. 손쉬운 인 터넷이 에로물을 대치하면서(인터넷의 여인은 흥행극에서보다 훨씬 미녀이며 유명인이고 노출 역시 파격적이며, 관객은 자유롭고 은밀하다.), 대학로 공연의 주요한 일부분을 차지하고 있다. 신파극 이래 대중적 흥행극은 한 번도 사라진 일이 없지만, 그 질적 수준도 항시 제자리를 맴돌고 있다는 것이 아쉽다.

이러한 공연들에 반하여, 몇 편의 공연이 필자의 관심을 끌었다. 그리고 이들의 배경에는 장르 파괴내지 다원예술을 향한 몇 가지 새로움이 자리잡고 있으니, 그 새로움을 지적하면서 공연을 논하고자 한다.

가) 전통 서사 구조의 이탈 혹은 파괴

사실 서사 구조의 파괴 조짐은 어제 오늘의 일이 아니다. 서사 구조 의 파괴는 우리 전통의 현대화 문제 이후 꾸준하게 추구되어 왔다. 그러나 최근의 시도는 에피소드의 연결을 넘어서, 상징적 의미나 새로운 구조를 시사하고 있다. 사실 미술적 연극이나 다원예술에서 논할 작품들도 물론 서사 구조를 파괴하고 있으나 또 다른 특징들이 두드러져서 나중에 논의하겠다.

서사 구조의 파괴로 〈열하일기만보〉와 〈착한사람, 조양규〉를 논해 보고자 한다. 우선 〈열하일기만보〉는 매우 독특한 형식으로 실존적 문제를 집요하게 제기하고 있다. 이야기는 "기이한 것 좋아하세요?"라는 서두와 같이, 사막 같은 벌판 마을에 딱이 호마도, 조랑말도, 나위도, 노새도 아닌 말 비슷한 짐승이 한 마리 있었는데, 주인은 그를 잃은 아들 미중인 양 애지중지 한다. 이 말은 연암인데, 어느 날 가려움증에서 생각을 시작했고 드디어 말을 한다. 연암은 마을 밖에 이야기와 보도 듣도 못한 기이한 것들을 이야기 하여, 금세 온 마을의 화제거리가 된다. 마을 장로들은 연암의 처형을 명하지만, 주인은 아들 같은 연암을 죽일 수가 없어서 애원을 하고 다시 연암에게 짐승의 울음을 가르치고 있다. 그러던 어느 날 황제를 위해 기이한 것을 찾는다는 어사가 나타나 기이한 것을 요구한다. 이를 충족시키지 못할 때는 마을 자체를 지워버리겠다고 엄포한다. 사람들은 연암을 주려하나, 그 말은 이미 짐승의 울음만을 울며 말하기를 거부한다. 애원하는 마을 사람들에게 '노마드'가 되라고 한다. 즉 지워지기 전에 지워버리라는 것이다. 더욱 큰 반전은 마을의 천녀였던 만만이가 초매(가장 어두운 힘)를 이어 다음 황제로 등극한다.

이렇듯이 길게 줄거리를 요약해보려 했으나, 이것은 〈열하일기만보〉의 적절한 줄거리는 되지 못할 것이다. 즉 이야기는 외형적으로 서사 구조의 형식을 따른 듯하면서도, 결코 그 구조에 맞지 않는 황당한 이야기이기 때문이다. 즉 이야기 기표와 기의는 꼬리를 물면서, 쉽게 그 기의를 내색하지 않기에 이야기는 상징이 되고, 그 상징은 연암의 가르침인 듯하면서도, 모든 존재 내부의 실존과 맞물리고 있다. 존재 그 자체가 참을 수 없는 불온함은 아닌가? 황당한 짐승에, 황당한 어사에 온 마을이 뒤끓더니, 다시 황당한 황제가 등극한다? 서사 구조의 핵심이 인과율이요, 인과율(원인과 결과)은 궁극적으로 이성적 사고임을 생각할 때, 〈열하일기만보〉는 서사의 파괴요 선문답(?)의 시작이다. 연극이 존재에 대한 선문답일 때, 이야말로 새로운 형식이 아니고 무엇이랴? 연암이라는 기이한 역할을 실체로 실감 있게 묘사하고 다가오게 한 것은 무엇보다도 연기(서이숙 분)의 힘이었다고 하겠다.

〈착한 사람, 조양규〉는 서사의 파괴라기보다는 서사 구조 거꾸로 가기로 표현될 수 있다. 죽은 뒤 8개월 만에 썩은 시체로 발견된 조양규의 추적은, 1990년 서울 동양철강, 1986년 전만 여수 홍합공장, 1984년 전주 참피온 권투도장, 1980년 한강 둔치 모래 채취현장, 1976년 충북 보은의 승리 이용소, 1971년 창경원 홍학쇼와 밀항선, 이렇듯이 시간을 역행하고 있다. 조금 더 자세히 보면, 이러한 일련의 시간을 역행하는 사건들은 앞뒤 설명 없이 마치 이미지 조각처럼 나열되어 있다. 조양규의 흔적이라는데 각 에피소드 간에는 아무런 인과관계가 없이, 조양규가 아닌 각기 다른 사람들의 이야기라도 아무 상관이 없을 만큼 동떨어진 삶의 편린들이 보인다. 아마도 공통점이라면 가난하고 소외되었으나 착한 사람이라는 정도일 것이다. 그러므로 존재를 찾아가는 조양규 찾기는 오히려 그의 부재를 더욱 확인시키며, 그 사이 존재없는 무수한 착한 사람들을 만나게 된다. 그리고 이들은 창경원에서 날아갔다는 홍학에 비유된다. 몇 년 후 어떤 홍학이 발견되었다고는 하나 그 홍학이 창경원에서 날아간 그 홍학인지는 모른다고 한다. 억메인 틀을 벗어나 자유롭게 비상하는 홍학이, 부재인 듯 존재하며 억눌리고 살아온 조양규나 그 무리 사람들의 자유의 비상을 상징하는가? 그 연결고리마저 작품은 거부한다. 왜냐하면 발견된 한 홍학이 그때 창경원에서 날아간 그 홍학인지조차 확인할 수가 없기 때문이다.(서사 구조에서 보면 참으로 싱거운 이야기일 수 있다.) 역사의 무능하고 착한 사람들은 부재했던 것일까? 작품은 서사 구조의 시간을 거꾸로 돌리고 조양규라는 존재 찾기를 통해서, 오히려 부재를 부각시키며, 존재에 대해 사유한다.

나) 그림으로 연극하기

〈그림같은 시절〉은 마치 조선시대 풍속화를 보는 듯하다. "혜원의 그림에서 영감을 받아 이야기를 만들었다"는 이 공연은, 그림 속의 인물들이 사랑을 한다. 작품은 17개의 그림으로 시작한다. 전체적으로 두 쌍의 사랑이야기라고 할 수 있으나, 사실 그것이 반드시 그 두 쌍의 이야기일 필요는 없다. 공연은 풍속도가 하나 보이고, 이어 그림에 대한 설명의 드라마가 재연된다. 가령 첫 장면은 가마 타고 가는 기생의 뒤를 한 서생이 쫓는 그림이 비치고, 결국은 그 기생 해어수와 선비 수석은 함께 꽃구경을 나선다. 둘째 그림은 사내들이 싸우고, 기생이 구경을 한다. 이 그림은 기생 해어수를 두고 꽃구경 갔던 선비 수석과 실력자 풍원과의 싸움으로 해석된다. 즉 연출의 말대로 "전통적 의미에서 드라마적인 연결이 되지 않고 있다. 전체적으로 내러티브가 형성돼 있기는 하지만 각 장면은 독립적인 에피소드로서 시작과 끝을 분명히 갖고 있다." 사실 이 공연은 그림과 의상이 눈길을 가장 끌었지, 이야기는 별 흥미의 대상이 아니다. 즉 연극으로 17개의 풍속화를 감상하기라고 해야 할 것이다. 연극의 그림읽기라고나 할까? 바로 그런 의미에서 장르파괴의 시작이라고 여겨진다. 연극과 미술의 즐거운 만남이었다.

다) 복합 내지 다원예술을 향하여

별 주목을 받지 못했던 공연 중에 〈체 게바라〉가 있다. "낭만 제의 (Romance Ritual)라고 이름 붙여봤습니다"라는 연출의 말이 맞는지는 모르겠지만, 그 형식의 특성상 확실히 생각해 봐야 하는 공연이다. 체 게바라는 남미의 의사로서 혁명에 동참했던 존경받는 지식인으로,

작품은 남미를 빌어서 이야기하고 있지만 사실 세상의 어느 나라이어도 상관없다. 그런 의미에서 글로벌리즘과 연결되며, 작품의 주제는 혁명, 혹은 가난한 이들의 우정과 연대에 대해 말하는 듯싶다. 공연은 그림자극과 노래(음악)과 가면과 관객참여 및 공감각을 총동원하고 있다. 그림자극으로 보여준 남미의 혁명과 무대 뒷 견에서 기타 생음악으로 부르는 노래, 그리고 객석에 불이 종종 켜진다. 객석에 밝혀지는 불은 관객의 참여를 유도하고 연극적 환상을 깨기 위한 시도로 보여진다. 뜨거운 떡이 객석에 돌려지고, 그 구수한 냄새가 후각마저 자극한다. 전날 마당극의 시도라고도 보이지만, 그것과는 다른 보다 적극적인 내러티브 서사의 파괴와 다양한 범주의 예술이 동원된다. 사실 혁명, 풍자, 그리고 민중의 연대 정도의 핵심개념을 빼면, 딱히 어떤 줄거리로 엮기도 힘들다. 라틴 음악과 한국의 민요도 묘하게 어우러지며, 민중의 세계화를 연상시킨다. 다양한 가면도 복합적인 연출의 의도를 읽게 한다. 다만 배우들의 연기나 발성이 조악해서, 아마추어 연극을 연상시켰다. 그리하여 전체적으로 결코 잘된 공연은 아니었다. 조금 더 좋은 배우와 스태프진이 붙었더라면, 공연에 대한 참신한 아이디어가 살아났었을 터인데 하는 아쉬움을 버릴 수 없었다. 돌파구를 찾는 마당극의 한 대안일 수 있겠으며, 확실히 연극에서 복합예술로 향하는 다양한 아이디어들이 돋보였다.

홍성민의 〈오페라의 유령〉은 보다 적극적으로 영상과 배우의 몸을 뒤섞어서, 현실과 비현실을 경계 없이 보여주어 초현실주의 퍼포먼스를 경험한 듯했다. 장소특성적(Site-Specific) 작업임을 보여주듯이, 아르코 대극장을 주차장으로 입장해서 객석을 비워 무대의 일부로 활용하고 아르코 극장 무대에서 공연되었으나, 반드시 그곳이여야 하는 장소적 당위성을 살리지는 못했다. 공연은 세 부분으로 구성되었는데, 우선 녹음을 통한 나레이션이 그 하나요 다른 하나는 영상이미지고,

다른 하나는 배우들의 연기로 펼쳐지는 이미지들이다. 공연에서 이 세 부분은 직접적인 연관은 없지만, 깊은 상관성을 띠면서 진행되었다. 나레이션은 공연의 틀을 만들어 주었는데, 사실 이러한 틀이 없이도 가능한 공연이었다. 오히려 그냥 이미지들만을 제시했더라면 조금 더 실험적인 공연이 되지 않았을까? 영상은 돼지 이미지와 일상의 표현으로 초현실적 분위기로 공연을 인상적으로 끌고 갔다. 가장 많은 부분을 차지했던 무용수와 배우들의 동작 역시 일상과 초일상으로 대조되었으며, 어떤 논리적 의미나 전통적인 연극의 구조를 배제하였다. 이들은 하나의 오브제화 되어서 다양한 변형 선보이며, 그들이 만들어내는 이미지들을 제시하였다. 내러티브를 건너뛴 어떤 예술적 감흥이 전달되어 왔으며, 미술이나 영상과는 다른 공연의 묘미를 가졌다. 아직 완성되었다고는 할 수 없을지 몰라도, 연출자의 전작인 〈이상한 나라의 앨리스〉에서보다 한층 더 나가서 언어가 아닌 몸짓과 이미지로 관객과의 교류 가능성을 열었다. 영상과 무용과 언어가 만나며 일상과 초현실이 공존하는 공연에서, 복합예술 혹은 다원예술의 의미를 읽을 수 있었다. 진정 한국에서 다원예술의 시발을 알리는 공연이 아니었나 싶다.

이상과 같은 새로운 조짐들은 아직 연극계의 주류를 형성하지는 않는다. 그러나 이러한 조짐들이 차기 연극을 이어갈 젊은 극작가들에게서 일어나고 있으며, 이제 그 조짐들에 주목해야 하겠다. 왜냐하면 이들은 세계 연극의 새로운 조짐들과도 우연인지 일치하고 있기 때문이다. 그리고 이러한 조짐들은 무용이나 창극 혹은 전통을 활용한 공연에서도 일어나고 있다. 전통 꼭두각시놀이를 활용한 〈홍동지놀이〉를 보아도, 메타적 틀 만들기를 비롯하여 상당히 낯선 내러티브를 구성한다. 이러한 조짐은 서서히 그러나 확실히 드러나고 있다.

4. 번역극

수량적으로 공연이 많았던만틈 번역극 역시 활발했다. 초연으로는 아일랜드의 작가 코너 맥퍼슨의 〈더블린 캐롤〉과 〈샤이닝 시티〉와 브레히트의 〈달수의 저지 가능한 상승〉(원제: 아르뜨루 우이의 저지 가능한 상승) 및 역시 아일랜드 작가 마틴 맥도너의 〈필로우맨〉, 캐나다 작가 톰슨 하이웨이의 인디언 이야기인 〈레즈 시스터즈〉, 에릭 엠마뉴엘 슈미트의 〈수수께끼 변주곡〉, 리 맥두걸의 〈하이라이프 (High Life)〉, 욘포세의 〈이름〉이나 조지 타보리의 〈골드베르크 변주곡〉 및 중국 작가 왕레이의 〈여름날의 기억〉과 일본 쓰쓰미 야스유끼의 〈연기가 눈에 들어 갈때〉 등을 꼽을 수 있다. 그중에서도 올해 가장 문제의 번역극 작가로는 코너 맥퍼슨과 마틴 맥도너를 들겠다. 코너 맥퍼슨은 연극에서 언어의 건재함을 보여주며 섬세한 인간 심리를 파고들었던 반면, 마틴 맥도너는 새로운 글쓰기를 보여주었다. 본고가 연극의 변화를 추적하는 글인 만큼 〈필로우맨〉을 번역극의 대표로 살펴보겠다.

맥도너는 작년 우리에게 선풍적으로 소개된 사라 케인과 함께 "IN-YER-FACE(In Your Face) 연극에 속한 작가이다. 관객에게 들이대는 연극이라는 이름처럼, 이들 작가들의 자신들의 이야기를 거침없이 자기 스타일로 내뱉는다. 사실 〈필로우맨〉은 맥도너의 작품들 중 점잖은 희곡에 속한다고 한다. 그러나 어쨌건 희곡의 강렬함이 연출을 압도했으며, 그 구성 역시 자유롭고 새롭다. 희곡은 카투리안의 소설과 그 저능아 형의 모방 범죄가 큰 틀을 이룬다. 소설가는 범죄 소설을 썼고, 그의 형은 그 소설을 모방하여 범죄를 저지른다. 영문도 모르는 소설가는 고문실에 불려와 두 형사에게 취재를 당하고, 마침내 사실을 알고 형을 교살한다. 이런 이야기 틀이야 평범하다면 평범하다. 그러나 범죄를 불러온 7편의 괴기한 소설의 내용과 두 형사의 개인적 경험들은 교묘하게 맞물린다. 〈작은 사과맨〉은 금단의 열매를 따먹어서 에덴동산에서 쫓겨난 아담의 이야기를, 〈거리의 사형대〉는 스스로 알지 못하는 원죄로 처형되는 그들의 후손을, 〈작가와 작가의 형제〉는 카인과 아벨의 이야기일 수도 혹은 작가 자신과 형의 이야기이기도 하다. 그리하여 〈어린 예수〉에서는 고난 받는 이들의 구원자를 자처하기도 한다. 〈강가의 한 마을〉은 민담 '피리부는 사나이'의 변주로 역시 무고한 어린이들이 희생양이 된다. 즉 모든 이야기는 순수한 이가 자신이 알지 못하는 죄로 희생되는 것과 관련이 있으며, 형의 모방 범죄로 희생되는 작가나, 혹은 작가의 상상력으로 알지 못하고 죄를 범하는 형 역시 모두 희생양인 것이다. 뿐만 아니라 부모에게 학대 받았던 형사나 범죄로 자식을 잃은 형사도 이 〈필로우맨〉의 같은 희생자들인 것이다. 즉 '들이대는(In Your Face) 작가'답게, 이 희곡은 서구에 오랫동안 내려오던 기독교적 세계관에 강한 반발일 수도 있다. 그래서 희곡은 기이하면서도 음울하고 절망적이다. '필로우맨'의 괴로운 예언은 결국 충족되고, 그래서 세상은 스스로에게 불 지르고 화염에 휩싸여만 하는가? 괴기한 이야기만큼이나 음산한 상징이다. 여기에 희곡은 또 다른 층위의 상징을 부여하는데, 이는 현실과 가상 혹은 진실과 예술의 상반성이다. 가상의 소설을 본받아서 현실의 살인은 일어나고, 가상의 소설 때문에 현실의 작가는 죽음을 택한다. 즉 사건의 진실보다 가상을 적은 소설(예술)이 중요하기 때문이다. 가상(소설) 때문에 현실에서 살인이 일어나고, 가상(소설) 때문에 현실의 죽음을 택한다면, 더 이상 현실과 가상의 경계는 없다. 가상은 현실보다 더욱 혹독한 현실이다. 또한 순수해야하는 예술(소설)도 진실(사건의 전말)을 거부했을 때 보존될 수 있었다. 진실(Fact)과 거짓(False), 혹은 삭막한 현실과 고귀한 예술의 경계도 작품은 거침없이 넘나들며, 기성가치를 조롱하고 있다. 이래도 예술이 현실보다 고귀하고, 가상이 현실보다 무력한 것인가? 때문에 공연은 의미로 넘치며, 복합적이며, 내러티브가 압도한다. 연출은 작가의 이야기를 따라 하기에 급급하고, 관객은 이를 받아서 이야기를 따라가기에 바쁘다. 극중극으로 괴기한 이야기들이 재현되었지만, 공연으로서의 활기보다는 내러티브의 매력을 더욱 과시하였으며 극작은 연출을 압도했다고 하겠다. 글쓰기는 산발적이며 다발적이며, 공연 역시 이를 따라서 다원적인 의미망이 넘쳐 나서 관객의 상상력이 발동해야만 되는 것이다. 이번 공연에서 연출이나 연기가 특별하지는 않았으나, 무난히 원작을 따라간 것만은 사실인 것 같다. 그렇지 않다면 〈필로우맨〉이 끝난 후에도 계속되는 복합적인 감정을 설명할 수 없으리라. 실로 오랜만에 화두 같은 숙제를 우리 연극계에 던진 작품이다. 비록 복합 혹은 다원예술은 아닐지라도, 복합 혹은 다원한 내러티브로 관중을 매료시키고, 옛 음류 시인의 서사 읽기를 환기시킨 공연이었다.

5. 해외극

해를 더 할수록 해외극은 더 많이 초청되고 있다. 이들 중 벨기에 니드컴퍼니의 〈이사벨라의 방〉, 캐나다 로베르 르빠주의 〈안데르센 프로젝트〉, 그리고 라트비아의 〈Long Life〉가 가장 인상적이었으며, 우리 연극에 시사하는 바도 컸다고 하겠다. 기성의 연극과 달라서 다소 불편(?)한 마음으로 바라볼 수밖에 없었던 이 포스트드라마적 연극들은, 다양한 매체와 이미지로 오늘을 이야기하며 그 다원성과 동시성으로 인해 기존의 연극보다 더 깊은 울림으로 남았다. 이들 중 〈이사벨라의 방〉을 예로 들면서, 그 다원성을 향한 행진을 살피겠다.

〈이사벨라의 방〉은 철저한 메타드라마로, 극중극으로 진행된다. 연출가가 배우들을 소개하고 자신의 공연을 설명하며 시작되는데, 또한 배우들은 이사벨라의 회상 속을 넘나들며 극중극의 형식으로 이야기해 간다. 따라서 인물들은 사실적인 시간과 공간을 파괴하며, 회상 속에서 자유롭게 넘나든다. 시간과 공간은 허구 속에서 더욱 자유롭게 시간과 공간의 부유와 무의미를 전달한다. 이러한 극중극 기법은 산만한 무대에 대한 논리적인 설명일 수 있으며, 공연에의 몰입이나 감정이입을 막아서 산만함을 다양하게 받아들이게 한다. 공연에서 '환상'은 실제보다 강력히 존재하며 그 영향력 역시 지대하다. 이사벨라의 방은 실재하면서도 허구이며 환상이다. 무대를 가득 채우고 있는 아프리카 수집품들은 제국주의에 유린당한 대륙의 물품으로, 아이러니컬하게도 이제는 역으로 이사벨라의 무조건한 동경과 숭배의 대상으로 나타난다. 이러한 동경과 숭배는 몇 시간의 아프리카 방문으로 산산조각이 났으나, 이사벨라 뿐만 아니라 이를 수집했던 아버지 아서의 환상이기도 했다. 뿐만 아니라 「이사벨라의 방」에 나타나는 인간관계는 철저하게 통상의 규범(Norm)에서 벗어나고 왜곡되었다. 우선 양부모인 아서와 주인공의 관계가 그러하다. 양부모인 그들은 실제로 자신의 아이를 입양했었다. 이사벨라와 연인 알렉산더의 관계도 그러하다. 그는 이미 처자가 있는 남자였으며, 이와 무관하게 이사벨라는 사랑한다. 또 그녀는 사랑하면서도, 쾌락을 위한 다른 만남을 마다하지 않는다. 또한 통상적인 처첩의 역할이 뒤바뀐 이사벨라의 헌신에, 비로소 규범을 벗어난 사랑의 진실을 다시 인식하게 된다. 더구나 이사벨라와 손자 프랭크와의 사랑은 도를 넘었다. 16세인 손자가 69세인 그녀에게 진정한 쾌락을 맛보게 한다? 통상적인 윤리를 완전히 파괴하는 사랑을 어떻게 받아들여야 하는지 망설이는 동안, 이사벨라의 아프리카에 대한 열정을 이어받은 프랭크는 아프리카의 적십자 활동 중 총상을 입고 죽는다. 그래서 아이로니컬하게도 이사벨라는 난생 처음 몇 시간 아프리카의 땅을 밟을 수 있었다. 프랭크의 장례식에는 벨기에의 극우파 청년들이 그가 흑인에게 살해되었다고 항의하는 난동이 일어난다. 지극히 개인적인 이야기에 현대의 주요한 사건들이 얽혀있는 것이다. 이제 마지막, 생계를 위해 아프리카 수집품을 팔면서(이 역시 상징적이다), 모두가 떠난 마당에 다시금 '사막의 왕자'만이 일생동안 자신의 곁에 있었음을 깨달으며 펠릭스(Felix: 죽은 언어로 행복을 의미함)라고 부른다. 죽은 언어 속에서만 행복을 찾을 수 있는 것인가? 어쨌거나 이 역시 환상과의 만남이었으며 왜곡되었으나 가장 극한적인 만남으로, 이사벨라는 약탈의 역사였던 아프리카의 역사를 화해의 역사로 바꾸었다.

여기서 다시 보들리아르의 극한 현상(Extreme Phenomena)를 생각하게 된다. 그가 말했던 "사회성의 엑스터시-대중(사회적인 것보다 더 사회적임), 육체의 엑스터시-비만(뚱뚱함을 넘어 비대함); 정보의 엑스터시-시뮬레이션(사실보다 더 사실적임); 시간의 엑스터시-실시간과 즉시성(현재보다 더 가까운 현재); 실재성의 엑스터시-극사실성(진짜보다 더 진짜 같음); 섹스의 엑스터시-포르노그라피(섹스보다 더 야함);폭력의 엑스터시-테러(폭력보다 더 폭력적임)" 등이 「이사벨라의 방」에서는 적나라하게 구현된다. 사회성으로는 히로시마 원폭투하, 식민주의, 달 탐사, 아프리카의 기근과 불안정한 정국, 극우파 등이 언급되며, 육체성으로는 이사벨라는 다른 배우와 달리 비대하다. 그녀는 무대를 압도한다. 시간은 과거와 현재를 넘나들어서 더욱 즉시성을 띠고, 섹스에 대한 욕망은 포르노그라피보다 진술하다. 전쟁과 테러로 그녀가 가장 사랑했던 알렉산더와 프랭크가 파괴되며, 허구인 '사막의 왕자'는 사실보다 더 사실적으로 다가오며, 이사벨라의 방은 실재이면서도 바로 시뮬레이션으로 가득 찬 공간이다. 이사벨라가 눈이 먼 것은 결코 우연이 아니다. 그녀는 모든 권력과 관음증에서 해방된 것이며, 그러하기에 자신만의 꿈과 욕망을 진솔하게 쫓을 수 있는 것이다.

다원예술을 향한 장르의 혼합도 이 공연에서 놓칠 수 없는 재미이다. 미니멀리즘에 입각한 무용과 음악이 곳곳에 혼재해 있으며, 아프리카 그림과 풍물들은 그 자체가 미술이기도 하다. 연출가가 미술교육을 받았던 미술가이기도 하다는 사실이 더욱 이를 뒷받침한다. 실재로 2004년 아비뇽 페스티벌에서 초연된 이후, 이 공연이 뮤지컬인가, 연극인가 아니면 무용인가 하는 논란이 있었을 정도였다. "좋은 작품이란 여러 개의 에너지원들이 동시에 활동하고 있는 작품"이라는 연출의 말은, 어째서 이 공연이 무용, 음악, 미술을 넘나드는가를 설명한다고 생각된다. "표현의 자유를 수호하는 사람들"답게, 활용할 수 있는 모든 것을 동원하기에, 장르 자체는 무의미한 질문인 듯싶다.

「이사벨라의 방」에 나타난 다층성과 동시성은 이 공연을 포스트 드라마적 연극과 연관 짓는다. 그리고 이 다층성과 동시성은 무대의 다양한 기호에만 머물지 않고, 나아가서 실존의 깊이와 맞닿아 있다. 그러하기에 산만하다고도 할 인물들의 넘나듦과 집중적이라고 할 수 없는 무용과 전혀 감정이입적이지 않은 음악에도 불구하고, 이사벨라의 욕망과 고뇌가 오늘의 열정적인 삶으로 다가오는 것이다.

6. 결어

올해(2007년)의 화두를 장르의 파괴와 다원예술을 향한 움직임으로 잡고, 그 조짐들을 살펴보았다. 실제로 올해만큼 이러한 조짐들이 강하게 느껴진 해는 여지껏 없었다고 해도 과언이 아니다. 이제 우리 연극도 포스트드라마 혹은 다원예술을 향하고 있는가? 새 밀레니엄의 변화를 찾아내고자 하는 이들에게 이는 반가운 시사일 수도 있는 반면, 아직 침소봉대 하는 과장일 수도 있을 것이다. 그래도 시대는 항시 새 것을 추구하지 않았던가? 갑자기 갈릴레이의 말이 생각난다, "그래도 지구는 돈다."

(연극포럼, 2007. 12)

화려한 볼거리, 백화점식 나열:
2007 서울국제공연예술제 해외공연

이번 서울국제공연예술제는 어느 해보다도 화려한 볼거리가 펼쳐졌다. 다양한 화제의 공연들이 소개되었으며, 그 수준 역시 듣던 대로 대체로 훌륭했던 공연들이었다. 특히 연극의 경우 과반수를 넘는 9편의 국제공연이 펼쳐졌는데, 각기 특성과 장점을 가진 공연들이었다. 뿐만 아니라 〈음악극〉이라는 장르를 신설했는데, 〈물을 찾아서〉를 제외하면 아직 어설픈 공연이었으나, 다만 연극의 새로운 장르 찾기 혹우 대안을 상징하고 있다는 의의가 크다. 즉 21세기 이후 '신연극성'의 조짐이 가시화되지 않나 하고 긴장하게 하는 대목이 있다. 필자가 논의할 공연은 국제공연 중 〈Long Life〉(라트비아), 〈Don Quixotte (돈키오테)〉(프랑스), 〈고도를 기다리며〉(루마니아) 및 〈비극의 여인들〉(우즈베키스탄, 이란, 인도, 일본)이다.

〈Long Life〉는 한 마디 대사 없이 노년의 실상을 실감 있게 그려냈다. 관객은 뒷골목을 걸어서, 객석에 도달한다. 뒷골목처럼 무대는 낡고 초라한 일상 소품들로 가득 찼다. 반쯤 고장 난 축음기, 아직도 작동할까가 의심되는 재봉틀, 흐릿하게 나오는 텔레비전, 낡은 공동 부엌과 세탁장─여기가 5명의 노인이 거주하는 공동하우스이다. 이런 소품들은 언어보다도 더욱 강하게, 늙고 가난하고 초라하게 버려진

뇌쇄한 삶을 대변한다. 게다가 등장인물들은 느릿하게 움직인다. 의도적인 움직임이 아니라, 그들을 그럴 수밖에 없기 때문이다. 일어나기, 약 먹기, 주사 놓기, 옷 입기와 치장하기(예: 목걸이 걸기), 식사 준비하여 먹기 등 일상 그 자체가 버겁다. 배우들은 이러한 노년의 삶을 실로 리얼하게 재현해 내었다.

소외되고 쓸모없고 버려진 삶이지만, 그래도 삶은 따스하고 아름답기도 하다. 초코렛 케익을 먹는 즐거움이나 콘돔으로 촛대 만들기(쓸모 없는 콘돔에 대한 아이러니이기도 하다)라든지, 아내한테 힘겹게 주사를 맞는 재봉장이는 그래도 양복을 만들며, 축음기를 가진 인물은 옆집 노파와 즐겁게 노래 부르며, 만들기에 소질이 있어 보이는 인물은 인어 그림을 완성하여 벽에 붙인다. 함께 모여서 술을 먹기도 한다. 이런 단순하고 평범한 작업이지만, 그들은 힘들여서 이 일을 완성하려고 노력하며, 그 노력 때문에 인간이기를 포기하지 않았다고도 하겠다. 인간적인 감정이 엿보이는 대목이기도 하다. 무엇보다도 다시 밤이 돌아와 잠자리에 들 때, 두 부부는 자장가를 부르거나 슬며시 한 침대에 누워 같이 잠든다.

그러나 이 공연 이전에 이토록 소소한 일상을, 이토록 힘들게 엮어가는 노년을 당신은 상상해 보았는가? 당신의 이런 노년의 삶을 어떻게 할 것인가? 사실 다가오는 죽음은 아니던가? 당신은 진정 long life를 원하는가? 공연은 한 마디 대사 없이, 이런 질문들 성공적으로 묻고 있었다. 장소 및 소품과 일상적인 동작의 세밀한 묘사를 통해 공연의 이미지화에 성공하고 있으며, 하이퍼 리얼지즘까지를 성취했다. 움직이는 이미지 – 이런 의미에서 리얼리즘의 파괴이기도 하다. "감정과 시각적 인상들, 매 공연의 독특한 분위기는 대사와 똑같은 위상에 놓인 엄연한 연극 요소라는 것"이 연출가 헤르마니스의 설명이다. 실로 공연은 '신체극'이라고 할 수도 없다. 사실과 다른 움직임은 사실

하나도 없기 때문이다. 리얼리즘을 한 치도 벗어남이 없이 일상을 그리면서도, 사실 하루 종일 한 번의 대사도 없기에 이미 이는 리얼리티 그 너머를 그리고 있다. 시각적 이미지를 통하여 연출은 대사보다도 더 절실하게 의도한 이야기를 전달하고 있다. 이러한 이미지 연극은 신연극성(New Theatricality)이나 포스트드라마틱 연극 혹은 대안연극이라는 새로운 움직임을 반영하고 있다고 하겠다.

〈Don Quixotte(돈키오테)〉는 모노드라마로, 일인다역으로 그려내는 돈키오테 이야기의 핵심부분이다. 풍차나 종교재판을 향하는 행렬의 성모상에 돌진 하는 이야기 등 원작 〈돈키호테〉의 모험과 별반 다르지 않다. 즉 이야기상으로 특이하여 공연에 색다른 시각은 없다. 그렇다면 일인다역으로 그려내는 사실적 묘사가 과연 얼마나 사실적일 수 있을까가 관점인가? 배우 자크 부르고는 텅 빈 무대를 채우려고 애쓴다. 자신의 기량을 뿜어내며 돈키호테의 모험을 환상적으로 재현하려고 애쓰는 배우를 보며 경의를 표했지만, 공연 자체는 회의적이었다. 물론 그의 연기는 성실했으며, 목소리와 동작을 통해서 우리를 돈키호테의 모험에 동참시키고자 했다. 곧 그는 비오는 듯이 땀을 흘렸으나, 다양한 표정으로 연기했다. 그러나 돈키호테와 그 하인, 대개 두 사람으로 유형적으로 연기했으며, 다양한 변화라고 보기 힘들었다. 그리하여 그의 연기 노력은 가상했지만, 연기 그 자체는 힘들어 보였으며 몇 유형에 그쳤고 또 너무 벅차보였다. 늙은 배우가 1960~70년대 연기를 하며, 연기 자체를 힘들어 한다? 이는 너무 가혹한 평가일지는 몰라도, 〈Don Quixotte(돈키오테)〉가 연기의 진수를 보여주었다고는 생각되지 않았다. 특별한 연출도 없었으며, 텅 빈 무대 역시 어떤 의미도 부여하지 못했다. 연기자의 진솔한 노력은 높이 사겠으나, 전체적으로 부족한 듯한 공연이었다.

〈고도를 기다리며〉(루마니아)는 짓다가 만 가건물 같은 철골과 연이은 응접세트에서 대본을 읽고 있는 듯한 여인(혹은 무대감독)이 인상적이었다. 이 여인은 공연을 일종의 메타드리마로 만들어서, 극중 사건들을 우리의 일상읽기와 연결시킨다. 통상적인 거의 빈 무대와 다르게 극중극을 보여주는 듯한 가설 세트 공간(실제로 그 철골에서 커튼이 열리고 닫힌다.)에서 주로 고고와 디디는 움직인다. 고고는 회사원이나 세일즈맨과 같이 가방을 들고 있어서, 우리와의 친근감을 더한다. 허공에 매달려 있는 나무는 뿌리마저 허공에 내리고 있어서, 허망감마저 느끼게 한다. 그러나 고고와 디디는 아무런 스스럼없이 여인이 있는 소파의 공간에도 자유스럽게 앉는다. 그들은 여인이 보이지 않음이 확실하다. 포조와 럭키의 등장은 가건물 틀에 붙은 문이 떨어지며 등장한다. 여느 고도와 같이 그들은 기다리며, 그들은 그 기다림의 끝을 알 수 없다. 그들을 위로하듯 토끼 분장한 악사들은 슈베르트 선율을 선사한다. "부조리하고 지리멸렬한 삶이 일상이 되어버린 지금 우리에게도 〈고도를 기다리며〉는 전위적인 실험극의 의미를 가질까?" 그래서인지 〈고도를 기다리며〉가 갖고 있는 희극적 가능성보다는 그 비극적 면모가 더 강조된 공연이었다. 동시에 부조리하고 지리멸렬한 삶이 일상이 되어버렸기에, 그 공연이 주는 신선한 충격 역시 반감했다고 하겠다. 공연 준비상 아쉬웠던 점은 자막이었다. 작품을 익히 알지 못하는 관객이라면 도저히 알아 볼 수 없는 작은 자막이 관객들로부터 격한 항의를 받았다.

이외에도 아시아 공연으로 〈비극의 여인들〉(우즈베키스탄, 이란, 인도, 일본)은 아시아 연극의 상호문화주의를 향한 노력이 돋보였다. 공연에서 아시아 문화 교류가 긍정적으로 나타났다고 하겠다. 일본의 국제교류기금을 받아서 공동제작 된 이번공연은 〈메디아〉에서 중앙아시아의 독특한 승려문화가 배어났으며, 여성 대신 남성이 연기했던 것은 기성의 심리적 해석보다 운명에 대한 보고와 같은 느낌을 강화하기 위해서 인 듯 싶다. 특히 메디아를 맡은 배우는 우람한 남성으로, 메디아의 도를 넘은 복수를 강한 남성성으로 표현했다고 하겠다. 반면 클라우케를 연기하는 남자배우는 여성성을 강조하여, 흔히 관음증의 대상이었던 여성의 몸을 우유로 목욕하는 균형 잡힌 남성의 나신으로 대체하여 보여주었다. 더구나 중간에 메디아는 자신의 긴 머리를 자르며, 정조대를 버린다. 다른 등장인물들도 모두 두건을 벗고 민둥머리를 보여준다. 즉 여성성은 사라지고, 남성과 여성이라는 이분법조차 사라졌다. 아이들은 저울에 매달려 있는데, 이는 아이들이 가치와 기회를 따지는 하나의 전략적인 도구에 불과하다는 암시이기도 하다. 즉 〈메디아〉는 그 범죄의 심리적 공포를 보여주기 보다는, 담담하게 그 운명을 보여주며 그리스인의 이방인에 대한 편견을 고발하고 있다. 기성의 메디아는 마녀라는 도덕적 선입관에서 벗어났다는 점에서 페미니즘과도 연결된다.

〈요카스타〉는 모자간의 근친상간을 현대적인 관점에서 도덕과 양심의 문제로 다룬 '오디프스'의 해석이 돋보였으며, 오히려 심리가 잘 드러났다. 요카스타가 오디프스가 그린 그림을 지우고 CAT이란 글자를 남겼을 때, 그녀는 관능적이고 요염한 여성임을 나타낸다. 그녀는 주도적으로 작품을 이끌며 어머니와 아내의 경계에 서 있으며 오디프스는 그녀를 수동적으로 따른다. 기계적인 소음과 암전의 반복 속에서, 얼굴을 붕대로 가린 한 여자가 무대 위에 천으로 감쌌던 한 구의 시체를 풀어 놓고 간다. 이 여인은 다가올 운명의 가시화로, 요카스타의 미래이며 눈을 찌른 오디프스이다. 그리고 이 여인은 공연 중간에 계속 등장하면서, 요카스타와 오디푸스의 운명을 예기시키며 시각화하고 있다. 뿐만 아니라 하늘에서 쏟아져 내려 무대에 쌓여가는 나무 꼬챙이들은, 그들의 날카로운 운명과 눈을 찔러야 할 것을 상기시키는 듯하다. 공연의 마지막, 고양이 눈에서 붉은 증기가 뿜어 나옴은,

이들의 피눈물 같은 고통의 상징이 아닐까? 〈오디프스〉를 운명으로 해석하기보다, 도덕적 판단으로 그 심리적 과정을 추정해 나간 공연이 흥미로웠다. 그리고 〈오디프스〉에서 전혀 드러나지 않았던 여성의 고통 역시 남성과 동등하게, 오히려 그 어머니로서 더 강하게 드러났다는 점에서 페미니즘과도 연결되었다.

〈헬렌〉은 트로이의 멸망을 통해서 오늘의 테러리즘과 여인들의 고통을 보여준다. 전쟁의 원인인 헬렌은 마치 폭풍의 핵과 같이, 정작 전쟁에 무심하다. 그녀의 황금색 분장은 '황금 송아지'와 같은 우상화의 냄새까지 풍겼다. 그녀는 전쟁과 테러리즘의 시체들을 모으며, 사람들은 그녀를 숭배한다. 공연은 철저한 이중 메타드라마 형식을 통해서, 그러한 난삽함이 용인될 수 있었다. 검은 옷을 입은 나레이터와 노래하는 자가 일단 틀을 만들고, 다시 병원에 입원한 자의 꿈속에서 트로이 전쟁이 나타나기에 논리적으로 이어지지 않는 이야기의 진행이 가능하다. 현대는 병든 환자처럼 석유를 먹고 있고, 테러리스트들이 이 뒤를 따르며, 온 몸에 발진이 났다. 전쟁을 맹신했던 아가멤논은 오늘의 테러리스트들과 같은 족속이다 등 산만하게 과거와 현재는 연결된다. 〈헬렌〉이 인도적이기 보다 기금 지원을 받은 일본의 앙그라 냄새가 너무 나는 것이 거슬렸으나, 전체적으로 문화상호주의를 통해서 그리스 비극을 다양한 문화와 현대로 되살려 내었다는 의의가 크다.

〈비극의 여인들〉이 보여준 가장 큰 의의는, 서구인이(예: 피터 부룩, 므누슈킨 등) 동양을 바라보던 문화상호주의에서 이제 아시아에서 서구 정전 읽기가 시작되었다는 점이다. 여기에는 당연히 각국의 문화가 녹아들어 있어서 문화상호적일 수 밖에 없다. 각기 다른 공연을 잇기 위해 '여인들'이라는 공동분모를 넣었으나, 실로 각기 다른 세 개의 공연이기도 하다. 이들을 연결시켰던 둥그런 원형무대는 촘촘히 늘어진 스타킹으로 받혀지고 있다. 일본의 유명한 현대 미술가 나까야마 다이스케가 만들었다는 이 무대는 스타킹처럼 세상을 받치고 있는 오늘의 여성을 상징하기도 하며, 또 그리스 원형무대를 연상시키기도 한다. 그러나 공연들은 각기 너무 달라서, 세 공연을 한꺼번에 보기에는 이질감이 강했으며 시간상으로 너무 길었다. 아직 실험적인 단계임을 보여주었지만, 그러나 동양의 서구 읽기는 해 볼만한 시도인 것이다.

이렇듯이 이번 '서울국제공연예술제'는 해외의 성공적인 공연을 제시하는 데에는 일단 성공적이었다고 하겠다. 서울에서 이만큼 세계 연극의 흐름을 읽을 수 있었다는 것은 예술감독의 공로이다. 그러나 '서울국제공연예술제'의 정체성은 여전히 넘어야할 과제로 남아 있다. 이번 연극제에서 해외초청 작품이 절반을 넘었다. 연극 쪽의 경우는 더욱 많아서, 공식작품의 경우 국내 5편에 해외와 공동제작이 9편에 이른다. 이는 곧 그대로 오늘의 글로벌리즘을 가리킨다고도 하겠다. 1990년대 말 시작되었던 세계화의 작업은 이제 한 10년 남짓한 시간에 이미 우리 속에 들어와 있다. 그리고 이 세계화는 소위 중심 강대국과의 관계를 넘어서 전 세계적으로 진행되고 있으니, 프랑스, 독일뿐만 아니라 인도, 라트비아, 스위스, 체코, 루마니아 등 폭넓게 세계와 교통하고 있다. 좋은 현상이다. 그러나 그래서인지 이번 연극제의 주제가 얼핏 떠오르지 않는다. 마치 '백화점식'으로 세계의 공연들을 늘어놓아서, 현대 연극의 현재를 엿보며 미루어 짐작하기가 가능하다. 아직 해외 연극에 목마른 우리 관객들에게 이러한 엿보기는 갈증 해소에는 좋을 수도 있다. 그러나 언제까지 이러한 '백화점식' 해외 초청을 해야 하는가? 이미 한 비평가가 한국 전 공연 관람도 불가능한데, 어떻게 한 연극제가 국제 연극의 현재를 계속 보여줄 수 있을 것인가? 즉 연극제에 주제가 분명해야만 하겠다. 아직 영구한 주제가 불가능하다면, 적어도 단위 기간(2~3년)이나 하다못해 해마다라도 주제를 정하여 '서울국제공연예술제'의 지향점을 밝혀야 한다. 그래야만 비교적 적은 예산으로 국제적으로 명성 있는 예술적 연극제를 자리 잡게 할 수 있다. 이 연극제의 정체성은 그 예술성의 성취나 예산절감을 위해서도 반드시 필요하다는 점을 강조하고 싶다. 예를 들어 〈돈키호테〉와 〈미친 밤〉이나 혹은 〈웨이팅 룸〉은 결코 한 예술제에서 공연되어서는 안 된다. 아주 전초적인 연극을 하든지 아예 사실적 연극제를 하든지는 선택이다. 그리고 이 연극제의 주제는 미리 미리 공감대를 가지고 정해져야 한다. 연극제를 올리는 데만 급급하여, 정작 중요한 방향성(주제)은 잊고 있는 것은 아닌지? 뿐만 아니라, 한국의 몇몇 공연을 더욱 지원하여서, 우리의 연극을 해외에 파는 역할도 동시에 수행해야 할 것이다. 궁극적으로 좋은 연극제는 자국의 공연을 해외에 알려서 그 영향력을 높이는 것에 있기 때문이다.

(연극평론, 2007. 겨울호)

왜소해진 서울연극제:
2007 서울연극제 총심사평

　올해는 본선에 예년과 같이 8편이 아닌 총 6편의 작품이 올라왔다. 작품 수의 줄임이 연극제를 간편하게도 했지만, 조금 더 왜소화한 느낌은 지울 수 없었다. 뿐만 아니라 예년과 비교할 때, 전체적으로 좋은 공연이 부족한 느낌이다. 이는 대본의 문제는 아닌 것 같다. 대본은 〈죽도록 죽도록〉을 제외하면, 다들 나름대로 강점과 특색을 가진 작품이다. 욘포세의 〈이름〉이나 조지 타보리의 〈골드베르크 변주곡〉은 기대를 모으기에 충분했던 희곡들이고, 일본 야스유키의 〈연기가 눈에 들어갈 때〉도 삶을 관조하는 잔잔한 거리두기가 눈에 뜨였던 작품이다. 체홉의 〈벚꽃동산〉이 하나 들어간 것을 고전의 다시읽기로 나무랄 수는 없고, 창작극 〈발자국 안에서〉는 소품이기는 하지만, 나름대로 다수의 틀 안에서 소멸되어 가는 개인을 공간과의 관계에서 잘 형상화했다. 그러나 공연은 각 대본의 장점을 잘 살리지 못했던 공연이 많았다. 각 공연을 공연 순으로 살펴보면 다음과 같다.

　〈벚꽃동산〉은 우리나라 1930년대로 옮긴 번안이 잘 되었는지는 좀 의문이었지만, 확실히 자신만의 연출 스타일을 가진 공연이었다. '코메디 노스딸지아'라는 부제에 걸맞게 약간은 감상적이면서도 과장 되었으나, 나름대로 독특한 스타일이 시종 유지되었다. 이 스타일은 〈벚꽃동산〉 원작을 잘 소화하고 있다. 마지막 파티에서 우리나라 30년대에 그런 춤을 출 수 있었나가 의문시되기도 했지만, "〈벚꽃동산〉이 팔리건 안 팔리건 우리의 하루하루는 또 흘러가는 것입니다."라는 연출의 의도가 잘 드러났던 공연이었다. 그러나 감성성이 들어가면서, 체홉의 냉소적 사실주의를 담담히 그려내기에는 2% 부족한 느낌이다.

〈죽도록 죽도록〉은 앞날에 대한 희망조차 기대할 수 없이 살아가는 엑스트라 주변 연기인들의 이야기이다. 이들의 연습을 통해서, 이들의 연기는 거의 장애에 가까운 것임이 드러난다. 그래도 이들은 연기판을 떠날 수 없기에 더욱 비극적이다. 연극제 작품으로 초대되기에는 우선 작품도 소품이었고, 공연 역시 너무 단조로 왔다. 젊은 작가이니 만큼 앞날을 기대해 본다.

〈연기가 눈에 들어갈때〉는 죽음 앞에서 삶을 관조하며, 가족과 친지의 관계를 생각한다는 주제를 담담히 그려냈다. 그러나 본 공연은 그러한 관조하는 삶을 담담히 그려내기 보다는 과장된 감상을 부추긴 감이 있다. 그래서 두 고인의 삶이 살아있는 사람의 눈으로 평가되고, 남은 자의 화해가 강요되고 있다는 인상을 버릴 수 없었다. 즉 삶과의 거리두기가 공연에서는 잘 나타나지 않았다고 보여준다. 그리고 그 거리야말로 이 작품의 핵심이 아니었나 사료된다. 따라서 연기자들의 열연에도 불구하고 공연은 감상적으로 흘러갔으며 삶의 진정성을 결여하게 되었다.

〈이름〉을 가정극으로 이해해서는 안 된다고 생각된다. 가출했던 소녀가 애를 배서 집으로 할 수 없이 돌아오는 이야기가 아닌 것이다. 가족 – 가장 가까운 인간관계를 재고하는 것이 주제가 아닌가 싶다. 어머니나 아버지, 애인과 옛 친구, 그리고 태어날 아이 – 이들은 모두 소중한 사람들이고 소중한 관계이다. 그러나 아무도 소녀에게 도움을 주지 못한다. 모두가 사랑하지 않는 것도 아닌데, 외로운 개개인이 외롭다. 이러한 실존의 부조리에 가까운 작품을, 넓은 무대의 극히 일부만을 사용하여 사실주의극의 응접실 세트 같은 무대를 만든 것부터 우선 거슬렸다. 좀더 추상적인 공간에서, 서로를 향해 이야기하나 들려지지 않는 그러한 분위기가 필요하지 않았을까? 그러나 연기들이 생뚱한 관계를 드러냈고, 조명도 효과적이었다고 생각된다. 주제의 전달에 미흡한 개념설정이었으나, 전체적으로 깔끔했던 공연이었다.

〈골드베르크 변주곡〉은 성경의 공연하기(다시 쓰기)를 통해서, 자신의 공연이 "자유와 질서, 즉흥성과 강제 사이의 변증법을 연구하는 실험실"이기를 작가 조지 타보리는 원했다. 그런데 이번 공연에서는 성스러운 성경의 내용이 연출이나 배우들을 통해 어느덧 속(俗)으로 나타나고, 연출의 방탕한 생활은 더욱 이런 느낌을 강화한다. 즉 연대기적은 아니나 성경의 거의 모든 중요 장면들이 공연되지만, 공연은 전혀 성스럽다는 생각은 할 수 없으며 왜 성경이 등장하는지 조차도 모호하다고 하겠다. 공연을 위해서 우선 성경에 대한 깊은 이해가 있어야 된다고 느꼈으나, 연출은 그 이해에서 부족한 듯싶다. 또 이해가 잘 되는 속한 부분만이 오히려 잘 드러났다. 따라서 공연은 성경의 '변주'가 되지 못하고, 공연의 뒷이야기 정도로 머물고 있다. 주인공 역의 과다한 대사 때문인지, 공연이 뒷부분으로 갈수록 연기를 힘들어하는 기색이 역력했다. 모두 다 심각하고 힘 드는데, 그 핵심인 주제를 드러내지 못한 듯싶다.

〈발자국 안에서〉는 공간에 대한 사유가, 인생의 꿈과 목적으로까지 자연스럽게 이어지는, '생각하게 하는 연극'이었다. 그 은유가 비교적 관객들에게 정확하게 전달되었으며, 소위 다수의 규정된 틀의 위력을 새삼 느끼게 했다. 과연 나의 삶은 그런 다수의 틀 안에 나도 모르게 흡수되지는 않는가? 이러한 주제를 설득력 있게 무대화 했다. 특히 일상의 공간을 가지고 관념적이고 새로운 공간을 깨닫게 한 공로는 연출의 몫이라고 생각된다. 이번 서울연극제 공연 중에서 가장 눈에 뜨이는 공연이었다. 다만 소품이라는 것이 단점이라면 단점이었다.

이상으로 각 공연은 모두 각기 장점을 가지고는 있으나, 예전의 서울연극제의 명성에는 부족한 듯한 느낌이다. 이는 서울 국제공연예술제가 독립해 나간 후부터 해마다 더욱 심화되고 있다. 이를 만회하기 위해서라도, 보다 적극적인 지원을 통해 공연에 대한 참여도와 집중도를 높이고, 서울연극제의 명성을 유지해야 하겠다.

(한국연극, 2007. 6)

광범위한 주제-아날로그와 디지로그: <2009 서울 국제 공연 예술제>

1. 축제

〈서울 국제공연 예술제〉가 9회를 맞는다. 이 축제의 근원이었던 창작극 위주의 〈대한민국연극제〉에서, 번역극도 포함한 〈서울연극제〉로 바뀌고, 그리고 춤 장르와 협조하여 해외 공연이 더해지면서 〈서울 국제공연 예술제〉로 자리 잡았다. 이 축제들은 항시 우리 연극계 최대의 행사였다. 올해의 〈서울 국제공연 예술제〉도 역시 최대의 축제로, 신종 플루의 확산으로 좋지 않은 여건 가운데서도 관객들의 많은 호응으로 객석이 거의 다 매진되었다. 그러나 한 가지 유감스러운 것은 이 공연제가 무용과 연극 내의 축제라는 점이다. 일반 시민으로까지 관객이 확대되지는 않은 듯싶다. 조금 더 대외홍보에 힘써서, 일반인들에게까지 알려진 공연제로 발돋음 해야겠다. 전반적인 매끄러운 진행은 이 SPAF가 조직으로 기반을 다졌고, 이제는 안정적인 스테프들이 연극제 기획을 미리 미리 준비한 공로라고 하겠다. 이제 내부적으로 그만큼 자리 잡았다는 신호이다.

2009 서울 국제 공연 예술제의 슬로건은 "아날로그와 디지로그" 였다. "시대의 흐름에 발맞추어 공연예술의 근본인 아날로그는 물론, 현대의 하이테크놀로지가 녹아 들어가 있는 디지로그 작품들도 선보입

니다."라는 프로그램의 말처럼 실로 다양한 공연이 선보였다. 더구나 〈베세토 연극제〉에 초청된 작품들까지 망라하고 있다. 뿐만 아니라 이 공연예술제에는 〈세계 국립극장 페스티벌〉과 〈베세토 연극제〉와 그 시기가 거의 겹쳐 있다. 아마도 이러한 공연들을 전부 아우르기 위해서, 광범위한 "아날로그와 디지로그"라는 주제를 내세웠는지도 모르겠다는 생각마저 들었다.

이러한 산만함에 가까운 다양한 공연 경향은 다음 장에서 논하겠지만, 일단 이번 축제가 "아날로그와 디지로그"라는 내세운 주제에 맞는지 모르겠다. 이러한 슬로건을 위해서는 아날로그와 디지로그가 첨예하게 대립되어 보여주거나, 아니면 그 조화를 보여 주여야 하지 않았을까? 대체로 공연들은 이번 축제의 방향성에 대해서 별로 제시해 주고 있지 않았다. 각기 다른 공연들이 제 각각이어서, 하나의 축제로는 산만하고 인상적이지 못했다. 그리하여 공연들이 모여서 시너지 효과를 내기보다는, 각기 고립되었다. 따라서 이번 축제에 구심점이 없다는 생각을 지울 수 없었으며, 연극제가 어떤 말을 하고자 하는 것인지 알 수 없었다. 좋은 공연을 볼 수 있는 기회만으로는 (그것도 대단한 것은 사실이다), 뭔가 미진한 느낌이다. "외국의 훌륭한 작품을 선보인다."는 것의 안주만으로는 국제적 연극제로 거듭나기 어렵지 않을까? (사실 이번 해외공연은 몇몇 공연을 제외하면, 그렇게 감동적이지도 못 했다.) 어느 정도 시행착오를 거쳐서는 이 공연제가 국내용이 아닌 국제적 공연제로 발돋음 해야 하기 때문이다. 백화점식 나열로는 결코 한 단계 더 높은 아시아가 아니 세계가 주목하는 공연제로 나아갈 수 없기 때문이다.

이에 대한 제안으로는 한 2~3년 뒤의 공연제를, 미리 좁은 주제를 정해서 홍보하고 시행하는 것이다. 가령 "디지로그와 그 실험"이 주제가 된다면, 그에 맞는 공연을 고르고 또 국내에서는 미리 제작을 의뢰

하는 일이다. 그리하여 한 주제(축제)가 끝날 때마다 그에 관한 많은 것을 보고, 또 국내에서도 실험하여 봤다는 느낌이 필요하다. 그리고 이러한 시도가 잘 정착되어 가는 과정에서, 우리 공연제의 영구 주제가 정해지고, 매년 이 영구 주제가 절반 이상 공연되며 기타 오늘의 공연이 올라갈 수 있는 공연제가 되어야겠다. 가령 "고전양식의 현대화나 문화상호주의"가 고정 주제라면, 이러한 공연에다 프린지 형식으로 오늘의 대표작을 몇 작품 초청할 수 있겠다. 그렇게 되면 세계에서도 "문화상호주의" 공연을 보려면 서울에 가야한다는 생각을 하게 되고, 그 특색으로 말미암아 세계적 공연제로 명성을 얻고 세계 연극에도 기여할 수 있을 것이다. 이것은 어디까지 원대한 구상이나, 이제 〈서울 국제공연 예술제〉도 10년이 되어 가니 다음 10년을 바라봐야 할 것이다.

2. 공연의 경향과 그 성과

1) 디지로그 공연

이번 공연제의 슬로건이 "아날로그와 디지로그" 였던 만큼, 디지로그적 공연은 중요하다. 이 부분의 공연이 빛을 발할수록 공연제의 의의가 살아나기 때문이다. 이 부분의 공연으로는 복합장르로 선보였던 〈노만〉(캐나다, 미셸 르미유, 빅터 필론 연출)을 대표작으로 꼽겠다. 영화가 노만의 생애와 작품세계를 한 배우(무용수)가 홀로그램과 레이저와 함께 공연한다. 이 배우가 만나는 인터뷰어들이 홀로그램으로 대치되고, 노만의 작품들이 레이저로 표현된다. 이제 배우와 뒤엉키며 연기하는 홀로그램이 자연스럽게 다가왔다. 레드몽드 극단의 로베르 르빠쥬 이래 꾸준히 하이테크놀로지에 정진해 왔던 캐나다의 기술력이 돋보였다. 디지로그로도 이만한 수준의 공연을 선보일 수 있다는 좋은 전범이 되었다. 그러나 배우의 열연에도 불구하고, 공연 전체적으로 차가운 느낌을 지울 수 없었다. 홀로그램과의 교감은 사람 간의 연기가 주는 교감과 확연히 달라서, 신기는 했지만 살아있는 온기와는 전혀 다른 섬뜩한 차가움이었다.

아쉽게도 〈노만〉 이외에 디지로그로 볼 수 있는 연극이나 복합장르 공연은 거의 없었다. 굳이 가능한 상관성을 꼽는다면 〈모스크바 사이코〉(러시아, 안드레이 졸단 원작/연출/배경)나 〈리체르카레〉(프랑스, 프랑수아 탕기 연출/세트·조명 디자인)를 들겠다. 〈모스크바 사이코〉는 〈메디아〉를 현대적으로 재해석하였다. 배우들의 연기를 클로즈업하거나 시점을 다르게 하여 비디오로 잡아내서, 진행되는 연기와 함께 보여주었다. 기술적으로 새로울 것이 전혀 없었으며, 공연의 성과도 의문이었다. 즉 살아 연기하는 배우들을 두고 자꾸 영상과 자막에 집중하게 되어서, 공연의 효과가 의문시 되었다. 무대는 항상 산만하게 느껴졌으며, 의도하는 충격은 부산하게 사그라져서, 메디아의 마지막 복수장면조차 다른 장면에 비해 별 변별력이 없었다. 〈리체르카레〉의 경우도 디지로그는 없었다. 다만 몇 겹의 격자 무대 속에서 보여주는 세계가 새로운 리얼리티를 보여주었으니, 그 세계를 굳이 디지로그의 세계와 연결시킬 수 있겠다. 꿈 속 같기도 한 초현실이 우리의 리얼리티를 재고하게 했다. 디지로그로는 약했으나, 〈리체르카레〉가 보여준 리얼리티만큼은 강하게 다가왔다.

"디지로그"라는 슬로건을 걸기에는 이번 공연들은 〈노만〉을 제외하면 대체로 너무 미약했다. 디지로그 공연을 유치하지 못했다면, 차라리 다른 주제를 내세운 것이 더 낫지 않았을까 싶다. 적어도 한 작품에 의지하여 주제를 표현하기에는, 이번 공연제가 너무 크지 않을까 사료된다.

2) 세익스피어 정전의 재해석

"아나로그" 작품은 대다수를 이루기에 이를 나누어 살펴볼 필요가
있다. 우선 세익스피어 공연이 눈에 띄는데, 극단 미추의 〈셰익스피
어 1862〉(배삼식 작, 마츠모토 유코 연출), 극단 여행자의 〈햄릿〉(양
정웅 연출) 및 이탈리아의 〈햄릿-육신의 고요〉(로베르토 비치 연출)
등이 있다. 국립창극단의 〈로미오와 줄리엣〉도 있으나, 이는 고전양
식의 재창조에서 논하는 것이 더욱 타당함으로 거기서 살펴보겠다.

우선 두 개의 〈햄릿〉을 살펴보면, 양정웅의 〈햄릿〉은 무속으로, 이
탈리아의 〈햄릿〉은 검도로 풀었다. 양정웅은 무대를 온통 무속화로
도배하고, 선왕은 '진오기굿', 오필리어는 '수망굿' 그리고 햄릿의 죽음
은 '산진오기굿'으로 풀고 있다. 무속이라는 주제로 집요하게 〈햄릿〉
의 시종을 이끌어갔다는 점에서 통일성이 뛰어 났으며, 문화상호주의
의 장점 다시금 각인시켰다. 반면 이탈리아의 〈햄릿〉은 검은 옷을 입
은 햄릿과 흰 검도복을 입은 코러스가 각각의 인물들을 교대하여 연
기하면서, 〈햄릿〉의 에센스를 집약해 보여주었다. 햄릿을 제외한 다
른 인물들은 하얀 검도복으로 통일되었으나, 동작은 반드시 검도의
움직임은 아니었다. 흑백의 대비와 간결한 무대는 〈햄릿〉의 핵심으로
다가가는데 유효했으나, 산뜻함을 넘는 강렬한 인상적인 몇 개의 장
면이 더 필요한 듯 싶었다. 한 마디로, 3시간을 넘게 끈 양정웅의 〈햄
릿〉은 덜어내는 절제가 필요했으며, 그 절반에 못 미치는 시간을 공
연했던 이탈리아의 〈햄릿〉은 지나치게 절제된 느낌이었다. 두 공연
모두 수준급이었으나, 감동적인 공연이기에는 한 발이 못 미친 공연
이었다.

극단 미추의 〈셰익스피어 1862〉 역시 3시간이 넘게, 다양한 셰익스피어 작품을 연결시켜 하나의 줄거리로 이어갔다. 간추린 일종의 셰익스피어 패스티쉬로, 철종 시대에 있었던 하나의 완성된 이야기로 끝맺는다. 극단 미추의 연기력과 전통연희 능력은 매끄럽게 공연을 끌어갔지만, 별 감동은 없었다. 이는 셰익스피어의 진솔한 아름다움은 제쳐두고, 그 껍데기만을 이어갔기 때문일 것이다. 도대체 여러 셰익스피어 작품이 이어진다는 사실이외에 어떤 아름다움이 있을까? 젊은 극단이 이를 시도했다면 그나마 젊은 치기로라도 치부했을 것이다. 그러나 우리나라의 대표 극단이 과연 이를 시도할 필요가 있었을까 싶다. 아직도 남은 제국주의의 발상을 본 듯한 인상을 지울 수 없었다.

이렇듯이 셰익스피어의 재해석은 혼성모방을 시도했거나, 문화상호주의를 도입했거나, 신체의 움직임을 강조했다. 각각의 공연은 나름대로 장점은 있었으나, 새로운 완성도를 보여주기에는 미약했다.

3) 일상의 해체와 그 미묘한 소외

아마도 가장 많은 작품들이 이 군에 속한다고 하겠으나, 그만큼 이 군의 범위가 넓기도 하고 또 많은 공연들이 우리 주변을 이야기 하고 있다는 것도 되겠다. 여기에 송선호의 〈청춘의 등짝을 때려라〉(최원종 작, 송선호 연출), 일본의 〈도쿄노트〉(히라타 오리자 작/연출), 형거리의 〈플라티노프〉(체홉 작, 유리 코르돈스키 연출), 프랑스의 〈세르쥬의 효과〉(필립 켄 아이디어/연출/디자인)들이 우선 속한다고 하겠으며, 넓은 의미로는 김재엽의 〈꿈의 연극〉(스트린베르히 작, 김재엽 연출)과 박근형의 〈너무 놀라지 마라〉(박근형 원작/연출)와 폴란드의 〈옛날 옛적에 폴란드 사람, 폴란드 사람, 폴란드 사람, 그리고 악마가 있었네)(모니카 스트젬프카 연출) 등도 꼽을 수 있다. 그만큼 일상은 오늘의 주요 이슈라고도 하겠다.

〈청춘의 등짝을 때려라〉는 대한민국 신세대라고 할 30대의 성장 희곡이다. 풍요롭게 자랐으나, 개인주의나 고용악화 등으로 소외되고 뚜렷하게 정착하지 못한 30대들의 어른 되기 성장통을 그렸다. 공연에서 다섯 명의 동창들을 통해서 보이는 30대는, 경제적으로도 도덕적으로도 안정되지 못했다. 연출은 별 무리 없이 이들의 이야기를 다소곳하게 펼쳐 보인다. 특별히 어느 인물에게 감동받지 않아도, 관객들은 쉽게 그들의 이야기에 동화된다. 〈도쿄노트〉 역시 현대 소외된 삶의 단편이 펼쳐진다. 이미 우리에게 잘 소개된 작품으로, 이번 연극제 공연이라고 특이한 사항은 별로 없었다. 여전히 일본식 일상을 우리에게 말해주는데, '베세토' 연극제의 일환으로 초청된 것으로 알고 있다. 〈플라티노프〉 역시 일상의 아슬아슬한 해체(혹은 그 직전)를 그리고 있다. 포스트모던의 시발이라고 할 수 있는 체홉의 초기작으로, 플라티노프를 통해서 존재의 불안내지 소외와 그 허무를 그리고 있다. 연출은 무대를 거대한 나룻배로 만들어서 흔들리는 인생을 시각화 하고, 부제를 'Fatherless'(아버지의 부재)라고 표현함으로써 뿌리 뽑힌 인간 존재를 나타내고 있다. 그러나 러시아 도진의 제자라는 연출은, 스승 도진이 같은 작품에서 보여주었던 탁월한 연출 감각을 살려내지는 못했다. 특히 헝가리 배우들과 러시아 연출 간의 소통이 좀 문제였던 것 같으며, 자막도 뒤엉켜서 제때에 대사를 전달하지 못했다. 〈세르쥬의 효과〉는 사소한 공연의 진정한 초대라는 주인공의 반복을 통해서, 인간의 소외를 표현한다. 거의 기계적인 동작을 반복하는 주인공과 초대 손님들의 행동을 통해서, 그 만남의 소중함을 느끼며 나아가서 그렇게라도 해야 하는 소외된 인간을 느끼게 된다. 드라이한 공연처럼 드라이한 삶이 다가왔다.

이들 공연들을 모두 일상을 중심에서 벗어난 한 모퉁이에서 바라보며, 그 중심을 파괴한다. 따라서 단편적인 일상과 가치 없을 수도 있는 동작들이 인간 소외로 이어지며, 나아가서 그 의미 없음을 지적하고 있다. 그러나 문제는 이들 공연이 얼마나 감동적이었나에 있다. 〈청춘의 등짝을 때려라〉는 일상이나 가치의 본격적인 해체를 보여주기보다는 신변잡기에 가까웠고, 〈플라티노프〉 역시 주인공의 연기가 존재의 불안으로까지 이어지기 보다는, 부도덕한 한 인간을 그리는 것에 가까웠다. 따라서 플라티노프의 불안과 허무가 일반적인 가치로 확대되지 못했다. 러시아 도진의 연출에서는 실로 존재의 불안이 다가왔던 바, 연출의 아쉬움으로 남았다. 〈세르쥬의 효과〉는 소품이라는 인상을 지우기 어려웠다. 우선에 한 명의 배우만이 등장한다고 해도 과언이 아닐 정도로 연기는 그에게 의존하고 있으며, 기계적으로 반복된다. 따라서 공연의 의도는 마지막에 다가왔지만, 훌륭한 공연을 과연 보았는가 의문으로 남았다. 〈도쿄노트〉만이 현대의 소외된 삶이 잘 다가왔다. 배우들은 극사실주의에 가까운 연기를 통해서, 단절된 오늘을 잘 보여 주었다. 그러나 〈도쿄노트〉는 이미 여러 번 우리에게 소개된 공연으로 이번에 어떤 새로움을 의도했는지 의문으로 남았다.

김재엽의 〈꿈의 연극〉은 일상의 묘사와는 조금 거리가 있으나, 역시 단편적인 삶의 단면들을 통해서 부조리한 일상을 드러내고 있다. 공연은 스트린베르히의 상상력을 잘 구체화시키지는 못했으나, 다발적인 장면들을 매끄럽게 이어갔다. 따라서 스트린베르히의 표현주의 작품이기보다는, 부조리한 삶의 스케치였으며 연출의 새로운 이야기 같았다. 원작이 갖고 있는 기발한 상상력과 표현주의적 주관성을 표현하지 못했다는 점이 공연의 큰 아쉬움으로 남았다. 박근형의 〈너무 놀라지 마라〉는 일상 같지 않은 일상이다. 목매단 아버지의 자살 시체가 변소에 걸려 있는 채로, 남은 가족의 일상이 계속된다. 영화를 찍는다고 집을 나간 남편을 대신해서 생계를 벌기 위해 노래방에 나가는 아내, 그 형수를 사랑하는 남동생, 시동생의 아이를 낳아 입양시켰던 형수－사실 같기도 하고, 같지 않기도 한 일상이 펼쳐지며, 기성의 가족의 개념을 해체하고 있다. 아버지 시체는 가부장제의 종말을 고하듯이 공연 내내 시종 걸려 있고, 자식은 시신을 보고도 못 본체한다. 제목 그대로 너무 놀랄 수밖에 없는 관객들에게, 작가는 역설적으로 놀라지 말라고 이야기 한다. 그 현실이야말로 해체 이후의 삶일 수 있기 때문이다. 폴란드의 〈폴란드 사람, 악마〉는 저 세상을 향하는 대기소에 모여 있는 각각의 사람들을 통해서, 전쟁이 망가뜨린 생활을 드러내 보였다. 그런 점에서 세계 2차 대전에 대한 묘사이며, 고발이다. 인물들은 각기 고독하나, 아직 일상의 해체와는 거리가 있다. 별 무대장치 없이 배우들의 연기에 주력했던, 폴란드식 '가난한 연극'의 전통에 서 있는 공연이라 하겠다.

　이렇듯이 일상과 단절을 보여주는 공연들은 무난했으나, 결정적 한 발자국이 모자란 느낌이었다. 그러하기에 그 일상의 해체 이후가 드러나지 못했으며, 단편적인 삶의 모습으로 끝나고 있다. 따라서 그 감동의 폭도 제한적이다.

4) 고전양식과 그 현대화

　국립창극단의 〈로미오와 줄리엣〉(박성환 연출/창극본, 안숙선 작창)은 셰익스피어의 작품을 창극화함으로써, 창극의 세계화를 이루려는 야심 찬 기획이라 하겠다. 그러나 한 마디로 셰익스피어의 줄거리를 따라가기에 전전긍긍한 느낌이었다. 파노라마처럼 바뀌는 1막을 보면서, 한국의 멋을 느낄 수 없었을 뿐더러 소리의 매력도 드러나지 않았다. 소리도 전통놀이도 재수굿판의 무당춤까지도 그저 박제화 된 한 장면으로 다가왔을 뿐, 감동이 전해오지 않았다. 즉 한국 전통을 보여주기에 급급해서, 나열하기에 그쳐 그 참 맛을 전하는데 미흡했다고 하겠다. 그리하여 〈로미오와 줄리엣〉은 창극의 양식미를 드러내지 못하고, 창극이 셰익스피어 내용을 전달하기에만 급급하였다. 너무 안이하게 손쉬운 전통을 나열하고, 판소리의 현대화 없이, 서구 고전에 대입시켰다. 그리하여 생기는 불협화음을 관객의 판소리에 대한 이해부족이라고 몰아가는 듯한 수용자 중심의 공연이었다. 이제 원형적 전통의 우월주의나 전통의 단순한 나열만으로는 오늘의 보편성을 얻을 수 없다. 한국적 정체성에 오늘의 현대성과 세계적 보편성을 더해야 할 시점이다.

반면 〈시라노 드 벨주락〉(일본, 스즈키 타다시 연출) 역시 서구의 고전을 노(能)의 기법을 활용하여 무대화했다. 시라노의 사랑이 세속적이 아니라 절대적인 만큼, 노의 최고의 경지인 참꽃을 피워내는 경지와 적절히 비교되었다. 뿐만 아니라 노의 절제된 움직임 역시 절제된 시라노의 사랑을 표현하는데 적절했다고 여겨진다. 즉 서구 고전을 고전 동양 정신 및 양식으로 적절히 표현하였다. 한마디로 고전양식의 효과적인 수용이라 하겠다.

한편 중국의 〈선비와 망나니〉(황웨이뤄 작, 꿔샤오닌 연출)는 고전과 현대를 적절히 배합시켜, 성공한 공연이라고 하겠다. 사회에서 가장 존경받는 선비와 가장 멸시받는 망나니를 묶어서, 그들의 장단점을 부각시키며 극이 진행될수록 서로가 닮아가는 두 사람의 모습에서 우리는 인생을 읽게 된다. 코러스들은 가면을 쓰고 고전양식의 몸짓을 하며 등장하고, 주요 배우들은 가면을 쓰지 않고 사실적 연기를 한다. 그러면서도 전체적으로 조화를 이루었다.

〈불타는 산〉은 고전 양식의 재현이다. 중국 사천성의 전통극의 한 갈래인 천극인데, 순식간에 얼굴 가면을 바꾸는 변검 기술과 불을 품어내는 토화로 유명하다. 이번 공연 역시 유감없이 변검과 토화가 발휘되었다. 우리가 잘 아는 손오공 이야기였지만, 새로운 양식이 새로운 맛을 느끼게 했던 공연이었다.

고전양식과 그 현대화는 세계적으로 중요한 이슈일 것이다. 온고이지신(溫故而知新)이라고 옛 것을 새롭게 알 때, 새로운 창조가 가능할 것이다. 특히 동양의 전통은 서구 연극의 전통과 크게 다른바, 세계 연극의 다양성을 위해서도 계속 관심을 가져야 하는 분야라고 사료된다. 일부 서구의 문화상호주의 연출들이 보여주었던 공연보다 더욱 훌륭한 공연들이 나와야 하겠다. 행정상으로 〈선비와 망나니〉와 〈불타는 산〉 및 〈시라노 드 벨주락〉은 베세토 연극제의 일환으로 초청되었다 한다. 어째서 '서울 국제 공연예술제'에 포함시켰는지 등 '서울 국제 공연예술제'와의 상관성을 좀더 분명히 했으면 좋겠다. 그래야만 '서울 국제 공연예술제'의 정체성이 더욱 분명해 질 것이다.

5) 사회상과 예술혼에 대한 질문

이 그룹은 범위가 좀 모호하다고도 하겠으나, 광범위한 사회상에 대한 관심이다. 역사나 환경에 대한 질문은 우리 사회상에 관한 관심과 이어지며, 예술혼에의 갈망 역시 그렇지 못한 오늘의 사회상에서 하나의 강력한 향수일 수 있다. 그리고 이들이 모두 최신작이라는 점에서, 오늘의 강력한 질문이라는 인상이 더욱 깊다. 물론 일상의 묘사도 사회상과 관련되나, 이 그룹의 질문은 보다 직접적이다.

〈베세토 연극제〉의 한국 참가작 〈다윈의 거북이〉(후안 마요르가 작, 김동현 연출)는 실제로 존재하지 않는 가상의 거북이를 주인공으로 잘못된 역사를 바로잡으며, 역사와 과학과 예술 간의 이기주의를 고발하고 있다. 즉 진화된 거북이가 인간의 고발자로 등장하여, 인류의 잘못된 역사와 그 비인간화를 보여준다. 원작의 깊이가 인상적이었으며, 여기에 거북이(강애심 역)의 연기가 더욱 감동을 더했다. 실로 거북이의 연기가 어려웠을 터인데, 강애심은 감동적인 연기로 가상의 거북이를 살려냈다.

그러나 거북이를 제외한 다른 배우들은 자신의 역할을 파악하지 못한 듯싶다. 역사와 과학과 예술을 대표하는 3인이 거북이와 접촉하며, 그들(혹은 역사, 과학, 예술) 간의 갈등이 표현되어야 했는데, 그런 것은 전혀 드러나지 못하고 거북이의 휴머니즘만이 연기되었다. 워낙 흥미로운 진화된 거북이이라는 발상과 그의 놀라운 연기력으로 공연은 마치 모노드라마를 보는 듯했다. 다른 연기자들의 연기도 더하여져, 복합적인 원작의 의미가 보다 드러났더라면 하는 아쉬움이 강하게 남았다.

〈원전유서〉(김지훈 원작, 이윤택 연출) 역시 복합적인 오늘의 사회상이다. 한 가정을 통해 나타난 가부장제의 폭력, 사슴으로 상징되는 친자연주의, 그리고 어머니가 나타내는 모성적 여성주의, 두 아이의 희생으로 드러나는 제의의식, 땅 투기가 보여주는 오늘의 탐욕적 사회상, 폐기물과 재활용 및 친환경주의 등등 다양한 모습들이 보이며 사회상이 얽혀진다. 그러나 작가는 할 말이 너무 많았고, 연출은 그 잉여함을 조금도 덜어내지 않았다. 어머니(김소희 분)의 연기가 중심을 잡아 주었으나, 공연의 잡다한 군더더기는 너무 많았다. 넘치면 모자람만 못하다는 말이 있듯이, 보다 덜어내고 정리할 필요가 많은 공연이었다.

반면 〈도살장의 시간〉(이승우 원작, 한태숙 연출)은 긴 응축과 폭발의 순간을 보여준다. 주인공은 도살장에서 소만을 도살하며, 동료가 보기에도 이상하리만큼 단조롭고 무섭게 살아간다. 도살장이 연극도서실로 변하여 개원하는 날, 주인공은 다시 나타난다. 바로 그가 연극에서 사고를 내고, 이로 인하여 한 도시의 극장이 없어졌었다. 잃어버린 무대를 되살리고자 하는 그는, 도서관 사서 여인을 제물로 바쳐서 예술혼을 일깨우고자 한다. 단조로운 색조의 이층으로 된 무대는 일층은 도살장으로, 이층은 사무실이나 도서관으로 나타난다. 관객 앞에서 무대와 객석 사이의 안전바도 없애는데, 이는 연극과 현실의 괴리를 무너뜨리는 작업으로 위험한 극중 상황으로 관객을 인도한다. 특히 어두컴컴한 일층 도살장은 주인공의 응축된 내면을 잘 상징하고 있다.

응축되고 무언가 긴장감을 조성해가던 전반부에 비하여, 그 놀라운 사건의 밝혀짐이 '무대의 사고'라는 사실은 너무 평이하게 느껴졌고, 또 그래서 어째서 그 도시에 연극이 없어졌는지를 설명하지도 못했다. 그리고 예술혼을 되살리기 위해 여인을 제물로 바치려는 시도도, 여인의 공포감만이 다가왔을 뿐 충분히 제의적으로 다가오지 못했다. 전체적으로 공연에서 조여 가던 긴장감이 갑자기 맥없이 풀린 느낌으로, 쓰다만 이야기 같았다.

이렇듯이 오늘의 문제를 다양하게 집어가는 공연들도, 공연의 완성도에서 무엇인가 한발 부족한 느낌이다. 〈다윈의 거북이〉는 너무 거북이의 연기에만 의존하여 역사와 과학과 예술이 할 말을 잃었고, 〈원전유서〉는 군더더기가 넘쳐서 공연의 주제를 불분명하게 했으며, 〈도살장의 시간〉은 응축된 에너지가 분출하지 못하고 하다만 이야기로 끝났다. 분명 무거운 주제를 의욕적으로 무대화하였는데, 과잉과 결핍 사이에서 균형감을 잃었다 하겠다.

6) 몸의 연극

〈테레즈 라캥〉(에밀 졸라 원작, 강량원 연출)은 졸라의 사실주의를 대표하는 작품이다. 그러나 이번 공연은 이 사실주의 작품을 몸의 연기로 바꾸었다. 연출 강량원은 배우들의 몸을 강조하여 사실주의와는 전혀 다른 〈테레즈 라캥〉을 만들었으나, 여전히 인상 깊은 공연이었다. 평범함 동작 하나하나가 움직임을 강조하고 표정의 변화를 놓치지 않았다. 그리하여 몸을 강조했으나 〈테레즈 라캥〉이 전달하고자 하는 핵심은 여전히 전달되었다.

공연은 '극단 동'만이 갖는 독특한 표현이었으나, '극단 동'의 다른 작품 공연에 비하여 과연 뛰어났는가는 의문으로 남았다. 사실주의 작품이다 보니, 아무래도 몸으로의 표현이 어렵지 않았나 싶다. 원작의 선택이 아무래도 몸의 표현에 중요한 것 같다.

7) 인형극

〈시간극장〉(박새봄 작, 윤정섭 연출)은 인형극이라는 장르로 주목된다. 배우들이 인형극을 하게 되었다는 극중극의 메타 드라마의 틀을 갖추고, 그 후 배우들이 인형들의 대사를 이어간다. 무엇보다도 정교한 인형들의 움직임이 뛰어났다 점에서 주목된다. 아직 이야기의 완성도에서는 인상적이지 않았으나, 전통의 꼭두각시극 이래 사라졌다고 할 인형극을 오늘에 재현했다는 의의가 크다. 그리고 그 재현이 전통 인형극보다 훨씬 정교하고 세련되어서, 인형극의 발전을 기대하게 한다. 앞으로 우리극의 장르를 확대시킨다는 관점에서도 계속 이어져야 하겠다.

8) 음악의 연극

복합장르 〈에코〉는 음악의 공연이 아무래도 주를 이룬다 하겠다. 그러하기에 연출가가 음악을 시종 연주한다. 음악의 연주에 따라서 변주되는 무용수들의 동작은 재미있었다. 특히 여자 무용수의 유연함과 균형감이 두드러졌다. 그러나 움직임이나 이미지 자체는 별로 새로울 것이 없었으며, 신기하거나 상상력을 촉발하지도 않았다. 마치 학생들의 졸업공연을 보듯이 다양한 요소는 있는데, 통관하는 응집력이 없었다. 말 그대로 음악과 무용과 연극을 결합하는 복합장르의 시험적 소품이라고 하겠다.

이렇듯이 이번 〈서울 국제 공연 예술제〉는 중심을 잡아주는 뛰어난 공연이 부재했다고 하겠다. 무엇보다도 공연제의 슬로건 "아날로그와 디지로그"가 너무 넓어서(아날로그이거나 디지로그가 아닌 공연이 있는가?) 백화점식 나열을 하고 있다. 국제적 명성을 갖추기 위해서는, 보다 심도 있는 주제로 그런 공연만을 모으지 않으면 안 될 것이다. 뿐만 아니라 '베세토 연극제'나 '세계국립극장 페스티벌'과 기간도 겹치고 공연의 일부도 중복 초청되었다. 이러한 것은 〈서울 국제 공연 예술제〉의 정체성을 더욱 흐릴 뿐이라고 사료된다.

전체적으로 공연의 수준도 고만고만하여 확연히 기억에 남는 공연이 없었던 것도 문제였다. 아마도 〈노만〉이나 〈리체르카레〉, 그리고 전통극 〈불타는 산〉을 제외하면, 자신만의 색깔이 분명하고 완성도 있었던 공연이 부재하지 않았을까? 〈서울 국제 공연 예술제〉에 거는 기대가 높아져 가고 있는 만큼, 더욱 신선하고 완성도 있는 공연을 선보여야 하겠다. 그리하여 오늘 세계적인 실험의 방향을 가늠하고, 그 완성도로 유명한 화제작을 만날 수 있었으면 한다.

3. 진행과 부대행사

  이제 〈서울 국제 공연 예술제〉의 진행은 많이 매끄러워진 느낌이다. 우왕좌왕하기보다는 각각의 스텝들이 자기 몫을 해낸 느낌이다. 다만 자막은 여전히 문제가 많았다. 가령 〈플라티노프〉의 경우, 진행되는 대사와 자막이 대부분 맞지 않았을 뿐더러, 자막에 말하는 배우의 이름마저 생략되어 있어서 그것을 짐작해 맞추기란 매우 힘들었다. 또 〈리체르카레〉의 경우는 자막이 아예 없어서, 공연을 그림으로만 본 느낌이다. 물론 연출의 요청으로 그리했다지만, 한국관객의 입장을 더 잘 이해하는 사무국이 재고해야 했을 문제이다. 자막이 공연에서 갖는 비중이 막대한 만큼, 매끄러운 자막처리를 조금 더 고민해야 하겠다.

  "예술가와의 대화"는 이제 정착한 것 같다. 질문이 넘칠 정도로, 관객들의 참여가 활발해졌고, 그 수준도 공연에 적절하게 향상되었다. 이제는 이를 기록하여 추후에 그 연출가나 극단 연구에 활용할 수 있었으면 싶다. 공연장에서 실시했던 '관객 조사 설문'도 적절하게 관객의 정도(문화예술 경험)나 공연에 대한 기호 및 티켓예매 시스템의 효율성까지를 묻고 있다.

  마지막으로 공연의 시작 시간이 모두 8시였는데, 공연 중에는 3시간 전후의 공연도 꽤 있었다. 그렇다면 11시를 전후에서야 공연이 끝나는데, 평균 1시간 정도를 귀가 시간으로 꼽아도 12시가 되어야 귀가한다는 이야기다. 더구나 개인적인 차이를 생각하면 새벽 1시에 귀가할 수도 있다. 내일 일하러 가야하는 주중 공연의 경우, 잘못된 기획이라고 하겠다. 꼭 8시가 되어야 퇴근시간에 맞는 것도 아닌데, 긴공연의 경우 30분만이라도 앞당겨야 할 것이다.

나가면서

이제 〈서울 국제 공연 예술제〉도 9년째로 내년이면, 10주기를 맞는다. 이제 시작 단계의 혼란과 시행착오도 어느 정도 정리되었을 시점이다. 지금이야말로 안착에 안주하기 보다는 앞으로 10년을 계획하여야 하겠다. 그러하기에 국내용 〈서울 국제 공연 예술제〉가 아닌 국제적 예술제가 되기 위한 방안을 심각히 모색하여야 하겠다. 국제적 사회에서 늦게 시작된 연극제이니만큼, 그 정체성을 분명히 하는 것이 크게 도움이 되리라 생각된다. 가령 '고전양식의 현대화'된 공연을 고르려면, 서울에 시월 〈서울 국제 공연 예술제〉를 가면 된다라는 인식을 국제 연극계에서 갖게 하면 안 되는 것일까? 이제 국내 최고의 예술제에 만족하지 말고, 이러한 특화된 국제 공연 예술제로의 발돋음을 기대해 본다.

뿐만 아니라 '대중성'의 확보의 방법도 새롭게 고려해야 하겠다. 과연 〈서울 국제 공연 예술제〉가 〈부산 영화제〉만큼의 인지도가 있는지 스스로 반성해야 하겠다. 서울이라는 더 좋은 입지조건을 갖고도, 그만큼 알려지지 못한 것이 비단 예술 장르의 차이에만 기인했을까? 연극계 내의 축제에서 보다 열린 시민의 축제로 다가갈 때, 연극계의 관중 확대의 실마리도 보이리라 사료된다. 이 공연제를 계기로 연극에 관심을 갖게 되고, 차후 새로운 관객으로 자리매김 할 수 있는 촉매제의 역할을 〈서울 국제 공연 예술제〉에 아울러 기대해 본다.

(연극평론, 2009. 겨울호)

부상하는 기획공연, 화려했던 국제 공연: 2010년의 연극

1. 들어가며: 현란하기까지 했던 각종 연극제와 기획공연

2010년의 연극은 어느 때보다도 연극제와 기획 공연이 두드러졌다. 이는 연극 공연이 확실히 미리 계획되는 기획으로 옮겨가고 있다는 반가운 현상이기도 하고, 수많은 공연들 중에서 관객의 주의를 끌기 위한 방편일 수도 있다. 어떤 카테고리로 묶어서 홍보할 때 집단성으로 시너지효과를 발휘할 수 있기 때문이다. 상반기의 공연에서 주목되었던 점은 각종 기획공연에서 유난히 레퍼토리화가 강했다는 점이다. 체홉 150주년 기념 공연들, 장주네 100주년 기념 공연들, 셰익스피어의 재해석 그리고 상업적으로 성공한 〈연극열전〉 같은 공연들을 꼽을 수 있겠다. 이들을 먼저 긍정적인 의미로 본다면 외국 작품의 경우 우리 연출의 저변 확보로 해석이 다양해졌다는 이야기이고, 한국작품의 경우는 좋은 작품이 레퍼토리화가 되어 간다는 것이다. 부정적으로 본다면 최근 우리 연극계에 대두되고 있는 인문학적 고갈이라고도 볼 수 있다. 즉 새로운 것을 말하고 새로운 작품을 개발하기보다는 쉽게 안주하는 것이라고도 하겠다. 그래서인지 상반기에 눈에 띄는 창작극은 별로 없었다. 하반기에는 국제 연극제로 점철되었다. 초유의 2010 서울연극올림픽(The 5th Theatre Olympics)을 비롯하여, 서울국제공연예술제, 세계국립극장페스티벌, 그리고 넌버벌 거리극 중심이었던 하이서울페스티벌이나 과천한마당축제 등이 화려하게 선보였다. 짧은 기간 동안에 과연 이렇게 많은 해외초청공연이 필요했는가도 전체 연극계 차원에서 한 번은 고려해보고 조정할 필요도 있겠다. 이러한 올해의 연극을 올해의 이슈였던 주요 연극제나 기획공연을 중심으로 살펴보겠다.

2. 상반기의 연극제와 기획공연

상반기에 주목되었던 기획공연으로는 '서울연극제'를 비롯하여 '체홉 150주년 기념 공연'이나 '장주네 100주년 기념 공연'들을 들겠다. 국제 축제로는 '페스티벌 봄'이 복합장르를 확실하게 선보이며 우리 연극계의 다원화를 이끌었다. 이외에도 실로 공립극장(국립극장, 명동예술극장, 서울시극단, 아르코예술극장, 남산예술센터 등등)의 당양한 기획공연과 각종 연극제(페스티벌 봄, 혜화동 1번지, 두산아트센터, 연극열전, 여성연출가전, 의정부국제음악극축제, 춘천마임축제 등등)가 올 상반기를 장식했다. 대체로 정전의 재공연이 주류를 이루었으며, 창작극은 부진했다고 하겠다.

'서울연극제'는 '서울국제공연예술제'와의 차별화를 위해서인지, 올해부터 창작극 위주의 연극제를 선포하며, 실험극을 동시에 선보였다. 이러한 취지와 변화는 고무적이라 하겠으나, 아직 괄목할만한 성과는 없었다. 그나마 주목되었던 작품으로, 오태영의 〈부활 그 다음〉으로 주제의식이 강하여 주목되었으니, 빈부 차의 우리 사회를 날카롭게 비판하고 있다. 역시 김광림의 〈리회장 시해사건〉은 현대극에 전통적 형식을 넣은 연극의 형식 만들기라는 점에서 주목할 만하다. 고선웅의 〈들소의 달〉은 장황한 대사나 신체언어 등의 고선웅의 특기가 들어나면서 시각적 이미지가 인상적이었으나, 관객과의 궁극적인 소통은 이루지 못했다 하겠다. 실험극은 단 하루씩 공연되어서 파급효과를 미치기가 힘들었다. 이들 중 가장 실험적이었다고 할 심철종의 〈홀맨〉은 비닐 막을 활용하여, 가상과 현실을 오가는 공간의 판타지가 인상적이었다. 새로운 변화를 시도한 것은 주목되며, 이 변화가 가시화 될 내년을 기대한다.

체홉 150주년을 기념한 공연 중에는 임도완의 〈왕벚나무 동산〉과 전훈의 〈숲귀신〉 및 지차트콥스키를 초청하여 연출했던 〈벚꽃동산〉 등이 인상적이었다. 〈왕벚나무 동산〉은 장소를 경북 안동으로 바꾸고 일제 시대 격변기를 시간으로 하여 재구성하였다. 사다리움직임연구소 특유의 움직임과 소통 부재를 강조하며 박제된 시간 속의 노스텔지어를 집어내었다. 다만 그 노스텔지어가 감상적이었다는 점이 아쉬웠다. 이번에 초연된 〈숲귀신〉은 〈바냐 아저씨〉의 전신이라고 하겠는데, 성실하게 원작을 따라서 연출하여 방대하고 산만한 이야기를 에너지와 생동감으로 바꾸어 내었다. 체홉의 초기작이어서인지 관조의 삶을 보여주는 후기 작품들과 다르게 아직 삶이 도전적으로 다가왔다. 올해는 특히 〈바냐 아저씨〉가 많이 공연되었는데, 1월부터 심재찬의 〈바냐 아저씨〉부터 LG아트센타에서 초청했던 말리 극장의 〈바냐 아저씨〉, 그리고 한국식 각색내지 재창작이라고 할 〈순우삼촌〉 등 체홉의 작품 중에서도 그간 소홀했던 〈바냐 아저씨〉가 재평가 되었던 한 해였다. 지차트콥스키의 〈벚꽃동산〉은 그의 한국 초연이었던 〈갈매기〉와 비교할 때 많은 반향을 얻지 못했다.

장주네 100주년 기념 공연으로는 단연 〈하녀들〉이 다양한 연출가에 의해 많이 공연되었다. 그러나 이미 수준급 공연으로 널리 알려졌기에 여기서 별 전진이 없어서 큰 주의를 끌지 못했다. 반면 청운예술단의 〈엄중한 감시〉(이송 연출)는 배우들의 앙상블이 뛰어났고 잘 짜인 공연이었다. 국내 최초의 공연이었던 연극집단 뮤토스의 〈유형지〉(오경숙 연출)는 주 무대가 지하에 있어 내려다 봐야하는 새로운 경험 등 전 극장을 사용하는 공간은 좋았지만, 그림 그리기에 열중한 나머지 정작 주네가 말하는 핵심을 읽을 수 없었다. 새로이 장주네의 붐을 일으키기에는 부족한 기념 공연들이었다.

상반기 중 '페스티벌 봄'은 주목되었는데, 무엇보다도 복합장르라는 자신의 색깔을 지키면서 그 분야의 최고의 공연들이 많이 초청되었기 때문이다. 가령 이들 중 연극에 가장 가깝다고 할 〈죽은 고양이 반등〉은 새로운 시간과 공간을 오가며, 기존의 연극의 틀을 깨뜨리며 오늘날의 포스트드라마를 선보였다. 공연의 방식을 바꾼 〈공공영역〉의 경우 관객에게 질문하는 과정(이것을 공공영역이라고 부름)에서 관객이 헤드폰을 듣고 질문에 반응하는 동안, 어느덧 일시적인 공동체가 만들어지고, 소수집단들이 형성된다. 이러한 질문들을 통해 궁극적으로 오늘과 나를 돌아보게 되는 것이다. 실로 각 공연마다 특징이 분명하면서도, 복합장르라는 새로운 공연의 경향을 잘 보여주었다. 아마도 이만큼 자신의 영역을 분명히 드러내며 성공한 축제는 여태까지 없었다고 해도 과언은 아닐 것이다.

여러 공연들 중에서 상반기 베스트 3의 공연을 꼽는다면, 고전의 재해석으로 극단 동의 〈비밀경찰〉(고골 작, 강량원 연출), 새로운 창작극 공연으로 연극열전의 〈오빠가 돌아왔다〉(김영하 작, 고선웅 연출), 그리고 한국 레퍼토리 만들기로 명동예술극장의 〈오장군의 발톱〉(박조열 작, 이성열 연출)을 들겠다. 이외에도 〈에이미〉(데이비드 헤어 작, 최용훈 연출)이나 두산 인인 시리즈의 〈잠 못드는 밤은 없다〉는 뛰어난 최신 번역극들이다. 이들 공연은 각기 자신만의 특징을 가지며, 색다른 세계를 다양하게 펼쳐보였다.

〈비밀경찰〉은 수행적 연기로 주목되었는데, 고골리의 〈검찰관〉을 공연했으나 그 내용은 희곡의 내용이라기보다 그 행동의 수행이 곧 연극의 내용이 되었다. 즉 연기의 현상성을 지각하도록 하는 공연이며 나아가서 공연은 재현작업에서 퍼포먼스로 이행된다. 따라서 공연은 극단 동만의 〈비밀경찰〉인 것이다. 한 편의 연극이기 보다 퍼포먼스 공연의 현상이 아닐까 하는 생각이 들었다. 실로 〈비밀경찰〉은 이제 우리 연극의 새로운 시작을 말하고 있으니, 우리 연극계에도 설치미술과 음악과 연기가 어우러지는 수행적 포스트드라마틱한 공연이 시작되었다. 즉 정해진 텍스트보다 이를 수행해 가는 과정에서 그 공연만의 진짜 의미가 산출되는 것이다. 〈오빠가 돌아왔다〉는 예술성 높은 대중연극을 표방하는 '연극열전' 시리즈를 대표하는 공연이라 하겠다. 도저히 화해할 수 없을 것 같은 가족의 재결합과 화합을 그려가는 이 공연은 소위 신세대 감각을 잘 표현했다. 배우들의 앙상블을 살리면서, 적당히 스타일화한 액션을 넣어서 가족의 화해를 산뜻하게 그렸다. 고선웅 연출 특유의 유머와 몸짓과 이미지를 살펴서 보기에 즐거운 공연이었다. 한편 〈오장군의 발톱〉은 무대의 재해석이 돋보였다. 초연을 인상 깊게 보았던 필자는 그보다 나은 〈오장군의 발톱〉은 힘들겠지 지레 생각했으나, 이를 기분 좋게 깨뜨리며 새로운 무대는 인간을 더욱 왜소하게 부각시켰다. 초연이 '자연인'을 강조했다면, 이번 공연은 전쟁이라는 조직에 의해 왜소한 인간을 더욱 강조했다. 특히 어머니 역할의 고수희의 연기가 어머니의 비중을 크게 했으며, 오장군 역시 앳된 보이는 김주완의 연기로 영문도 모르고 전쟁에 희생되는 인간을 부각시켰다. "〈오장군의 발톱〉은 일견 전쟁, 군대와 자연, 인간의 상극이라는 거창한 주제를 의도한 듯이 보이기는 하지만, 나로서는 지극히 사적인 정념의 소산임을 강조하고 싶습니다."는 작가의 말처럼, 공연은 개인적인 아픔이 다가왔다. 셰익스피어를 다양하게 연출하면서 그 작품의 깊이가 깊어지듯이, 이번 〈오장군의 발톱〉 역시 새로운 해석을 통해서 우리의 고전 만들기에 한층 다가섰다.

한국 초연으로 〈에이미〉(데이비드 헤어 작, 최용훈 연출)이나 인인 시리즈의 〈잠 못드는 밤은 없다〉(히라타 오리자 작, 박근형 연출)는 각기 자신들의 확고한 할 말을 가지고 있으며 이를 심도 깊게 형상화 했다. 〈에이미〉는 소위 포스트드라마가 시대의 대세라는 오늘날의 연극계에, 정통 사실주의 연극의 건재함을 알리는 동시에 텍스트의 중요성을 다시금 알린 공연이기도 하다. 순수예술과 대중예술, 보수와 진보, 구세대와 신세대의 갈등 및 신자유주의 등등 우리 삶의 중요한 문제들을 폭넓게 다루면서, 오늘의 사회 변화를 주시했다. 공연의 성공은 무엇보다도 헤어의 원작이 주는 철학적 깊이에 있다고 하겠으나, 동시에 카리스카적인 흡인력을 가진 윤소정의 연기에 크게 기인하였다. 작품의 노배우 에스메는 바로 배우 윤소정이라고 느껴졌다. 윤소정은 무대를 압권 했으니, 관중을 휘어잡는 그녀의 카리스마가 없었다면 무대는 훨씬 초라했을 것이다. 연출은 특별히 멋을 부리기보다 원작을 차분히 따르며, 인물 간의 갈등 부각에 주력한 것 같다. 전체적으로 오래 만에 보는 완숙한 공연이었다. 프랭크(이호재 분)와 할머니 이블린(백수련 분)이 윤소정과 자연스럽게 호흡을 맞추면서, 젊은 이들의 다소 부족한 연기도 세대 간의 차이라고 치부할 수 있게 넘어 갔다. 작품이 제기한 수많은 이분법 – 예술연극과 대중매체와의 대립, 장모와 사위의 미묘한 갈등, 서로 사랑하면서도 엄마와 딸의 다른 가치관, 시어머니 이블린과 에스메의 갈등, 신세대와 구세대, 신자유주의와 사회변화의 물결 속에서도 그 의미를 드러내는 구(舊)가치관, 이혼은 했으면서도 통념적으로 이해할 수 없는 깊은 사랑, 등 공연은 팽팽한 대립으로 차 있었으며, 이 풀지 못할 것 같은 이분적 평행선이, 마지막 사위의 화해 신청으로 만나게 된다. 실로 이번 〈에이미〉는 탄탄한 연기와 무대로 정통적 연극의 완숙미를 느끼게 했다. 〈잠 못드는 밤은 없다〉는 현대 인간의 소외와 고독을 감상에 빠지지 않으면서도 절실하게 그려냈다. '소토코모리'라는 신조어가 있는데, 이는 해외에서 히키코모리(은둔자)처럼 생활하는 사람들을 일컫는 말이다. 작품은 일본에서 은퇴 후 말레이시아로 이주한 사람들의 이야기이지만, 이는 곧 다가올 한국 사회의 한 단면 같기도 했다. 스스로 소외되어 고국에서 하차하고 싶었던 사람들이며 그 "어디로도 가고 싶지 않은" 이들은, 실은 오늘의 사회가 당면한 고령화와 질병, 빈익빈 부익부, 히키코모리 등의 문제를 제기하고 있다. 박근형의 연출이 그러하듯이 전체적인 연기의 앙상블을 바탕으로 일상을 소소하게 그려냈다. 그러한 일상 속에서 잔잔하게 묻어나는 인간 존재의 고독과 노년의 문제들이 다가온 공연이었다.

3. 하반기의 국제 연극제

하반기의 공연은 국제 연극제로 화려하게 펼쳐졌다. 아직 하반기 전부가 종료되지는 않았다 하더라도, 이후 아마도 각종 국제 연극제보다 나은 공연이 별반 없으리라 여겨진다. 세계의 잦은 교류를 바탕으로 21세기에 들면서 국제 연극제는 좀 더 글로벌화 되었다. 유럽연극제마저도 이제 유럽 이외 많은 세계의 연극을 초청하고 있다. 싫던 좋던 우리는 연극의 '세계화(Globalization) 시대'에 살고 있는 것이다. 따라서 하반기의 연극은 서울연극올림픽(The 5th Theatre Olympics)을 필두로, 서울국제공연예술제, 세계국립극장페스티벌, 그리고 넌버벌 거리극 중심었던 하이서울페스티벌 등을 중심으로 펼쳐졌다. 이러한 세계 연극제 공연의 유형을 나름대로 가름하면서, 연극의 세계화

화두를 염두에 두고 하반기 공연을 논하겠다.

　세계 연극제에 자주 초청되는 공연 유형은 대체로 서너 가지로 분류되는데, 이번 서울연극올림픽에도 어김없이 이러한 유형들이 등장했다. 우선 가장 기대를 모았던 로버트 윌슨의 〈크라프의 마지막 테이프〉는 윌슨이 직접 연기까지 담당했던 1인극이다. 윌슨답게 짙은 푸른색 조명이 깔리며 서재의 책장 같은 배경이 그래픽으로 나타났다. 여기에 빗소리 같은 청각 이미지도 활용하여 테이프 소리와 함께 음향효과를 높였다. 1인극을 국립극장 대극장에서 공연했는데도, 무대를 꽉 채웠다는 느낌으로 윌슨의 카리스마가 다가왔다. 그러나 무대는 훌륭한 조명에 그쳤지, 윌슨의 다각적인 테크놀로지의 활용으로는 아쉬웠다. 또한 베케트가 의도했던 〈크라프의 마지막 테이프〉와는 공연이 거리가 있었다. 죽음을 앞둔 생일 마지막 녹음을 하는 크라프로 보기에는 윌슨의 연기는 너무 건장했고 힘이 넘쳤다. 약간 스타일라이즈 한 과장된 연기는 관중을 압도했지만, 베케트의 〈크라프의 마지막 테이프〉의 세계로 빨려가게 하지는 못했다. 문화적 배경으로 미국 문화를 찾기 힘들었으며, 유럽에서 오래 활동해서인지 약간 동구의 느낌이 들었다. 그러나 어떤 독특한 문화는 없지만, 현대의 국제적 모든 여건을 잘 활용했다. 카리스마적 연기, 적절한 훌륭한 시청각적 효과, 명성에 뒤따르는 아우라 등이 어우러진 소위 국제연극제에 등장하는 첫 번째 유형으로, 세계화의 장점과 단점을 갖춘 공연이라고 할까? 원작이 밀착해서 세세히 파고드는 감동은 없었지만, 기술적으로 현대적이며 탁월하게 수준급인 잘 만들어진 공연을 관람하였다는 느낌이 강하게 남는다.

　반면 스즈키 다다시의 〈디오니소스〉는 일본 문화의 배경 없이는 불가능했다. 마치 노(能)를 보고 있는 듯한 착각이 들도록, 배우들의 무게 중심은 하반신에 쏠렸으며 노의 배우와 같이 미끄러지듯이 걸었다. 의상 역시 전통 기모노는 아니었으나, 현대화되었다고는 하나 전통의상을 연상시켰다. 실로 문화상호주의적 공연이었으며, 이를 배제하고는 이 공연을 논할 수 없었다. 즉 국제연극제 공연의 또 다른 작품군이라고 할 수 있겠다. 자신의 문화로 정전을 재해석 하는 것은 아시아 연출가들이 서구에 진출하는 연출 방법론으로 이미 널리 활용되고 있다.

한편 독일 오스터마이어의 〈햄릿〉은 일종의 충격요법을 강하게 밀고 나갔다. 소위 국제 연극제의 3번째 유형이라고 하겠는데, 엄청난 에너지로 진저리 치도록 강하게 감각화 시킨다. 〈햄릿〉에서는 '흙'이라는 오브제를 시종 밀고 나갔으니, 무덤을 파고 덮는 햄릿왕의 장례식에서 시작하여 배우들은 흙을 뒤덮어 쓰고 흙바닥에서 결투로 피로 물들이며 죽어간다. 전반부부터 에너지가 넘치며 일반적인 도를 넘게 흙을 뒤집어쓰고 먹기까지 해서 후반부에는 무엇을 더 보여줄 수 있을까를 염려하게 할 정도로 감각을 끌고 나갔다. 감각화를 더하기 위해 호스를 무대에 놓고 시종 물을 비처럼 뿌렸다. 이 물과 흙이 질척이며 실로 '덴마크가 거대한 감옥'이라는 햄릿의 대사를 연상시켰는데, 이 위를 뒹구는 인물들은 정도로 흙탕물 위에서 살아가는 인생을 실감나게 했다. 여기에 발처럼 쳐진 막에 직접 카메라로 찍어 보이는 영상도 흥미로 왔으니, 클로즈업의 효과와 전체 장면을 동시에 볼 수 있었기 때문이다. 이러한 현대 테크놀로지의 도입은 더욱 현대적인 〈햄릿〉이라는 인상을 더했다. 또한 6인의 배우가 일인 다역으로 둘 이상의 역할을 소화했는데, 특히 왕비와 오필리어의 1인 2역은 인상적이었다. 이들은 햄릿이 사랑했던 두 여인으로, 오디프스 컴플렉스를 보다 가시화 하였다. 이렇듯이 다양한 연출의 기법을 활용했으며 이들은 모두 관객에게 충격을 주기에 집중했다. 강한 에너지가 시종 무대를 사로잡았으며, 충격이 점층 되어 오히려 마지막에는 극적 효과를 반감시키기도 했다.

마지막으로 가난한 연극을 표방하며 오로지 '몸'으로만 표현하는 공연이다. 충격요법과 유사한 점도 있으나, 그 충격을 위해 오로지 '몸'을 활용한다. 〈맥베스(Macbeth After Shakespeare)〉가 이 대표적이라 하겠는데, 잔혹하며 에로티시즘이 넘치며 거침없는 육체의 향연이 펼쳐진다. 연출 이비짜 블란은 어떤 죄책감이나 주저함 없이 몸을 부딪히게 하여, 공포와 폭력 속에서 나오는 남성적 에너지는 무대를 넘친다. 배우들의 움직임과 연기만으로 맥베스는 잔인하게 시대의 폭군으로 등장하는 한편, 무대에서 뿜어 나오는 열기는 관객을 압도한다. 그 관객을 압도하는 카리스마가 맥베스를 이상하리만치 매력적이게 만들며, 동시에 그의 몰락은 인생을 허무하게 한다. 넘치는 에너지만큼 생명력이 넘쳤으며, 폭력을 생각하게 했으며, 연극의 현장성을 강렬하게 체험했다. 무대는 아무 세트조차 없는 빈 공간이었지만, 배우들의 움직임과 연기만으로도 꽉 찬 무대는 에너지가 넘쳤다.

이러한 유형들이 대체로 세계 연극제에서 명성을 얻는 공연들이다. 물론 위의 공연은 세계연극제를 배제하더라도 뛰어난 작품들이다. 그러나 연출이 세계적 명성을 얻기 위한 유형의 하나에 든다는 점을 상기할 필요가 있다. 한국 연극이 세계로 나가기 위해서는 아직까지 두 번째 유형인 문화상호주의적 공연이 주류를 이루고 있다는 점도 유의할 필요가 있다. 대표적으로 세계 연극제에 진출했던 이윤택의 〈햄릿〉이나 에딘버러 축제에 공식 초청된 오태석의 〈태풍〉 및 양정웅의 〈한 여름 밤의 꿈〉이나 〈햄릿〉이 모두 한국 문화를 배경으로 한 문화 상호적 공연임은 우연이 아닐 것이다. 이제 좀더 다양한 방법으로 세계 진출을 모색해 봐야 하겠다. 그러나 한편 이러한 연극의 세계화는 어떤 문제점을 갖는지도 돌아볼 필요가 있다. 꼭 이러한 유형의 연출이 아니더라도 좋은 작품이 소외되고 있는지를 고려해 볼 시점은 아닌가 싶다. 연극이 언어를 위주로 한다는 점을 생각하면, 이러한 세계화 연극은 너무 볼거리나 감각에 의지하고 있는지는 아닌지도 돌아보아야 하겠다.

서울올림픽에 참가한 한국 작품은 대체로 어떤 유형에도 들지 못했으며, 볼거리나 치열함이 국제 작품에 한참 못 미쳤다. 참가작은 이윤택의 〈바보각시〉, 임영웅의 〈고도를 기다리며〉, 오태석의 〈분장실＋춘풍의 처〉 및 손진책의 신작 〈적도 아래의 맥베스〉였다. 어쩌면 대부분 이미 익숙한 작품이어서, 신선함을 느끼지 못한 것도 공연의 매력을 감소시켰다. 사실 참가한 네 분의 연출가는 한국을 대표하는 연출가라고 할 수 있으나 그분들의 대표작으로는 부족했다. 그나마 〈바보 각시〉(이윤택 작, 연출) 정도가 한국 문화를 표출하며 공연을 긴장감 있게 이끌었다. 따라서 외국인들의 반응이 내국인들에게서 보다 좋았다. 이는 한국인에게는 바보각시 설화의 세밀함이 부족하게 느껴진 반면, 외국인들은 볼거리의 변화나 배우의 움직임들에 초점이 맞추어져 있어서가 아닌가 싶다. 역시 연극의 세계화에 나타나는 하나의 맹점이라고도 하겠다.

이 외에 공모작으로 〈채광창〉(부에로 바예호 작, 이송 연출)이나 〈블릭〉(남긍호, 로랑 글레레 연출)이 주목되었다. 〈채광창〉은 스페인의 공산주의의 경험을 우리 상황과 교묘하게 교차시키면서, 두 아들의 이야기를 긴장감 있게 펼쳐보였다. 스페인 내전이라는 사회적 사건이 종국에는 개인의 행복과 존재의 문제로 귀결되고 있다. 결국 두 사람 모두 이데올로기의 희생양이었으며, 이러한 경험이 있는 우리 관객에게는 깊은 공감으로 이어졌다. 양국 간의 역사 체험의 공통점을 부각시키며 관객에게 파고들었는데, 이러한 모델은 번역극 선정에 좋은 귀감이 되겠다. 한편 〈블릭〉은 신체 부조리극으로 베케트의 〈고도를 기다리며〉와 같이 갇힌 상황 속에서 존재의 부조리를 잘 나타내었다. 어눌한 것 같은 연기자들의 움직임에서 방황이, 놀란 동작에서 공포가, 그리고 무의미한 삶의 부조리가 스며들 듯 다가왔다.

아직 하반기를 마무리한 시점이 아닌 지점에서 2010년의 연극을 논하는 것이 조심스럽기도 하다. 그러나 2010년 연극계의 큰 이슈들은 부각되었다고 사료된다. 상반기에는 다양한 기획공연과 정전의 재공연이, 하반기에는 다양한 국제연극제와 연극의 세계화 문제가 화두였다고 믿어진다. 올해처럼 화려하게 국제 공연이 펼쳐진 해는 아직껏 없었다고 해도 과언이 아니다. 그러나 동시에 조용하게 연극 세계화의 다양한 패턴과 그 장·단점을 꼽아봐야 할 때이기도 하다.

(연극포럼, 2010. 12)

6

평론과 그 주변

2007 세계 연극학회(IFTR) 참관기

올해 세계 연극학회는 남아프리카공화국 스텔렌보쉬(Stellenbosch)에서 7월 10일부터 14일까지 개최되었다. 이번 학회는 IFRT 사상 처음으로 아프리카에서 개최된 만큼, 주제도 '아프리카'로 삼았고 아프리카 연극과 그 영향을 돌아보는 계기가 되었다. 따라서 대회 주조연설자(Keynote Speaker)들도 아프리카 학자를 내세웠으며, 미국이나 유럽에서 초청한 학자들도 아프리카 전문가들이었다. 이는 IFRT 회장의 대회 개회사와도 연결되는데, 그녀는 앞으로 세계연극학회가 연극학을 영어권에서 나아가서 다른 문화나 언어의 학문 세계로 넓혀 갈 필요성을 강조하였다.

주조연설에 의거하면 아프리카 연극은 대략 3기로 나뉘는데, 제1기는 식민지 시대이며 제2기는 1970~80년대 포스트콜로니얼리즘에 근거하여 민족적 독자성(Identity)을 세우려던 시기이며 제3기는 1990년대 이후 세계화 시대라고 한다. 이러한 시대구분을 보면서, 우리나라와 기가 막힌 유사성을 느꼈다. 서구식 근대를 무조건 지향했던 식민지 시대의 반성을 통하여 포스트콜로니얼리즘이 싹텄고 동시에 사회·정치적으로 불안정을 겪으면서 연극의 사회참여가 높았다 하겠다. 1994년 만델라의 집권으로 대표되는 '진정한 화해(True Reconciliation, 흔히 약자로 TRC라고 부른다)' 이후 사회는 인종차별을 극복하고 안정되어 가지만, 연극은 비디오나 가정오락(Home Entertainment)에 의해 점점 그 영향력을 잃어 가고 있다고 한다. 이제 젊은이들은 더 이상 자연적으로 아프리카 리듬을 춤출 수 없으며, 서구 생활에 익숙해져 있다. 이런 세대의 세계화 대세와 아프리카니즘을 어떻게 조화시켜야 할지 아프리카 연극인들은 고민하고 있었다.

개별적인 분과토의에는 다양한 발표들이 계속되었으나, 대체로 아프리카 연극의 특징과 역사 혹은 연극인들에게 초점이 맞추어져 있었으며 그 전통적 유산과 서구 식민시대 이후의 근대성을 조화시키는 문제를 고민하였다. 그러하기에 문화상호주의(Interculturalism)이나 다문화주의(Multi-culturalism) 혹은 통합과 혼성문화(Syncretism & Hybridism)의 방법론이 가장 많이 거론 되었다. 물론 전통적인 다양한 춤과 가면들도 소개되었으며, 부락의 제의나 전투들도 연극적 연행(Theatrical Event)으로 연구되었다. 이는 공연성(Performative)를 강조하는 오늘의 서구 연극과도 상통되고 있었다. 또한 7, 80년대의 정치적 저항성이 오늘의 상호작용 연극(Interactive Theatre)으로 계속되고 있었다.

뿐만 아니라 지속적인 연구 그룹인 Working Group의 공식토의 시간도 전체 프로그램에서 더 많이 할애 되었으며, 그 영역 역시 넓혀가고 있다. 무엇보다도 반가운 것은 오랫동안 논의되어 왔던 '아시안 연극(Asian Theatre)'의 Working Group 창설이 이사회를 통과하여 내년부터 공식출범하게 되었다는 점이다. 또한 '아랍연극' Working Group도 마빈 칼슨(Marvin Carlson)교수를 중심으로 내년부터 공식출범한다. 즉 아시아에 대한 세계적 관심을 공식적으로 인정한 결과물이라고 하겠으며, 아시아 연극학이 세계무대에 데뷔하는 초석이 마련되었다.

이번 대회의 반성은 우선 학회기간 중 공연이 너무 적었다는 것이다. 또한 '아프리카'에 너무 초점을 맞추어서, 일반적인 학문적 흥미와 깊이가 다른 대회보다 떨어지지 않았나 하는 점이었다. 이는 내년 학회를 준비할 우리들에게는 중요한 시사를 한다. 많은 실제적인 공연을 통하여 한국 연극을 석학들에게 널리 알리는 것은 물론, 과연 어떻게 '아시아니즘'을 깊이 있게 논의 하면서도 학문적 일반성(Academic Universality) 및 현대적 세계성(Modern Globalism)과 연결시킬 것인가 하는 문제이다.

내년은 서울에서 중앙대학교가 IFRT학회를 유치한다. 이를 위해서 중앙대 연구진들이 대거 이번 학회에 참석하였으며, 학회의 진행을 꼼꼼히 기록하였다. 뿐만 아니라 한국에 대한 홍보자료도 미리 나누어주고, 마지막 날에는 전체 종료 대회에서 서울과 중앙대학교를 시각 자료까지 준비해 치밀하게 홍보하였다. 이는 내년 대회의 전망을 밝게 하고 있다.

(한국연극, 2007. 8)

2010 세계연극학회(IFTR) 참관기

올해 세계연극학회는 독일 뮌헨에서 7월 25일부터 8월 1일까지 "모더니티의 문화"라는 주제를 가지고 행해졌다. 이번 학회에 눈에 띄는 변화는 우선 본고장 중앙유럽에서 행해져서인지 참가 인원이 예년에 비해 거의 배에 수준에 달하였다. 이러한 양적인 팽창과 함께 전체적으로 동양 연극의 확장이 피부에 다가왔다. 아시아 연극, 특히 일본과 중국 그리고 아랍권에 대한 관심과 발표가 눈에 띄게 많아졌다. 이는 비단 아시아권 학자의 활발한 해외 발표뿐만 아니라, 서양 학자들의 발표도 압도적으로 많아졌다. 특히 일본 연극에 대한 열의는 어느 서구 나라 못지않았다. 이를 통해 '세계화(Globalization)' 되고 있는 연극학계를 느꼈으며, 특히 일본이 그간 자국의 문화 확산에 투자한 노력들이 결실을 맺게 되는 것을 보며 못내 부러움을 느꼈다.

학회 내부적으로는 '신진학자 포럼(New Scholars' Forum)'과 '워킹그룹(Working Group)'의 강화가 눈에 보였다. 신진학자란 주로 대학원생들을 일컫는 말로, 이들을 키우려는 의지가 엿보였다. 특히 신진학자들 대표를 학회 운영 이사 멤버에까지 포함시키기로 한 것은 이들의 발언권 확대로 해석된다. 아직 신진학자들의 눈에 띄는 활동은 미비했으나, Intermediality 같이 새로운 매체를 다루는 발표에서는 이들의 힘을 느낄 수 있었다. '워킹 그룹'은 어떤 일정한 관심 주제로 모여서 논문을 토의하고, 4년 후에 일정한 성과물로 본부의 평가를 받아서 그 존재 여부가 계속되는 그룹들이다. 이번 워킹 그룹의 경우 그 숫자도 많아졌을 뿐더러, 실질 운용도 강화되었다. 논문을 미리 인터넷으로 읽고 와서 질의와 토론이 발표 시간의 대부분을 차지하기에 일반 패널과 구분된다. 미리 논문을 읽고 공부해야 한다는 번거로움은 있지만, 동시에 발표시간을 토의에 할애하기에 질의를 통해 많은 의견이 교환될 수 있는 시간이다. 필자가 참여했던 '아시아 연극(Asian Theatre)' 워킹 그룹은 아직 시작 단계이기도 하고 또 그 주제가 워낙 다양해서, 책으로 묶을 수 있는 하나의 소주제로 논문들이 모아지지는 않았으나 다양하고 활발한 의견 교환이 있었다. '신진학자 포럼'이나 '워킹 그룹' 등은 한국 연극학계를 위해서도 하나의 모델이 되고 있다 하겠다.

이번 학회 기조연설(Keynote Speaker)로는 주제에 맞게 현재 문화 연구로 활발한 독일의 에리카 피셔 리히테(Erika Fischer-Lichte), 아랍계의 카할리드 아민(Khalid Amine) 및 호주의 헬렌 길버트(Helen Gilbert)가 나섰다. 기조 연설자 선정 자체도 동·서양의 문화적 조화를 이루려는 노력이 엿보였다. 이들은 모더니티의 문화가 동서양 문화의 교류의 시작이었으며, 오늘날 서로 밀접하게 얽혀 있다(Interwoven)는 사실을 강조했다. 이번 발표에서 드러난 모던의 시작에 대해서는 아직도 제각각 분분했다. 네오 클라식한 연극이 종결되던 18세기를 모던의 시작으로 보기도 하며, 리얼리즘 연극의 시작을 모던의 시발로 간주하기도 했으며, 혹자는 아방가르드 운동의 시작을 모던으로 보았다. 어쨌든 19세기 이후 비서구 문화와의 교류가 아방가르드 운동의 모태가 되었음은 공통적으로 인정했다. 이러한 평가는 포스트모던한 시대에 있기에 가능함을 동시에 인지했다.

이번 총회에서 기관(Institute)의 투표를 없애고 개인만이 1표를 투표하게 정관을 고침으로써, 명실공히 유럽 주도의 연극학회는 끝나지 않았나 싶다. 현지 연극 공연과의 연계는 의외로 미비했는데, 학회 공식으로는 〈템페스트〉와 10년주기로 행한다는 〈순환극〉이 선정되었다. 팝 문화로 현대화 된 〈템페스트〉는 그리 좋은 반응을 얻지 못했으며, 〈순환극〉은 일정상 별도로 너무 늦게 잡혀 있어서 대부분의 회원들이 보지 않고 떠났다. 내년 세계연극학회는 일본 '오사카'로 잡혔으며, 8월 7일에서 12일까지 열린다. 일본 측에서 지역적으로도 가까운 한국 학자들의 많은 참여를 부탁했다.

(한국연극, 2010. 9)

2016 세계연극학회(IFTR) 참관기

올해 세계연극학회는 스웨덴의 스톡홀름에서, 6월 11일부터 18일까지 열렸다. 주제는 '연극과 역사'로 연극 각 분야의 역사 기록학(historiography)을 논의하였다. 학회는 크게 키노트 스피치, 일반 패널, 워킹 그룹, 신진학자 그룹으로 나눠진다. 특히 근년에 올수록 워킹 그룹이 신장하는 것을 느끼겠는데, 24개에 이르는 각각의 주제에 따른 그룹으로 나뉘어서 그 주제를 깊이 있게 논의한다. 가령 '아시아 연극' 워킹 그룹에서는 아시아 연극을 안에서 역사 기록학을 논의했다. 워킹 그룹은 대략 4년을 주기로 저서를 출판해야 하기에, 그 기간 동안 일관된 주제를 갖고 논의되기도 한다. 전체 프로그램에서 이제는 일반 패널보다 워킹 그룹이 차지하는 시간이 더 많을 정도이니, 그 중요성을 알 수 있다. 다만 이러한 워킹 그룹의 성장은 관련 학자들끼리 만나고 토론할 시간이 많다는 이점도 있지만, 반면 학회를 일종의 블록화 하여 타분야 학자들과의 소통은 점점 어렵게 하는 점도 있었다. 신진학자 그룹은 세계연극학회의 전폭적인 지원으로 매년 성장하고 있다. 이들이 낸 논문 계획서를 심사하여 매년 상당수의 참가자에게 여비 지원 및 참가비 감면을 시행하고 있다. 특히 첫 참가자에게 혜택이 돌아가는 경우가 많으므로, 우리 대학원생들도 적극 논문 계획서를 내 볼 것을 권장한다.

이번 키노트 스피치의 하이라이트는 1766년에 지어져서 250년의 역사를 자랑하는 도팅헴(Drottingingholm) 궁전 극장에서 연설되었던 도팅헴 극장의 역사에 관한 연설이었다. 엑스터 대학(University of Exeter)의 데이비드 윌즈(David Wiles)교수가 직접 오페라 가수까지 등장시켜 아리아를 들려주며 이 극장의 가치와 18세기 오페라와 연극을 설명했다. 유럽 계몽기의 한 위대한 군주였던 구스타브 3세의 영향력을 느낄 수가 있는데, 소위 바로크 스타일이 무엇인지를 체험적으로 느낄 수 있었다. 유니크한 극장 공간으로 인하여 통상적인 연출은 어색하게 느껴지며, 역사적 공간을 염두에 둔 공연만이 이 무대에서 성공할 수 있다고 한다. 실로 역사와 전통이 느껴지는 극장이었다.

다음 키노트는 '변화하는 박물관·역사 기록학에 공연예술가는 어떻게 영향을 미치나?'로, 최근 댄스 공연자들이 박물관에 전시되는 일이 많아졌다는 사실을 주목한다. 즉 큐레이터와 안무가는 정적인 박물관에 새롭게 도전하게 되었고, 이들은 시간 프레임과 극장과 박물관 공간 사이에서 변화를 만들어가고 있다. 극장과 박물관 프레임 사이에

위치한 공연들, 가령 Mette Ingvartsen의 '69 포지션' 같은 작품을 예로 들면서 어떻게 과거를 재행위하는 공연의 모드가 역사 기록학의 담론에 영향을 주는가를 살폈다. 역사 기록학에서 재-공연, 재-구성, 재-워킹 등등이 어떤 영향을 주는가는 중요하다. 발표자는 가브리엘 브란스테터(Gabriele Brandstetter)로 베를린 자유대학의 교수이자 국제 '공연문화 엮어짜기(Interweaving Performance Cultures)' 센터장이다.

또 다른 키노트는 뉴질랜드의 테 파파 박물관의 Te Ahukaramu Charles Royal이 발표한 "마우리 전통적 스토리텔링과 그 변모"로, 마우리 전통은 조상이란 인류의 선조이자 자연의 신령이라고 믿는다 한다. 그러므로 마우리의 전통적 스토리텔링은 과거를 설명하는 것이 아니나 조상과 사건들을 우리의 의식에서 끊임없이 일깨우고 이를 경험하게 하는 것이다. 역사에 대한 다양한 리서치를 통해서 로얄교수는 과거에 대한 생각, 역사, 그리고 그 재현과 경험을 일깨우고 있다. 나아가서 이를 현재의 공연에 어떻게 되살릴 것인가를 논의하였다.

마지막 키노트는 '작업으로서의 역사'로 덴마크의 Aarhus대학의 Dorthe Jorgensen 교수가 연설하였다. 아리스토텔레스에 따르면, 시는 역사보다는 철학에 가까우며, 시인은 자신들의 자료에 형상을 입힌다. 따라서 역사는 일어난 일의 다시 말하기라면, 시는 응집력과 의미를 갖추었다. 우리는 역사에 경험적인 사실 이상을 포함하기를 원한다면, 작업 생산적 형성물(work-productive formation)을 우리 역사기록학의 키 치수로 만들어야 한다. 이러한 형성물은 역사를 철학에 가깝게 할 것이며, 독자들을 철학적으로 사유하게 할 것이다. 우리는 이 형성물이 어떤 철할적 사유를 요구하며, 또한 오늘날 어떤 형태를 갖추어야 하나를 물여야 할 것이다.

이상의 키노트들은 역사에 대한 다각적인 사유이다. 오늘날 공연이 점점 가벼워져 가는 세태에 대한 반성이기도 하며, 공연의 역사 바로 세우기에서 필요로 하는 관점들이다. 옛 마우이의 전통에서 공연장 같이 변해가는 박물관에 이르기까지, 역사는 공연을 풍성하게 했으며 그 철학적 근거를 마련하고 있다.

일반 패널에서는 다양하게 역사와 관련된 연극의 측면들이 논의되었다. 이번 주제어가 역사니 만치 '역사기록학(Historiography)' 워킹그룹에서 일반 패널에 '250년의 도팅헴(Drottingingholm) 궁전 극장'나 '바로크 극장 모델' 혹은 '과거의 미래' 같은 깊이 있는 토론을, 그 분야 주요학자들을 중심으로 열기도 했다. 본인은 '정치적 기억'이라는 일반패널의 사회자를 맡기도 했다.

워킹그룹은 본인은 아시아 워킹그룹을 선택하여 속하여 있다. 한 사람이 한 그룹이상은 속할 수 없는데, 아시아 워킹그룹 만들기를 주도했던 한 사람으로서 참여하지 않을 수가 없어서였다. 사실 '역사기록학' '번역과 드라마터지' 'Intermediality in Theatre and Performance' 등 그 그룹명만으로도 흥미로운 워킹그룹이 많아서, 항시 아쉬움이 남았다. 이외에도 '페미니즘', '정치 공연', '씨니어그라피', '연극리서치에서 디지털 휴머니티', '음악극' 등 총 24개의 워킹그룹이 있다. 본인은 「Modernization, the pivotal turning point of Korean theatre History」라는 제목으로 아시안 워킹그룹에서 발표했는데, 한국근대극의 수용을 간략히 소개한 후, 전통, 근대, 포스트모던의 공연적 특징을 비교하며 근대가 과연 전통과 포스트모던의 중심점이 될 수 있는가를 논의하였다.

학회의 공식 투어로는 도팅헴(Drottingingholm) 궁전과 궁전극장을 관람하였다. 바닷가의 토팅헴 궁전은 빼어난 경관을 자랑하는데, 프랑스식 정원과 왕가의 보물들로 주목받았다. 특히 궁전극장은 지금도 사용되는데, 휠을 돌려서 무대를 바꾸는 백스테이지 관람이 인상적이었다. 전통의 무게를 경험할 수 있었으며, 역시 연극은 그 철학적 배경으로 역사와 함께 가야한다는 생각이 확실해졌다. 선택 투어로 웁살라 왕궁 도시와 스트린드베르히 별장을 가는 기회가 있었지만, 본인은 집행위원회의에 참석하느라 가지 못하여 유감이었다. 그러나 잠시 틈을 내어 스톡홀름 시내의 스트린드베르히 박물관은 관람할 수 있었다. 그의 광대한 정신세계와 고집스러운 예술을 흠모했던 내게는 그에게 다가갈 수 있었던 짧았지만 귀중한 시간이었다. 꼬박 2일 동안 열리는 집행위원회에서는 학회의 여러 사항을 점검하며, 차차기 대회지를 거론하며 차기 대회지를 확정한다. 차기 대회는 브라질 상파울로에서 하기로 확정되었으며, 차차기 대회 개최지로는 중국 상하이와 세르비아의 벨그라드가 경합 중이다.

학회 공식 만찬은 11월마다 노벨상이 수여되는 블루룸에서 있었다. 블루룸이지만 블루 색은 찾아볼 수 없는 방으로 온통 황금빛인 이층 황금방과 대조적이었다. 노벨상 수여시 보통 1층 불루룸에서 시상식이 열리고, 이층 황금방에서 리셉션이 열린다고 한다. 파랑과 노랑은 스웨덴 국기색이기도 하여, 이방들이 이렇게 명명되었다고 한다. 노벨 시상식과 같이 진행된 만찬을 즐기며, 위대한 극작가가 되겠다던 어린 시절의 꿈이 되살아오는 듯도 했다.

공식 공연으로는 바로크식 궁전 안에서 공연된 〈피크말리온〉이 있었다. 옛 궁전인들의 관극을 경험하게끔 학회참가자들만을 위해 행해진 공연으로, 바로크 시대처럼 불어로 공연되었다. 주인공의 과장된 어조나 감정의 격양을 경험할 수 있었으니, 바로크 연극의 진수를 경험한 듯하다. 이외에는 점심시간을 이용하여 간단한 공연들이 올려졌다. Nikhil Chopra가 했던 공연은 장르, 공간, 시간, 정체성 들이 뒤얽혀 있었다. 미술, 연극, 시네마, 조각 등이 함께 공존하는 공연으로 설치이자 공연이었다. 〈Glories to Nothingness〉는 발성과 조음 및 상황의 경우를 탐구하는 공연의 일종으로 리서치 프로젝트라고도 하겠다. 시시각각 모든 발언, 조음 등이 의식적으로 논의되며, 17세기의 뮤지컬 소절들이 인용되었다. 〈Acting Alone〉은 팔레스타인 난민촌에서 만난 사람들로부터 영감을 받은 이야기로, 연약하고 부서지기 쉬운 휴머니티를 표현했다. 한 사람이 과연 세상을 바꿀 수 있는 것인 가라고 물으며, 인간의 나약함을 연이어 묻고 있다. 이러한 런치브레이크 공연들은 대체로 믹스 장르이면서 비디오와 춤이 많이 활용되었다.

이외에도 신도서 소개(Book Launches)가 역시 점심시간을 활용하여 진행되었는데, 작가가 자신의 책을 소개한다. *The STEP City Study*-*Journal of Performaing Arts Theory* 시리즈와 *Josette Feral* 의 *Theatre: an Impossible Mediation-Violencis en Escena* 및 Anton Krueger & Megan Lewis가 편집한 *Magnet Theatre*-*Three Decades of Making Space*가 소개되었다. 최신 서적에 대한 정보를 얻는데 아주 유용한 장소이며, 여기서 발간된 책들을 미루어 학계의 최신 동향

도 짐작해 볼 수 있었다. 한편 유수한 출판사에서도 연극 관련 서적을 전시하며 판매하였다. Cambridge University Press, Bloomsbury Methuen Drama, Palgrave Macmillan, Routledge 등의 세계적 출판사와 지역의 Nordic Theatre Studies가 관련 서적을 전시하였다. 이들 서적도 물론 근년의 히트 서적들로 연극학의 흐름을 살피는 데 큰 도움이 되었다.

세계연극학회는 신진학자를 제외하고는 회장까지도 자비로 모여서 연극을 논의하는 토론의 장이다. 이러한 토론들이 모여서 세계 연극의 이슈를 진단하고 방향을 가늠하는 것이다. '높이 나는 새가 멀리 본다'고 했다. 한번 신진학자에 도전하여 장학금을 받아서 참석해 보는 것은 어떨까? 분명 세계연극학회는 스스로를 높이 날게 하여, 연극과 공연에 대한 새로운 비전을 제시할 것이다.

(연극포럼, 2016. 12)

2018 세계연극학회(IFTR) 참관기
연극과 이주(Theatre and Migration)

올해 세계연극학회(International Federtation for Theatre Research)는 7월 9일부터 13일까지 세르비아의 수도 벨그라드에서 열렸다. 올해의 주제는 〈연극과 이주(Theatre and Migration)〉로, 요즈음 유럽, 특히 남부 유럽이 직면하고 있는 난민 문제와 직결되어 있었다. 이주에 따라서, '연극과 국가 그리고 정체성'이 어떻게 변화되어 움직이고 정체 혹은 안정되어 있는지가 이번 학회의 관건이었다. 공항에서부터 시내 곳곳에 환영 플랭카드와 학회 개최 광고판이 걸려 있을 정도로 국가적인 행사로 학회가 홍보되었다. 개막식에 세르비아 총리가 해외 방문을 미루고 축사를 할 정도로 환영하였기에, 각국의 대사관에서도 초청이 이어졌다. 소외되어 가는 연극을 아직도 문화의 중심으로 보고 환대하는 세르비아에 감사와 부러움을 느꼈다. 우리는 일간지에서조차 연극평이 영화평으로 대체되지 않았던가?

개막식 중 세르비아 총리의 환영사

키노트 발표들은 대체로 난민 문제를 난민의 입장에서 옹호했으며, 이주(Migration)와 정체(Identity) 혹은 여행과 고향을 나누는 이분법에 대한 의문을 가졌다. 고란 스테바노브스키(Goran Stefanovski: 구 유고슬라비아의 극작가)는 이주와 정착의 이분법은 종종 정체성의 위기와 트라우마를 일으켰다고 지적하며, 이분법적 이데올로기로는 궁극적으로 가정과 사회를 해소할 수 없는 파국으로 몰고 갔다고 말한다. 그러나 이런 폭력 속에서도 마법적인 화해 불꽃의 순간에 연극이 있었으니, 연극은 이러한 폭력에 대한 좋은 대안이었고 주장했다. 다음 키노트 실비아 에스트로빅(Silvija Jestrovic)은 스스로 영국에 이주한 연극운동가로, 영국 아카데미(British Academy)를 이끌고 옥스퍼드 대학에서 〈정치와 공연의 핸드북: The Handbook of Politics and Performance〉을 편집하고 있다. 그녀는 우리 안에 있는 영원한 이주성과 연대 결속의 미학 사이에서, 어떻게 우리와 다른 우리들 사이에 이주와 안정의 틈을 가르고 이야기할 수 있는가하며 이분법 자체를 의문시했다. 제임스 톰슨(James Thompson: 맨체스터 대학 응용사회 연극학과 교수) 같은 키노트 스피커는 이주의 고통과 트라우마와 상실과 위기에서, 스스로 15년간의 봉사를 통한 경험을 Care(보살핌)의 미학으로 이야기 하기도 했다. 아나 부야노빅(Ana Vuanovic: 드라마터그이자 작가 및 강연자) 같은 키노트 스피커는 자신이 벨그라드부터 암스테르담 혹은 베를린 등을 이주해 다니면서 겪었던, 인사이더와 아웃사이더의 연극적 경험을 풀어 놓았다. 즉 이주와 안정된 정체 사이에서 연극은 그 갈등과 위기에 적절한 대안을 만들어냈다고 간주했다. 세계화 시대와 '이주'는 당연시되는 결과인데도, 요즈음 터어기 등 난민은 말할 것도 없이 유럽 내에서의 이주조차도 많은 편견에 부딪히고 있는 실상을 고발하였다. 연극이야말로 이주와 정착의 이분법을 벗어나는 도구일 수 있으며, 또 그러한 연극의 의무를 다해야 한다는 것이 키노트 스피커들의 대체적인 결말이었다. 오늘날 타민족 이주민이 늘고 있는 한국 사회에서도 다시금 생각해 봐야 하는 문제이다.

　세계연극학회는 워킹그룹(Working Groups), 일반패널(General Panels) 및 신진학자 포럼(New Scholars' Forum)의 세 분과로 나뉘어 있다. 10년 전에는 일반패널 부분이 왕성하였으나, 점점 워킹그룹이 주도하게 되어서 지금은 단연 워킹그룹의 발표가 훨씬 많다. 워킹그룹은 주제별로 흥미있는 분과를 택하여 몇 년에 걸쳐서 같은 연구를 하게 되어있어서 학문의 깊이가 있다. 현재 연극역사학(Historiography), 번역과 각색 및 드라마터그(Translation, adaptation & Dramaturgy), 디지털 인문학(Digital Humanities in Theatre Research) 등등의 총 23개의 개별 연구팀이 작동하고 있다. 필자는 아시아 연극(Aisan Theatre)워킹 그룹에 참여하여, 이주의 문제로 '재미 디아스포라 극작가 연구(Korean Diaspora Playwrights in America)'를 발표하였다. 아시아 내에서 이동하며 공연한 연극들이나, 아시아 연극인들의 이주 및 해외 공연을 알 수 있는 소중한 기회가 되었다. 한편 다양한 연구 주제에도 불구하고 한 사람은 한 워킹그룹에만 속할 수 있어서, 폭넓은 의견 교환이 아쉽기도 했다. 그래서 일반패널에는 각 워킹그룹의 대표 패널이 마련되기도 한다. 23개 분과가 한 패널씩 참가하여 자신의 워킹그룹의 연구를 알리고 홍보하는 마당이다. 뿐만 아니라 그룹을 정하지 못하고 참석하는 회원들이 일반패널에서 발표한다. 신진학자 포럼은 주로 박사 과정의 학생들이나 갓 졸업한 학자들로 구성된 패널로, 학회가 각별히 신경을 쓰는 그룹이다. 이들에게 논문상을 주어서 격려하기도 하고, 참가 경비 일부를 보조하기도 한다. 이렇듯이 세계연극학회도 미래의 연극학자 기르기에 중점을 두고 있다.

이외에도 학회와 관련된 공연들을 소개하면, 공식 추천 공연으로 두 작품 〈신의 이름으로: *In the Name of the Lord*〉와 〈맥베스: *Macbeth*〉가 있다. 〈신의 이름으로〉는 세르비아 국립극장에서 진행되었던 공연으로, 이슬람 문화에 대한 편견을 풍자한 작품이다. 이슬람 문화를 포용하고자 하는 의도와 배우들의 에너지가 인상적이었으나, 전체적으로 항시 소리치듯 같은 톤으로만 연기하여 극적 효과를 느끼기 힘들었다. 또한 지나치게 이슬람 문화를 편드는 해석도 넓은 공감대를 얻기 힘들어 보였다. 〈맥베스〉는 무용 공연으로 기대를 모았으나, 작품 해석이나 무용 테크닉에 있어서 부족한 듯하여 큰 인상을 남기지 못했다. 〈맥베스〉의 욕망이나 고통 등 핵심적 사고가 무용에서 드러나지 못했으며, 현대 무용을 발레에 섞은 테크닉 역시 높은 수준을 구가하지 못했다. 오히려 주목되었던 것은 기타 공연으로, 그들중에서 〈#14 Skyline〉은 이번 학회 기간 중 가장 인상적인 공연으로, 컴퓨터와 인터미디어를 활용한 공연으로 배우와 변하는 스테이지와 인터미디어가 훌륭했다. 서구 유럽이 아닌 세르비아에 이런 미디어 공연이 있을까 정도로 세련된 이미지와 여기에 반응하는 연기자의 연기가 뛰어났다. 〈마라톤〉은 실제로 마라톤의 거리를 극장 무대에서 배우 혼자 5시간에 걸쳐 계속 뛰면서, 무대 스크린에는 여러 인종 분류 비디오가 계속 투영되었다. 관객은 자신이 편한 시간에 잠깐 들러 볼 수 있는데, 마라톤처럼 꾸준하게 뛰어 노력해야하는 인종과 이주의 문제를 느낄 수 있다.

이번 세계연극학회는 실로 시의적절하게 유럽의 절실한 이주와 난민의 문제를 연극학에 적용시켜 돌아보는 좋은 기회였다. 오는 2019년 2월에는 세계연극학회 지부인 아시아 연극 연구 그룹(Asian Theatre Working Group)이 서울에서 국제학회를 준비하고 있다. 많은 관심과 참여를 부탁드린다.

세르비아 국립극장

페막식에서 회장의 운영 보고

각 세션이 진행된 세르비아 대학 전경이다.

(한국연극, 2018. 10)

2018 세계연극학회(IFTR) 아시아 참가기
'아시아의 몸'은 무엇인가?

    2018년 2월에 필리핀 마닐라에서 열렸던 세계연극학회 지부 아시아 워킹그룹(Asia Working Group)의 '아시아 연극에서의 몸(Bodies in/and Asian Theatres)' 이라는 학회에 다녀왔다. 아시아 워킹그룹이란 세계연극학회에 속하여 2008년 창설된 이래, 꾸준하게 아시아연극에 관한 연구를 추구하는 그룹이다. 그만큼 세계 속의 아시아 연극에 관한 관심이 고조되었다는 증거이기도 한 연구 그룹이다.

    이번 마닐라에서는 아시아의 '공연하는 몸(Performing Body)'을 토픽으로 다양한 열띤 논의가 있었다. "과연 아시아의 몸은 무엇인가?" 그것은 중국의 경극이나 일본의 노와 가부키의 몸처럼 고유한 몸을 의미하는가? 아니면 오늘날 필리핀의 발레는 아시아의 몸이 아닌가? 소위 네오아방가르드 운동이래 서구의 연출가들이 빌어간 것은 결국 아시아의 몸이 아닌가? 그렇다면 아시아 의 몸은 세계화되고 있는가? 이 주제는 사실 한국을 포함한 아시아 연극인 전부가 직면해 있으며, 연구해야만 하는 과제이기도 하다.

    컨퍼런스는 3개의 기조강연(Keynote)와 4개의 초청 패널(Plenary Panel) 및 다양한 일반 세션으로 토론이 진행되었다. 첫 기조강연은 중국계 미국인 버클리대학 교수 수잔 콴의 '무엇이 오늘의 아시아 몸(댄스)인가'였다. 무용을 예술 무용(High Art Dance), 대중 무용(Popular Dance) 및 비서구 무용(Non-Western Dance)로 나누어서, 현대의 몸을 제시하고 특히 아시아 무용에서의 몸을 논의했다. 발표자가 무용학자인만큼 실례로 무용의 경우들을 제시했으나, 세계 무용계에 떠오르는 아시아 몸을 부각시켰다. 두 번째 기조강연은 호주국립대학에서 박사를 하고 일본 교토대학에서 가르치는 영국인(그만큼 학자의 세계적 이동을 의미하기도 한다) 줄리우스 바우티스타(Julius Bautista)가 필리핀 마을들에서 행해지는 각종 카톨릭 의식들을 인류학을 넘어서 연극으로 설명했다. 예수의 수난사를 행하는 주민(궁극적으로는 배우)의 사회적 지위, 연기적 특성, 관객으로서의 부락민 등 일상 속의 퍼포먼스 논의하면서 아시아의 몸을 지적했다. 마지막 기조강연은 필리핀 발레의 대부로 여겨지는 앨리스 레예스(Alice Reyes)였다. 그녀는 실제로 자신의 학생들을 출연시켜 실기를 보여주면서 필리핀 발레의 형성과 현재의 몸을 논했다. 사실 그 몸은 서구의 움직임과 너무 같아서, 아시아 연극(무용)의 몸인가가 논의되기도 했다. 그러나 분명 서구인이 아닌 아시아인의 움직임은 결국 아시아인의 몸이라는 논의가 우세했다. 이번 기조강연에서 연극과 무용이 혼재된 것은 아시아 연극의 특성상 무용을 동반하기 때문이기도 하다.

일반 세션은 개별적인 발표였기에 그 주제가 다양했다. 몸을 넘어서 아시아 연극 전반에 대한 학구적 발표였기에 몇 마디로 요약하기가 힘들었다. 반면 초청패널은 '포스트 세계화 시대의 아시아 전통 퍼포먼스의 몸(Traditional Asian Performing Bodies in a Post-Globalized Era)', '동남아시아 공연에서의 몸의 정치와 내러티브(Body-Politics/Body-Narratives in Southeast Asian Performances)', '공연의 아시안 몸 이론화하기(Theorizing Asian Bodies in Performance)', '공연 속의 아시안 몸(Asian Bodies in Performance)' 등 4개의 패널이 모두 아시아 몸을 주목하였다. 첫 패널 오늘날 공연하는 전통 아시안 몸에 대한 논의는 전통의 몸이 오늘의 공연에 어떻게 수용되고, 역으로 오늘의 공연을 새롭게 했는가에 대한 발표로, 중국, 일본, 한국을 비롯하여 태견이 활용된 경우가 발표되고 전통 수용에 대한 문제점이 논의되기도 했다. 필자도 이 패널에 초청되어 한국의 경우를 발표했다. 다음 동남아시아 공연에서의 몸의 정치와 내러티브에서는 필리핀 학자들이 필리핀 몸을 추구했다. 일찍이 16세기부터 스페인 등의 지배를 받았던 필리핀이기에 전통 역시 서구와 얽혀 있었다. 미국학자 캐시 폴리(Kathy Foley)의 동남아시아 전역의 원주민들의 전통연극 소개는 참으로 아시아의 몸이 다양하다는 감탄이 나오게 했다. 세 번째 공연하는 아시아 몸을 이론화하기 패널은 인도와 타이완의 몸을 소개하고 오늘날의 응용을 논의했다. 마지막 라운드테이블에서는 공연 속의 아시아 몸에 대해 전반적인 토론과 세계 연극에 기여할 미래의 아시아 몸을 논의하였다. 초청패널의 핵심은 아시아 전통 퍼포먼스의 몸과 현대화된 몸이 아시아 연극에서 어떻게 조화되며 서로를 뒷받침하고 있는가의 문제였다. 여전히 의견은 엇갈렸으며, 아시안 몸은 쉽게 정의되지 못했다. 그러나 미완으로 정의된 아시아 몸이 세계연극에 기여하는 정도는 점점 더 커지리라고 결론지었다. 제2, 제3의 피터 브룩이 세계연극을 이끌고, 현대화된 전통이 보다 세계화될 것이기 때문이다.

주최측에서 준비한 공연도 다양했다. 〈소녀는 반만 만들어진 것이다(A Girl is a Half-formed Thing)〉은 남자들에게 착취당하는 여자의 일생을 보여주는 일인극으로, 2시간 넘는 공연시간을 여배우의 열정으로 채웠다. 대사 위주의 사실주의에 가까운 공연으로 특이할 것은 없는 공연이었으나, 필리핀의 페미니즘을 다시금 확인시켰다. 〈아마다(Amada)와 다른 무용들)은 서구식 발레 공연으로 필리핀 발레의 현재를 보여주었다. 그러나 이들보다 더욱 흥미를 끌었던 것은 환영 만찬이나 점심시간에 짧게 공연된 필리핀 원주민의 전통을 보여준 공연으로, 타일랜드처럼 긴 손톱으로 정교하게 팔을 놀리던 가면극이나 원주민의 춤이 훨씬 쉽게 아시아의 몸으로 다가왔다.

실로 '공연하는 아시아의 몸'에 대해 많은 생각을 하게 했던 컨퍼런스였다. 그렇다면 '공연하는 한국의 몸'은 어떤 것일까? 탈놀이, 전통 무용, 판소리……. 많은 전통을 생각하면서도, 오늘의 몸은 결국 오늘에 퍼포먼스하는 모든 몸을 포함해야 한다는 생각이 스친다. 그런데 결국 어떻게 정의하여야 할 것인가? 다음 아시아 워킹 그룹 모임은 2019년 2월에 한국에서 열 예정이다. 필리핀 같이 대학에서 크게 후원을 해 주지 않아서 대대적인 초빙은 할 수 없겠지만, 아시아 학자들이 모여서 아시아 연극의 현황과 문제점을 짚을 것이다. 관심 있으신 많은 한국 학자들도 이 모임에 초대한다. 부디 참석하시어 아시아 연극은 물론 나아가서 세계 연극의 흐름에 동참하기를 부탁드린다.

초청 패널 중에

필리핀 전통가면 무용극 및 전통 무용극들

발표 후 아시안 동료들과

(한국연극, 2018. 3)

2019 세계연극학회(IFTR)-아시아
아시아 영어 연극학의 현재

1. 서어

본고는 2019년 2월에 서울에서 열렸던 세계연극학회(IFTR)의 아시아 워킹그룹 학회를 중심으로 아시아 영어 연극학의 현재를 집어보고자 한다. 세계연극학회 속에 아시아 워킹그룹이 생긴 것은 2008년 중앙대학교 주최로 한국에서 열렸던 세계연극학회 이후이다. 이를 위하여 사전에 회장단에 협의도 하고 그 제안서를 필자가 썼던 기억이 난다. 현재 세계연극학회는 워킹그룹(Working Groups), 일반패널(General Panels) 및 신진학자 포럼(New Scholars' Forum)의 세 분과로 나뉘어 있다. 10년 전에는 일반패널 부분이 왕성하였으나, 점점 워킹그룹이 주도하게 되어서 지금은 단연 워킹그룹의 발표가 훨씬 많다. 워킹그룹은 주제별로 흥미있는 분과를 택하여 몇 년에 걸쳐서 같은 연구를 하게 되어있어서 학문의 깊이를 갖고자 의도되었다. 현재 연극역사학(Historiography), 번역과 각색 및 드라마터그(Translation, adaptation & Dramaturgy), 디지털 인문학(Digital Humanities in Theatre Research), 베케트 워킹그룹 등의 총 23개의 개별 연구팀이 작동하고 있다. 몇몇 워킹그룹의 이름이 나타내듯이 방법론이나 영역이 위주가 되긴 하지만, 여전히 아시아 워킹그룹은 23분의 1이다. 최근에 생긴 아랍 워킹그룹을 제외한 나머지는 사실 모두 서구 연극인 셈이다.[1] 다시 말하면 세계속의 아시아 연극학은 아직 미미하다는 이야기이기도 하다.

사실 아시아 워킹그룹의 범주가 너무 커서, 가령 베케트 워킹그룹 같은 세세하게 깊은 연구를 토론할 수가 없다. 그리고 아주 최근까지 아시아 영어 연극학이라면 일본 연극학이 주류를 이루었고 인도나 중국 연극학이 좀 알려졌을 뿐이다. 반면 한국을 비롯한 다른 아시아 국가들은 거의 알려져 있지 않다.[2] 참여하는 학자들도 산발적이며 거의 매번 바뀌어서 지속적인 교류가 어려웠다. 한국 연극을 알리기 위해 초빙교수로 한국예술종합학교에 왔던 파비스교수에게 연구비를 주선하여 『Performing Korea』라는 저술이 나오기는 했으나, 체계적인 연극사는 아니다. 세계 속에 한국 연극학을 알리는 것은 결국 한국인의 몫이다. 한국의 경제력에 비하여, 한국연극학의 세계 속의 위치를 감안할 때 한국 연극학자들이 분발하여야 하겠다. 이번 학회는 '아시아 연극의 경계를 넓히며(Expending the Boundaries of Theatre)'를 주제로 했으니, 다음은 이번 학회 발표를 중심으로 아시아 영어 연극학을 살펴보겠다. 우선 발표자들의 논문을 요약 정리하고, 다음 총체적인 평가를 더하겠다. 지면의 한계로 한국 발표자들의 발표는 제외하였으니, 주현식은 BTS방탄소년단 공연의 연극성을, 정아름은 세월호 사건과 연극을 다루었다. 다만 송승환 연출이 평창올림픽을 주제로 기조강연을 했으니, 이는 약술하겠다.

---

1 서구 학자 마빈 칼슨이 지지하고 활동하는 아랍연극에 대해서 최근 칼슨과 아랍학자 공저로 저술이 나오기도 했다.

2 이번 학회에서는 예외적으로 베트남이나 필리핀 연극 연구도 발표되었다. 점점 그 반경을 넓혀가는 것은 고마운 일이다.

2. 본론

(1) 기조 강연

송승환 연출이 평창 겨울 올림픽 개·폐막식을 총체적으로 책임지고 연출했다는 것은 이미 잘 아는 사실이다. 이번 강의를 통해서 그 배경과 사고(思考)를 확실히 알려주었고, 이번 학회의 주제답게 개·폐막식 이벤트 역시 연극의 경계를 넓혀가는 공연이었다. 한국문화의 핵심 특징을 조화와 융합 및 열정과 평화라고 보았으며, 시기를 과거, 현재, 미래로 나누어 표현했다. 과거는 고구려의 무덤 벽화에서 영감을 받았으며, 현대는 식민지와 전쟁 등의 큰 아픔이 있었기에 정선 아리랑으로, 미래는 4차 산업혁명과 앞서가는 ICT 리더로의 한국을 부각 시켰다. 올림픽이 열리는 강원도 다섯 어린이가 과거를 지나 현재를 넘어 미래까지로 나아간다는 이야기를 입히고 평화를 강조하고자 했다. 이러한 이벤트에는 와우 포인트가 있어야 하는데, 그것은 올림픽 오륜을 어떻게 표현하는가와 성화 점등식이었다. 아직껏 아무 올림픽도 시도하지 않았던 드론으로 오륜을 그렸으며, 점등식은 남북한이 함께 긴 계단을 뛰어 올라가 마지막 주자 올림픽 피겨스케이팅 금메달리스트인 김연아에게 전달하고 점화했다. 이러한 개·폐회식 연출과 연극 연출 간에 근본적인 차이는 없었으며, 이벤트에도 내레이티브를 입힌 연출이 더 환영받는 것을 알았다.

(2) 일본 연극학

일본 연극은 일찍이 17, 18세기부터 서구에 알려졌었다. 노(能)나 가부끼는 서구의 이국적 흥미를 유발하기에 충분했다. 그런만큼 일본의 노(能)나 가부끼에 관심을 갖는 서구 학자들은 많았었다. 이미 20세기 초부터 일본 연극에 대한 영문 논문들은 간간이 보인다. 이후 미국 하와이대학의 브랜던(James Brandon) 교수 등을 시작으로 일본 전통 연극에 대한 연구가 본격화된다. 그러나 일본 연극이 많은 서구 학자들에 의해 연구된 것은, 1980년대 일본 경제 호황에 힘입어 일본 문화재단(Japan Foundation)이 서구 학자들에게 많은 지원금을 수여한 이후라 하겠다. 이들은 일본에 남아서 대학 교편을 잡거나, 이후 본국에 돌아가 아시아연극 전공으로 교편을 잡았다. 이들이 서구에서 자리잡을 수 있었던 것은 밀레니엄을 전후한 시기로, 하와이나 미국 서부 등지에서 아시아 연극을 가르친다. 이들은 지금도 영어·일본 연극학의 주류를 이루고 있다. 이런 영향으로 세계연극학회의 아시안워킹그룹에서도 단연 일본 연극에 관한 발표가 꾸준히 우세였으며, 일본 학자들도 일본연극학회를 중심으로 아시안워킹그룹에도 조직적으로 참여하고 있다.

이번 학회에는 경계 넓히기를 의도한 만큼, 기존 연구보다 새로운 영역의 발표였다. 폴란드의 야곱 카포럭(Jakub Karpoluk)이 "Expending the Boundaries of Japanese Noh Theatre"란 제목으로 최근 20여간 일어났던 신사꾸 노(Shinsaku No)에 대해 발표했다. 신사꾸 노란 새롭게 창작된 노인데, 여기서는 그리스 오디세이를 재창작한 〈메이후고-네키아(Meifuko Nekyia)〉를 중심으로 논의하였다. 이 작품은 폴란드에서도 공연되었으며, 2019년에는 다시 폴란드, 프랑스, 오스트리아 및 일본에서 공연될 예정이기도 한데 일본 배우는 물론 폴란드 배우도 2인이 등장한다. 노의 주연과 부주연 배우 시테(shite)와 와끼(waki)를 중심으로 그 배우술을 논하면서, 이 공연이 그리스와 일본을 잇는 문화상호주의 공연이라고 평했다. 그리스 신화를 노의 양식을 빌려 구현했다고 보며, 세계적인 인기를 보면 문화를 뛰어넘는

transculturalism까지를 보여준다고 논했다. 이렇듯이 일본 노 연구는 고전 양식 연구에서 나아가서 현대식 노까지로 확대되고 있다.

"노년, 치매, 부양(Aging, Dementia, Caregiving-The Theatre of OiBokkeShi)"라는 논문은 일본의 노령화 사회에서 노인층에 초점을 맞춘 극작가이자 오이복케쉬 극단 창립자인 스가와라 나오끼(Sugawara Naoki) 연구로, 요즈음 아시아 사회에서도 서서히 일고 있는 응용연극에 관한 고찰이다. 일본에 거주하고 있는 독일인 필자는 스가와라 나오끼가 어떻게 노년과 연극을 연결지어 워크숍을 했는가를 살피고 부양과 연극과의 긴밀한 관계에 주목했다. 또한 2015년 창립된 오이복케쉬극단의 2작품을 살폈는데, 하나는 〈방황하는 치매극장:Wandering Dementia Theatre〉이고 다른 하나는 〈사진사의 변신: Transformation of the Photographer〉이다. 스가와라 나오끼의 작업은 노년층에 대한 도전이고 치매와 같은 노년층의 이슈와 연결되어 있다. 그의 작품은 노년의 어두운 면을 제외시키지 않았으며, 지금까지 경계에 있는 집단과 그들의 목소리를 반영한다는 점에서 굉장히 정치적이기도 하다고 논문은 지적한다.

"아시아의 소리: Sounds Like‒Asia"는 핀란드의 공영방송(YLE)이 지난 몇 십년 간에 걸쳐 했던 방송극 중 아시아 희곡에 기저한 방송을 살폈다. 아시아 중 대부분이 일본 희곡이었고, 중국 한편과 인도 사쿤탈라(1950)가 방송되었다. 이들 중 5개의 일본 희곡에 기반한 방송극을 뽑아서 그 재해석을 살폈다. 이들 5개 작품은 20분에서 1시간 정도로 길이는 각기 달랐다. 즉 Akushichibyoe Kagekiyo(1957년 방송: 전통적 노), Yamamba(1967년 방송: 허구적인 역사물), 제아미의 칸탄(Kantan)1과 미시마에 의한 칸탄2(두 편 모두 1974년 방송: 제아미-전통적 노, 미시마-현대판 노), Fudaraku no Kishibe(1983년 방송: 허구적인 역사물) 등이 그 작품이다. 이들 중 1974년과 1983년에 방송된 3개의 작품은 대본과 기록이 남아있는데, 이들은 일본이나 일본적인 것들을 환기시킨다. 정통 일본어의 비트나 일본 음악이나 노 스타일의 낭송들이 있으며, 1983년 작품에는 녹음된 전통 음악을 쓰기도 했다. 더구나 두 개의 작품 음악은 각각 스웨덴과 핀란드 작곡가에 의해 쓰여졌으며, 직접적으로 일본을 환기시키지는 않았으나 일본 문화를 연상시키고 있다. 한편 1967년과 1983년 방송극에는 새소리, 물소리, 파도소리, 바람 소리, 매미 소리 등등 자연의 소리가 많이 활용되었다. 특히 매미 소리는 핀란드에 없는, 전형적인 일본의 자연 소리이기도 하다. 핀란드에서 이미 1950년대에 일본 전통 노에 기반한 방송극이 공연방송국에서 공연되었다는 사실이 놀라웠으며, 1970년대부터 일본 문화에 기반한 음악을 스웨덴이나 핀란드 작곡가가 작곡했다는 것도 놀라웠다. 일본 문화가 얼마나 일찍 또 깊이 노르딕 사람들에게 영향을 미쳤나 하는 것을 알게된 논문이었다.

이렇듯이 3편의 일본연극 관련 논문이 모두 서구인에 의해 발표되었다는 것은 흥미롭다. 외국인의 연구인만큼 그 깊이는 깊지 못하다고도 하겠으나, 그만큼 일본 문화의 세계화가 진행되어 있으며 일본 전통 연극에서 시작한 흥미가 현대극으로 확산되고 있음을 알겠다. 우리 연극도 그 다양한 원형을 개발하여 전통을 살아있는 유산화하여 현대극으로 확산시켜야겠다.

(3) 인도 연극학

인도는 일찍이 영국 식민지로 서구에 알려졌으며, 수많은 방언들 때문에 영어를 공영어로 채택했다. 따라서 인도 연극은 서구에 가장 먼저 알려지고 연구되었다고 하겠다. 그러나 역시 지원 문제 때문인지, IFTR에서 활동은 산발적이다. 오히려 영국에 정착한 인도 학자의 활동은 많으나 이들의 연구는 인도 연극에 국한되지 않는다. 또한 노나 가부끼처럼 대표적으로 자리잡은 장르가 드물고, 지역에 따라서 워낙 다양한 공연이 있기에 전체적으로 인도 연극을 파악하기 힘들다. 이번 학회의 주제가 "아시아연극의 경계를 넓히며" 이다 보니, 이번 학회의 발표는 자연히 연극적 페스티벌 연구가 주류를 이루었다.

"현대 캘커타의 듀르가 푸자 (Durga Puja in Contemporary Kolkata: Festival of the Scenic Performative)"는 오늘날 캘카타(kolkata)의 듀르가 푸자(Durga Puja) 축제를 설명하고, 이를 시각적 공연으로 보았다. 이 축제는 도시 곳곳에 가설 구조물을 설치하고 온갖 용품들로 이를 장식하며, 화려한 의상으로 듀르가 여신 신화를 재연한다. 그녀는 구세주이며 악을 물리치는 존재이다. 그녀를 우상화하는 상상적 궤도에 따라서 플롯이 진행된다. 역사적인 여신을 도시라는 이소적 공간에 넣어서, 도시 자체가 핵심 등장인물로 변화된다고 할 수 있다. 즉 이 축제는 개인적인 것이 아니라 커뮤니티적인 축제이다. 과연 이 축제를 시각적 연극으로 볼 수 있는가? 삶에서 도망치기 위한 공연인가? 유동적인 장소와 시간은 인간의 삶과 직결되는가? 등등 많은 질문들이 떠오르지만, 이 5일간의 축제는 역동적이고 긍정적인 에너지를 이 도시 공동체에 제공하고 있다.

"자트라 공연의 진화(Transcending form of Jatra: An Evolution)"는 벵갈지역에서 16세기부터 전해오는 인기있는 민속극 자트라에 대한 연구이다. 일종의 음악극으로 힌두 신화나 대중적 설화같은 곳에서 플롯을 따왔으며, 오늘날에는 오늘의 사건도 공연의 자료가 된다. 그 근원은 비슈누교(Vaishnavism)까지 소급할 수 있다. 초창기 당시에는 극장이나 고정 무대가 없었는데, 종교적 지지자들의 행렬에서 노래하고 춤추는 것에서 시작되었다. 자트라 공연은 보통 4시간 정도 소요되며, 요란한 음악과 거친 조명 및 화려한 소품으로 야외 공간에서 공연되었다. 19세기 마지막 10년부터 자트라는 단순히 열정적이기 보다는 전문적인 공연이 되어갔으며, 이 전문화의 선구자는 고쉬(Girish Chandra Ghosh)이다. 19세기와 20세기 초반에는 여성 공연 자가 있었다는 증거들도 있으며, 모틸알 로이(Motilal Roy)와 그의 아들들은 자트라를 통해 영국 통치에 저항하는 민중들을 모으고 영국 통치의 부당함을 알리는데 활용하기도 했다. 20세기 후반부에 들면서 자트라는 대중들의 현대적 취향을 수용하면서 그 미학을 변화시켜 갔다. 전통적 관습에서 새로운 사회의 변화와 방법론을 수용하는 것이 이들의 주요 관심이 되었다. 자트라 공연은 오늘날에는 서부 벵갈에서 정부 여당의 비전과 행정을 선전하는 중요한 수단이 되었다. 뿐만 아니라 과거 전통적 자트라 공연이 가졌던 미학들은 오늘 대중의 포르노적 성적 유희에 치중되는 공연을 극복하려고 노력 중이다. 시대와 정치적 상황에 따라 변해가는 민속극의 추적이었다.

"연극학의 경계 넘기와 확장(Border-Crossing and Expansion of Theatre Knowledge: India and Eugenio Barba's Contribution to Theatre Practices and Performance Theories)"는 바르바가 인도 여행을 통해서, 어떻게 새로운 연극 이론을 구상할 수 있었는가를 살폈다. 바르바는 카타칼리 연극을 만났으며, 이 전통적인 연극의 '이야기를 연기한다'는 의미를 깨닫는다. 춤, 판토마임, 종교적 의식, 신화적 이야기, 눈동자 움직이기, 가면과 같은 표정, 스타일화 된 움직임과 제스처 등은 큰 영감을 주었다. 인도의 종교는 그의 심리 생리적 훈련 방법에 영향을 끼쳤다. 결국 이 모두는 바르바에게 연극인류학이라는 새로운 연극미학을 구상하게 했다. 바르바의 인류학의 의미는 샤크너의 의미와 다른데, 그는 자신의 인류학은 육체적이고 해부학적 연구를 통하여 다가간다고 한다. 그의 연극인류학은 다른 장르, 스타일, 역할, 집단적인 전통 등이 기저한 표현 전의 무대적 행동(the pre-expressive scenic behaviour)에 대한 연구이다. 바르바의 비젼은 무대적 바이오(the Scenic bios)와 공연상황의 다이나믹(the dynamics of performance situation)을 강조했다. 그는 공연의 준비모드(modes of preparation for performance)에 있는 일반적인 원칙(a set of universal principles)을 제안했다. 따라서 그의 연극인류학은 터너나 샤크너 및 클리포드(James Clifford)의 연극인류학과 다르다. 한 마디로 바르바의 새로운 이론은 많은 부분 인디아 연극과의 만남에서 비롯되었으니, 인디아 연극을 서구연극학을 통해 구축한 이론화였다.

(4) 중국

중국은 기존의 고전 연극이나 이의 현대화 장르를 넘어서, 최근 일어나고 있는 응용연극의 케이스를 발표했다. "난페이얀 포름 연극의 변화: 중국 이주 노동자 집단의 연극 케이스 연구(Nanfeiyan's Forum Theatre Transformation: A Case Study on Theatre Practices of Migrant Workers' Community in China)는 새 밀레니엄 이후 생긴 이주노동자들의 연극활동을 연구했다. 1990년 이래 농촌지역에서 온 후고우(Hukou:영구 허가된 도시 거주 노동자)가 이주한 이래, 이들이 겪는 불평등과 열악한 노동환경을 대변하는 NGO가 2000년 이후 생겼다. 이들에게 연극 활동이 생긴 것은 2005년으로, 베이징 이주자 센터 같은 NGO가 모태가 되었다. 이들 중 난페이얀 사회 노동 센터라는 NGO단체에서는 〈세이프가딩 권리로의 긴 여정〉 이라는 공연을 올렸다. 이 단체의 설립자인 헤 자오보(He Xiaobo)는 이주노동자들에게 법률적 자문을 시작했으며 2009년 이후에는 이들의 이야기로 포름 연극(Forum Theatre)을 시작했다. 헤 자오보와 동료들은 아우그스트 보알의 포름 연극 테크닉을 익히고, 이를 이주노동자의 문제에 적용한 포름 연극을 6개 이상의 인근 대학교에서 공연하였다. 뿐만 아니라 광둥 지역에서 1000여명이 넘는 관객들을 만났다. 보알이 말했듯이 "연극은 혁명의 연습이다."라는 사실을 확인시켜준 공연들이었다. 〈자신의 신장을 지키기 위한 한 여직공의 투쟁〉은 난페이얀 사회 노동 센터의 가장 유명한 레퍼토리인데, 쥬메이(Xuemei)라는 여직공이 금속성 폐기물이 자신의 신장에 유해한 것을 모르고 일하다 자신의 신장이 망가진 것을 알게 되면서, 비슷한 열악한 노동 환경을 개선하기 위해 투쟁하는 이야기다. 여기에 출연하는 모든 배우는 노동 중 다치거나 건강을 잃은 이주노동자들이다. 따라서 관객들은 공연이 고발한 상황에 대해 어떤 의미로든가 참여하게 된다. 관객 대학생들은 분노했지만 그 해결책에까지 이르지는 못했으나, 포름 연극은 이주노동자들의 직업병과 상해 사고를 알리고 사회 문제화 시키는데는 매우 효과적이었다. 새 밀레니엄 이후의 중국의 응용연극을 단적으로 보여주었다.

(5) 새로운 지역: 필리핀과 베트남

우리에게 잘 알려지지 않았던 필리핀 연극에 관한 2편의 논문이 있었다. "필리핀 마린듀끄의 대관식 제의의 연극성(The Theatricality of the Coronation Ritual in Marinduque, Philippines)"은 푸동/투봉이라 불리는 대관식을 소개하고 그 의의를 해석했다. 푸동은 사회적 행사인데, 여기서 푼선이라 불리는 수상자에게 발기 주최측은 방문자들에 둘러싸여 왕관을 씌운다. 이 제의적 공연에는 연호, 음악, 시, 미술 및 무용 동작들이 얽혀 있어서, 공동 안무적인 연극적 경험을 하게 한다. 뿐만 아니라 커뮤니티 구성원들에게 질서있고 조화된 관계를 확인하게 한다. 발표는 많은 사진들을 제시하면서, 푸동 축제를 생생하게 느끼게 하였다.

"연극, 헌신과 젠더(Theatre, Devotion and Gender: Figuring, Gendering and Theaticalizing the Penafrancia in Bicol, Philippines)"는 필리핀에 많은 민속적 캐톨릭 제의가 있는데[3], 그중 하나인 페나프란시아(Penafrancia) 축제를 집중적으로 소개했다. 이는 매년 9월 나가(Naga) 도시에서 진행되는데, 성물(聖物)을 옮기는 행렬에서 시작되고 강에서 배의 퍼레이드로 끝난다. 이는 캐톨릭의 성녀 페나프란시아를 기리기 위한 축제이다. 이 축제의 연극성은 남성성의 극대화이나 동시에 여성 캐톨릭 성녀 페나프란시아를 기린다는 점에서 여성을 우상화하고 있다. 마지막에는 이 여성 우상의 아이콘이 얼마나 연극적으로 중요한 타자로 작용하고, 그 이야기와 젠더가 정규화되는가를 알려준다.

한 편의 베트남 관련 논문도 있으니, "루 쿠앙 브(Lưu Quang Vu)의 사후 30년에 고려하는 현대 베트남 연극의 개혁과 도전(Reforms and Challenges of Modern Vietnamese theatre considered in the 30 years after Lưu Quang Vu's death)"이다. 우리에게 베트남 연극은 생소한데, 전통극도 아닌 현대극이어서 더욱 낯설게 느껴졌다. 베트남 최고의 극작가로 추앙받는 루 쿠앙 브의 연대기와 2018년 사후 30년 추모 공연의 열기를 소개했다. 그는 1948년 극작가의 아들로 출생해서 1988년 교통사고로 숨겼다. 그는 〈영원히 17세〉라는 희곡으로 데뷔했으며, 청소년 극장(Youth Theatre)과 함께 했다. 그의 죽음을 둘러싼 많은 의혹도 있는데, 교통사고를 가장한 살인이라는 소문

---

3 중앙 루존(Luzon)에서 행하는 더 나은 삶을 위해서 젊은이 집단이 스스로를 채찍질하는 의식 축제 파막다라메 (Pamagdarame)나 마닐라에서 하는 나자르노 (Nazareno) 제의로 400년 된 검은 나자르노상를 메고 시티 센터를 도는 축제 등 많은 민속적 캐톨릭 제의 축제가 있다.

도 있으나 확인된 것은 없다고 한다. 2018년 청소년 극장에서 공연했던 〈제 9의 맹세〉는 많은 다층적 의미를 가진 1980년대 베트남 농촌의 군대 생활을 보여주는 작품이다. 민간인과 군인 사이의 관계의 문제를 제시하고 동시에 보수와 지도자의 규칙을 옹호하기도 하며, 한편으로는 사회적 비판을 가한다. 이렇듯이 사회 비판성이 강한 작품이지만, 많은 부분이 관객들이 쉽게 즐길 수 있기도 하다.

이렇듯이 필리핀과 베트남 연극은 아시아 학자들 간에도 생소한 부분이다. 그러나 이러한 소개의 시도들이 이루어지고 있다는 것은 매우 반가운 일이다. 이러한 소개를 통해서 아시아의 전 지역에 대한 영어 연극학이 발전해 가며, 또 소통할 수 있을 것이다.

(6) 범 아시아의 환경연극

"인간이 없는 구역 무대화하기: 의도에 무관하게 야생보호구역의 연극화하기(Human No-Go Zones on Stage: Theatricalizing Unintentional and Intentional Wildlife Sancturies)"는 환경주의 연극을 논한다. 체르노빌 사고 30년이 지난 이후 자연은 빨리 회복되어서, 오히려 사고 전보다 더 많은 다양한 동식물이 자라고 있다고 한다. 한국 DMZ는 인위적으로 60년이 넘는 세월을 인간과 격리되어 있었기에, 실로 자연의 보고가 되었다. 극단 목화의 〈내 사랑, DMZ〉는 뮤지컬 판타지로 동물들과 전사한 군인들이 평화롭게 살면서 그 땅의 신성함을 지키려고 하는 이야기이다. 필리핀의 'no-take'해양 보호구역은 단지 1년 동안에 많은 산호군란과 고기들을 되돌아오게 하였다. 〈인어의 꿈〉은 이 보호구역의 성공과 필리핀의 유명한 인어 데세밸 전설에 기반을 두고 창작되었다. 〈내 사랑 DMZ〉와 마찬가지로, 이 작품도 그 사회의 잘 알려진 문화적 이미지와 다른 세상을 꿈꾸는 연극의 마법을 잘 결합하여 보이고자 하였다. 앞으로 인간과 자연은 지구를 나누어서, 공존하기보다 분리하여 존재하여야 한다는 필자의 주장이 과격하지만 새롭게 들렸다.

3. 결어

'아시아 연극의 경계를 넓히며'라는 주제에 대해, 일본 미쯔야 모리 교수는 두 가지 질문은 던졌다. 우선 일본(아시아) 연극의 일반적 경향은 전통적인 혹은 통상적인 연극의 범주를 지키고 있는가와 두 번째로 연극의 경계를 넓혀서 어떤 사회적 유용함이 있는가였다. 일본의 경우 과거 앙그라 연극이 경계를 넓혔지만, 오늘날 연극의 상업화는 더욱 서구 전통적 의미의 연극으로 돌아가고 있다고 진단하였다. 야스시 나가따 교수도 앙그라 시대의 연출가들의 경계확장에 대한 실험을 예로 들었다. 다다시 스즈끼는 전통 연극으로 현대극의 경계를 넓혔고, 수지 데라야마는 서커스나 주문 같은 전통 연극을 활용했다. 오늘날에는 일상으로 들어와 박물관 같은 곳에서 공연이 빈번하다. 그러나 오늘날 전반적인 경향은 오히려 실험이 드물고 전통적이고 통상적인 연극 개념으로 돌아가고 있다는 진단이다.

이는 우리 연극에도 적용된다. 오늘날 연극은 상업주의로 나가고, 아마추어였던 20세기에 비하여 새로운 실험은 더욱 어려워졌다. 1970, 80년대의 전통 수용 실험 같은 움직임은, 상업화된 오늘 연극에서 어렵고 연극은 극장에 갇혀있다. 상업주의의 확장과 함께 오늘날 아시아 국가들은 비슷한 문제를 갖고 있다고 진단된다.

그럼에도 불구하고, 그러하기에, 경계의 확장은 필요하고 또 진행되고 있다. 대도시의 교통란과 인터넷을 통한 영상의 유포로 서구 전통적인 의미의 연극은 확실히 그 전성기를 지났다고 진단되기 때문이다. 그렇다면 연극을 기저로 ICT를 접목하거나 일상생활의 일부로 만들 필요는 더욱더 필요하다. 이번 발표에는 전에 없었던 2편의 응용연극을 다루고 있다. 노인문제나 노동문제는 확실히 우리가 직면한 일상이니, 이미 연극이 일상을 수용하기 시작했다 하겠다. 연극은 대중사회에 맞추어 새로운 영역을 개척하고 있다. 또한 환경연극의 부상도 이와 같은 맥락에서 이야기 될 수 있을 것이다. 이러한 경계 허물기를 연극이 적극적으로 수용할 때, 연극이 오늘에 살아있는 장르가 될 것이다. 이러한 변화는 이미 1970년대 후반 샤크너가 주도되어 공연학으로 발전하기도 되었으나, 새 밀레니엄 이후 정체된 것도 사실이다.

각국의 발표는 거의 자국인에 의해 연구되었으나, 유독 일본 관련 연극은 3인 모두 서구인이다. 뿐만 아니라 베트남 연극도 일본인에 의해 연구되었으며 중국인이 바르바와 인도연극 관계를 밝혔다. 더구나 필리핀과 베트남 관련 논문은 한국에 거의 처음 소개 되었다 하겠다. 즉 아시아 영어 연극학도 자국민이라는 좁은 굴레를 벗어나서 연구되기 시작했으며, 그 관심 영역을 넓혀가고 있다고 하겠다.

아시아 연극 학회를 할 때마다 느끼는 것이지만, 그 범주가 넓어서 깊이 있는 토론이 어렵다. 가령 이번에 소개된 베트남 연극이나 필리핀 연극은 새롭고 전혀 사전 지식이 없는 상태여서 질문을 하기 힘들다. 이러한 상황에서 깊이 있는 토론을 하기 힘들었으니, 설명과 소개에 그치고 있다. 그나마 이러한 교류를 통해서 서서히 알아가고 있다는 점이 안도된다면 되겠다. 그러나 느리지만 꾸준한 교류를 통해서, 확실히 아시아 영문 연극학도 서서히 세계를 향해 목소리를 내기 시작했다. 올해 발간예정인 아시아워킹그룹의 영문 아시아연극 논문집은 그 단적인 예일 것이다. 이는 아시아의 근대연극을 주제로 하고 있다. 어째서 영어 연극학인가 하고 의문시할 수도 있지만, 세계 속에 연극학이 되기 위해서는 영어 연극학이 필수적이다.

사족으로, 항시 부러운 것은 일본연극학회의 조직적인 참여이다. 이를 위해서는 각 대학이나 펀드가 그 지원을 아끼지 않고 있을 뿐만 아니라, 일본연극학회를 중심으로 회장이나 차기 회장을 서구 학자들에게 홍보하고 집중적으로 집행위원으로 지지한다. 일사분란하게 단체로 움직이는 많은 일본 참가자들은 어쨌건 서구 학자들의 이목을 끈다. 반면 세계연극학회나 기타 해외학회에 한국인들의 참여는 매우 저조하다. 이는 최근 문예위가 학술행사에 대한 지원을 끊으면서 더욱 그러하다. 사실 한 개 공연만 덜 해외에 보낸다면, 상당한 연극학자들을 여러 학회에 보낼 수 있다. 지속적으로 학회에 참여하여야만 세계 학자들과의 친분도 유지되고, 한국 연극을 세계에 알릴 수 있으니, 한 편의 해외 공연에 비해 집중적인 효과를 누릴 수 있는데도 말이다. 한편 이는 국내 연극학자들의 잘못이기도 하다. 스스로 적극적으로 참여하지도, 지원금에 대한 목소리도 높이고 있지 않으며, 영문 발표에 대한 부담감을 너무 느끼고 있는 듯하다. 세계로 뻗어가는 한국을 생각할 때, 연극학은 너무 좁은 내부에 갇혀 있다. 본인이 하고 있는 임기가 끝나가는 집행위원 자리를 한국인에게 넘기려고 백방으로 노력한 것도 사실이나, 계속해서 3, 4회를 참석한 한국 학자가 없다. 사실 그 자리는 학문과 긴밀한 관련이 없으니 할 필요도 없다고 생각할 수도 있지만, 한국 연극과 연극학을 홍보하기에는 긴요하다. 논문을 외교적 홍보가 뒷받침할 때, 한국연극학이 세계연극학 안에서 확고히 자리 잡으리라고 믿어진다. 한국연극학회를 중심으로 조직적으로 세계 학회에 참여하고, 한국연극학을 알리기를 후배들에게 진심으로 부탁드린다.

(한국연극학, 2019. 5. 30)

제28회 국제평론가협회(AITC) 총회 참가기

제28회 국제평론가협회 총회는 9월 26일부터 10월 1일까지 세르비아 벨그라드에서, 제50회 벨그라드 국제 연극 페스티벌(BITEF)과 함께 열렸다. 회장인 마가레타 소렌슨(Margareta Sorenson)의 개회 선언과 함께, 쇠락해 가는 연극에서조차 평론가란 얼마나 외롭고 소외된 존재인가를 언급하며 이를 위해 함께하는 국제평론가협회의 모임이 중요하다는 말에, 참석 평론가들의 많은 공감을 얻었다. 키노트 스피커로는 에리카 피셔 리히테(Erika Fischer Lichte)와 조오지 바뉘(George Banu)의 연설이 있었다. 에리카는 세계화된 세계에서 국제화되는 문화상호적인 연극을 1960년대 이후 그로타브스키와 셰크너 등의 연극을 예로 들면서, 인도, 일본 및 중국의 연극까지 폭넓게 언급하며 문화상호주의와 세계화(Globalization)의 중요성을 강조하였다. 또한 다양한 문화로 재해석된 그리스나 셰익스피어 정전들이 현대 시장에서 성공적인 연극임을 상기시켰다. 반면 조오지 바뉘는 바로 이러한 세계화와 문화상호주의를 염려하였다. '소수의 연극(Theatre of Minori쇼)'를 강조하면서, 이들의 메시지를 듣고 그것을 정치·정책화할 때 연극의 소명을 다 할 수 있다고 주장한다. 다다이즘이 다양한 실험적인 장치들을 미래의 공연으로 꿈꿨듯이, 우리도 각각의 '소수의 연극에 주목해야 한다고 강조했다. 역시 두 대가의 풍미를 느낄 수 있었으며, 이 두 양극 사이에 연극의 앞날이 있을 것이라고 생각되는 인상적인 키노트스피치였다.

바뉘, 에레카 키노트 스피커들과 함께

이후 이틀에 걸쳐서 연극의 'Newness'에 대한 발표와 토의가 진행되었다. 몇몇 주목되었던 논의로는 우선 상품으로서 연극에 대한 고찰로, 마케팅이 연극에 도입되었으며 수많은 페스티벌의 역할을 짚어보는 프랑스의 발표를 들겠다. 나이지리아에서는 'New'와 'Old'가 병행하니 전통 연희의 현대화가 문제가 되고 있었으며, 인도에서는 정책(Politics)과 젠더가 새롭게 이슈로 떠오르고 있다고 한다. 루마니아에서는 새로운 공연의 언어로 다큐멘터리 연극이 부상하고 있는데, 이 연극은 사회적 영향과 미적 요구의 새로운 조화이기 때문이다. 그리스에서는 소위 Pocket-Shakespeare 공연이 새롭게 떠오른다고 하며, 이는 게임과 정치적 이슈가 혼합된 연극이라고도 하겠는데 특히 셰익스피어는 오늘의 그리스 젊은 연극인들에게 자신을 말하는 좋은 근거를 마련해 주고 있다고 한다. 이란의 전통 연극은 시간에 용해되어서 새로운 연극의 근거가 되고 있다고 하며, 조오지아 발표자는 새로움은 항시 세계적이었다고 하며 포스트모더니즘의 해체주의나 하이테크를 그 새로움의 대표주자로 꼽았다. 미국의 올해 토니상을 받은 〈해밀턴〉을 예로 들면서, 트럼프 시대의 해밀턴의 가치를 논하며 전통과 새로움은 서로 상존하며 영향을 끼친다는 미국의 발표는 특히 많은 공감을 받았다.

이렇듯이 다양한 각도와 국가에서 '연극의 새로움'을 찾고자 노력했으니, 이들의 논의는 크게 다음과 같은 몇 그룹으로 나뉜다. 1) Old와 New는 상호 보완 관계, 2) 정책과 젠더의 문제, 3) 포스트모더니즘(해체주의, 하이테크 등등), 4) 다큐멘터리 연극, 5) 정전의 재해석 공연 등이다. 이들은 우리 연극에서도 문제로 논의되고 있는 바로, 새로움에 대한 논의는 역시 세계적인 공통현상이라고 느꼈다. 연극에서 새로움을 발견하여 미(美)와 사회적 이슈를 찾는 과제는, 연극의 주변에 있다고 할 평론가들의 필수적인 숙제인 것을 다시금 숙연하게 깨달았다.

국제평론가협회가 수여하는 올해 탈리아 연극인상(Thalia Prize)에는, 나이지리아의 극작가 페미 오소피산(Femi Osofisan)이 수상하였다. 그는 소잉카의 직계 제자로 나이지리아의 여러 사회문제를 성공적으로 극화하였다는 평이다. 에리카가 상을 수여하며 이러한 수상이 문화상호주의에 기인했음을 밝혔으며, 수상자 역시 개인에 대한 수상이기보다 나이지리아 문화에 대한 인정이라고 받아들인다고 기뻐했다. 우리 연극인이 수상하게 될 때는 언제쯤일까 하고 생각해 보았다.

탈리아 상 수상 장면

심포지엄이 열렸던 유고슬라비아 극장, 셰익스피어 서거 400주년 문구가 보인다.

이상의 심포지엄보다 흥미로웠던 것은 저녁마다 펼쳐진 공연이었다. 벨그라드 국제연극페스티벌은 올해로 50주년을 맞는다는데, 그 연륜만큼이나 잘 조직된 연극제였다. 전체적으로 다큐멘터리 연극이 공연이 연극제의 가장 큰 주류를 이루었다는 느낌이었다. 독일 사우비네의 〈연민: 총기의 역사〉는 콩고 내전으로 부모를 잃은 한 흑인 소녀가 유럽의 소도시로 입양되면서 겪은 소외를 이야기 한다. 자신의 근원인 아프리카에 대한 무지와 혼자만이 흑인이었던 도시에서 연민에 찬 수군거림을 받으며 자라야 했던 자신의 이야기를 털어 놓는다. 그녀가 무대 한 쪽에서 이야기하는 동안 중앙의 큰 스크린에 그녀의 모습이 클로즈 업 되어 보인다. 한편 백인 여성도 등장하는데, 그녀 NGO로 콩고 피난민 캠프에서 일했던 기억을 털어 놓는다. 처참한 살인과 강간 등을 이야기하는 그녀는 자신의 무기력함과 왜소함에 거의 미쳐 간다. 역시 무대 한편에서 이야기를 진행하며 중앙의 큰 스크린은 그녀의 미세한 표정까지 클로즈 업 하여 보여준다. 즉 두 개의 내레이션으로 이루어진 공연은 시종 별 움직임이 없이, 중앙의 대형 스크린에 클로즈 업 된 표정으로만 연기된다. 내전의 참상을 잘 전달했다는 데는 의의가 없었으나, 스크린에 의존한 연기여서 연극보다는 표정연기 영화를 봤다는 느낌이 강했다. 명성의 사우비네 공연으로는 어딘가 극적 표현이 결여되었다고 느껴졌다.

북한 여행기를 다큐멘터리 연극으로 만든 〈자유: 자본주의 사회의 가장 비싼 것〉은 한국인이었던 필자는 물론이고 모두에게 흥미를 불러일으켰던 공연이었다. 여행기의 사진과 간단한 동영상을 보여주면서, 지구에서 마지막 남은 냉전국가의 선전, 선동과 전형적인 행동규범을 풍자했다. 중간 중간에 북한산 물건을 팔면서, 그 수익금을 북한을 위한 단체에 기부하겠다는 발상도 재미있었다. 그 여행은 나무랄 데 없이 잘 가이드된 여행이었으면서도, 결국은 통제로 다가왔다. 북한에 관한 사실적 묘사와 통쾌한 풍자를 바라보면서, 어째서 그토록 가까운 북한에 대한 진지한 흥미와 탐구심이 없었는지가 스스로에게 의문으로 떠올랐다. 무의식에서조차 지워 내고 있는 우리 할아버지의 고향에 대해 조금 더 알게 하고 고민하게 만든 연극을 접하면서, 다큐멘터리 연극의 힘을 느꼈다.

〈자유〉 포스터의 일부

이 외에도 레바논 내전과 난민사태에 대한 다큐멘터리 연극이 많았다. 실제로 〈구름 타기: Riding on a Cloud〉에서는 내전으로 다친 레바논 피난민이 등장하여 자신의 이야기를 엮어 내는가 하면, 또 다른 작품에서는 전쟁후유증에 시달리는 군인의 내면을 여러 무용수가 무용으로 표현하기도 했다. 아프리카와 독일이 합작하여 만든 〈외교관〉은 포스트식민주의 시대의 아프리카의 독재자와 독일 외교관의 자국의 이익을 위한 파워 게임을 특유의 아프리카 음악과 재즈를 섞어서 유쾌하게 표현하고자 했다. 소위 'relaxed'한 방법이라는 연출에는 너무 형식이 부족하여 풍자가 잘 들어오지 못하고, 산만하게 음악만 반복되었다. 다큐멘터리 연극이기에는 사실의 근거가 미약했지만, 그 일종으로 볼 수도 있겠다.

이 외에도 오스트리아의 노벨문학상을 수여한 엘프레데 옐리넥크

(Elfriede Jelinek)가 재창작한 〈노라〉(What Happened after Nora Left Her Husband; or Pillars of Society) 공연은 세르비아 상업극의 진수를 보여주었다. 새로운 테크는 없었지만 훌륭한 연기와 잘 짜인 연출로 미학적 완성도가 높았다. 희곡이 70년대 작품이어서 남편을 떠난 노라의 행적에 진부함은 있었지만, 설득력 있게 노라의 변신을 재연하였다. 결국 경제력이 없는 자유는 허울뿐이었다. 뿐만 아니라 국립극장에서 공연한 〈애국자들〉은 19세기 세르비아의 헝가리와의 투쟁에서, 거짓 애국하는 사람들을 신랄하게 비꼰 작품이다. 국립극장의 임무가 무엇인가를 일깨운 공연으로 오늘 정치의 이중성을 돌아보게 했으며, 동시에 사회적 요구와 미적 감각을 살렸다. 연출의 계획된 스타일을 느낄 수 있었으며, 대체로 장중한 분위기에 날카로운 유머 감각을 살렸다.

〈애국자들 중에서〉

〈외교관〉의 장면들

　어린이극으로 인상 깊었던 공연은 〈거꾸로(Upside Down)〉이었으니, 오브제와 공간 감각을 잘 활용했던 공연이었다. 입장할 때 모든 관객에게 도화지를 한 장씩 주는데, 이를 자신의 좌석 앞에 놓아 네모난 무대를 경계 짓는다. 이후 배우들이 등장하여 차례로 바닥에서 구르는데, 그 모습이 벽면 스크린에는 그 모양이 전혀 다르게 나타난다. 가령 도화지를 층계처럼 늘어놓고 땅바닥에서 구르면 벽면 스크린에는 마치 계단을 오르는 것 같이 보인다. 처음에는 배우 2명이 바닥을

굴렸으나, 어린이들이 점차 자발적으로 참여하여 함께 구르고 배우들은 이들을 리드한다. 이후 종이 고깔, 막대 등 오브제를 더하여, 스크린에 다양한 모습을 만든다. 즉 아이들은 신나게 구르며 놀면서 오브제와 더불어 스크린의 모양을 만들어 간다. 실로 참여하는 연극이요 공간 감각을 익힐 수 있는 놀이였다.

〈거꾸로〉 공연 장면

'벨그라드 국제연극페스티벌(BITEF)'은 인근의 다양한 동유럽 국가들이 참여하면서 50년이란 세월을 축적했으며, 특히 독일의 영향이 선도적인 것 같았다. 올해는 레바논, 중국, 아프리카, 싱가포르 및 인도네시아도 초청하여 그 폭을 넓히고 있다는 느낌이었으나, 이들 국가의 공연은 연극제에 별 충격을 주지는 못했다. 가령 중국의 공연은 미디어를 활용하는 예술이라는데, 그 미디어 공연이 우리에게는 전혀 새롭지 않았다. 그러나 연륜만큼 전반적으로 어떤 수준이 느껴졌으며 잘 조직된 연극제였다. 다만 극계를 선도하는 실험성을 딱히 짚어 내기도 힘들었으나 실로 다큐멘터리 연극의 부상을 다시금 느끼게 한 연극제였다.

(연극평론, 2016. 겨울호)

연극학의 이슈 및 방향성과 그 지원제도
한국연극학회 학술대회와 공동연구 및 출간서를 중심으로

1. 서어: 연구의 배경

한국예술재단은 예술학의 진흥을 위해 '문화융복합단'을 설치했고 나아가서 2013년 '예술체육학술진흥협의회'의 구성했다. 협의회는 예술학 진흥을 위한 새로운 지원 정책 수립을 위해서, 지난 2년간에 걸쳐서 예술분야 각 학회가 학술대회를 치르되, '해당 학문분야의 연구 동향, 특성, 지원 방향, 현 지원방향의 문제, 해외의 지원 방향 사례, 지원 관련 개선방향, 정책적 제언' 등이 연구되기를 바랐다. 이렇듯이 이번 연구의 발표도 최종적으로 '문화융복합단'의 예술·체육 분야 정책 수립에 도움을 줄 수 있기를 그 목표로 하였다.

사실 정책 수립에 일조할 수 있는 연구라는 목표는 실로 지난(至難)한 것이다. 직절적인 정책 제안이란 찬반 논란에 휩쓸리기 쉬우며, 무엇보다도 실무자가 아닌 다음 구체성을 결여할 수 있다. 따라서 본고는 우회적으로 한국연극학의 이슈를 진단하고 그 방향성을 밝힘으로서 차후 '문화융복합단'의 연극 정책 수립에 도움이 되고자 한다. 뿐만 아니라 이러한 탐구는 오직 연극학자만이 할 수 있는 연구이기도 하다.

한국연극학의 이슈와 방향성을 살피기 위해 본고는 한국연극학회의 지난 학술대회 이슈를 살펴서 그 변화를 추적했다. 각 대회는 그 당시 주요 이슈였음이 분명하며 나름 지원을 받기도 했으니, 지원 사례도 살펴보겠다. 또한 새천년 이후 공동연구하며 학회의 편집서적을 출간하기도 했다. 이 역시 출간이 있기까지 지원의 유무를 살피며, 보다 효율적인 지원 정책을 생각해 보겠다.

2. 한국연극학회 학술대회의 이슈과 그 변화

사실 연극학술대회가 정례화 된 것은 86아시안 게임과 88올림픽을 거치며 그 부대 문화행사로 학술대회를 갖고 나서부터이다. 86아시안 연극학술대회는 전통문화 유산과 그 현대화의 문제를, 88서울국제연극토론회는 '창조와 충돌인 만남의 연극'이라는 주제로 행해졌다.[4] 특히 88연극토론회에는 마틴 에슬린, 죤 엘슴, 아와스티 등 유명 학자들이 참석했으며, '세계성을 잃지 않으면서도 민족문화적 독자성을 추구'한다는 결의로 끝났다. 한국연극학회의 회원들이 이들 학술대회에 적극적으로 참여했던 것은 물론이다. 이렇듯이 연극계의 시발이 되었던 두 큰 학술대회는 문예진흥원의 전격적인 지원으로 가능했다. 행사용이었다는 비판도 있었지만 학술대회의 필요성을 연극인들에게 자각하게 했던 대회들로, 지원금의 중요성을 다시금 일깨웠다고도 하겠다.

한편 연극계에 학술대회를 공고히 하는 역할을 했던 대회는 1991년 '연극·영화의 해'에 열렸던 '문화유산과 혁신'(1991.9.27~28: 한국연극

---

4 86아시안 학술대회는 자료집을 찾을 수 없어 당시 발표하였던 본인의 기억에 의존하여 서술했고, 88서울국제연극토론회(1988. 8.31-9.3)는 자료집과 기록들에 의거했다. 일례 "「창조와 충돌」 주제 국제연극 토론회" 경향신문, 1988. 8.25.

학회/한국연극협회 주최, 한국문화예술진흥원 후원)이라는 대회였다. 제1부는 '한국연극에서의 문화유산과 혁신'으로, 광대극의 전통, 오태석론, 전통의 수용과 축제문화의 개발, 죽음 풀이로서의 광대극, 설화의 재해석, 휴머니스트적 메타드라마로의 해체와 강조 등이 발표되었다. 제2부는 '혁신적 작업의 실제'로 연출가 이윤택과 김광림의 포럼이 있었으며, 제3부는 개인연구 논문 발표였다.[5] 이러한 대대적인 대회는 '97년 국제극예술협회(ITI) 세계연극제'의 심포지움으로 연결되었다. 심포지움은 '전통과 실험 – 21세기의 연극은 무엇을 추구하려고 하는가'라는 주제로 진행되었는데, 전통을 이야기 하면서도 그 초점이 21세기 새로운 연극으로 바뀌어 간다.

이상 초기의 학술대회를 살펴볼 때, 전통 문화유산의 오늘에의 수용이 가장 큰 이슈였던 것 같다. 강압된 근대로 인하여 단절된 전통 이어가기는 70년대 이후 우리 연극계에 가장 중요한 문제였음을 알리는 주제이기도 하다. 결국 1990년대 까지도 전통의 현대화는 주요한 이슈였음을 알겠다. 다만 1990년대 후반에는 새 밀레니엄이라는 새로운 시대를 준비하는 이슈가 덧붙여졌다고 하겠다. 이렇듯이 국제적 학술대회는 모두 한국문화예술진흥원의 대대적인 후원으로 가능했으니, 학술대회에서 후원이 절대적임을 알려주는 사례들이다.

90년대에 들어와서 한국연극학회도 독자적으로 학술대회 열어가기 시작했으니, 다음과 같다.[6] 이들 학술대회는 크게 다음과 같이 몇 가지 유형으로 나뉘니, 1) 일반학술대회 2) 국제학술대회(밑줄 침) 3) 특별학술대회(*표와 밑줄 침) 그리고 4) 신진연구인력 학술발표회(박

---

5 『문화유산과 혁신』 '91연극영화의 해 학술심포지움 자료집.
6 가능한 한 완벽한 자료를 모으려고 했으나, 90년대 자료는 혹시 못 찾은 것이 있을 수 있으니 해량하시길 부탁드린다. 자료는 본인이 소장하고 있는 일부 대회 자료집과 학회지 끝에 실린 학회활동 사항을 참고로 하였다.

사학위논문)이다.

1993: 춘계: 한국 음악극의 현황과 과제
　　　추계: 박사학위 논문 발표
1995: 춘계: 박사학위 논문 발표
　　　*특별: 광복50년의 한국연극
　　　추계: 무대미술의 연극학적 접근
1996: 춘계: 박사학위 논문 발표
　　　정보사회와 한국연극
　　　추계: 한일연극비교연구 세미나
　　　박사학위 논문발표
1998: 춘계: 1945년 이전의 한국과 일본의 연극론
2000: 추계학술대회 - 한국연극사의 쟁점2: 대중극의 위상과 연극
　　　대중화 문제
2001: 춘계
　　　제1부: 수원화성연극제에 참가하는 국내외 연출가 발표
　　　제2부: 한국연극사의 쟁점3 - 연극과 축제
　　　추계: 21세기 세계연극과 정체성1 - 아시아권 연극의 현황과
　　　정체성
　　　동계: "21세기 한국연극의 진흥 방안"(연극학과 연극교육학
　　　회 공동주최 송년 모임)
2002: 춘계: 21세기 세계연극과 정체성2: 〈탈식민주의 시대의 연극
　　　- 이론과 실제〉
　　　추계: 21세기 세계연극과 정체성3: 〈연극학과 그 방법론적
　　　연구〉
2003: 춘계: 분과학문으로서의 연극학(Theatre studies as a

discipline) - 그 학문적 역사와 정체성, 그리고 과제

추계: 서울국제연극학 심포지움 - 연극공간에 대한 새로운 접근

동계: 신진연구인력 학술발표회(박사학위논문)

2004: 춘계: 뉴미디어 시대의 연극성

추계: 연극과 관객

2005: 하계학술대회 - 신진연구인력 학술발표대회

한국연극학회 국제학술대회 - 아시아 연극의 혁신: 플롯과 내러티브

추계학술대회 - 유치진 탄생 100주년 특별 심포지엄

2006: 춘계학술대회 - 헨릭입센과 아시아연극

추계국제학술대회 - *청소년 연극의 의의

동계: 신진연구인력 학술발표(박사학위논문)

2007: 춘계학술대회 - 동양 전통연극의 현대화-한중일 3국을 중심으로

추계학술대회 - "21세기 한국연극학의 정체성 찾기"

2008: *한국연극 100년사 재조명 - 역사적/문화적 메모리의 새로운 시각적 접근

*세계연극학회(IFTR) 서울 심포지움:

Re-constructing Asian-ness(es) in the Global Age

2009: 춘계학술대회-셰익스피어와 한국연극

추계학술대회- 학제적 학문으로서의 연극학(1): 연극학과 문화연구

2010: 춘계: 연극과 공연학(2)

추계: 학제적 학문으로서의 연극학(3): 연극학과 미디어

*특별학술대회 - 서울 연극올림픽 관련 국제심포지엄 1

2011: 춘계: 동시대 연극학의 새로운 담론들(인지과학과 공연/공간
　　　의 발견/역사 다시쓰기)
2011: 추계: 한국동시대 연출의 미학
2012: 춘계학술대회 - 한국현대연출의 양면성:리얼리즘과 안티리얼
　　　리즘의 변증법
　　　국제학술대회 - 포스트 아방가르드 이후 연극의 방향성
　　　동계학술대회 - 스트린드베르히 서거 100주년 기념 학술대회
2013: 춘계학술대회 - 극장 밖으로 나온 연극을 바라보는 비평적
　　　시각
　　　추계학술대회 - 한국연극학의 성과와 한계
2014: 춘계학술대회 - 연기이론과 연기방법의 모색: 현장과 이론의
　　　만남
　　　추계 학술대회 - 신파와 대중연극 그리고 오늘날의 연극문화
2015: 춘계학술대회 - 한국의 1세대 무대미술가 연구
　　　추계학술대회 - 21세기 위험사회와 연극의 역할, 연극의 정
　　　치적 지형

　우선 일반학술대회를 살펴보면, 당대 학계의 이슈가 잘 드러난다.
90년대는 당시에 떠오르기 시작했던 음악극(뮤지컬)이나 무대 미술에
대한 관심이 드러났으며, 다가오는 정보화 시대에 대한 준비 및 86
아시안게임 문화행사로 해금되기 시작했던 일본 연극에 대한 연구가
활발했다.
　새 밀레니엄에 들면서 포스트모던 사회가 본격화 되자, 학술대회도
우선 포스트모더니즘 연구가 활발해진다. 연극 대중성과 이에 대한
재평가가 일어났으며, 연극의 개념 역시 퍼포먼스로 확대되면서 연극
과 축제가 대회의 주제가 되기도 했다. 또한 포스트모더니즘의 일환

으로 탈식민주의 사상이 확대되면서 탈식민주의 시대의 연극이 연구되었다. 관객의 중요성이 부각하며 관객 연구도 시작되었으며, 뉴미디어 시대의 테크놀로지 연극과 미디어 연구가 주제가 되기도 했다. 나아가서 연극은 문화연구로 확대되고 수행 중인 퍼포먼스 연구가 떠오른다. 즉 이들 연구는 세계 연극학의 방향과 발맞추고 있으니, 대중성, 관객, 탈식민주의, 뉴미디어 공연, 문화로서의 공연 등은 세계 연극학계의 주요 이슈이기도 했다. 뿐만 아니라 아시아권 연극에 대한 연구는 새롭게 주요한 이슈로 떠올랐으니, 간과했던 주변이 바로 우리 중심이었음을 깨닫는 작업이기도 했다.

다음으로 포스트모던한 세계화된 시대에서, 한국연극학의 자아실현을 의식했다. 21세기 한국연극의 진흥 방안을 찾고자 한국연극학의 정체성을 연구했으며, 연극학과 그 방법론적 연구를 새롭게 모색하기도 했다. 우리의 뿌리인 아시아권 연극의 현황과 정체성을 의식했기에, 한중일 3국을 중심으로 동양 전통연극의 현대화도 깊은 관심 이슈였다. 스스로를 알기위해 한국연극학의 성과와 한계를 주제로 논의하기도 했다. 이러한 학술대회의 주제는 세계적 이슈와 별도로 한국연극학의 정체성을 탐구하는 과정이었다.

한편 유명 연극인의 탄생이나 서거년을 기해 이들에 대한 학술대회도 기획되었다. '유치진 탄생 100주년 특별 심포지엄' '헨릭 입센과 아시아연극' '셰익스피어와 한국연극' '스트린드베르히 서거 100주년 기념 학술대회'등은 연극사의 기념비적 작가들을 기렸던 개인에 관련된 특별 대회 주제라고 하겠다. 이들을 돌아봄으로써, 연극사의 이슈와 쟁점을 살폈다고 하겠다.

최근에 와서 연극 각 분야에 대한 구체적인 연구가 진행되었으니, 연기, 연출가 및 무대미술가에 대한 연구에까지 미쳤다. 이는 이론적 연구를 넘어서 실기적인 연구로 학술대회의 관심의 폭이 넓어졌음을 의미하기도 한다. 이는 근래에 올수록 이론과 현장의 만남을 중시하는 경향을 반영하고 있다. 연극학이 이론의 소개와 연구를 넘어 실기 분야에 대한 학문적 정립으로까지 넓혀가고 있음은 그 학문적 성숙을 말해준다.

이상의 일반학술대회는 주로 당시 한국학술진흥재단(현 한국연구재단의 전신)의 보조를 받았다. 지원액은 200만 원을 넘지 않았으며, 때론 지원을 받지 못하기도 했으니 특히 1990년대 지원금이 아예 없기도 했다. 지원 초기에는 발표자의 발제비도 일정 소정의 금액 허용되었으나, 새 밀레니엄 이후를 즈음해서 학회발표 장소 대여비와 대회 소책자 발간비만을 허용하였다. 사실 학술대회의 발표는 학자 개개인의 연구 과제이기보다, 대회 주제에 따른 학자들의 별도의 연구이기 때문에 소정의 발제비를 허용하는 것이 훨씬 학회의 운영에 도움이 된다고 사료된다.

국제학술대회를 살펴보면 독자적인 한국연극학회 주관으로는 2003년 '서울국제연극학 심포지움-연극공간에 대한 새로운 접근'이 최초이다. 포스트모던 연극에서 시간에서 공간으로 그 관심이 옮아가기 시작했던 무렵, 무대 공간 학자로 알려진 크리스토퍼 밤(Christopher Balm)을 비롯한 학자들이 초청되어서 공간에 대한 진지한 최초의 논의였다고도 하겠다. 제2회 국제학술대회는 2005년은 '아시아 연극의 혁신-플롯과 내러티브'로 말레이시아, 인도, 중국, 캐나다, 오스트레일리아, 일본 등의 학자들이 초청되어서 국내 학자들과 아시아 연극의 플롯과 그 내러티브를 짚어보며 혁신을 꾀하고자 하였다. 학계의 관심이 아시아로 옮겨 온 사실을 반증하는 학술대회였다. 제3회 국제학술대회는 2012년 '포스트 아방가르드 이후 연극의 방향성'으로 열렸으니, '포스트드라마 연극' 용어의 창시자 한스-티에스 레만을 위시하여 엘렌 수 케이스, 파트리스 파비스 등 현대 연극의 대표 이론가들이

모여서 소위 포스트 드라마 이후의 연극 방향성을 논의하였다.[7] 뿐만
아니라 워크샵을 병행하여 그 실제를 익히는 기회도 마련했다.[8]

이렇듯이 국제학술대회는 시대의 필요성을 잘 반영하였으니, 연극

---

7 참고로 국제학술대회의 한 모델로, 당시 프로그램을 소개하면 다음과 같다.

2012 국제 연극 심포지엄

제1일	제2일
개회 인사: 이미원(한국연극학회 회장)	**개회**
1부(10:00~12:00/ 사회: 김문환)	**1부(10:00~12:00/ 사회: 김미혜)**
□ 포스트드라마 연극의 계보학과 예술사적 의미(한스 레만 Hans-Thies Lehmann)	□ 민족학과 융복합 공연 (장 마리 프라디어 Jean-Marie Pradier)
□ 연극적 소통 형식의 변화: 사이트 스페시픽 퍼포먼스(신현숙)	□ 일본의 포스트아방가르드 연극 (야스시 나가타 Yasushi Nagata)
□ 포스트아방가르드 시대에 혼합주의 연극의 이론적 고찰과 실천양상(크리스토퍼 밤)	□ 포스트드라마 시대의 전통수용 문제: <우투리>의 경우(김광림)
* 토론: 김용수, 장은수	* 토론: 이응수, 최영주
2부(13:30~18:00/ 사회: 김방옥)	**2부(13:30~18:00/ 사회: 최성희)**
□ 포스트-아방가르드[포스트드라마] 연극 담론에 관한 비평적 고찰: 긍정적 성과와 문제점(패트리스 파비스 Patrice Pavis)	□ 포스트 아방가르드 연극에서의 관객의 역할(레이첼 펜샴 Rachel Fensham)
□ 창극 <수궁가>의 포스트드라마적 변신(김형기)	□ 포스트모던 연극에 있어서 관객의 지위, 연극예술가의 사회적 계급(안치운)
□ 아방가르드와 포스트-아방가르드 연극의 관계와 기여(크리스토퍼 인네스 Christopher Innes)	□중국의 상호주의 아방가르드 연극, 아방가르드 연극을 넘어서(윌리엄 선 William Sun)
□ 포스트아방가르드 연극과 새로운 젠더 이론(수 엘렌 케이스 Sue-Ellen Case)	□ 동시대의 포스트드라마 현상을 바라보는 한국 연출가의 시각(이윤택)
* 토론: 남상식, 심재민	* 토론: 김성희, 이선형
□ 중국 포스트드라마 연극의 가능성: 실험연극의 전망(뤼 샤오핑 Xiaoping Lu)	
* 토론: 황훈성, 오수경	**종합토론**
종합토론	

---

8 한스 레만(Hans-Thies Lehmann)의 '포스트드라마 연극' 워크숍

□ 주제 : "포스트드라마 연극의 연기와 연출 미학"
□ 목적 : 포스트드라마 연극의 연출, 제작, 연기 등에 대한 이론 및 실기 워크숍을 통해, 포스트드라마에 대한 이해의 폭을 넓히고, 연극 생산을 위한 현장 감각을 익히도록 한다.
□ 참가 대상 : 연출가, 연기자, 극작가 등 연극 관계자 및 대학원생
□ 일시/장소 : 2012. 10. 21(일)/ 대학로 '다락'

공간은 오늘의 포스트모던 연극에 새롭게 그 중요성이 가중되었으며, 포스트 아방가르드 이후의 연극 방향성 모색은 미래 연극의 방향을 예견하는 중요한 척도이다. 한편 아시아 연극의 전통과 혁신은 우리 21세기 연극의 방향성을 제시한다고도 하겠으니, 탈중심 세계에서 한국연극학의 새로운 정립을 위한 시도였다.

이러한 중요한 국제학술대회는 지원금이 절대적으로 필요하였다. 2003년 국제학술회의 한국학술진흥재단과 한국문예진흥원의 지원을 받아서 진행되었다. 이때는 이중지원이 가능하였으니, 총액이 사용액을 넘지만 않으면 되었다. 2005년 제2회 대회는 한국학술진흥재단과 서울국제공연예술제 및 한양대학교의 지원을 받았다. 2012년 대회는 한국문예진흥원 지원금과 한국예술종합학교 후원으로 진행되었다. 2012년에는 한국학술진흥재단 지원금인 경우에는 발표논문집 발간 경비, 장소 사용료 및 외국 학자 초청 경비 중 여비(비행기표)나 체제비 중 하나만을 지원하였고 이중지원도 불가했기에 신청을 포기했었다. 물론 세계 학회는 체제비 지원도 가능했으나 이를 위해서는 '최소 20개국 이상(참석 학자) 외국학자(외국기관 소속) 200인 이상 발표'를 해야 했으므로, 연극학 심포지움으로는 사실상 불가능에 가까웠다. 그리하여 대안으로 기금사용 용도제한이 없었던 한국문예진흥원 기금을 신청했으나, 이중지원이 불가하다는 통보를 받았다. 그리하여 실질적으로 지원금을 주었던 한국예술종합학교를 한국연극학회와 공동주관으로 하고 한국문화예술위원회가 후원하는 것으로 표기했다.

이렇듯이 국제학술대회를 위하여 지원금을 마련한다는 것은 쉽지 않은 일이니, 지원금만 마련하면 대회준비의 80%를 끝냈다는 자조 섞인 이야기가 있을 정도이다. 특히 당시 학술진흥재단 지원금의 문제점은 여비와 체제비 중 하나만을 지원하는 것이었는데, 한국연구재단 2015년도 학술대회지원사업을 보니 이런 조항이 빠져 있는 것은 다행이다. 하지만 현재도 지원금의 사용은 '발표논문집 발간 경비, 장소 사용료 및 외국학자 초청 경비'로 엄격하게 제한되어 있어서, 초청장, 포스터, 현수막 등 홍보성 경비 지원이 불가하고 식비, 다과비, 인건비 등 소모성 경비 지원도 엄격하게 제한되고 있다. 그러나 실제로 학회를 준비하다 보면 초청장이나 현수막 등을 만들어야만 하고, 학회 중간이나 후에 식비 역시 중요한 경비라고 사료된다. 하루 종일 발표한 발표자나 질의자들에게 점심을 대접하지 않거나, 학회 후 식사를 마련하지 않는 것은 사실상 힘들다. 뿐만 아니라 이러한 자리를 통해서 미진했던 토의들이 계속되고 의견을 교류할 수 있다. 실로 이러한 비용을 학회가 마련하기란 만만하지 않다. 수익사업이 없는 순수학회에서 회원들이 사비를 들여 학회를 지원하는 것은 기대하기 어렵다.

뿐만 아니라 외국 학자들에게 일비나 발제비 형식의 지원금 없이는 초빙하기도 어려운 실정이다. 소정의 일비나 발제 사례비를 통해서 실제적인 한국 체류 비용을 지원할 수 있는 길을 모색해야만, 해외 유명 예술가들을 초빙하기 쉬워질 것이다. 이러한 실제 학술대회의 부족분을 회원들의 회비만으로 매번 충당하기란 심히 어려워서, 항시 국제학술대회를 망설이는 원인이 된다. 이러한 문제에 대한 사고의 전환이 마련되어야, 실제로 우리에게 필요한 주요한 해외인사를 초빙할 수 있을 것임으로 이러한 부분의 지원책이 개선되었으면 한다.

특별학술대회의 경우는 어떤 특정한 행사나 기념 해와 함께 하여, 비교적 후원금의 조달이 쉬웠던 경우이다. 광복50년의 한국연극, 청소년 연극, 한국연극 100년사 재조명, 서울 연극올림픽 관련 국제심포지엄 등의 학술대회가 여기에 속한다. 이들 학술대회는 특정한 행사를 지원하는 동시에 그 학술적 의의를 조명하는 임무를 담당하거나, 특정 기간까지의 연극사를 재조명하였다. 특히 2008년 중앙대학교와 한국연극학회가 함께 세계연극학회(International Federation for Theatre Research) 정기 학술대회를 서울에서 호스트 하였는데, 이는 한국 연극학 학회 사상 최초로 한국연구재단이 지정한 세계학술대회의 조건(20개국 이상, 200명 이상 발표)을 충족했던 학회였다. 세계연극학회의 서울 개최는 한국 연극학의 저력을 세계에서 인정해 준 사례라고도 하겠다. 그러나 준비 과정의 불협화음으로 한국 연극학회 회원들의 참여는 예상외로 저조하기도 했다. 세계에서 참가하는 학자들에게 관례대로 참가비도 물론 받았지만, 이때도 중앙대학교의 헌신적인 준비와 지원금이 함께 했기에 가능했다.

　마지막으로 신진연구인력 학술발표회는 주로 박사학위논문 발표로, 신진학자들의 학회 데뷔의 무대였다. 실로 연극학회 대부분의 멤버들이 이 과정을 거쳐서 서로의 학문 분야를 알아갔고, 동시에 새로운 연극학의 흐름을 알게 되었다. 신진 학자의 많은 경우 박사학위는 연극학 최첨단의 새로운 학문 분야를 연구했기 때문이다. 근자에 올수록 이 발표회가 적었는데, 이는 시정되어야 할 것이다. 이 학술대회의 경우 실제로 발표논문집 발간 경비와 장소 사용료 정도가 있으면 열수 있기에, 지원금의 여부가 크게 문제되지 않았다. 더구나 지원금의 부재 시에는 발표논문집을 발제문 복사로 대치하고, 장소는 대학의 강의실을 사용하면 되기 때문이다. 그러나 온전히 신진연구 학술발표회를 가질 경우, 청중의 동원에 문제가 있을 수도 있으므로 그들을 격려하는 의미에서도 다른 적절한 행사와 병행되어야 할 것이다.

　이렇듯이 기존의 한국연극학회 학술대회를 일반학술대회, 국제학술대회, 특별학술대회 및 신진연구인력 학술발표회 등으로 나뉘어 살폈다. 이들은 대부분 당시 최첨단의 학문 이슈를 제기했으며, 이들을 통해 연극학의 방향성을 가늠할 수 있었다. 그러나 학술대회를 준비하는 입장에서는 매번 지원금의 확보가 가장 큰 문제였다. 신진 박사학위 발표를 제외하면 별도의 수고가 필요한 발표에서, 소정의 발제 비조차 지급하지 않을 수는 없어서 여러 고민을 하게 된다. 또한 학술 대회가 끝난 후 일종의 사교 모임으로 식사나 차 대접을 하지 않을 수도 없으니, 이 역시 고민의 대상이다. 이를 소모성 경비라고 할 수도 있으나, 실상은 가장 자연스럽고 깊은 학문 교류는 이러한 모임을 통해서 가능함을 기금 지원 기관들을 간과하지 말기를 희망한다. 지금의 한국연구재단에 명시되어 있는 발표논문집 발간 경비와 장소 사용료를 제외한 모든 경비는 불가하다는 규정은 총액을 넘지 않는 한도에서 소액이나마 조금 더 재량권을 허용하는 방향으로 개정되었으면 싶다.

3. 공동연구 및 출간서의 경우

한국연극학회가 서적 출간에 관여한 것은 1996년 『한국의 전통연희 (Korean Traditional Performing Arts)』라는 영문책자가 처음인 듯하다. 그러나 이 책자는 한국연극학회가 나서서 편(編)한 것이 아니라, 한국문예진흥원의 사업에 회원들이 참여했다고 보는 것이 나을 것이다.

한국연극학회 편 최초의 연구서는 2001년 『20세기 독일어권 연극』이다. 연이어서 2002년 『우리시대의 프랑스 연극』이 발간되었다. 이 두 저서는 각 분야의 학자들이 자발적으로 참여한 것으로, 참여자 간의 조율은 있었지만 공동 연구는 선행되지 않았다. 이 두 저술은 20세기 유럽 연극 연구의 결정판이라 할 정도로 선진 유럽 연극학을 우리 학계에 소개했다. 가장 필요했던 기초적인 학문의 토대가 되었으며, 20세기 서구 연극의 이슈를 소개하였다.

다음 2003년 출간된『탈식민주의와 연극: 이론과 실제』부터는 공동연구가 선행되었다. 한국연극학회 외부의 인사를 모셔서 강의를 듣기도 하고, 개별 논문을 발표회도 가져서 보완점을 논의하였다. 2005년『Theather and Space(연극과 공간)』의 경우도 2003년 국제학술대회「서울국제연극학 심포지움-연극공간에 대한 새로운 접근」의 준비를 위해, 역시 외부 인사를 초빙하는 등 1년여의 공동연구 끝에 국제학술대회를 했고, 2005년에야 영문판으로 출간하였다. 탈식민주의나 연극 공간은 포스트모던 연극의 주요 이슈였던 것을 상기할 필요가 있다. 이로서 우리 학계에서도 포스트모더니즘이란 용어가 일반화되었다.

2010년『퍼포먼스 연구와 연극』의 경우는 2009년 6차례의 문화연구 스터디를 통해 얻은 결실이다. 2013년『한국 현대 연출가 연구』 1과 2권은 역시 2011년에서 2012년에 걸친 긴 개별논문 발표회를 통해서, 논문의 형식을 통일하고 방향을 잡았다. 2015년『몸과 마음의 연기』의 논문들은 2014년 연기연구 스터디를 통해서 다져졌다. 특히 〈실제적 실천방안〉의 많은 글들은 저자의 공연과 교육경험에 바탕을 두었으며, 각 글은 서두에 박스 형태의 〈학습 가이드〉를 제시하여 이론을 넘어 실제적 실천을 염두에 두었다.

이러한 공동연구는 시리즈로 긴 기간 동안 모임을 가졌으나, 변변한 외부 지원은 얻지 못했다.『한국 현대 연출가 연구』는 한국연구재단의 '소규모 연구모임' 지원을 받아서 모두에게 편리한 만남의 장소비나 회식비로 충당할 수 있었다. 이 연구비는 액수는 적어도 연구비 사용이 유동적이어서 많은 도움이 되었다. 한국연극학회 뿐만 아니라, 한국 평론가협회도 이 지원을 바탕으로『90년대 이후 한국연극의 미학적 경향』등의 저서를 출판한 것으로 안다. 실로 학자들이 모여서 인큐베이팅을 하는데 적절한 지원이었다. 이런 좋은 지원이 무슨 이유인지 더 이상 지원되지 않은 것은 안타까운 일이다.

출간의 경우 아무 지원도 받지 못했으나, 서적이 갖고 있는 장점으로 인하여 별 어려움 없이 출간하였다. 『20세기 독일어권 연극』『탈식민주의와 연극 : 이론과 실제』이나 『퍼포먼스 연구와 연극』 등이 대한민국학술원 선정 우수학술도서나 문광부 우수도서로 종종 선정되면서, 한국연극학회가 편한 서적은 그 우수성을 인정받았다. 그러나 필자들이 보상을 받지 못한 문제는 역시 차후 해결과제로 남았다.

한편 최초로 시도한 영문서적은 지원을 얻지 못하여, 국내에서 출판하게 된 사실은 못내 아쉽다. 국내 출판은 별 의의가 없기에 이후 영문서적 발간에 별 노력을 기울이지 않았다. 한국 예술학의 영어 서적은 해외에서도 아주 드문데, 해외 출판 지원이 있었다면 한국 연극학을 해외에 알릴 계기가 되었을 좋은 기회였을 것이다. 이제는 한국 예술학도 국제화될 필요가 있으니, 해외 출판을 지원하는 제도도 필요한 시점이다. 그렇다면 학회도 힘을 내서 영어 원고를 마련할 것이다. 우리 연극에 대한 영어 서적이 축적되어야만, 한국연극과 연극학도 진정한 세계화가 가능할 것이다.

4. 나아가며

근래에 구성된 '예술체육학술진흥협의회'는 예술학 진흥을 위한 새로운 지원 정책 수립을 수립하고자 한다고 한다. 한국연극학회의 학술대회야 말로 지원의 방향을 정할 수 있는 좋은 사례라고 사료된다. 학술대회의 토픽은 세계의 학문적 이슈이거나 한국연극학의 정체성을 탐구하는 과정이었다. 예술의 진흥 역시 세계적 변화와 발맞추어 가면서, 한국적 정체성을 정립하는 데서 비롯된다고 하겠다.

위에서 살폈듯이 학술대회의 지원은 반드시 필요한 일이다. 수익사업을 하지 않는 학회가 준비금을 회비에만 의존하여 마련하기란 쉽지 않기 때문이다. 또한 현재의 지원금 사용 규정도 학회에게 조금 더 재량권을 주어서 총량이 넘지 않는 한 자유롭게 사용하게 하였으면 싶다. 학술대회를 준비해 본 사람이라면, 우선 지원금을 마련하는 것과 그 보고에 사실상 80%의 노력이 들기 때문이다. 이러한 사무적인 노력에서 벗어나서, 학회 내용을 충실히 하는 문제에 회장단이 집중할 수 있게 했으면 한다.

특히 국제학술대회의 경우는 지원금이 그 가능성 여부를 결정짓는다고 해도 과언이 아니다. 격년이나 혹은 예술체육학술진흥협의회가 원하는 주제를 정하여 공모를 통하는 형식이라도, 국제대회에 대한 지원금을 늘렸으면 한다. 이 세계화 시대에 국제교류 없이는 예술학의 진흥을 바랄 수 없을 것이다. 더구나 유명 인사를 모시기 위해서, 소정의 일비나 발제비를 허용하여 실질적인 체류기간의 비용을 부담할 수 있으면 좋겠다.

학회의 소모임은 실상 아이디어를 얻는 보고(寶庫)이다. 이러한 인큐베이팅 그룹의 실질적인 소요 경비(장소 임대료나 식비 등)를 지급했던 종전의 '소규모 연구모임'은 소액이나마 꼭 필요한 지원이라고 사료된다. 연극학의 활성화, 특히 많은 젊은 학자들의 모임을 위해서, 이러한 소규모 지원이 꼭 필요하다.

학회 주도로 저술을 출간하는 일은 약간의 지원만 있으면 더욱 활성화될 것이다. 여태껏은 회장의 헌신적인 노력으로 가능했으나, 약간의 출판지원금이 있다면 더 좋은 조건으로 출판사와 계약을 맺을 것이며 필자들에게 보수도 지급될 수 있다. 그렇다면 더 좋은 글이 나오는 것은 당연한 일이다.

특히 해외 출판 지원이 가능하기를 바란다. 영어로 우리의 예술학을 알리고 이것이 쌓여 갈 때, 우리 예술학이 진흥하리라고 사료된다. 지금 그냥 일회용으로 버리고 마는 국제대회 원고들을 편집하여서도, 한국예술학을 알리는 좋은 저서가 될 것이다. 우제 우리 연극학도 해외 서적을 발간할만한 역량을 갖추었다.

(2015. 10. 한국연극학회 발표)

김창일론: 동시대 호남 연극의 산 역사

연극인 김창일

지방 연극에 조금이라도 관심을 가져 본 연극인이면 '김창일'이라는 이름을 기억할 것이다. 40여년이 넘게 목포에 뿌리를 두고, 극작가 겸 연출가로 묵묵히 작업하면서 오늘의 호남 연극이 있게 한 장본인이기 때문이다. 목포가 예향이라는 것은 일찍이 우리 근대극의 선구자 김우진과 사실주의 희곡의 완성자라고 일컫는 차범석의 고향이라는 것에서도 증명되었는데, 김창일이 그 맥을 이어 받아 오늘의 호남 연극을 이끌었다. 김창일 전에 차범석을 직접 이어 활동한 사람은 김길호 (1935-2017)였다. 그는 "'목포 극협'을 발족시키면서 목포의 연극은 다시 궤도에 오르게" 되었으나, 점차 서울에서 배우로 알려지고 신춘문예에도 당선하며 기량을 알렸다. 그가 "1975년 10월 자작극 〈어느 늙은 삐에로의 수첩〉의 연출을 마치고 차범석의 뒤를 이어 서울로 활동 무대를 옮겨가자" 김창일이 이 바통을 이어받아 전남 연극을 오늘날까지 이끌었다.[1] 김길호가 서울로 옮긴지가 작금에 40여년이 넘으니, 실로 김창일이 없었던 호남 현대 한국연극은 상상할 수가 없다.

김창일은 1947년 목포에서 상업에 종사하는 부모 사이에서 장남으로 출생하여 비교적 유복한 환경에서 자라났다. 목포 유달초등학교, 목포 중고등학교에 진학했으며, 교내 학예회의 연극에 출연하고 시내에서 차범석과 김길호 등이 만든 연극을 보며 일찍이 연극인을 꿈꾸었다. 1965년 서울로 진출하여 서라벌예술대학교에 입학하고, "연출을 지망했던" 김창일은 "당대 최고의 연극계 원로들인 서항석, 이원경, 이광래, 이진순 선생 등으로부터 주로 연기 실기 지도를 받았으며 마침 강사로 출강하던 차범석 선생을 여기서 처음 만나 인사를 드렸다고 한다."[2] 졸업과 군대를 마치고 고향에 돌아왔던 김창일은 1973년 연출 데뷔작 몰리에르의 〈수전노〉를 공연했다. 그러나 흥행에 실패하고 의기소침하여 가업을 돕는 일에 나섰다. 섬 지역을 누비며 잡화를 팔았던 경험은 후일 극작의 원천이 되었다. 한편 연극에의 열정을 누를 길 없어 김길호의 상대역으로 〈어느 늙은 삐에로의 수첩〉에도 출연하고, 자신의 작품 〈주막에서 하루〉라는 작품을 같은 1975년 연출하여 목포 근로자회관에서 올리기도 하였다. 1977년 윤장숙과 열애 끝에 결혼하였으며, 이듬해 1978년부터 한국연극협회 목포지부장을 맡으면서 점점 더 연극에 대한 확고한 신념을 갖게 되고 연극인의 길을 가게 된다.

김창일에게 연극인으로서의 전환점을 마련한 작품은 아마도 〈갯바람〉(1987)이라고 하겠다. 그는 자신이 희곡집에서 "〈갯바람〉은 어찌보면 나의 첫 작품이라 볼 수 있고"라고 밝혔듯이 비로소 극작가로 출발했던 것은 〈갯바람〉 이후라고 보겠다. 이 공연은 작가에게 "관심 깊은 질책"과 "희곡을 써도 된다는 허가증과도 같은 용기"를 주었다.[3]

---

1 정진수, "지역연극 발전에 앞장 선 중진.원로 연극인 열전(列傳)" (『한국연극』 2018. 2), p. 62.
2 같은 글.

이후 1988년 극단 '선창'을 창립했으며, 줄곧 전남연극제, 광주 연극제 및 전국연극제에 참가하며 활동했다. 〈갯바람〉 이후 불과 10여 년 동안 전국연극제에서 7번이나 작품상 및 희곡상을 수상했다. 이 같은 연극제 참여는 아마도 열악한 지방 연극의 현실에서 "연극제에 참가만을 위한 것은 작가의 입장보다 극단대표를 맡고 있는 운영에 대한 책임"이었다고 사료된다. 그러하기에 극단에 맞춰 "출연자의 숫자에 제한을 두고 글을 써야하는 아쉬움도 겪어야 했다."⁴ 그러나 이러한 연극제의 화려한 입상 경력으로 극단은 활기를 찾고, 마침내 1995년 목포시립극단을 창단하는 성과까지를 얻게 된다. 1978년 이래 한국연극협회, 한국예술총연합회 목포 지부장, 전남 도지회장 등을 비롯하여, 1995년부터 10여 년간 목포시립극단 상임연출을 맡았다. 이렇듯 이 전남 및 전국연극제의 참가가 김창일의 창작과 연출의 원동력이 되었기에, 그 수상작을 중심으로 그의 작품세계를 살펴보겠다.

전국연극제 수상작품들

김창일의 극작은 일찍이 고 차범석이 지적했듯이 "향토적 색채와 향기"가 짙다. 1987년 전국연극제에서 우수작품상과 희곡상, 전남연극제에서 최우수작품상 및 희곡상을 받았던 초기작 〈갯바람〉부터, 향토성은 시적으로 다가온다. 서남해의 섬을 배경으로 바다 내음을 물씬 풍기며 물때를 맞춰 살며 도자기를 유물인지도 모르고 간장병으로 쓰고 있는 순박한 섬 생활을 다가올 듯 보여준다. 그러나 김창일의

---

3 김창일, 「작가의 말」『붉은 노을 속에 허수아비로 남아』도서출판 형제문화, 1998.
4 같은 글.

향토적 서정은 단순히 서정의 묘사로 끝나지 않고 항시 현대 자본주의 사회의 각박한 경쟁과 돈에 얽혀 있다. 즉 서정에 대조하여 현대 사회의 문제점을 날카롭게 지적하고 있다. 온 섬이 유물이야기로 떠들썩한데, 웬 서울 손님과 형의 친구는 둘째를 속여서 간장병으로 쓰던 도자기 유물을 얻고자 한다. 한편 온갖 학비와 취직비를 받아가며 뭍에 나가 사는 장남은 그 자본주의의 경쟁과 욕망에 미쳐서 골동품 유물이 나왔다는 섬으로 돌아온다. 장남은 범죄인 줄 알면서도 유물을 건지기 위해 배를 띄우려 하고, 자신 집의 간장병이 유물인 것을 알고 경찰을 피해 뭍으로 빼내가려고 한다. 뿐만 아니라 그는 순박하고 성실한 둘째의 연인마저 겁탈한다. 향토와 도시의 인간이 대조되며, 무엇이 참된 인간인가를 묻고 있다.

그러기에 김창일 희곡은 결코 향토문학에 국한되지 않는다. 〈갯마을〉에서 '향토'는 삶의 근원이요 절대 선으로 그려져 있는 반면, '현대의 경쟁사회'는 대조되는 악으로 그려져있으며, 이러한 시선은 오늘의 우리를 돌아보게 한다. 그러기에 김창일은 "결코 지역에 갇혀 사는 극작가"이거나 "향토 문학이니, 향토작가이니 하며 스스로 갇혀 사는 것을 자랑삼는" 작가가 아닐 뿐더러 "지역적인 작은 삶이 곧 우리 민족의 삶이자 전 인류의 삶의 질로 직결된다는 역사의식을 적용" 시키고 있는 작가이다.[5] 나아가서 그의 이런 시선은 휴머니즘과 직결되어 있다. 차범석은 일찍이 김창일이 "갯벌의 끈적끈적한 촉감 속에 숨어 있는 따스한 인간미와 가난하고 억눌린 사람들에 대한 정성 어린 눈길을 쏟아 보내려고 애쓴 흔적으로 봐서는 당당한 휴머니스트라고해도 과언은 아닐 것이다"라고 선언한다.[6] 순박하고 힘없는 사람들

---

5 차범석, "시간의 깊이를 생각한다" 전남 『붉은 노을 속에 허수아비로 남아』. (도서출판 형제문화, 1998).

6 같은 글.

에 대한 애정은 김창일 작품 전반에 걸쳐 스며 나오는 주제라고도 하겠다.

　다음 작품인 전남연극제에서 최우수 작품상과 희곡상을 받았던 1988년 〈도시탈출〉은 무대를 도시로 하고 있으나 노인들은 도시 탈출을 간절히 꿈꾼다. 권사장의 어머니가 그러하며 공영감 역시 그렇다. 또한 놀라운 것은 계층 간의 갈등을 넘어서는 권사장 딸 지숙과 지숙네 자가용 운전기사인 공달지와의 연애이다. 부인만이 소위 판검사나 의사를 사위로 고르는 중일 뿐, 당사자나 할머니를 비롯한 인물들은 운전기사 공달지의 인간됨을 보고 지지한다. 있을 수 있었던 많은 갈등을 슬며시 지나쳐서 동화에 가까운 작품이라고도 하겠으나, 앞으로 다룰 노년층의 향수와 가치가 언뜻 드러났다. 작품은 소박한 휴머니즘을 지지하고는 있으나, 향토성 가운데서 현대 사회의 문제점을 지적하는 김창일의 다른 극작들과는 좀 거리가 있다.

　1989년 전남연극제에서 최우수작품상 및 연출상, 전국연극제에서 장려상과 희곡상을 받았던 〈안개섬〉은 향토성과 인간의 본능 및 휴머니즘이 잘 얽힌 작품이다. 순박한 노총각 어부 순보는 간절히 자신의 혼사를 원하는 병든 어머니 때문에 장터 색시에게 속아서 돈을 뜯기기도 한다. 섬에는 지능이 낮은 딸 한명의 처녀 봉애가 있는데, 동네 노총각들이 모두 욕망을 푸는 대상이 된다. 결국 그녀는 아이를 배고 집에서 쫓겨난다. 한편 어머니가 임종을 맞으면서 색시를 찾자, 유일하게 희롱하지 않았던 순보는 급한 김에 봉애를 데려와서 어머니의 임종을 지킨다. 이후 어머니가 맺어 주었다고 믿으며 봉애를 감싸서 부인으로 맞고, 낳은 아기도 예뻐한다. 순보는 부족한 봉애를 염려하여 유부녀는 절대 다른 남자와 함께 어디든 가서는 안 된다고 타이르며, 그럴 위기에는 차라리 죽어야 한다고 다짐하며 가르친다. 순보가 장에 가서 늦은 날 다시 동네 총각이 집에 와서 추근거리자, 봉애는

달아나서 다리에서 떨어져 죽는다. 절규하는 순보에게 다시 세월이 흘러 바닷가, 봉애의 딸 꽃분이와 순보 부녀가 다정하게 고구마를 먹는다. 실로 갯내음 나는 섬마을의 나른한 봄날과 섬 총각들의 타오르는 춘심의 본능적인 얽힘이 빼어나서, 과연 김창일은 유민영의 지적대로 '서정적 극작인'라고 여겨졌다.[7] 여기에 성실한 총각 순보가 보여준 휴머니즘적 사랑과 한 지적장애자의 순애보가 시(詩)처럼 다가온다. 결국 여인의 죽음으로 끝나면서 작품은 섬 총각들의 결혼난 문제와 지적 장애인에 대한 학대를 동시에 고발했다.

1992년 역시 전남연극제와 전국연극제에서 각각 최우수작품상 및 연출상, 장려상과 미술상을 받았던 〈꽃며느리〉도 섬 총각들의 혼사문제을 이슈화하고 있다. 작품은 집나간 한 여인을 찾는 방송으로 시작된다. 물때에 맞춰 사는 "동화 속에 그림처럼 보이는 허술한 초가집"에 노총각 삼형제가 사는데, 어느 날 매파가 그 여인을 데리고 등장한다. 엄니는 당연히 맏아들에게 장가들이려고 하고 동생들의 마음을 아는 맏이는 머뭇거린다. 사정상 팔려 온 여인은 둘째를 이용하여 이 섬을 벗어나고자 한다. 약속장소에 둘째 대신 때맞추어 나타난 셋째와 여인은 떠나고, 둘째는 뒤따라 찾아 나선다. 결국 맏이마저 아우들과 여인을 찾아 나서고, 이들을 애타게 찾는 홀 엄니의 사람 찾는 방송이 울린다. 〈안개섬〉과 비슷한 시정(詩情)이 드는 섬마을이다. 순박하게 물때에 맞춰 살지만 별 의욕이 없어서 느린 동작으로 습관적으로 사는 삼형제에게 팔려온 한 여인은 모두의 삶을 휘저어 놓는다. 결국 홀 엄니만 남게 되는 바닷가 초가집은 인간의 본능을 시정(詩情)으로 승화하여 한 폭의 그림같이 다가오는 작품이다. 섬 총각들의 결

---

7 유민영, 「서정적인 극작인 김창일」, 『붉은 노을 속에 허수아비로 남아』, 도서출판 형제문화, 1998.

혼난 문제를 제기하면서도 워낙 시적 정서가 강하고 삼형제의 미묘한 감정 변화를 묘사하여서 사실주의를 넘어선 듯한 작품이다.

〈붉은 노을 속에 허수아비로 남아〉는 김창일 희곡과 연출의 하이라이트에 해당한다 할 작품으로, 1994 전남연극제에서 최우수상 수상하고 전국연극제에서 최우수작품상 및 희곡상으로 대통령상을 수상한 작품이다. 병원에서 죽음을 앞둔 강우치 회장은 몇 십 년 만에 고향으로 돌아가기로 결정한다. 찾아온 고향에는 아들을 사고로 잃고 청상과부 며느리 걱정을 하며 사는 친구와 고향을 떠날 때 선생님이 주신 양복을 전해주었던 친구가 여전히 낡은 재봉틀을 돌리고 있다. 강우치는 친구 논에서 참새 쫓기를 하며 생기를 되찾고, 자신과 친구들의 묘지를 구입하려 하나 아들의 거부로 무산된다. "재산 뺏기면 세상 서러운 꼴만 보게 된다."며 화내는 친구들에게 강우치는 세상 일이 다 그렇다며 달관한다. 그는 새떼를 쫓으며 옛 선생님의 환영을 보고 촌놈이 굴지의 회장이 된 것을 아뢰며 허겁지겁 세상을 다 살았다고 고한다. 그는 붉게 물들어 가는 석양의 황금빛 들판에 허수아비로 남고, 휘이 휘이 새 쫓는 외침은 상여소리로 변한다. 죽음을 앞둔 관조(觀照)와 자족하는 만족 및 농촌의 서정이 강하게 다가오는 작품이다. 차범석은 "내가 극작가 김창일을 아끼고, 믿음을 가지게 된 이유 가운데 하나는 바로 '시간의 깊이'를 진술하고 구체적으로 보여준 보기 드문 작가"라고 평했는데, 노년만이 가질 수 있는 '시간의 깊이'가 다가왔다.[8] 작가는 향토성과 서정성을 통하여, 노년(老年)의 달관과 노력하여 완주한 삶의 통찰과 아름다움을 당당히 말하고 있다.

1996년 전남연극제와 전국연극제의 작품상 〈역마살〉은 고물상 3대의 이야기이다. 일대 장노인은 이제 아흔을 바라보는 늙은이요, 이

---

8 차범석, 앞의 글.

대 장가욱도 육십 중반을 훌쩍 넘겼다. 삼대 장우기는 잃어버린 밥통을 찾는 여자의 요청으로 밥통을 쓰레기 더미에서 며칠째 찾고 있는데, 이들은 점차 연애를 하게 된다. 이는 아버지 장가욱이 바라던 바로, 그는 밥통을 숨겨두었다. 밥통 안에는 마약가루가 있었고, 이는 선풍기 바람에 날아가 버린다. 장가욱에게 근처 아파트에 사는 동갑내기 신노인이 기르던 개를 잃고 집에 돌아갈 명분이 없어서 찾아온다. 며느리 때문에 개 눈치를 보며 개밥을 술안주로 먹는 신노인을 통해서, 오늘의 노인 문제가 대두된다. 그러나 다행히 신노인을 찾아나선 며느리의 개과천선으로 신노인은 대접을 받으며 으쓱한다. 장가욱 가족은 여자가 며느리로 들어올 듯 하자, 개발로 없어져 가는 고철더미를 버리고 고향인 진도로 향하며 역마살을 끝내고자 한다. 여전히 김창일의 휴머니즘이 따뜻하게 다가온다. 생판 모르는 사람을 재워주는 장가욱이나 집나간 신노인을 찾으며 개과천선한 며느리나 이제 더 이상 찾을 곳이 없다는 것을 알면서도 밥통을 찾는 장우기가 다 그러하다. 유민영은 김창일 희곡 특징의 하나로 "그가 창조해놓은 주인공들의 따뜻함"을 꼽았었다. 가령 신노인의 며느리가 신노인의 가출로 개과천선하여 극진히 모신다는 것은 어쩐지 사실성에서는 떨어진다. 무엇인가 인과율에 잘 맞지 않는다는 생각에도 불구하고 따스함이 스며온다. "그의 작품에는 악인 별로 없다. 이것은 아마도 그의 따뜻한 인간성에서 비롯되는 것이 아닐까싶다."는 관찰을 실로 유효하다.[9]

〈막차타고 노을보다〉 역시 2011년 전국연극제 금상 및 희곡상을 수상한 작품이다. 손이 없는 큰댁 때문에 작은댁을 둔 박삼재의 집안은 항시 화목하지 못하다. 갑자기 쓰러져 죽음을 앞둔 박삼재는 두

---

9 유민영, 앞의 글.

할멈을 화해시키기 위해 유언이라도 남기려고 안간힘을 쓴다. 저승사자 황천길은 꿈속에서 알려주라고 하며 갈 길을 재촉한다. 하나 있는 아들은 병원비 명목으로 큰 땅을 팔아서 사업비를 챙겨가고, 남은 두 할멈은 할 수 없이 한 집에서 거한다. 세월이 흐른 후 작은댁의 아들은 작은댁 명의의 땅마저 큰댁으로 바꾼 것을 항의하나, 작은댁은 이미 너른 땅을 팔아 사업까지 망한 아들을 어찌 믿냐며 그래서 명의를 큰댁으로 바꾸었다고 말한다. 그만큼 두 할멈은 사이좋게 지내며 노년의 재미를 만끽한다. 평생 앙숙이었던 두 사람이 함께 노년을 맞으며 삶의 화해와 즐거움을 보여준다. 다른 작품에서 그러하듯이 처음 제시된 갈등은 의외로 쉽게 풀리고 그 이면에는 따뜻한 인간성이 드러난다. "황혼의 끝자락에서 붉은 노을을 아름답게 바라볼 수 있는 노인들의 드라마가 되었으면 한다."는 김창일 연출의 변이 잘 반영되었다.

작품의 특징

이렇듯이 전국연극제에서 수상한 7편의 희곡을 살펴보았으니, 김창일 희곡의 특징은 다음과 같이 요약될 수 있겠다. 첫째, 이미 차범석이나 유민영이 지적했듯이, 서정(抒情)과 시정(詩情)이 뛰어나다. 김창일의 작품에서는 향토의 색체와 향기가 있고 아스라한 그리움이 있다. 이러한 시정(詩情) 때문에 가령 〈안개섬〉같이 슬픈 결말도 아스라한 동화같이 다가온다. 인간 욕망의 추악함이 따뜻한 인간성과 향기 나는 향토색에 가려졌기 때문이다. 둘째, 전체적으로 작품에 풀리지 않는 심각한 갈등이나 대립은 없다. 풀리지 않을 것 같은 대립도 관조나 용서 혹은 휴머니즘으로 쉽게 대치되기 때문이다. 그러하기에 그의 작품은 사실주의이면서도 이를 벗어나는 마지막 심리적 사실주의를 보여준다. 지난 세기말 슈니츨러(Arthur Schnitzler)와 같이 스러져가는 문화(어촌이나 농촌)를 향수를 갖고 묘사했다. 등장하는 거의 모든 인물들이 따뜻한 인간성으로 대체되었다. 셋째, 주제는 대체로 농촌이나 어촌의 순박함과 도시적 현대 문명이 대립된다. 결과는 어김없이 도시 현대 문명의 문제점을 지적하고 있으며, 귀향을 꿈꾼다. 동시에 농촌이나 어촌의 당면 문제도 제기되나, 이는 해결되어야 할 문제이지 모순되거나 일그러진 사회상이 아니다. 넷째, 어느 작가보다도 특별히 노인문제 제기와 노년에서 보이는 인간의 완숙미를 그렸다. 부모의 뜻을 헤아리지 못하고 자기 식으로 모신다는 젊은 세대는 여전히 문제이나 노년의 달관이 이를 용서하기에 대립으로 이어지지는 않는다. 뿐만 아니라 노년의 자족하는 원숙미나 달관이 다가오고 그로 인해 노년의 아름다움이 강하게 다가온다. 다섯째, 뛰어난 남도 사투리의 구사이다. 이로 인해 향토성이 더욱 짙게 배어나며, 오지의 일상성이 자연스럽다. 살아 움직이는 인물들도 바로 이 사투리에서 크게 힘입었다 하겠다.

연극적 재능과 평가

김창일은 이 모든 자신의 희곡을 직접 연출하였다. 직접 연출로 전국연극제에서 대부분 최고작품상이나 금상을 수상한 것을 미루어 그의 연출이 뛰어났음을 알겠다. 필자가 관람한 몇몇 작품과 공연의 사진들을 근거한다면, 그는 대체로 사실주의에 충실한 연출이다. 이러한 사실성이 지역의 향토성을 더욱 높였다고 하겠다. 뿐만 아니라 그는 "무대장치까지 직접 디자인하고 제작했는데 미술을 따로 공부하지도 않았지만 그의 유화(油畵) 솜씨는 아마추어의 경지를 넘어선다"고 한다.[10] 바로 이러한 다재다능한 연극적 재능이 거의 불모지나 다름없었던 목포의 연극을 오늘날 가장 주목받는 지역연극으로 만들었을 것이다. 그를 지켜본 지역 연극인들의 평가도 매우 높다. "전남 연극이 침체의 늪을 벗어나 황금기를 구가하게 되었으며 지역 소재를 발굴한 작품들을 써낸 것을 가장 큰 공로"(강기호 전남지회장)로 평가하기도 하고 "그의 열정과 치열한 연극 정신을 본받아야 하며 화술에 대한 가르침을"(정순기 광주지회장) 이어받자고 하며, "연극예술에 대한 현장 중심의 소양 교육에서 남도 연극문화의 뿌리를 깨닫게 해준 것"(김호인 광양지부장)을 감사했다.[11]

김창일의 활동은 여기서 끝나는 것은 아닐 것이다. 그는 전남 향토 소재로 끝임 없이 새 작품을 구상 중이니, 일례로 노예염전 사건을 테마로 〈불새〉란 희곡을 구상중이다. 이해랑연극상이 묵묵한 거인 김창일을 주목하는 것은 결코 우연이 아닐 것이다. 가벼운 세태에 관계없이 한국연극의 외진 곳에서 최선을 다해 자신의 몫을 감당하여 스스로 동시대 한국연극의 산 역사가 된 연극인 — 바로 고 이해랑 선생님께서 찾고 계신 분이라고 확신한다. 이번 이해랑연극상이 김창일과 호남의 연극에 다시금 새로운 전기를 마련할 촉매제로 작용하리라 의심하지 않으며, 진심으로 수상을 축하드린다.

(제 28회 이해랑연극상, 2018. 4)

---

10 정진수, 위의 글, 63
11 정진수, 앞의 글, 64.

한국연극의 전환기

초판 1쇄 인쇄 2019년 8월 22일
초판 1쇄 발행 2019년 8월 29일

지은이 이미원
펴낸이 박성복
펴낸곳 도서출판 연극과인간
주소 01047 서울특별시 강북구 노해로25길 61
등록 2000년 2월 7일 제6-0480호
전화 (02) 912-5000
팩스 (02) 900-5036
홈페이지 www.worin.net
전자우편 worinnet@hanmail.net

ISBN 978-89-5786-691-7 93680

값은 뒤표지에 있습니다.